„BÜCHER SIND WIE FALLSCHIRME. SIE NÜTZEN UNS NICHTS, WENN WIR SIE NICHT ÖFFNEN."

Gröls Verlag

Redaktionelle Hinweise und Impressum

Das vorliegende Werk wurde zugunsten der Authentizität sehr zurückhaltend bearbeitet. So wurden etwa ursprüngliche Rechtschreibfehler *nicht* systematisch behoben, denn kleine Unvollkommenheiten machen das Buch – wie im Übrigen den Menschen – erst authentisch. Mitunter wurden jedoch zum Beispiel Absätze behutsam neu getrennt, um den Lesefluss zu erleichtern.

Um die Texte zu rekonstruieren, werden antiquarische Bücher von Lesegeräten gescannt und dann durch eine Software lesbar gemacht. Der so entstandene Text wird von Menschen gegengelesen und korrigiert – hierbei treten auch Fehler auf. Wenn Sie ebenfalls antiquarische Texte einreichen möchten, finden Sie weitere Informationen auf www.groels.de

Viel Freude bei der Lektüre wünscht Ihnen das Team des Gröls-Verlags.

Adressen

Verleger: Sophia Gröls, Im Borngrund 26, 61440 Oberursel

Externer Dienstleister für Distribution & Herstellung: BoD, In de Tarpen 42, 22848 Norderstedt

Unsere „Edition | Werke der Weltliteratur“ hat den Anspruch, eine der größten und vollständigsten Sammlungen klassischer Literatur in deutscher Sprache zu sein. Nach und nach versammeln wir hier nicht nur die „üblichen Verdächtigen“ von Goethe bis Schiller, sondern auch Kleinode der vergangenen Jahrhunderte, die – zu Unrecht – drohen, in Vergessenheit zu geraten. Wir kultivieren und kuratieren damit einen der wertvollsten Bereiche der abendländischen Kultur. Kleine Auswahl:

Francis Bacon • Neues Organon • **Balzac** • Glanz und Elend der Kurtisanen • **Joachim H. Campe** • Robinson der Jüngere • **Dante Alighieri** • Die Göttliche Komödie • **Daniel Defoe** • Robinson Crusoe • **Charles Dickens** • Oliver Twist • **Denis Diderot** • Jacques der Fatalist • **Fjodor Dostojewski** • Schuld und Sühne • **Arthur Conan Doyle** • Der Hund von Baskerville • **Marie von Ebner-Eschenbach** • Das Gemeindekind • **Elisabeth von Österreich** • Das Poetische Tagebuch • **Friedrich Engels** • Die Lage der arbeitenden Klasse • **Ludwig Feuerbach** • Das Wesen des Christentums • **Johann G. Fichte** • Reden an die deutsche Nation • **Fitzgerald** • Zärtlich ist die Nacht • **Flaubert** • Madame Bovary • **Gorch Fock** • Seefahrt ist not! • **Theodor Fontane** • Effi Briest • **Robert Musil** • Über die Dummheit • **Edgar Wallace** • Der Frosch mit der Maske • **Jakob Wassermann** • Der Fall Maurizius • **Oscar Wilde** • Das Bildnis des Dorian Grey • **Émile Zola** • Germinal • **Stefan Zweig** • Schachnovelle • **Hugo von Hofmannsthal** • Der Tor und der Tod • **Anton Tschechow** • Ein Heiratsantrag • **Arthur Schnitzler** • Reigen • **Friedrich Schiller** • Kabale und Liebe • **Nicolo Machiavelli** • Der Fürst • **Gotthold E. Lessing** • Nathan der Weise • **Augustinus** • Die Bekenntnisse des heiligen Augustinus • **Marcus Aurelius** • Selbstbetrachtungen • **Charles Baudelaire** • Die Blumen des Bösen • **Harriett Stowe** • Onkel Toms Hütte • **Walter Benjamin** • Deutsche Menschen • **Hugo Bettauer** • Die Stadt ohne Juden • **Lewis Caroll** • *und viele mehr….*

Karl May

In den Schluchten des Balkan

Inhalt

Schimin, der Schmied

Noch nicht lange waren wir geritten, als wir Hufschlag hinter uns vernahmen. Wir wendeten uns um und erblickten einen Reiter, welcher uns im Galopp einzuholen trachtete. Wir zügelten also unsere Thiere, um ihn heran zu lassen, und erkannten bald Malhem, den Thürhüter Hulam's. Er ritt ein schwer bepacktes Pferd, von welchem er herabsprang, als er uns erreicht hatte.

„Sallam!" grüßte er kurz.

Wir gaben ihm diesen Gruß zurück, und auf unsere fragend auf ihn gerichteten Blicke erklärte er mir:

„Verzeihe, Effendi, daß ich Euern eiligen Ritt unterbreche! Mein Herr gebot mir, Euch zu folgen."

„Weßhalb?" fragte ich.

„Um Euch dieses Pferd zu bringen."

„Was hast Du aufgeladen?"

„Proviant und andere nothwendige Dinge, die Ihr vielleicht nothwendig brauchen werdet."

„Wir sind bereits für mehrere Tage versehen!"

„Mein Herr glaubte an die Möglichkeit, daß diejenigen, welche Ihr verfolgt, von der Straße abweichen könnten. Wenn sie sich in die Berge schlagen, so findet Ihr nur Futter für die Pferde, für Euch aber nichts."

„Dein Herr ist sehr gütig; aber dieses schwer bepackte Pferd ist doch nur geeignet, unsern Ritt zu verlangsamen."

„Ich habe es Euch gebracht; ich muß gehorchen; ich kann nicht anders. Warin saghlik ile Allah jol atschlikighi – bleibt gesund; Allah gebe Euch eine gute Reise!"

Bei diesen Worten warf er dem Pferd die Zügel über den Hals, wendete sich um und rannte eiligen Laufes davon, nach der Stadt zurück.

Sofort drehte Halef sein Pferd herum, der Stadt entgegen und fragte:

„Soll ich ihm nach, Effendi?"

„Wozu?"

„Ihn festnehmen und herbringen, damit er Deinen Willen erfährt?"

„Nein, laß ihn gehen. Wir haben keine Zeit zu versäumen."

„Was wird da in den Decken und Matten verpackt sein?"

„Das brauchen wir jetzt nicht zu wissen. Wir werden nachsehen, wenn es Abend geworden ist und wir wegen der Dunkelheit nicht weiter reiten können. Nimm Du das Pferd am Zügel. Vorwärts wieder!"

Der unterbrochene Ritt wurde fortgesetzt. Ich ritt voran, und die Andern folgten. Es geschah dies aus dem Grunde, weil ich nach Spuren suchen mußte, obgleich es kaum denkbar war, daß solche zu finden seien.

Der Weg war, obgleich keine Straße zu nennen, doch leidlich belebt. Der kleine Hadschi hatte ganz Recht gehabt, als er sagte, daß hier die Fährte eines Verfolgten nicht so leicht zu entdecken sei, als in der Sahara.
Darum richtete ich mein Augenmerk auch nicht auf den Weg selbst, sondern auf den Rand desselben, welcher dem Flußufer entgegen lag. So lange ich nicht die Spuren fand, daß drei Reiter von der Richtung, welche wir verfolgten, abgewichen seien, konnte ich ziemlich sicher sein, daß wir die Verfolgten vor uns hatten.
Es begegneten uns Reiter, schwerfällige Wagen und Fußgänger, doch richtete ich an Niemand eine Frage. Da die Flüchtigen bereits am vorigen Abend hier geritten waren, konnte Keiner der uns Begegnenden sie getroffen haben.
Auch an den kleinen Häusergruppen, welche wir passirten, hielt ich nicht an, da hier keine Wege abzweigten, welche Barud el Amasat hätte einschlagen können. Aber als wir eine kleine Ortschaft erreichten, Bu-kiöj genannt, von welcher einige Pfade zur Seite liefen, hielt ich an und fragte den Ersten, den ich traf:
„Sallam! Gibt es in diesem Ort, den Allah segnen möge, vielleicht einen Bekdschi?"
Der Gefragte trug einen riesigen Sarras an der Seite, einen fürchterlichen Knüppel in der Rechten, hatte über den Fez ein Tuch geschlagen, welches früher jedenfalls eine Farbe gehabt hatte, jetzt aber nur so vom Schmutz starrte, und ging – barfuß. Er betrachtete mich eine ganze Weile und schickte sich dann an, diese eingehende Beobachtung auch über die Andern ergehen zu lassen.
„Nun?" bemerkte ich ungeduldig.
„Sabr, sabr – Geduld, nur Geduld!" antwortete er.
Er stützte sich auf seinen Stock und begann die Gestalt des kleinen Hadschi einer eingehenden Besichtigung zu unterwerfen. Halef Omar aber langte mit der Hand nach den Sattelösen, zog seine Peitsche hervor und fragte:
„Kennst Du vielleicht dieses Ding hier?"
Der Gefragte warf sich in Positur, griff an den Säbel und antwortete:
„Kennst Du dieses hier, Kleiner?"
Kleiner! Kein anderes Wort hätte Halef Omar so wie dieses beleidigen können. Er holte zum Schlage aus; ich aber drängte rasch mein Pferd zwischen ihn und den Bedrohten und warnte:
„Keine Übereilung, Halef! Dieser Mann wird mir meine Frage schon beantworten."
Ich zog einige kleine Münze aus der Tasche, zeigte sie dem Sarrasträger und wiederholte:
„Also, gibt es hier einen Bekdschi?"
„Gibst Du mir das Geld?" fragte er.
„Ja."
„So her damit!"
Er streckte die Hand aus.
„Erst die Antwort!"
„Ja, es gibt einen Bekdschi. Nun aber gib mir das Geld!"

Es waren nur einige kupferne Parastücke.
„Hier hast Du!“ sagte ich. „Wo wohnt der Bekdschi?“
Er steckte das Geld ein, zuckte die Achsel und fragte dabei grinsend:
„Bezahlst Du auch diese Frage?“
„Du bist bereits bezahlt!“
„Für die erste, aber nicht für die zweite.“
„Gut, hier hast Du noch zwei Fünfparastücke! Also, wo wohnt der Bekdschi?“
„Dort im letzten Hause,“ antwortete der Mann nach einem Bauwerke deutend, welches er zwar Haus nannte, das aber nicht einmal die Bezeichnung Hütte, sondern nur den Namen Stall verdiente.
Wir setzten uns nach der angegebenen Richtung in Bewegung. Als wir die baufällige, einstöckige Wohnung erreichten, stieg ich vom Pferd, um an das Loch zu treten, welches als einziger Ein- und Ausgang diente. In diesem Augenblick aber trat eine Frau heraus, welche durch den Hufschlag unserer Pferde hervorgelockt worden war.
„O jazik! Atsch gözünü – o wehe! Nimm Dich in Acht!“ rief sie und trat eiligst zurück.
Ihr Gesicht war nämlich nicht verschleiert gewesen, woran allerdings nicht wir die Schuld trugen. Auch sie war barfuß. Ihr Körper war in ein altes zerfetztes Tuch gehüllt, und ihr Haar hatte ganz das Aussehen, als ob ihr Scheitel eine Filzmanufaktur im Kleinen sei. Wasser war jedenfalls seit Monaten nicht an ihr Gesicht gekommen.
Ich glaubte beinahe, daß sie sich nicht wiedersehen lassen werde; aber nach einigen ungeduldigen Ausrufen meinerseits kam sie doch wieder zum Vorschein. Sie hielt den Boden eines zerbrochenen Korbes vor ihr Gesicht. Durch die Ritzen des alten Weidengeflechtes konnte sie uns sehen, ohne daß es uns möglich war, uns an ihrer Schönheit zu weiden.
„Was wollt Ihr?“ fragte sie.
„Hier wohnt der Bekdschi?“ mußte ich abermals fragen.
„Ja.“
„Du bist sein Weib?“
„Ich bin sein einziges Weib,“ antwortete sie stolz, um anzudeuten, daß sie das Herz ihres mitternächtlichen Pascha's ganz allein besitze.
„Ist er daheim?“
„Nein!“
„Wo befindet er sich?“
„Er ist ausgegangen.“
„Wohin?“
„Auf die Wege seines Amtes.“
„Es ist ja doch jetzt nicht Nacht!“
„Er wacht nicht nur des Nachts, sondern auch am Tage über die Unterthanen des Padischah. Er ist nicht bloß Bekdschi, sondern auch Diener des Kiaja, dessen Befehle er auszuführen hat.“

Kiaja ist Ortsvorsteher. Da fiel mir der Mann ein, mit dem wir vorhin gesprochen hatten. Ich drehte mich um, und richtig, da kam er langsam und stolz auf uns zugeschritten. Das war mir denn doch zu viel. Ich schnitt die finsterste Miene und trat ihm einige Schritte entgegen.

„Du selbst bist der Bekdschi?“ fragte ich ihn.

„Ja,“ antwortete er in einem höchst selbstbewußten Tone.

Hadschi Halef Omar bemerkte, daß ich nicht mehr guter Laune sei, und lenkte sein Pferd hart an den Wächter der Nacht und des Tages heran, mich fest dabei im Auge haltend. Ich wußte, was er wollte, und nickte ihm bejahend zu.

„Warum sagtest Du das nicht gleich, als ich vorhin mit Dir sprach?“ fragte ich.

„Ich habe es nicht nöthig. Hast Du noch Geld?“

„Genug für Dich. Da, ich will Dich für alle weiteren Fragen gleich vorausbezahlen.“

Ein Wink von mir, und die Peitsche des kleinen Hadschi klatschte auf den Rücken des Wächters der Unterthanen des Padischah hernieder. Er wollte zurückspringen, aber der kleine Hadschi hatte sein Pferd so sicher zwischen den Schenkeln, daß er den Mann an die Wand drängte und immer neue Hiebe fallen ließ.

Der Gezüchtigte dachte gar nicht daran, von seinem Sarras oder Knüttel Gebrauch zu machen. Er schrie in allen möglichen Tonarten und sein „einziges“ Weib stimmte ein. Dabei vergaß sie, den Boden des Korbes vor dem Gesicht zu behalten; sie warf vielmehr diesen Bewahrer ihrer weiblichen Würde weit von sich, sprang zum Pferde des Hadschi, faßte dieses am Schwanz, zerrte aus Leibeskräften und schrie dabei:

„Wai baschina, Wai baschina! Wehe Dir, wehe Dir! Wie kannst Du den Diener und Liebling des Padischah beleidigen? Zurück, zurück! Bre bre, he he – zu Hülfe, zu Hülfe!“

Auf diese mit kreischender Stimme ausgestoßenen Rufe wurde es vor den Thüren der Häuser und Hütten lebendig. Männer, Frauen und Kinder eilten heraus und herbei, um nach der Ursache dieses Geschreies zu forschen.

Ich gab Halef einen Wink, abzulassen, und er gehorchte. Der Nachtwächter mochte zehn bis zwölf kräftige Streiche erhalten haben. Er ließ den Knüttel aus der Rechten fallen, zog den Säbel aus der Scheide und rief, indem er sich mit der Linken den Rücken rieb:

„Mensch! Was hast Du gewagt! Soll ich Dich um ein Haupt kürzer machen? Ich werde die ganze Gemeinde gegen Dich hetzen und Dich von ihr zerreißen lassen!“

Halef nickte lachend. Er wollte Etwas antworten, kam aber nicht dazu, denn ein Mann drängte sich durch das Publikum und wendete sich mit der barschen Frage an mich:

„Was geht hier vor? Wer seid Ihr?“

Jedenfalls hatte ich den hohen Herrn Ortsvorsteher vor mir, dennoch fragte ich:

„Wer bist denn Du?“

„Ich bin der Kiaja dieses Dorfes. Wer gibt Euch das Recht, Euch an meinem Khawassen zu vergreifen?“

„Sein Verhalten gibt uns das Recht.“

„Wie so?“

„Ich forderte Auskunft von ihm, und er verweigerte sie mir. Er verlangt, daß ich ihm eine jede Antwort einzeln bezahle."
„Er kann seine Antworten verkaufen, so theuer er nur immer will."
„Und ich kann sie bezahlen, so hoch es mir beliebt. Jetzt hat er den Lohn voraus, und nun wird er mir antworten müssen."
„Kein Wort!" rief der Wächter.
„Kein Wort wird er antworten," bestätigte der Kiaja. „Ihr habt Euch an meinem Diener vergriffen. Folgt mir augenblicklich! Ich werde die Sache untersuchen, und Ihr sollt Eure Strafe finden!"
Da zeigte der kleine Hadschi die Peitsche und fragte:
„Effendi, soll ich diesem Kiaja von Bu-kiöj diese schöne Haut des Nilpferdes auch zu kosten geben?"
„Jetzt nicht, vielleicht aber später," antwortete ich.
„Was, Hund, mich willst Du peitschen lassen?" schrie der Ortsvorsteher.
„Vielleicht ja," antwortete ich ruhig. „Du bist der Kiaja dieses Dorfes; aber weißt Du denn, wer und was ich bin?"
Er antwortete nicht. Meine Frage schien ihm höchst ungelegen zu kommen. Ich fuhr fort:
„Du hast diesen Mann Deinen Khawassen genannt?"
„Ja, er ist es."
„Nein, er ist es nicht. Wo ist er geboren?"
„Hier."
„Ah so! Von wem ist er zu Dir abkommandirt worden? Er ist ein Einwohner dieses Ortes, und Du hast ihn zu Deinem Diener gemacht; aber ein Polizeisoldat ist er nicht. Da, siehe Dir einmal diese drei Reiter an, welche die Uniform des Großherrn tragen! Du hast einen Nachtwächter; ich aber habe drei wirkliche Khawassen bei mir. Ahnst Du nun, daß ich ein ganz anderer Mann bin, als Du?"
Um meinen Worten mehr Nachdruck zu geben, fuchtelte Halef ihm so vor dem Gesicht herum, daß er aus Angst zurück wich. Auch die hinter ihm stehenden Personen zogen sich zurück. Ich merkte diesen vielen Gesichtern an, daß sie begannen, mich für einen hohen Herrn zu halten.
„Nun, antworte!" befahl ich.
„Herr, sage zuvor, wer Du bist!" bat er.
Da fuhr Halef ihn an:
„Mensch! Wurm! Wie kannst Du verlangen, daß ein solcher Herr Dir sage, wer er ist? Aber ich will Dir in Gnaden mittheilen, daß Du vor dem hohen und edlen Hadschi Effendi Kara Ben Nemsi Bey stehst, dem Allah noch viele tausend Sommer geben möge, die Winter gar nicht mitgezählt. Ich hoffe, daß Du schon von ihm gehört hast!"
„Nein, nie!" betheuerte der eingeschüchterte Mann sehr der Wahrheit gemäß.

„Was? Nie?“ donnerte der Kleine ihn an. „Soll ich etwa Dein Gehirn so lange zusammendrücken lassen, bis der richtige Gedanke hervorgebracht wird. Denke nach!“
„Ja, ich habe von ihm gehört,“ bekannte der Kiaja in heller Angst.
„Etwa nur einmal?“
„Nein, sehr viele, viele Male!“
„Das ist Dein Glück, Kiaja! Ich hätte Dich gefangen genommen und nach Stambul geschickt, um Dich im Bosporus ersäufen zu lassen! Nun aber höre, was dieser erhabene Effendi und Emir Dir zu sagen hat!“
Bei diesen Worten drängte er sein Pferd von dem Bedrohten zurück. Seine Augen blitzten noch immer in scheinbarem Zorn, aber um seine Lippen zuckte es verrätherisch. Der brave Hadschi mußte sich alle Mühe geben, um nicht in ein lautes Lachen auszubrechen.
Aller Augen hingen jetzt an meinem Munde. Ich sagte zu dem Kiaja in beruhigendem Tone:
„Ich bin nicht gekommen, Euch Übles zu erweisen; aber ich bin gewöhnt, meine Fragen gehorsam und augenblicklich beantwortet zu sehen. Dieser Mann weigerte sich, mir freiwillig Auskunft zu ertheilen; er wollte Geld erpressen; darum habe ich ihn züchtigen lassen. Es soll auf ihn selbst ankommen, ob er vielleicht gar noch die Bastonnade empfängt!“
Während ich mich dem Nachtwächter zuwendete, gab der Ortsvorsteher diesem ein hastiges Zeichen und raunte ihm zu:
„Um Allah's willen, antworte schnell!“
Der nächtliche Beschützer der Unterthanen des Padischah warf sich in eine so stramme Haltung, als ob er in mir den Beherrscher der Gläubigen vor sich sehe.
„Effendi, frage mich!“ sagte er.
„Hast Du während der letzten Nacht gewacht?“ fragte ich.
„Ja“
„Wie lange?“
„Vom Abend bis zum Morgen.“
„Kamen Fremde in das Dorf?“
„Nein.“
„Sind keine Fremden durch das Dorf geritten?“
„Nein.“
Aber bevor er diese Antwort gab, glitt aus seinem Auge ein fragender Blick hinüber zu dem Kiaja, dessen Gesicht ich zwar nicht beobachten konnte, aber ich hatte genug gesehen und konnte dieser Antwort keinen Glauben schenken. Darum sagte ich in strengem Tone:
„Du lügst!“
„Herr, ich rede die Wahrheit!“

In diesem Augenblick drehte ich mich schnell nach dem Kiaja um und sah, daß dieser den Finger warnend an den Mund gelegt hatte. Erst hatte er dem Wächter zugeraunt, schnell zu antworten, und nun veranlaßte er ihn, zu schweigen. Das war natürlich auffällig. Ich fragte den Wächter:
„Du hast auch mit keinem Fremden gesprochen?“
„Nein.“
„Gut! Kiaja, wo ist Deine Wohnung?“
„Das Haus da drüben,“ antwortete der Gefragte.
„Du und der Bekdschi, Ihr werdet mich dort hinüber begleiten, Ihr Beide allein. Ich habe mit Euch zu sprechen.“
Ohne mich nach ihnen umzusehen, schritt ich nach dem mir bezeichneten Hause und trat in die Thüre.
Es war ganz auf bulgarische Weise gebaut und bestand nur aus einem Raum, der aber durch Weidengeflechte in mehrere Abtheilungen geschieden war. In dem vorderen Raum fand ich eine Art von Stuhl, auf den ich mich setzte.
Die beiden Genannten hatten nicht gewagt, mir zu widerstreben; sie traten daher fast unmittelbar hinter mir ein. Und durch das Mauerloch, welches als Fenster diente, bemerkte ich, daß sich draußen noch immer die Bewohner des Ortes zusammen hielten, jedoch in respektvoller Entfernung von meinen Begleitern.
Sowohl der Kiaja als auch sein Untergebener befand sich sichtlich in einer nicht beneidenswerthen Lage. Beide hatten Angst, und das mußte ich benützen.
„Bekdschi, bleibst Du auch jetzt noch bei dem, was Du mir vorhin gesagt hast?“ fragte ich.
„Ja,“ antwortete er.
„Trotzdem Du mich belogen hast?“
„Ich habe nicht gelogen!“
„Du hast gelogen, und zwar nur deßhalb, weil es der Kiaja so haben wollte.“
Das Ortsoberhaupt fuhr erschrocken auf:
„Effendi!“
„Was? Was willst Du sagen?“
„Ich habe ja zu diesem Mann kein Wort gesagt!“
„Nein, aber gewinkt hast Du ihm!“
„Nein!“
„Ich sage Euch, daß Ihr Beide lügt. Kennt Ihr das Sprichwort von dem Juden, welcher ertrank, weil er sich in den Brunnen schlafen gelegt hatte?“
„Ja.“
„Wie jenem Juden wird es auch Euch ergehen. Ihr begebt Euch in eine Gefahr, welche wie das Wasser des Brunnens über Euch zusammenfließen und Euch ersticken wird. Ich aber will Euer Unglück nicht; ich will Euch warnen. Ich rede hier mit Euch, damit Eure Untergebenen und Freunde nicht erfahren sollen, daß Ihr dennoch die Unwahrheit

gesagt habt. Ihr seht, daß ich mild und freundlich mit Euch bin. Nun aber verlange ich auch, von Euch die Wahrheit zu hören!“
„Wir haben sie bereits gesagt,“ betheuerte der Kiaja.
„Es sind also während dieser Nacht nicht Fremde durch diesen Ort geritten?“
„Nein.“
„Drei Reiter?“
„Nein.“
„Auf zwei Schimmeln und einem dunklen Pferd?“
„Nein.“
„Sie haben nicht mit Euch gesprochen?“
„Wie können sie mit uns gesprochen haben, wenn sie gar nicht hier gewesen sind! Wir haben keinen Fremden gesehen.“
„Gut! Ich habe es gut mit Euch gemeint, Ihr aber meint es desto schlimmer mit Euch selbst. Da Ihr mich belügt, so werde ich Euch nach Edreneh schaffen lassen, und zwar zum Weli selbst. Ich habe deßhalb die drei Khawassen mitgebracht. Man wird Euch dort schnell den Prozeß machen. Nehmt also Abschied von den Eurigen!“
Ich sah, daß Beide heftig erschracken.
„Effendi, Du scherzest!“ sagte der Ortsvorsteher.
„Was fällt Dir ein?“ antwortete ich, von meinem Sitz aufstehend. „Ich habe Euch weiter nichts zu sagen und werde jetzt die Khawassen rufen.“
„Aber wir sind unschuldig!“
„Man wird Euch beweisen, daß Ihr schuldig seid. Dann aber seid Ihr verloren. Ich hatte die Absicht, Euch zu retten. Ihr aber wollt es nicht. Nun möget Ihr auch die Folgen Eures Starrsinnes tragen!“
Ich schritt der Thüre zu, als ob ich die Polizisten rufen wollte; da aber trat der Kiaja mir schnell in den Weg und fragte:
„Effendi, ist's wahr, daß Du uns retten wolltest?“
„Ja.“
„Auch jetzt noch?“
„Hm! Ich weiß es nicht. Ihr habt geleugnet!“
„Aber wenn wir nun gestehen?“
„Dann ist's vielleicht noch Zeit.“
„Du wirst nachsichtig sein?“
„Vielleicht.“
„Und uns nicht gefangen nehmen?“
„Ihr habt nicht zu fragen, sondern zu antworten. Versteht Ihr mich? Was ich dann beschließe, das werdet Ihr erfahren. Grausam aber bin ich nicht.“
Sie blickten einander an. Der Nachtwächter erhob wie in stummer Bitte ein wenig die Hand.
„Und hier wird Niemand erfahren, was wir Dir erzählen, Effendi?“ fragte der Kiaja.

„Wohl schwerlich.“
„Nun gut, so sollst Du die Wahrheit hören. Gehe nicht hinaus; bleibe hier und sage uns, was Du wissen willst. Wir werden Dir nun antworten.“
Ich nahm meinen vorigen Platz wieder ein und wendete mich an den Nachtwächter:
„Also es sind Fremde in der Nacht durch das Dorf gekommen?“
„Ja.“
„Wer?“
„Nach Mitternacht ein Ochsenwagen. Später aber diejenigen, nach denen Du zu forschen scheinst.“
„Drei Reiter?“
„Ja.“
„Auf was für Pferden?“
„Auf zwei Schimmeln und einem Braunen.“
„Sprachen sie mit Dir?“
„Ja. Ich stand mitten auf der Straße, und da redeten sie mich an.“
„Sprachen alle Drei mit Dir?“
„Nein, sondern nur der Eine.“
„Was sagte er?“
„Er bat mich, zu verschweigen, daß ich diese drei Reiter gesehen habe, wenn ich gefragt werden sollte. Er gab mir ein Bakschisch.“
„Wie viel?“
„Zwei Piaster.“
„Ah, das ist viel, sehr viel!“ lachte ich. „Und für diese zwei Piaster hast Du gegen das Gebot des Propheten gesündigt und mir Lügen gesagt?“
„Effendi, nicht diese Piaster allein haben die Schuld.“
„Was noch?“
„Sie fragten mich, wie unser Kiaja heiße, und als ich den Namen sagte, begehrten sie, zu ihm geführt zu werden.“
„Kanntest Du sie oder einen von ihnen?“
„Nein.“
„Aber sie scheinen den Kiaja gekannt zu haben, da sie wünschten, mit ihm zu sprechen. Hast Du ihren Wunsch erfüllt und sie zu ihm geführt?“
„Ja.“
In Folge dessen wendete ich mich an den Ortsvorsteher, welcher sich offenbar in weit größerer Sorge befand, als sein Untergebener. Der unsichere Blick, welchen ich an ihm beobachtete, ließ leicht errathen, daß er sich nicht im Besitze eines guten Gewissens befand.
„Behauptest Du immer noch, daß Niemand durch das Dorf gekommen sei?“ fragte ich ihn.
„Effendi, ich hatte Angst,“ antwortete er.

„Wer Angst fühlt, hat Unrecht gethan! Du selbst gibst Dir da ein schlechtes Zeugniß."
„Herr, ich bin mir keines Unrechtes bewußt!"
„Wozu und woher also die Angst? Sehe ich aus wie ein Mann, vor dem man sich unschuldiger Weise zu ängstigen braucht?"
„O, vor Dir hatte ich keine Furcht."
„Vor wem denn?"
„Vor Manach el Barscha."
„Ah, so kennst Du ihn?"
„Ja."
„Wo hast Du ihn kennen gelernt?"
„In Mastanly und Ismilan."
„Wie oder wo bist Du da mit ihm zusammen getroffen?"
„Er ist Einnehmer der Kopfsteuer in Uskub und war nach Seres gekommen, um sich mit den dortigen Einwohnern zu besprechen. Er besuchte von da aus den berühmten Jahrmarkt zu Menlik."
„Wann war das?"
„Vor zwei Jahren. Dann hatte er in Ismilan und Mastanly zu thun, und an beiden Orten habe ich ihn gesehen."
„Hast Du auch mit ihm gesprochen?"
„Nein. Aber ich hörte kürzlich von ihm, daß er höhere Steuern erhoben hat, als er durfte, und daß er deßhalb geflohen sei. Er ist in die Berge gegangen."
„In die Berge gehen" heißt, wie bereits bemerkt, unter die Räuber gehen. Darum sagte ich in strengem Tone:
„So hattest Du, sobald er zu Dir kam, die Verpflichtung, ihn fest zu halten!"
„O Effendi, das durfte ich nicht wagen!"
„Warum nicht?"
„Es wäre mein Tod gewesen. Es wohnen so viele Männer in den Bergen; in allen Schluchten stecken sie, und ihre Verbündeten zählen nach vielen Hunderten. Sie kennen sich alle und rächen einander. Hätte ich ihn gefangen genommen, so wären seine Freunde gekommen und hätten mich getödtet!"
„Du bist ein Feigling und fürchtest Dich, Deine Pflicht zu thun. Du solltest keinen Augenblick länger Stareschin bleiben dürfen!"
„O Herr, Du irrst! Es ist mir nicht um mich zu thun; aber sie hätten unser ganzes Dörfchen dem Erdboden gleich gemacht."
Da öffnete sich die Thüre, und der Kopf des kleinen Hadschi erschien in der Öffnung.
„Sihdi," sagte er, „li ma' ak kelimet – ich habe ein Wort mit Dir zu sprechen."
Er sprach das, um von dem Kiaja und Nachtwächter vielleicht nicht verstanden zu werden, in arabischer Sprache, und zwar in dem westsaharischen Dialekt seiner Heimat.
„Schu haßa – was ist es?" fragte ich.

„Ta'a, kkawam, ist a' dschil – komm her; mach geschwind!“ antwortete er, ohne sich weiter zu erklären.
Ich ging also zu ihm hin. Er hatte mir jedenfalls etwas nicht Unwichtiges mitzutheilen.
„Nun rede!“ flüsterte ich ihm zu.
„Sihdi,“ erklärte er leise, so daß die Beiden ihn nicht zu verstehen vermochten. „Einer von den Ehalissi gab mir einen verstohlenen Wink und entfernte sich hinter das Haus. Ich folgte ihm so unauffällig wie möglich, und da sagte er, daß er uns Etwas mittheilen wolle, wenn wir ihm zehn Piaster bezahlen möchten.“
„Wo befindet er sich jetzt?“
„Noch hinter dem Hause.“
„Er hat Dir weiter nichts gesagt?“
„Nein, kein Wort.“
„Ich werde zu ihm gehen. Bleibe einstweilen hier, damit diese zwei Männer sich nicht gegen uns verständigen können.“
Zehn Piaster, ungefähr zwei Mark, das war gar nicht zu viel, um etwas Wichtiges zu erfahren. Ich ging nicht vorn auf die Dorfstraße hinaus, sondern ich verließ den Raum direkt durch den schmalen hinteren Ausgang. Da sah ich ein viereckiges Tschaly duwary, innerhalb dessen sich mehrere Pferde befanden. In der Nähe stand ein Mann, welcher augenscheinlich auf mich wartete. Als er mich sah, kam er schnell auf mich zu und sagte leise:
„Willst Du bezahlen, Effendi?“
„Ja.“
„So gib her!“
„Hier!“
Ich zog die kleine Summe hervor. Er steckte sie ein und raunte mir dann zu:
„Sie sind dagewesen!“
„Ich weiß es.“
„Er hat ihnen ein Pferd vertauscht.“
„Welches?“
„Einen Schimmel. Sie wollten drei Schimmel haben und ließen das Andere da. Siehe, dort in der Ecke steht es.“
Ich blickte hin. Die Farbe des Pferdes stimmte mit dem, was man mir gesagt hatte.
„Ist das Alles, was Du mir sagen wolltest?“ fragte ich.
„Nein, es kam kurz nach Mittag noch Einer, der sich nach ihnen erkundigt hat.“
„Bei wem?“
„Bei mir. Darum weiß ich es. Ich stand am Wege, als er kam, und er fragte nach drei Reitern, von denen zwei auf weißen Pferden geritten wären. Ich wußte nichts und wies ihn zum Wächter; dieser aber führte ihn dann zu dem Stareschin.“
„Hielt er sich lange auf?“
„Nein. Er schien es sehr eilig zu haben.“

„Kannst Du ihn beschreiben?“
„Ja. Er ritt einen alten Falben, der bereits sehr schwitzte. Auf dem Kopf hatte er ein rothes Fez, und da er sich in ein langes, graues Binisch gehüllt hatte, konnte ich nur noch seine rothen Kundura sehen.“
„Hatte er einen Bart?“
„Er war außer einem kleinen, hellen Byjik vollständig sakalsyz, wie ich bemerkt habe.“
„Wohin ritt er?“
„Nach Mastanly zu. Aber die Hauptsache hast Du noch gar nicht gehört. Nämlich der Kiaja hat in Ismilan eine Schwester, deren Mann der Bruder der Schut-a ist.“
Das war allerdings so wichtig, daß ich vor Überraschung einen Schritt zurück wich.
Dem Räuberunwesen auf der Balkanhalbinsel hat niemals gesteuert werden können; ja, grad in den gegenwärtigen Tagen berichten die Zeitungen fast ununterbrochen von Aufständen, Überfällen, Mordbrennereien und anderen Ereignissen, welche auf die Haltlosigkeit der dortigen Zustände zurückzuführen sind. Da oben nun, in den Bergen des Schar-Dagh, zwischen Prisrendi und Kakandelen, machte ein Skipetar von sich reden, welcher mit den Unzufriedenen, die er um sich versammelt hatte, bis hinüber zum Kurbecska-Planinagebirge und bis herab in die Thäler des Babuna streifte. Man erzählte sich, daß er sogar in den Schluchten des Perin-Dagh gesehen worden sei und in der Einsamkeit des Despoto-Planina seine Anhänger habe.
Seinen eigentlichen Namen wußte Niemand. El Aßfar, Saryk, Schut, so wurde er genannt, je nach der Sprache, deren man sich bediente. Diese drei Wörter bedeuten „der Gelbe“. Vielleicht hat er diese Färbung infolge einer Gelbsucht erhalten. Schut-a ist das serbische Femininum von Schut und bedeutet natürlich „die Gelbe“.
Also diese Schut-a, die Frau dieses Skipetaren, war eine Verwandte meines Kiaja. Das gab mir natürlich sehr zu denken. Doch konnte es mir nicht einfallen, ihm wissen zu lassen, was ich schloß und folgerte.
„Hast Du noch Etwas zu sagen?“ fragte ich den Mann.
„Nein. Bist Du nicht zufrieden?“
„O doch. Aber wie kommt es, daß Du Deinen Vorgesetzten gegen mich verräthst?“
„Effendi, er ist kein guter Mensch. Keiner hat ihn lieb, und Alle leiden unter seiner Ungerechtigkeit.“
„Weiß noch Jemand, daß Du mit mir sprichst?“
„Nein. Ich bitte Dich, es Keinem zu sagen.“
„Ich werde schweigen.“
Nach dieser Versicherung wollte ich abbrechen, da aber fiel mir ein, daß ich beinahe etwas sehr Nothwendiges unterlassen hätte.
„Bist Du in Ismilan bekannt?“ fragte ich.
„Ja.“
„So kennst Du auch wohl den Schwager des Kiaja, von dem Du behauptest, daß seine Schwester das Weib des Skipetaren sei?“

„Ja, ich kenne ihn."
„Was ist er?"
„Er ist Silahdschi und hat zugleich ein Kahwehane, wo seine Waffen zum Verkaufe aushängen."
„Wo wohnt er?"
„In der Gasse, welche nach dem Dorf Tschatak führt."
„Ich danke Dir! Aber nun schweige auch Du, so wie ich verschwiegen sein werde."
Jetzt nun ging ich nach dem Innern des Hauses zurück. Den Mienen des Kiaja und des Nachtwächters sah ich es nicht an, ob sie erriethen, daß meine Entfernung eine ihnen feindliche Ursache gehabt habe. Halef zog sich augenblicklich zurück.
„Nun," fuhr ich in dem unterbrochenen Gespräche fort, „möchte ich gern wissen, was dieser frühere Steuereinnehmer von Uskub bei Dir gewollt hat."
„Er erkundigte sich nach dem Wege," antwortete der Kiaja.
„Wohin?"
„Nach Sofala."
Sofala lag grad gegen Süden, während ich überzeugt war, daß die drei Flüchtigen nach West geritten seien. Dieser brave Kiaja wollte mich also von der richtigen Bahn ablenken. Ich ließ ihm natürlich nicht merken, daß ich seinen Worten keinen Glauben schenkte, doch fragte ich:
„Nicht wahr, Manach el Barscha kam von Edreneh?"
„Ja."
„So ist er von dort aus über Samanka, Tschingerli und Ortakiöj grad nach West geritten und nun hier ganz plötzlich nach Süd umgebogen. Wenn er nach Sofala wollte, konnte er doch sofort über Tatar, Ada, Schahandscha, Demotika und Mandra südlich reiten. Warum hat er in Folge dieses Winkels, dieser Ecke einen Umweg von mehr als sechzehn Reitstunden vor sich gelegt?"
„Ich habe ihn nicht gefragt."
„Und ich kann es nicht begreifen."
„Er darf sich nicht sehen lassen. Man will ihn fangen. Vielleicht hat er die Zabtie irre leiten wollen."
„Das ist möglich."
„Du suchst ihn auch? Du willst ihn fangen?"
„Ja."
„So mußt Du der Richtung folgen, die ich Dir angegeben habe."
„Es ist sehr gut, daß Du mir das gesagt hast. Wohnt in dieser südlichen Richtung kein Verwandter oder Bekannter von Dir, an den ich mich nöthigen Falls wenden könnte?"
„Nein."
„Aber Verwandte hast Du doch?"
„Nein."
„Keine Eltern?"

„Nein.“
„Keinen Bruder, keine Schwester?“
„Auch nicht.“
Das war eine Lüge. Und der Wächter, welcher jedenfalls die Verhältnisse seines Dorfobersten kannte, machte keine Miene, mir die Wahrheit zu verrathen. Diese beiden Menschen sahen mich für einen sehr hohen Herrn an; dennoch täuschten sie mich. Ich, der ich doch nur ein Fremder war, ganz allein auf mich selbst angewiesen, hatte natürlich nicht die mindeste Macht gegen sie in den Händen. List war es allein, die ich anwenden konnte, und diese bestand hier auch nur darin, daß ich mir den Anschein gab, als ob ich den Worten des Kiaja Glauben schenke. Ich zog mein Notizbuch aus der Tasche, blätterte darin, so thuend, als ob ich Etwas suche, machte dann eine Miene, wie wenn ich das Gesuchte gefunden hätte, und sagte:
„Ja, es ist richtig: der Stareschin von Bu-Kiöj, ein harter, rücksichtsloser und ungerechter Beamter. Dazu kommt, daß Du Flüchtlinge entkommen lässest, anstatt sie fest zu halten. Man wird Dir – –“
„Hart? Rücksichtslos? Ungerecht?“ unterbrach er mich. „Effendi, es ist ganz unmöglich, daß ich gemeint bin!“
„Wer anders denn? Ich habe heut keine Zeit, mich länger mit Dir zu befassen; aber Du kannst Dich darauf verlassen, daß eine jede Ungerechtigkeit ihre sichere Strafe findet. Hast Du gehört, was der Prophet von den Jiuhn Allah gesagt hat?“
„Ja, Emir,“ antwortete er kleinlaut.
„Sie sind schärfer als das Messer, welches Dir in das Herz dringt, um Dich zu tödten. Sie dringen tiefer; sie dringen in die Seele, und vor ihnen kann kein Leugnen bestehen. Denke immer an diese Augen des Allwissenden, sonst wird es Dir schlimmer ergehen, als einem 'abid elaßnam trotz der Ssalawat, welche Du pünktlich einzuhalten gewohnt bist! Ich gehe. Allah lenke die Gefühle Deines Herzens und die Gedanken Deines Kopfes! Allah jusellimak – Gott behüte Dich!“
Er verneigte sich tief und ehrerbietig und antwortete:
„Nesinin sa'id – Deine Jahre seien gesegnet!“
Der Nachtwächter verbeugte sich so tief, daß sein Gesicht fast den Boden berührte, und sagte türkisch:
„Akibetiniz chajir ola Sultanum – möge Ihr Ende gut sein, mein Herr!“
Er gab mir also jetzt den Plural anstatt den Singular, eine große Höflichkeit; doch als ich durch die Thüre hinaustrat, hörte ich den Kiaja, welcher mir soeben erst gesegnete Jahre gewünscht hatte, leise und ingrimmig murmeln:
„Ingali 'min hon.“
Es bedeutet das so ziemlich dasselbe, was in gebräuchlicherem Arabisch ausgedrückt wird: „ruh lildschehennum – geh' zum Teufel!“ Es war also wohl vorauszusehen, daß meine an ihn gerichtete fromme Ermahnung von keinem großen Nutzen sein würde.

Ich stieg wieder auf, und wir ritten zum Dorf hinaus, aber nicht in westlicher, sondern in südlicher Richtung. Erst als wir nicht mehr gesehen werden konnten, bogen wir wieder in den Weg ein, welcher uns nach Geren, einem ungefähr anderthalb Stunden entfernten Dorfe, führen mußte.
Erst jetzt bemerkte ich, daß wir nur noch zwei Khawassen bei uns hatten.
„Wo ist Dein Untergebener?“ fragte ich den Khawaß-Baschi.
„Er ist zurück nach Edreneh.“
Das antwortete er so ruhig, als ob es sich um etwas ganz und gar Selbstverständliches handle.
„Warum?“
„Er konnte uns nicht länger folgen.“
„Aber weßhalb denn?“
„Er hatte den basch dömnessi gölin. Er konnte es nicht länger mehr aushalten.“
„Wie kommt er denn zu diesem Schwindel?“
„Weil sein Pferd gelaufen ist,“ antwortete er ernsthaft.
„Du sagtest ja, Ihr könntet so fein reiten!“
„Ja; aber man muß das Pferd stehen bleiben lassen. Wenn es läuft, so wankt und wackelt und schaukelt es zum Erbarmen. Das vermag doch nur der Magen eines Kassak russialy auszuhalten. Meine Badschirsak sind verschwunden; sie sind weg; sie sind bis hinunter in diejenigen des Pferdes gerutscht; ich fühle sie nicht mehr; ich fühle nur noch den Schalwar, welcher mir da festklebt, wo ich mir meine gute, eigene Haut hinweggeritten habe. Wäre ich derjenige, der den Teufel zu bestrafen hat, so würde ich ihn verurtheilen, mit Euch nach Menlik zu reiten. Er würde ohne Haut und Knochen dort ankommen und lieber im stärksten Feuer der Hölle sitzen, als auf diesem Pferd.“
Das war eine Klagrede, über welche wir Andern zwar lachen mußten, doch that mir der Mann immerhin leid. Er machte ein gar zu jämmerliches Gesicht. Seine Haut war ihm trotz der kurzen Zeit, während welcher er auf dem Pferde saß, an einigen Stellen abhanden gekommen.
Seinem Kameraden erging es jedenfalls nicht besser, denn er murmelte in den Bart hinein:
„Wallahi, öjle dir – bei Allah, es ist so!“
Mehr als diesen Stoßseufzer ließ er zwar nicht hören, aber seinem Gesicht war es deutlich anzusehen, daß er ganz denselben körperlichen Empfindungen wie sein Vorgesetzter unterworfen war.
„Wer hat ihm denn die Erlaubniß gegeben, umzukehren?“ fragte ich den Letzteren.
„Ich,“ antwortete er, ganz erstaunt, daß ich überhaupt so fragen könne.
„Ich denke aber, daß ich es bin, den er hätte fragen sollen“
„Du? Effendi, bist Du Khawaß-Baschi, oder bin ich es?“
„Natürlich bist Du es; aber Du weißt doch wohl, wessen Befehle Du jetzt zu vollbringen hast!“

„Die Befehle des Kadi. Dieser aber hat mir nicht befohlen, in den Rücken dieses Pferdes ein solches Loch zu reiten, daß ich schließlich nur noch mit dem Kopf herauszugucken vermag. Ich will singen und lobpreisen wie ein Trub oder Esrafil, wenn ich wieder in Edreneh in meiner Kyschlag liege!“
Da meinte der kleine Hadschi:
„HerifKerl, wie kannst Du so unehrerbietig mit meinem Effendi sprechen! Er ist Dein Herr, so lange es ihm beliebt. Wenn er Dir befiehlt, zu reiten, so hast Du zu reiten, und wenn Dir Deine ganze Uniform an die Haut wachsen sollte. Warum hast Du das große Mundwerk gehabt und behauptet, daß Ihr so ausgezeichnet reiten könntet!“
„Was sagt dieser kleine Mann?“ entgegnete der Unteroffizier zornig. „Wie nennt er mich? Einen Kerl nennt er mich? Und doch bin ich ein Onbaschi des Beherrschers aller Gläubigen! Ich werde das nach meiner Rückkehr dem Kadi sagen!“
Der kleine Hadschi wollte antworten, doch Osco kam ihm zuvor. Er nahm das Pferd des Khawassen beim Zügel und sagte lachend in seiner heimatlichen (serbischen) Sprache:
„Kommen Sie, wacsche prewaszchodsztwo! Halten Sie sich fest am Sattel an, wiszoko blagorodni goszpodine! Jetzt geht das Wettrennen an!“
Im nächsten Augenblick sauste er mit dem Khawaß-Baschi im Galopp davon. Zugleich ergriff Omar Ben Sadok dem andern Khawaß in die Zügel und jagte mit ihm den Beiden nach.
„Fyrtyna! Tschapkyn! Chowarda! Oghul schejtani! Böjük oghul dschehennemi! Hala oghlu büjüdschüli! Badschanak fenalyki – Wetter und Donner! Schuft! Schurke! Teufelssohn! Höllenenkel! Hexenvetter! Bosheitsschwager!“
So und noch viel anders hörten wir die beiden Sicherheitsbeamten schreien, indem sie sich mit den Händen an den Sätteln oder Mähnen festklammerten. Wir folgten ihnen schnell nach. Die beiden armen Kerle thaten mir leid; aber sie waren doch bereits vollständig außer Athem, als ich sie eingeholt hatte.
Nun ergingen sie sich in Kraftäußerungen, welche der arabischen, türkischen, persischen, rumänischen und serbischen Sprache entnommen waren. In diesem Genre ist der Orientale, zumal der orientalische Soldat, sprachlich sehr vielseitig bewandert. Ich hatte große Mühe, ihren Zorn zu besänftigen, und es verging eine ganze Weile, ehe wir in ruhiger Stimmung weiter reiten konnten.
Nun gab es auch Zeit, unsere Meinungen über das Erlebniß in Bu-Kiöj auszutauschen.
Halef, dem Scharfsinnigen, fiel ganz ebenso, wie es bei mir der Fall gewesen war, der Umstand auf, daß heute nach Mittag ein Reiter sich nach den drei Flüchtigen erkundigt hatte.
„Er muß sie kennen,“ sagte er. „Er muß von ihrer Flucht wissen. Warum aber ist er nicht sogleich mit ihnen geritten, Sihdi?“
„Weil es wohl überhaupt gar nicht in seiner Absicht gelegen hat, mit ihnen zu reiten.“
„Aber warum folgt er ihnen nach?“
„Ich vermuthe, um sie von dem zu unterrichten, was heute noch geschehen ist.“

„Daß Du wieder frei bist?“
„Ja.“
„Daß Du diesen Ali Manach, den Tanzenden, gefangen genommen hast?“
„Ja, und wohl auch, daß der Tanzende nun todt ist.“
„Was wird Barud el Amasat dazu sagen?“
„Schreck und Wuth wird er empfinden, vorausgesetzt, daß es diesem Reiter gelingt, ihn einzuholen und ihm diese Nachricht zu bringen.“
„Warum sollte es ihm nicht gelingen? Er ist ja so schnell geritten, daß sein Pferd geschwitzt hat!“
„Es ist alt. Und eben weil es bereits geschwitzt hat, wird es nicht lang aushalten. Außerdem liegt es auch nicht in meiner Absicht, diesen Mann seine Absicht erreichen zu lassen.“
„Warum nicht?“
„Die Flüchtlinge würden durch ihn erfahren, daß ich frei bin und daß sie verfolgt werden. Das aber kann uns keineswegs lieb sein. Je sicherer sie sich fühlen, desto lässiger werden sie ihre Flucht betreiben, und desto eher und leichter werden wir sie einholen. Darum möchte ich dem Reiter, von welchem die Rede ist, schnell nachsetzen, um seine Absicht zu vereiteln.“
„Er hat einen zu großen Vorsprung.“
„Denkst Du etwa, Rih könne nicht mehr laufen?“
„Der Rappe, Sihdi? O, Rih heißt Wind und fliegt wie der Wind. Er hat lange Zeit keine Gelegenheit gehabt, zu zeigen, daß er stählerne Flechsen besitzt. Wie würde er sich freuen, einmal mit dem Sturm wetten zu können! Aber wir Andern vermögen ja nicht, Schritt zu halten.“
„Das ist auch gar nicht nöthig. Ich werde allein reiten.“
„Allein, Sihdi? Und was thun wir?“
„Ihr kommt so schnell wie möglich nach.“
„Wohin?“
„Ihr bleibt immer auf dem Wege nach Mastanly. Auch ich reite dorthin, schlage aber möglichst eine ganz grade Richtung ein. Da ich nun nicht weiß, wo ich ihn treffe, so kann ich auch nicht sagen, wo ich Euch erwarten werde.“
„Weißt Du denn, ob auch er die grade Richtung eingeschlagen hat?“
„Das hat er jedenfalls nicht gethan. Dieser Weg ist ganz gewiß viel zu beschwerlich für seinen alten Falben.“
„Aber wie nun, wenn Du ihn überholst?“
„So warte ich auf ihn.“
„Wirst Du denn erfahren, ob er vor oder hinter Dir ist?“
„Ich hoffe es.“
„Aber Du kennst diese Gegend nicht. Du kannst also sehr leicht in die Irre reiten; es kann Dir ein Unglück widerfahren. Nimm mich mit, Sihdi!“

„Habe keine Sorge, mein lieber Halef! Ich bin ja gut beritten und ebenso gut bewaffnet. Dich kann ich unmöglich mitnehmen, da Du doch der Anführer der Übrigen sein mußt."
Das schmeichelte seinem Stolz. Er willigte also in meinen Plan, und so gab ich ihm, Osco und Omar meine Weisungen. Da hierbei alle Möglichkeiten berücksichtigt und besprochen werden mußten, so hatten wir während einiger Zeit keine Acht auf die beiden Khawassen. Als ich mich dann zu diesen umdrehte, sah ich wohl den Reitkünstler-Korporal, nicht aber seinen Kameraden.
„Wo ist Dein Gefährte?" fragte ich erstaunt.
Er wendete sich auch um und rief dann bestürzt:
„Effendi! Er ritt hinter mir!"
Seine Bestürzung war keineswegs erheuchelt. Ich sah seinem Gesichte an, daß er sich wirklich in dem Glauben befunden hatte, den Kameraden hinter sich zu haben.
„Aber wo ist er denn?" fuhr ich fort.
„Nabedid almisch, boghulmisch, kajb etmisch, jog etmisch, bozmisch, sindirmisch – verschwunden, verdunstet, verloren, vernichtet, verwischt, verdaut!" antwortete er in seiner unbeschreiblichen Verblüffung.
„Aber Du mußt doch gemerkt haben, daß er zurückgeblieben ist!"
„Wie soll ich das merken? Hast denn Du es gemerkt? Ich werde sofort zurückeilen, um ihn zu holen!"
Er machte Miene, diesen Vorsatz auszuführen. Auf diese Weise hätte auch er sich vortheilhaft nach rückwärts zu concentriren vermocht.
„Halt!" sagte ich aber. „Du bleibst! Wir haben keine Zeit, diesen Ausreißer zu suchen oder zu warten, bis Du ihn gefunden hast!"
„Aber er soll doch mitreiten!"
„Das mache Du später mit ihm ab, wenn Du wieder in Edreneh bist! Jetzt folgst Du uns! Hadschi Halef Omar, habt, wenn ich fort bin, auf diesen Onbaschi ein wachsames Auge, damit er seine Pflicht erfülle!"
Jetzt ließ ich den Rapphengst laufen und konnte schon nach kurzer Zeit die Andern nicht mehr hinter mir erblicken.
In jener Gegend sind die Flecken nach bulgarischer Weise angelegt. Ein Bulgarendorf oder Celo liegt sehr oft von der Landstraße, oder was man mit diesem Namen zu bezeichnen beliebt, entfernt und folglich unsichtbar für die Mehrzahl der Reisenden. Gewöhnlich dehnt sich der Celo der Länge nach auf einer Prärie am Rande eines Baches aus, der ihm als Graben und natürliches Schutzmittel dient.
Jedes dieser Dörfer, die ziemlich eng auf einander folgen, zählt nur wenige Höfe, welche durch Grasplätze von einander getrennt sind. Sechs bis zehn Hütten bilden einen Hof. Diese Hütten werden entweder in die Erde gegraben und mit einem kegelförmigen Dache von Stroh oder Zweigen versehen, oder man errichtet sie aus Weidengeflecht, in welchem Falle sie das Aussehen von großen Körben besitzen. Jeder und Jedes hat seine abgesonderte Wohnung in diesen Höfen. Es gibt Hütten für die Menschen, für die

Pferde, die Rinder, die Schweine, die Schafe und die Hühner. Diese Thiere verlassen beliebig ihre Wohnungen und wandern friedlich zwischen den Höfen umher.

Westeuropäische Chausseen giebt es nicht. Schon das Wort Straße sagt viel zu viel. Will man von einem Celo zum andern, so sucht man sogar meist vergebens nach der Verbindung, welche wir einen Pfad oder Weg zu nennen gewöhnt sind. Wer fremd ist und ein nicht ganz und gar nahes Ziel verfolgt, muß, falls er von dem Ochsenkarrengleis, welches hier als Straße gilt, abweichen will, den Instinkt des Zugvogels besitzen und ist doch schlimmer daran, als dieser, da der Vogel die Luft ungehindert nach jeder Richtung durchstreichen kann, dem Menschen sich hier aber hundert Hindernisse in den Weg legen.

Ich beging wirklich ein Wagniß, als ich von dem nach Adatschaly führenden Wege abwich. Ich wußte nur, daß Mastanly ziemlich genau in südwestlicher Richtung lag, und konnte mich auf unüberbrückte Bäche, unbequeme Thäler und waldige Strecken gefaßt machen.

Zwischen nicht sehr zahlreichen Feldern und Rosengärten und über sonnverbrannte Grasflächen hin gelangte ich an mehreren Dörfern vorüber, bis ich doch endlich das Bedürfniß fühlte, mich zurecht zu fragen.

Hinter einem urwüchsig aus Weidenruthen gezogenen Zaun sah ich einen alten Mann beschäftigt, Rosenblätter einzusammeln. Ich lenkte das Pferd an den Zaun und grüßte. Er hatte mein Kommen nicht bemerkt und erschrack, als er meine Stimme hörte. Ich ersah, daß er mit sich zu Rathe ging, ob er näher kommen oder sich hinter die Rosenbüsche zurückziehen solle, und beeilte mich daher, ihm durch einige Worte Vertrauen einzuflößen. Das wirkte wenigstens so weit, daß er langsam herbeigeschritten kam.

„Was willst Du?“ fragte er.

Er musterte mich mit mißtrauischem Blick.

„Ich bin ein Dilendschi,“ antworte ich. „Möchtest Du mir nicht eine Gul es Semawat schenken? Dein Garten ist voll dieser herrlichsten der Rosen.“

Da lächelte er mich freundlich an und sagte:

„Reitet ein Bettler solch ein Pferd? Ich habe Dich noch nie gesehen. Du bist fremd?“

„Ja.“

„Und Du liebst die Rosen?“

„Sehr.“

„Ein böser Mensch ist nicht ein Freund der Blumen. Du sollst die schönste meiner Himmelsrosen haben, halb Knospe und halb aufgeblüht; dann ist ihr Duft so süß und entzückend, als komme er direkt von Allah's Thron.“

Er schnitt mir nach längerer Wahl zwei der Blüthen ab und reichte sie mir über den Zaun herüber.

„Hier, Fremdling!“ sagte er. „Einen einzigen Duft nur gibt es, welcher über denjenigen dieser Rose geht.“

„Welcher ist das?“
„Der Duft des Tütün dschebeli.“
„Kennst Du denn diesen Duft?“
„Nein; aber ich hörte davon sprechen und ihn rühmen als den herrlichsten der Wohlgerüche. Allah hat uns nicht erlaubt, ihn kennen zu lernen. Wir rauchen hier nur Tütün mysr bughdajy.“
„Hascha! Scheni! – Gott bewahre! Abscheulich!“
Er nickte mit dem Kopfe und erklärte:
„Ja, wir sind arm, sehr arm. Ich bin ein alter Rosenhüter und muß die Blätter des Maises in den Tabak schneiden.“
„Und doch ist Euer Rosenöl so theuer!“
„Sus ol – sei still! Wir wären wohl nicht so arm; aber die Babi humajun, die Babi humajun! Die steht stets offen für das, was hineinfließen soll. Die Paschas und Minister können wohl Dschebeli rauchen. Wenn ich ihn doch nur einmal riechen dürfte, nur riechen!“
„Hast Du denn eine Tabakspfeife?“
„O Allah! Ich werde doch wohl einen Tschibuk haben!“
„Nun, so komm einmal her!“
Ich nahm mein Bast-Etui aus der Satteltasche und öffnete es. Der Alte war so zutraulich gegen mich; ich mußte ihm eine Freude machen. Seine Augen waren mit Begierde auf das Etui gerichtet.
„Ein Dscheb tütünün!“ sagte er. „Nicht wahr, es ist Tabak darin?“
„Ja. Du hast mir zwei Deiner köstlichen Rosen geschenkt; ich werde Dir dafür von meinem Tabak geben.“
„O Effendi, wie gütig Du bist!“
Ich hatte zwei oder drei Briefcouverts bei mir. Ich füllte eins davon mit Tabak und gab es ihm. Er hielt es an die Nase, roch daran, zog die Brauen hoch empor und sagte:
„Das ist kein Maistabak!“
„Nein, sondern es ist Dschebeli.“
„Dschebeli!“ rief er aus. „Effendi, sagst Du mir auch die Wahrheit?“
„Ja. Ich täusche Dich nicht.“
„So bist Du nicht ein Effendi, sondern ein Pascha oder gar ein Nazyr. Nicht?“
„Nein, mein Freund. Der Dschebeli wird nicht nur an der hohen Pforte geraucht. Ich war da, wo er wächst.“
„Du Glücklicher! Aber ein hoher Herr bist Du doch!“
„Nein. Ich bin ein armer Müellif; aber die hohe Pforte hat mir doch ein wenig Dschebeli gelassen.“
„Und von dem Wenigen gibst Du mir! Allah offenbare Dir ein Jazyssy, für welches Dir Dein Basmadschy die Schätze Indien's bezahlt! Aus welchem Lande bist Du?“
„Aus Nemtsche memleketi.“
„Ist es das, welches wir auch Alemanja nennen?“

„Ja."
„Ich habe noch keinen Nemtsche gesehen. Sind die Eurigen alle so gut, wie Du?"
„Ich hoffe, daß sie so sind, wie Du und ich."
„Und was thust Du hier im Osmanly memleketi? Wo willst Du hin?"
„Nach Mastanly."
„Da bist Du doch vom Wege ab. Du mußt nach Geren, um von da zunächst nach Derekiöj zu kommen."
„Ich bin mit Absicht von diesem Wege abgewichen. Ich will in möglichst gerader Linie nach Mastanly reiten."
„Das ist für einen Fremden schwer, sehr schwer."
„Kannst Du mir nicht vielleicht den Weg beschreiben?"
„Ich werde es versuchen. Da blicke einmal gegen schenubi garb hinüber. Wo jetzt die Sonne auf die Höhen fällt, das sind die Berge von Mastanly. Nun weißt Du die Richtung. Du kommst durch viele Dörfer, auch durch Koschikawak. Dort mußt Du über den Burgasfluß, und dann liegt Mastanly grad im Westen. Deutlicher kann ich es Dir nicht sagen. Morgen Abend wirst Du dort sein."
Das war spaßhaft. Ich fragte lächelnd:
„Du bist wohl kein Reiter?"
„Nein."
„Nun, ich will heute auf alle Fälle bis Koschikawak kommen."
„Unmöglich! Kannst Du hexen?"
„Nein; aber mein Pferd läuft wie der Wind."
„Ich habe gehört, daß es so schnelle Pferde geben soll. Du willst also diese Nacht in Koschikawak bleiben?"
„Wahrscheinlich."
„Das freut mich sehr. Du sollst nicht einen Chan aufsuchen, denn am Eingang des Ortes wohnt mein Bruder, Schimin, der Demirdschi, welcher Dich mit Freuden aufnehmen wird."
Vielleicht konnte dieses Anerbieten mir von Nutzen sein. Darum antwortete ich:
„Ich danke Dir! Ich werde Deinen Bruder wenigstens im Vorüberreiten von Dir grüßen."
„Nein, nicht so! Du mußt wirklich bei ihm bleiben. Du hast mir von Deinem – w'Allah! Welch ein Duft! Wie aus der Kaaba der heiligen Stadt Mekka!"
Er hatte nämlich, während wir sprachen, eine kurze Pfeife hervorgezogen und sie gestopft. Jetzt sog er den ersten Rauch durch das Rohr und brach dabei in den Ausruf des Entzückens aus.
„Mundet er Dir?" fragte ich.
„Munden? Munden? Er geht durch die Nase wie das Sonnenlicht durch die Röthe des Morgens. So schwebt die Seele des Gerechten in die sieben Himmel ein. Effendi, warte, ich werde Dir Etwas holen!"

Er schien nicht nur ent-, sondern verzückt zu sein. Er rannte, so schnell seine alten Beine es ihm erlaubten, davon, kam aber sehr bald wieder zwischen den Rosensträuchern zum Vorschein.
„Effendi, rathe einmal, was ich hier in meiner Hand halte!“ sagte er, noch bevor er den Zaun erreicht hatte.
„Ich sehe nichts.“
„O, es ist klein, aber fast auch so viel werth wie Dein Dschebeli. Willst Du es sehen?“
„Zeige es mir!“
„Hier! Was ist es?“
Er hielt mir ein kleines, wohl verschlossenes Fläschchen entgegen und fragte abermals:
„Was ist in diesem Schischedschick? Sage es, Effendi!“
„Wird es wohl Gülab sein?“
Ich konnte ihm, dem armen Hüter, doch nur dieses zutrauen; er aber antwortete in gekränktem Tone:
„Gülab? O, Effendi, willst Du mich beleidigen? Gül jaghy ist es, ächtes Gül jaghy, so wie Du in Deinem Leben noch keins gesehen hast!“
„Von wem ist es?“
„Von wem? Von mir!“
„Du bist doch nur der Hüter dieses Gartens!“
„Ja, das bin ich, nur der Hüter; Du hast Recht. Aber mein Herr erlaubte mir, die eine Ecke des Gartens zu bepflanzen. Ich suchte mir die beste Sorte aus und habe gespart seit langer, langer Zeit. Zwei solche Fläschchen habe ich zusammengebracht. Das eine wollte ich heute verkaufen; man hat mich darum betrogen. Das andere ist Dein. Ich schenke es Dir.“
„Mann, was sagst Du?“
„Es ist Dein.“
„Höre einmal, wie ist Dein Name?“
„Jafiz heiße ich.“
„Nun, Jafiz, Du bist toll!“
„Warum?“
„Weil Du dieses Öl verschenken willst.“
„Öl? Öl? O, sage nicht dieses Wort! Zad und Chülasse ist's, aber kein gewöhnliches Öl. In diesem kleinen Fläschchen wohnen die Seelen von zehntausend Rosen. Willst Du es verschmähen, Effendi ?“
„Ich kann es nicht annehmen.“
„Warum nicht?“
„Du bist arm; ich darf Dich nicht berauben.“
„Wie kannst Du mich berauben, da ich es Dir ja schenke? Dein Dschebeli ist ebenso kostbar wie diese Essenz.“

Um nur eine Unze gutes Öl zu gewinnen, bedarf man sechshundert Pfund der besten Rosenblätter. Ich wußte das. Darum sagte ich:
„Und dennoch darf ich dieses Geschenk nicht annehmen."
„Willst Du mich betrüben, Effendi?"
„Nein."
„Oder beleidigen?"
„Auch nicht."
„Nun, ich sage Dir: wenn Du es nicht annimmst, so schütte ich das Öl jetzt auf die Erde!"
Ich sah, daß es ihm Ernst war.
„Halt!" bat ich. „Du hast das Öl destillirt, um es zu verkaufen?"
„Ja."
„Nun gut; ich kaufe es Dir ab."
Er lächelte mich sehr überlegen an und fragte:
„Wie viel würdest Du mir bieten?"
Ich zog so viel, wie ich nach meinen Kräften zu geben vermochte, hervor und hielt es ihm hin.
„Das gebe ich Dir dafür."
Er nahm es in die Hand, zählte und sagte, indem er unter einem bezeichnenden Lächeln den Kopf auf die Seite legte:
„Effendi, Deine Güte ist größer als Dein Beutel!"
„Darum bitte ich Dich, Dein Öl zu behalten. Du bist zu arm, um es mir zu schenken, und ich bin nicht reich genug, es zu kaufen."
Er lachte und antwortete:
„Ich bin reich genug, es zu verschenken, denn ich habe Deinen Tabak, und Du bist arm genug, es von mir annehmen zu können. Hier hast Du das Geld zurück!"
Diese Freigebigkeit war zu groß, als daß ich sie hätte annehmen können. Ich konnte mir denken, daß das Sümmchen, welches ich ihm gegeben hatte, für ihn denn doch nicht ohne Werth sein werde. Ebenso sah ich, daß er das Fläschchen nicht wieder nehmen werde. Darum wies ich das Geld zurück, indem ich in bestimmtem Tone ihm erklärte:
„Wir beide wollen uns beschenken, ohne reich zu sein; darum ist es besser, wir behalten, was wir von einander bekommen haben. Wenn ich mein Watan glücklich erreiche, werde ich den schönen Frauen, die sich an dem Wohlgeruche Deines Öles erfreuen, von dem Rosengärtner Jafiz erzählen, welcher so freundlich gegen mich gewesen ist."
Dies schien ihn zu erfreuen. Sein Auge begann zu glänzen. Er nickte mir befriedigt zu und fragte:
„Sind die Frauen Deines Landes Freundinnen der Wohlgerüche, Effendi?"
„Ja; sie lieben die Blumen, die ihre Schwestern sind."
„Und hast Du noch lange Zeit zu reiten, ehe Du zu ihnen kommst?"
„Vielleicht noch wochenlang. Und dann, wenn ich vom Pferde steige, habe ich noch tagelang auf dem Gemi und auf der Demir jol zu fahren."

„Das ist weit, sehr weit. Kommst Du da vielleicht in gefährliche Gegenden und zu bösen Leuten?"
„Das ist sehr möglich. Ich muß durch das Land derjenigen, die in die Berge gegangen sind."
Er blickte erst sinnend vor sich nieder; dann musterte er mich aufmerksam und endlich sagte er:
„Effendi, des Menschen Angesicht ist wie die Oberfläche des Wassers. Das eine Wasser ist rein, hell und klar, und seinem leuchtenden Spiegel vertraut sich der Badende gern an. Das andere Wasser aber ist finster, dick und schmutzig; wer es erblickt, der ahnt Gefahr und geht eiligst vorüber. Das erstere gleicht dem Antlitz des guten und das zweite demjenigen des bösen Menschen, des Bösewichtes. Deine Seele ist freundlich und hell; Dein Auge ist klar, und in Deinem Herzen lauert weder Gefahr noch Verrath. Ich möchte Dir Etwas sagen, was ich sehr selten einem Bekannten mitgetheilt habe. Und Du bist doch ein Fremder."
Diese Worte mußten mich erfreuen, obgleich ich keine Ahnung von der Natur seiner Mittheilung haben konnte. Ich antwortete:
„Deine Worte sind warm und sonnig wie die Strahlen, welche auf das Wasser fallen. Sprich weiter!"
„In welcher Richtung wirst Du von Mastanly aus reiten?"
„Nach Menlik zunächst. Dort aber wird es sich entscheiden, welche Richtung ich einschlage. Vielleicht muß ich nach Uskub und von da hinauf in die Berge von Kostendil."
„Wullak – wehe Dir!" entfuhr es ihm.
„Hältst Du diesen Weg für schlimm?"
„Für sehr schlimm. Bist Du in Kostendil und willst an das Meer, so mußt Du über den Schar-Dagh nach Perserin, und da haben sich die Skipetars und Katschkyuler versteckt. Sie sind arm; sie haben nur ihre Waffen; sie müssen vom Raube leben. Sie werden Dir Alles, Alles nehmen, was Du hast, vielleicht sogar das Leben!"
„Ich werde mich zu vertheidigen wissen!"
Er schüttelte leise den Kopf und sagte:
„Bir gendsch kan war on bin küstachlück – ein junges Blut hat zehntausend Muth! Und Du bist noch jung. Du hast zwar viele Waffen bei Dir, aber was helfen sie gegen zehn oder zwanzig und gar fünfzig Feinde?"
„Mein Pferd ist schnell!"
„Ich bin kein At agnajan, doch sehe ich, daß Dein Rappe kein At erkek ketschi ist; aber diejenigen, welche in die Berge gehen, besitzen auch nur tschapuk hajwanlar. Sie werden Dich leicht einholen."
„Mein Hengst ist von reinem Blute; er heißt Wind und läuft wie der Wind."
„So werden Dich doch ihre Kugeln treffen, denn die Kugel fliegt schneller als das flinkeste Pferd. Die Skipetars sind Pferdekenner; sie werden sofort sehen, daß Dein Pferd den

ihrigen überlegen ist, und Dich also nicht offen erwarten, sondern aus dem Hinterhalt auf Dich schießen. Wie willst Du Dich vor ihnen verwahren?"
„Durch Vorsicht."
„Auch diese wird Dich nicht retten, denn das Sprichwort sagt: Sakinma dir kawl kabahatun. Du bist ein ehrlicher Mann; sie werden zehn Mal vorsichtiger sein als Du! Erlaube mir, daß ich Dich warne!"
„Steht diese Warnung vielleicht in Beziehung zu dem, was Du mir sagen wolltest?"
„Ja."
„So bin ich sehr wißbegierig, es zu erfahren."
„Nun, ich will Dir anvertrauen, daß es ein Kiaghad eminlikün gibt, welches die Freunde, Bekannten und Verbündeten der Unheimlichen besitzen."
„Woher weißt Du das?"
„Das weiß hier Jedermann. Aber nur Wenige kennen die Art und Weise, wie es zu erlangen ist."
„Und Du aber weißt es?"
„Nein. Ich bleibe in meinem Garten und mache niemals eine Reise. Aber Schimin, mein Bruder, ist ein Bildschi und auch ein Bildirdschi. Ich darf Dir das sagen, weil ich Dir vertraue, und weil Du dieses Land ja bald verlassen wirst."
„So wäre es mir lieb, wenn er dasselbe Vertrauen zu mir hätte!"
„Er wird es haben, wenn ich Dich schicke."
„Könntest Du mir nicht einige Zeilen an ihn geben?"
„Ich kann nicht schreiben. Aber zeige ihm Dein Rosenöl. Er kennt das Fläschchen ganz genau; er weiß, daß ich es an keinen Unwürdigen verkaufe oder verschenke. Und dann, wenn Du es ihm zeigest, so sage ihm, daß Dich sein Öje-kardasch oder sein Jary-kardasch sendet. Kein Mensch weiß, daß wir verschiedene Mütter hatten. Sende ich ihm eine vertrauliche Botschaft, so dient das Öje oder Jary stets als Zeichen, daß er dem Boten trauen kann."
„Ich danke Dir! Du glaubst also, daß er mir Näheres über das Kiaghad eminlikün mittheilen werde?"
„Ich hoffe es. Es sind in dieser Gegend – –"
Er hielt inne und lauschte. Von weit hinten im Garten hatte sich ein lauter Pfiff hören lassen, welcher jetzt wiederholt wurde.
„Mein Herr ruft," fuhr er fort. „Ich muß zu ihm. Hast Du Dir Alles gemerkt, was ich Dir gesagt habe?"
„Alles."
„Nun, so vergiß es nicht unterwegs. Allah sei bei Dir und gebe Dir die Erlaubniß, den schönen Frauen Deines Vaterlandes die Düfte meines Gartens zu bringen!"
Noch ehe ich antworten konnte, hatte er sich von dem Zaune entfernt, und im nächsten Augenblick war das Geräusch seiner Schritte nicht mehr zu hören.

Konnte ich das Begegnen mit dem Gartenaufseher ein für mich glückliches nennen? Ein unglückliches jedenfalls nicht. Beruhte das, was er mir von dem Papiere der Sicherheit gesagt hatte, auf Wahrheit? Wie ein Lügner hatte er nicht ausgesehen. Auf alle Fälle war es gut, seinen Bruder aufzusuchen, dessen Schmiede höchst wahrscheinlich an dem Wege lag, den nicht nur meine Begleiter, sondern auch der Reiter, welchem ich die Richtung verlegen wollte, einschlagen mußten.
Ich ritt weiter. Mein Pferd hatte sich während des Gespräches verschnauft und konnte nun desto besser ausgreifen.
Wollte ich mich in gerader Linie halten, so mußte ich über Höhen hinweg, welche jedenfalls große Schwierigkeiten boten. Darum beschloß ich, mich lieber möglichst am Fuße derselben zu halten.
Von dem Plateau Tokatschyk kommend, sucht der Burgasfluß in ziemlich grad nördlicher Richtung die Arda zu gewinnen, welcher er bei Ada seine Wasser zuführt. An diesem kleinen Flusse liegt Koschikawak. Der stumpfe Winkel, welchen er mit der Arda bildet, schließt eine Niederung ein, welche nach Süden zu immer höher emporsteigt und dann in die Hochebene von Taschlyk übergeht. Diese Höhe wollte ich vermeiden.
Es gelang mir dies, obgleich ich die Gegend nicht kannte, keine eigentlichen Wege fand und mehrere Flüßchen, welche der Arda von links her zuströmten, überschreiten oder vielmehr durchschwimmen mußte.
Die Sonne hatte sich immer mehr gesenkt und war sodann hinter den fernen Bergen verschwunden. Ich konnte auf eine nur kurze Dämmerung rechnen und ließ den Rappen galoppiren, bis ich abermals an ein ziemlich breites Wasser kam und da bemerkte ich, daß unterhalb meines Haltortes eine Brücke über dasselbe führte.
Ich ritt zu ihr hin und fand eine Straße. Als ich über die Brücke gekommen war, fand ich – zum ersten Male in der Türkei einen Wegweiser. Er bestand aus einem Felsstück, welches aus der Erde ragte und auf das man mit Kalk zwei Worte geschrieben hatte.
Hätte ich die Bedeutung oder vielmehr den Zweck dieses Steines nicht errathen, so wäre ich von dem ersten der beiden Wörter „Kylawuz“ eines Genauen unterrichtet worden, denn dieses Wort heißt eben Wegweiser.
Das andere Wort aber lautete „Dere Kiöj“. Daß dieses ein Dorf bedeute, das wußte ich; wo aber lag es? Der Wegweiser war da; das Wort stand auf demselben; aber leider war der Stein oben abgeplattet, und auf dieser horizontalen Abplattung standen die beiden Worte.
Grad aus führte das Ding, welches ich soeben Straße genannt habe, und nach rechts hin, dem Wasser entlang, führte ein eben solches Ding. Welches dieser beiden „Dinge“ aber ging nach Dere Kiöj? Welchen Nutzen also brachte mir dieser „erste“ Wegweiser?
Ich überlegte, daß der Wasserlauf, an welchem ich mich befand, der Burgas wohl nicht sein könne, und daß, folgte ich ihm, ich zu weit nördlich kommen würde. Daher beschloß ich, grad aus zu reiten.

Es wurde mittlerweile ganz dunkel. Ich sah gar nicht, ob mein Pferd das „Ding" noch unter den Hufen habe, wußte aber, daß ich mich auf meinen Rappen verlassen konnte. So war ich wohl gegen eine halbe Stunde weiter getrabt, als das Pferd unter leisem Schnauben den Kopf auf und nieder bewegte.

Ich strengte meine Augen an und bemerkte rechts von mir einen breiten, dunklen Gegenstand, von welchem aus eine Erhöhung gegen den düsteren Himmel strebte. Es war ein Haus mit einem hohen Schornstein.

Sollte dies die gesuchte Schmiede sein? Dann befand ich mich ja ganz in der Nähe von Koschikawak, welches ich suchte.

Ich ritt näher an das Haus heran.

„Bana bak – hört!" rief ich.

Niemand antwortete.

„Sawul, alargha – holla, aufgeschaut!"

Es blieb ruhig. Auch bemerkte ich kein Licht. Sollte das Haus unbewohnt, vielleicht eine Ruine sein?

Ich stieg vom Pferde und führte es ganz an das Mauerwerk heran. Rih begann, wieder zu schnauben. Das kam mir verdächtig vor. Trotzdem er ein Araber war, hatte er doch von mir eine indianische Schulung erhalten. Wenn er in dieser Weise schnaubte, das heißt, wenn er durch die weit geöffneten und vorgestreckten Nüstern die Luft so prüfend einsog und dann in einzelnen, möglichst leisen Absätzen wieder ausstieß, dann war ganz sicher „Etwas nicht richtig im Staate Dänemark".

Ich zog also die beiden Revolver hervor und begann, das Haus an seiner Außenseite zu untersuchen. Es war einstöckig und lang gestreckt. Die Thüre war verschlossen. Ich klopfte mehrere Male vergebens. Links von ihr fand ich drei ebenfalls verschlossene Fensterläden, in dieser Gegend eine Seltenheit. Rechts von ihr fand ich eine zweite, viel breitere Thüre, welche mit einem Hängschlosse versehen war. Daneben aber standen und lagen verschiedene landwirthschaftliche und andere Gegenstände, welche mir die Gewißheit gaben, daß das Haus eine Schmiede sei.

Ich ging weiter – um die Ecke hinum. Ich fand aufgehäuftes Holzwerk, welches jedenfalls zum Verbrennen bestimmt war. Hinter dem Hause gab es ein kleines Viereck, eingezäunt mit Pfählen, welche in die Erde gestampft waren, so wie man es in deutschen Dörfern für Schweine oder Gänse herzustellen pflegt. Das Viereck schien leer zu sein, denn es war nicht die mindeste Bewegung zu bemerken.

Und dennoch schnaufte grad hier mein Rappe weit mehr und ängstlicher als vorher. Er schien sich zu scheuen, ganz an die Umzäunung heran zu treten.

Ich will nicht sagen, daß dies mir geradezu verdächtig vorgekommen sei, aber es war mir doch eine Veranlassung, meine Vorsicht zu verdoppeln. Das Haus war verschlossen, also bewohnt. Sollte man aber eine Wohnung in solcher Gegend und des Nachts ohne alle Aufsicht lassen? Es war leicht möglich, daß hier wenigstens etwas Ungewöhnliches vorgekommen sei, und ich nahm mir vor, die Sache weiter zu untersuchen.

Da mir das Pferd dabei nur hinderlich war und es auch leicht in eine unvorhergesehene Gefahr kommen konnte, so mußte ich das werthvolle Thier sichern. Ich hatte zum Anhobbeln weder Pflock noch Lasso, weder Strick noch Riemen; darum ließ ich es mit den Vorderbeinen in die Zügel treten. Es war dadurch so gefesselt, daß es sich nicht weit entfernen konnte, selbst wenn es dies ganz gegen seine Gewohnheit hätte thun wollen. Und sollte es ja während meiner Abwesenheit in irgend einer Weise bedroht werden, so war ich überzeugt, daß es sich mit den Hinterhufen auf das Tapferste zur Wehre setzen werde.

Nun erst trat ich ganz an die Umpfählung heran und zog eines der Wachshölzchen hervor, von denen ich mir in einer Bakkal-dükkiany in Edreneh einen kleinen Vorrath gekauft hatte. Ich brannte es an und leuchtete über die Umzäunung hinein.

Da lag ein Thier, riesig groß und lang und dicht behaart, grad wie ein Bär. Das Flämmchen erlosch; es war nun wieder dunkel. Welch ein Thier war das? War es lebendig oder todt? Ich nahm die Büchse herab und stieß es an. Es regte sich nicht. Ich stieß kräftiger, und dennoch blieb es unbeweglich. Das war nicht Schlaf, sondern Tod.

Ich stieg, da mir die Sache nun doch verdächtig vorkam, über die ungefähr vier Fuß hohen Pfähle, bückte mich nieder und befühlte das Thier. Es war kalt und steif, also todt. Das Fell war an mehreren Stellen klebrig. War das Blut?

Ich betastete den Körper. Ein Bär war es nicht, denn ich fühlte einen langen, zottigen Schwanz. Man sagt zwar, daß es auf den Höhen des Despodo-Dagh, Schar-Dagh, Kara-Dagh und Perin-Dagh noch vereinzelt Bären gebe. Ich will das nicht in Abrede stellen; aber wie sollte sich ein solcher grad hieher verlaufen haben, um in dieser Verzäunung zu verenden? Und wäre er in dieser Umgegend erlegt worden, so hätte man ihn gewiß nicht hier herein geworfen, ohne ihm vorher das Fell zu nehmen, ganz von dem sehr brauchbaren Fleisch abgesehen.

Um zu sehen, mit welcher Art von Thier ich es zu thun habe, fühlte ich nun nach den Ohren. Sapristi! Der Kopf des Thieres war zerschmettert, und zwar so, daß es eines sehr schweren Instrumentes bedurft hatte!

Ich brannte ein zweites Hölzchen an und sah nun, daß das erschlagene Thier ein allerdings wahrhaft riesiger Hund war, wie ich noch keinen gesehen hatte.

Wer hatte ihn erschlagen, und warum war dies geschehen? Der Besitzer des Thieres hatte es jedenfalls nicht gethan. Und ein Fremder, der so Etwas thut, kann dabei keine andere als nur eine böse Absicht verfolgen.

Ich begann zu ahnen, daß hier ein Verbrechen begangen worden sei. Zwar drängte sich mir die Frage auf, was das grad mich angehe, und warum grad ich mich in Gefahr begeben solle; aber ich hatte Grund, zu vermuthen, daß die Schmiede dem Bruder des Rosengärtners gehöre, und da fühlte ich denn doch die Verpflichtung, die Sache näher zu untersuchen.

Wenn ich dabei an Gefahr dachte, so geschah dies wohl mit vollem Recht. Die Thäter konnten sich ja noch im Hause befinden. Vielleicht verhielten sie sich ruhig, weil sie den Hufschlag meines Pferdes gehört und also meine Ankunft bemerkt hatten.
Wie aber an sie kommen? Sollte ich die Ankunft meiner Gefährten erwarten? Was konnte bis dahin im Innern des Hauses geschehen! Nein, ich mußte handeln.
Ich hatte die vierte Seite, die westliche Giebelseite des Hauses, noch nicht untersucht. Ich schlich mich leise hin und bemerkte dort zwei Läden; der eine war von innen befestigt, der andere aber – – ließ sich öffnen.
Ich überlegte.
Wollte ich einsteigen, so konnte ich augenblicklich eine Kugel vor den Kopf erhalten. Doch just der Umstand, daß von den vorhandenen fünf Läden – denn drei befanden sich auf der vordern Seite – nur dieser eine nicht befestigt war, ließ mich vermuthen, Niemand befinde sich im Innern. Um die Entdeckung möglichst hinaus zu schieben, hatte man Alles verschlossen und war dann durch dieses Fenster gestiegen, dessen Laden man also nur hatte fest andrücken, aber nicht von innen befestigen können.
Dennoch befand ich mich in einer mehr als heiklen Lage.
Ich zog den Laden leise so weit auf, daß ich für meinen Arm Platz fand, und langte hinein. Fenster sind in dieser Gegend selten, und darum fand ich auch, was ich erwartet hatte, nur eine fensterähnliche Öffnung, die weder durch Glas, noch durch einen andern Gegenstand versperrt war.
Ich lauschte. Es war mir, als ob sich innen ein dumpfes, unterdrücktes Gepolter vernehmen ließe. Befand sich doch Jemand im Hause? Sollte ich rufen? – Nein.
Ich kehrte zur andern Giebelseite zurück und holte einen Arm voll des Geästes, welches ich dort bemerkt hatte. Ich machte ein dichtes Bündel, setzte es in Brand und warf es durch das Fenster. Mich vorsichtig an die Seite haltend, blickte ich hinein.
Das Gebäude war nicht hoch; die Fensteröffnung lag sehr niedrig; die Reiser brannten hell, und ich erblickte einen großen, viereckigen Raum, dessen Fußboden aus hart geschlagenem Lehm bestand, und rundum diejenigen Gegenstände, welche man in einer armen, rumelischen Wohnung zu finden pflegt. Von einem menschlichen Wesen keine Spur!
Ich warf mehr Reiser auf das Feuer, nahm meinen Fez vom Kopfe, stülpte ihn auf den Büchsenlauf und schob ihn langsam in die Öffnung. Das sah von drinnen jedenfalls so aus, als ob ich hineinsteigen wolle.
Ich wollte damit die etwa drinnen Versteckten verführen, sich zur Wehre zu setzen; aber es regte sich nichts.
Da zog ich die Büchse zurück, lehnte sie mit dem Stutzen, da beide mich nur hindern konnten, an die Mauer, setzte den Fez wieder auf – ein Schwung, und ich hatte den Oberkörper im Innern. Ich war bereit gewesen, ihn schnell wieder zurückzuziehen; aber dieser erste Blick genügte, mir zu zeigen, daß sich kein feindliches Wesen in dem Raume befand.

Nun stieg ich vollends hinein, langte hinaus, um meine Gewehre hereinzunehmen, und blickte mich um.
In diesem Augenblick wiederholte sich das vorhin erwähnte Poltern. Dies war für mich um so beunruhigender, als das Feuer, welches überdies einen scharfen, in die Augen beißenden Qualm verbreitete, erlöschen wollte. Ich freute mich daher, als ich in einer Ecke ein Häufchen langer Späne bemerkte, das hier vielleicht gebräuchliche Beleuchtungsmaterial.
Ich brannte einen Span an und steckte ihn in ein Mauerloch, welches jedenfalls zu diesem Zweck diente, wie ich an der rauchgeschwärzten Umgebung desselben bemerkte. Dann zog ich den Laden zu und band ihn mittels der an ihm befindlichen Schnur fest, um nach außen hin gesichert zu sein.
Mit einem zweiten angezündeten Span begann ich nun den Raum zu untersuchen.
Die Mauern bestanden aus festgestampfter Erde. Sie faßten die Stube auf drei Seiten ein, während die vierte Seite von einem von der Decke bis zum Boden herabreichenden Strohgeflecht gebildet wurde, in welchem sich eine Öffnung zum Passiren befand.
Als ich nun durch diese Öffnung trat, befand ich mich in einer kleineren Abtheilung, deren Boden zum Theil durch eine aus Weidengeflecht verfertigte Fallthüre gebildet wurde. Gab es hier einen Keller? Das war ja in einem solchen Hause etwas Seltenes!
Und jetzt hörte ich das vorige Geräusch. Es war raschelnd und polternd und kam unter der Fallthüre hervor.
Ich holte mir noch mehrere Späne und hob dann die Thüre empor. Das Weidengeflecht derselben konnte einen Menschen tragen, ohne durchzubrechen, weil es über Pfosten befestigt war. Ich leuchtete hinab. Der Span brannte so düster, daß ich nur mit Mühe bemerken konnte, daß der Keller über Mannestiefe hatte.
Eine Treppe oder Leiter sah ich nicht. Doch sobald der Schein des Lichtes hinabfiel, ließ sich unten ein sehr deutliches Stöhnen vernehmen.
„Kün aschaghda – wer ist da unten?“ fragte ich laut.
Ein doppeltes Stöhnen antwortete. Das klang gefährlich. Ich konnte nicht ewig nach einer Leiter suchen. Ich nahm den brennenden Span in die eine Hand und die andern Späne in die zweite Hand und sprang hinab.
Ich trat mit den Füßen auf einen unten liegenden Gegenstand und stürzte hin. Das Licht erlosch. Aber in einigen Sekunden hatte ich den Span wieder angebrannt und leuchtete umher.
Ich befand mich in einem viereckigen, kellerartigen Loch und erkannte in dem Gegenstand, auf den ich gesprungen war, eine Leiter. Da unten lagen Holzkohlen neben allerlei Gerümpel, und Beides, die Kohlen und das Holzgerümpel, bewegte sich.
Ich fand ein für den Span bestimmtes Loch, steckte ihn hinein und begann, die Kohlen zur Seite zu räumen. Meine Hände trafen auf eine menschliche Gestalt, welche ich hervorzog. Es war ein Mann, an Händen und Füßen gebunden; der Kopf war fest in ein Tuch eingewickelt.

Rasch löste ich den Knoten des Tuches, und nun kam ein blauschwarzes Gesicht zum Vorschein, welchem ich bei der mangelhaften Beleuchtung nicht anmerken konnte, ob diese Färbung eine Folge von Ruß und Kohlen oder des nahe gewesenen Erstickungstodes sei.
Der Mann holte tief und keuchend Athem, starrte mich mit weit hervorgetretenen, blutunterlaufenen Augen an und stöhnte dann:
„Bre, he; kerem ediniz – ha, zu Hülfe! Habe Gnade, Gnade!“
„Teskin-etmisch; im senin dost – sei ruhig; ich bin Dein Freund!“ antwortete ich. „Benim-war sana chalas – ich bringe Dir Rettung!“
„Kurtar ewwel fil hal benim awret – rette vorher geschwind mein Weib!“ stieß er hervor. Der brave arme Kerl dachte mehr an seine Frau als an sich.
„Ne jerde ol – wo ist sie?“
„Schurda – dort!“
Er konnte mit seinen gefesselten Händen keine Bewegung machen; aber sein Blick war voll Angst auf einen zweiten Kohlenhaufen gerichtet, welcher mit dem erwähnten Gerümpel belastet war.
Ich räumte dasselbe weg und zog die Frau hervor, welche ganz ebenso wie ihr Mann gebunden war. Als ich das Tuch von ihrem Gesicht entfernt hatte, bemerkte ich einen dicken Schaum vor ihrem Mund. Sie war dem Ersticken nahe gewesen.
„Ma una, ma una – zu Hülfe, zu Hülfe!“ erklang es gurgelnd.
Ihr Körper bewegte sich in krampfhaften Zuckungen. Ich schnitt mit dem Messer die Stricke durch. Sie warf die Arme wie eine Ertrinkende um sich, stampfte mit den Füßen und schnappte nach Luft.
Diese Bewegungen waren dem Athmen förderlich. Ein heiserer Schrei entrang sich ihrer Brust, und dann schöpfte sie in einem langen, langen Zuge den entbehrten Odem.
Nun schnitt ich auch die Fesseln ihres Mannes durch. Er hatte nicht so viel gelitten wie sie und richtete sich sofort empor. Während ich einen neuen Span ansteckte, rief er aus: „Ja rahim! Idi-k ölüma jakin – o Gott! Wir waren dem Tode nahe! Ejwallah; müteschekkürüm – ich danke Dir; ich danke Dir!“
Dann kniete er zu seiner Frau nieder, die zum Erbarmen schluchzte.
„Sus, susol; etme aghlamak – still, still; weine nicht!“ bat er sie. „Iz serbest – wir sind frei!“
Er nahm sie in die Arme und küßte ihr die Thränen von den Wangen. Sie umschlang ihn und schluchzte weiter. Ohne mich jetzt zu beachten, sprach er ihr beruhigend zu, bis ihr leiser und leiser werdendes Weinen ganz aufgehört hatte. Dann richtete er sie auf und wendete sich wieder zu mir, da ich unterdessen beschäftigt gewesen war, das Licht mittels neu aufgesteckter Späne zu unterhalten.
„Herr,“ sagte er, „Du bist unser Befreier, unser Retter. Wie sollen wir Dir danken! Wer bist Du, und wie ist es Dir gelungen, uns zu finden?“
„Das sind mehrere Fragen,“ antwortete ich, „die ich Euch oben beantworten werde. Kann Deine Frau jetzt wieder gehen?“

„Ja, sie wird es können."
„So laß uns nach oben steigen, ich darf nicht zu lange unten sein."
„Hast Du Gefährten oben?"
„Nein. Aber ich erwarte einen Reiter, welchen ich nicht hier vorüberlassen darf."
„So wollen wir hinauf; dann können wir weiter sprechen!"
Ich lehnte die Leiter an, und wir stiegen hinauf, die Frau allerdings mit sichtlicher Anstrengung. Ich hatte ein Lager bemerkt, welches sich in der größeren Abtheilung befand, und rieth ihr, sich von der gehabten Aufregung auszuruhen. Sie war so angegriffen, daß sie, ohne mir zu antworten, sich sogleich niederlegte.
Er beruhigte sie abermals durch einige Worte und streckte mir dann die Hand entgegen.
„Chosch geldiniz – sei willkommen!" sagte er. „Allah hat Dich gesandt. Darf ich erfahren, wer Du bist?"
„Ich habe jetzt keine Zeit zu vielen Worten. Sage Du mir aber, wie Du heißest?"
„Man nennt mich Schimin."
„So bist Du der Bruder von Jafiz, dem Gärtner?"
„Ja."
„Das ist gut! Ich habe Dich gesucht. Mache schnell Feuer in Deine Schmiede!"
Er blickte mich überrascht an und fragte:
„Hast Du eine dringende Arbeit für mich?"
„Nein; aber Dein Herdfeuer soll über die Straße leuchten."
„Warum?"
„Damit der Reiter, von welchem ich sprach, nicht vorüber kann, ohne von uns gesehen zu werden."
„Wer ist er?"
„Nachher, nachher! Beeile Dich!"
Aus der kleinen Abtheilung, in welcher sich die Kellerthüre befand, welche wir natürlich wieder zugemacht hatten, führte die Hausthüre in das Freie. Sie war durch einen einfachen Holzriegel verschlossen. Wir schoben diesen zurück und traten hinaus. Er zog einen Schlüssel aus der Tasche und öffnete das an der Thüre zur Schmiede hängende Vorlegeschloß. Bald brannte auf dem Herd ein Feuer, welches seinen Schein weit in die Nacht hinaus warf. Das war es, was ich zunächst gewollt hatte.
Während er sich mit dem Herd beschäftigt hatte, war ich hinter das Haus gegangen, um nach meinem Pferde zu sehen. Es befand sich noch in nächster Nähe des Hauses, und ich kehrte beruhigt zu dem Schmied zurück.
„Da brennt das Feuer," sagte er. „Was befiehlst Du noch?"
„Komm fort, aus dem Bereiche des Lichtscheines! Wir wollen uns neben die Thüre setzen, wo es dunkel ist."
Ich hatte nämlich vorhin beim Recognosciren einen Holzklotz bemerkt, welcher in der Nähe der Thüre lag und jedenfalls als Ruhebank diente. Dorthin zog ich den Mann. Wir setzten uns neben einander, und dann sagte ich:

„Besprechen wir zunächst das Nothwendige! Es wird – vielleicht sehr bald – ein Reiter hier vorüber kommen, mit dem ich zu reden habe, ohne daß er vorher meine Anwesenheit ahnen darf. Er wird höchst wahrscheinlich hier anhalten, um Dir einige Fragen vorzulegen. Ich bitte Dich, ihn so weit zu bringen, daß er absteigt und mit Dir in das Haus tritt."
„Du bist mein Retter; ich werde thun, was Du verlangst, auch ohne zu wissen, warum Du es von mir forderst. Aber weißt Du vielleicht, welche Fragen er aussprechen wird?"
„Ja. Er wird fragen, ob hier drei Reiter vorüber gekommen sind."
„Drei Reiter?" fragte er rasch. „Wann?"
„Wohl heute am Vormittag."
„Was für Reiter?"
„Er fragt nach zwei weißen und einem dunklen Pferde. Sie haben aber unterwegs das Letztere gegen einen Schimmel vertauscht."
„Also reiten sie drei Schimmel?"
„Ja."
„Hascha – Gott behüte! Du meinst doch nicht etwa gar diesen Manach el Barscha aus Uskub?"
Er war bei diesen Worten in plötzlicher Erregung von seinem Sitze aufgesprungen. Im nächsten Augenblick stand auch ich auf den Beinen, so sehr hatte seine Frage mich frappirt. Sie kam mir ganz unerwartet.
„Kennst Du ihn?" erkundigte ich mich.
„Tschokdan, tschokdan – schon längst, seit langer Zeit! Und erst heute war er bei mir!"
„Ah! Er war bei Dir?"
„Ja. Er und seine beiden Begleiter waren es ja, welche mich überrumpelten und banden und hinunter in den Keller brachten, wo ich mit meinem Weibe hätte ersticken müssen, wenn Du nicht gekommen wärest!"
„Die waren es! Also diese! Nun, so will ich Dir sagen, daß derjenige, den ich erwarte, ihr Verbündeter ist."
„Ich erschlage ihn! Ich ermorde ihn!" knirschte er.
„Ich will ihn gefangen nehmen."
„Herr, Effendi – – wie soll ich Dich nennen? Du hast mir noch nicht gesagt, wer Du bist."
„Nenne mich Effendi!"
„Also, Effendi, ich helfe Dir, wenn Du Dich seiner bemächtigen willst."
„Gut! Zwar weiß ich nicht ganz genau, ob wir ihn hier noch zu sehen bekommen werden; er kann bereits vorüber sein. Und Du wirst ihn auch nicht beachtet – – ah, seit wann seid Ihr im Keller gesteckt?"
„Seit kurz vor dem Mittag."
„So kannst Du ihn nicht gesehen haben, selbst wenn er vorbeigeritten wäre, und – –"
„Soll ich mich erkundigen?" fiel er schnell ein.
„Wo? Bei wem?"

„Ich eile in's Dorf und frage den alten Jemischdschi, welcher bis nach Anbruch des Abends bei seinen Körben an der Straße sitzt."
„Wie lange wird es währen, bist Du zurückkommst?"
„Nur zehn Minuten. Der Ort liegt ganz in der Nähe."
„Aber ich bitte Dich, noch zu verschweigen, was Dir heute geschehen ist!"
„Ich werde, wenn Du es wünschest, nicht davon sprechen."
„So beeile Dich!"
Ich beschrieb ihm in kurzen Worten den Reiter, so wie derselbe mir beschrieben war, und dann eilte er fort. Die angegebene Zeit war noch nicht vergangen, so kehrte er zurück.
„Er ist noch nicht vorüber," meldete er mir.
Er trat zunächst in die Schmiede, um dem Feuer neue Nahrung zu geben; dann setzte er sich wieder neben mich.
„Jetzt nun sage mir, wie es Dir heute ergangen ist!" forderte ich ihn auf.
„Bed, tschok fena – schlecht, sehr schlecht!" antwortete er. „Ich stand bei meiner Arbeit in der Schmiede; da kamen die drei Reiter und blieben bei mir halten. Der Eine, den ich nicht kannte, sagte mir, daß sein Pferd ein Nal verloren habe. Ich bin nicht nur Demirdschi, sondern auch Nalband, Effendi, und war sogleich bereit, ihm ein neues Nal zu schmieden. Ich hatte mir nur ihn angesehen; aber während der Arbeit fiel mein Blick auf die Beiden, die bei ihm waren, und da erkannte ich in dem Einen den Steuereinnehmer Manach el Barscha aus Uskub."
„Kannte er auch Dich?"
„Ja."
„Wo habt Ihr Euch denn kennen gelernt?"
„Vor vier Jahren in Raslug. Du mußt nämlich wissen, daß ich alle und jede Chastalyk der Pferde kenne und auch die Iladsch dafür. In Raslug und in der Umgegend war ein großes Bulaschyk unter den Pferden ausgebrochen, und weil Niemand helfen konnte, wurde ich geholt. Ich wohnte als Gast bei einem reichen Pejgirdschi, welcher über hundert Pferde stehen hatte. Zu diesem kam Manach el Barscha, um ein Roß zu kaufen. Es wurden ihm mehrere vorgeführt. Eines davon hatte sich ein Sowuk alma zugezogen; es ließ den Speichel fließen. Der Steuereinnehmer sagte, es sei nicht der Zükkiam, sondern der böse Sümük, und er werde bei der Gesundheitspolizei Anzeige machen. Er hätte von dem Händler gern ein Pferd als Preis des Schweigens erpreßt. Ich wurde gerufen und sagte, welche Krankheit es sei. Er stritt mit mir und schlug mich schließlich sogar mit seiner Reitpeitsche. Ich gab ihm dafür eine gewaltige Sille, eine Schamar, wie er wohl noch keine bekommen hatte; denn die Hand eines Schmiedes ist wie Horn und Knochen. Er ging wüthend fort und zeigte mich an. Er war Steuereinnehmer, ich aber nur ein armer Schmied. Ich bekam zwanzig Hiebe auf die Fußsohlen und mußte auch noch fünfzig Piaster Strafe zahlen. Ich lag mehrere Wochen krank, ehe ich in die Heimat zurückkehren konnte. Du wirst mir glauben, daß ich ihn nicht lieben kann."

„Das läßt sich denken!"
„Heute schlug ich dem Pferde das Eisen auf. Er beobachtete mich mit finstern Blicken und fragte mich dann, als ich fertig war, ob ich ihn noch kenne. Ich sagte Ja, denn ich dachte nicht, daß dies mir schaden würde. Er sprach mit den Andern einige Worte, und dann traten sie in das Haus herein. Ich war allein, denn mein Weib befand sich auf dem Felde, um Ispanak für das Öjleïn jemoji zu holen. Was hatten die Drei in der Stube zu suchen? Ich schloß die Schmiede zu, obgleich das Feuer noch brannte, und folgte ihnen. Aber kaum war ich eingetreten, so fielen sie über mich her. Es gab einen heißen Kampf, Effendi. Ein Schmied hat harte Muskeln und starke Nerven; aber sie rangen mich doch nieder und banden mich mit den Stricken, welche ich im Hause liegen hatte. Ich schrie vor Wuth wie ein Stier. Da banden sie mir ein Tuch um den Kopf und schafften mich in den Keller. Eben als sie mich hinab trugen, kam mein Weib. Ihr ging es ganz ebenso wie mir. Wir wurden mit den Kohlen bedeckt, damit ja oben kein Laut gehört würde, und dann gingen sie. Ich hatte gar nicht an meinen Ajy gedacht, welcher sich hinter dem Hause befand, sonst hätte ich ihn losgebunden, bevor ich in das Haus trat."
„Wer ist Ajy?"
„Mein Hund. Er heißt so, weil er so groß ist, wie ein Bär. Ich hörte ihn bellen, als ich schreiend mit ihnen rang; aber er konnte nicht los. Wäre er bei mir gewesen, so hätte er alle Drei zerrissen."
„Du hast noch nicht nach ihm gesehen?"
„Nein. Du weißt ja, daß ich noch nicht hinter das Haus gegangen bin."
„So thut es mir leid, daß ich Dich betrüben muß!"
„Betrüben? Ist Etwas mit dem Hunde geschehen?"
„Ja."
„Was? Sage es schnell!"
„Er ist todt."
Der Schmied sprang auf.
„Todt?" stieß er hervor.
„Ja."
„Er war doch gesund und munter! Haben etwa diese Drei ihn umgebracht?"
„Sie haben ihm den Schädel eingeschlagen."
Er blieb einige Augenblicke lang wort- und bewegungslos; dann kam es zischend zwischen seinen Lippen hervor:
„Sagst Du die Wahrheit?"
„Ewwet, jazyk – ja, leider!"
„Bin kat dschan tschekischmesi ile dschehenneme gitme köpekleri itschin – tausendfache Todesangst und Verdammniß für die Hunde!"
Mit diesem Ausruf sprang er fort, in die Schmiede, kam mit einem Holzbrand heraus und eilte hinter das Haus, um sich zu überzeugen, daß ich die Wahrheit gesagt habe. Dort hörte ich seine mehr als zornige Stimme erschallen. Ich wollte die zu erwartenden

Kraftworte nicht hören; darum blieb ich sitzen, bis er zurückkam. Er befand sich in einem solchen Grimm, daß ich noch mehr als genug jener starken Ausdrücke zu hören bekam, an denen die orientalischen Sprachen nichts weniger als arm sind.
Während er sich in solchen Interjectionen erging, hielt ich Augen und Ohren nach der Gegend gerichtet, aus der der Erwartete kommen mußte; doch es war nichts zu sehen und nichts zu hören. Entweder hatte ich in Folge der ungemeinen Schnelligkeit meines Pferdes ihm einen zu großen Vorsprung abgewonnen, oder er war durch irgend einen Umstand aufgehalten worden.
Nach und nach beruhigte sich mein zorniger Schimin wieder. Er wollte nun auch von mir Etwas hören und leitete seine Erkundigung durch die Frage ein:
„Wirst Du nun Zeit haben, mir Deinen Namen zu sagen, Effendi?“
„Man nennt mich Kara Ben Nemsi.“
„So bist Du ein Nemtsche, ein Germanly?“
„Ja.“
„Wohl ein Austrialy oder Prussialy?“
„Nein.“
„Oder ein Bawarialy?“
„Auch nicht. Ich bin ein Saxaly.“
„Ich habe noch niemals einen Saxaly gesehen; aber erst gestern war ein Mann aus der Stadt Triesta in Austria hier, mit dem ich viel gesprochen habe.“
„Ein Österreicher? Das höre ich mit Überraschung. Was war er denn?“
„Ein Tüdschar. Er will Tütün, Ipek und Ipeklikumasch einkaufen. Es war ihm ein Mahmuz zerbrochen, den ich ihm repariren mußte.“
„Sprach er türkisch?“
„Nur so viel, daß ich verstand, was er von mir wollte.“
„Und doch sagst Du, daß Du sehr viel mit ihm gesprochen habest?“
„Wir haben meist durch die Dilfiz ojunu gesprochen.“
„Hat er Dir gesagt, wie er heißt?“
„Sein Name ist Madi Arnaud gewesen. Er war ein sehr großer Türkü tschaghyrydschy, denn er hat mir viele Lieder gesungen, welche mein Herz und die Seele meiner Frau erquickten.“
„Wo kam er her?“
„Von Tschirmen, wo er große Einkäufe gemacht hat.“
„Und wo geht er hin?“
„Zum großen Panajir nach Menlik. Dort gibt es sehr berühmte Waffenschmiede. Er will von ihnen kaufen.“
„So werde ich ihn vielleicht unterwegs treffen.“
„Auch Du willst nach Menlik, Effendi?“
„Ja.“
„Bist Du vielleicht auch ein Handelsmann?“

„Nein. Ich reite nach Menlik, weil ich denke, die drei Schurken dort zu treffen, welche Dir heute so Übles thaten."
„Was wirst Du thun, wenn Du sie findest?"
„Ich halte sie fest und übergebe sie der Zabtie, damit sie ihre Strafe finden."
„Allah sei Dank! Ich wollte morgen früh Anzeige erstatten."
„Das kannst Du thun. Doch ehe Du Erfolg hast, befinden sich die Schurken wohl bereits in meinen Händen. Dann werde ich vor dem Mehkeme auch ihr heutiges Verbrechen mit erwähnen."
„Daran thust Du recht, Effendi. Sie dürfen der verdienten Strafe nicht entgehen. Wer aber sind die beiden Andern gewesen, welche bei dem Steuereinnehmer waren?"
„Das ist eine lange Geschichte, welche ich Dir kurz erzählen will."
Ich machte ihn, so weit es nöthig war, mit dem Geschehenen bekannt. Er hörte mir aufmerksam zu und sagte sodann:
„Hätte ich das gewußt! Ich hätte sie in den Keller gelockt, und von meinem Hunde bewachen lassen, bis Du gekommen wärest?"
„Haben sie nicht vielleicht einige Worte fallen lassen, aus denen Du entnehmen konntest, welchen Weg sie von hier aus einzuschlagen gedenken?"
„Kein einziges Wort. Nur als sie mich banden, hörte ich von dem, welchen Du Barud el Amasat nennst, daß sie mich unschädlich machen wollten, damit ich, wenn ihre Verfolger vielleicht kämen, sie nicht verrathen könnte."
„Das dachte ich mir. Manach el Barscha hat sich nicht nur aus Rachsucht, sondern auch aus Vorsicht an Euch vergriffen. Man wollte Euch nicht tödten, sondern nur für einige Zeit verschwinden lassen, weil Du den Steuereinnehmer erkannt hattest."
„Und doch wären wir erstickt!"
„Das ist – Gott sei Dank – nun doch nicht geschehen. Der Reiter, welchen ich hier erwarte, ist ihnen nachgefolgt oder nachgesandt worden, um ihnen zu sagen, daß ich wieder frei bin und daß sie jedenfalls verfolgt werden. Sie würden dadurch gewarnt, und das will ich verhindern."
„Ich helfe Dir, Effendi! Was werden wir mit ihm thun?"
„Wir stecken ihn in Deinen Keller und übergeben ihn dann der Polizei."
„Wie willst Du ihn in den Keller bringen?"
„Sind wir nicht zwei, und er ist allein!"
„Meine nicht, daß ich mich vor ihm fürchte. Ich wollte nur wissen, ob wir List oder Gewalt anwenden werden."
„Es wird wohl ohne Gewalt nicht geschehen können."
„Das ist mir lieb. Liebkosend werde ich ihn jedenfalls nicht behandeln. Aber, Effendi, da fällt mir ein, daß Du mich fragtest, ob ich der Bruder von Jafiz sei."
„Allerdings."
„Kennst Du ihn?"

„Ich ritt heute an seinem Garten vorüber, habe mit ihm gesprochen und bei ihm ein Fläschchen Gül jaghy gegen Dschebeli umgetauscht."
„Allah ia Allah! Mein Bruder hat nun solchen Tabak aller Tabake?"
„O, nicht sehr viel!"
„Er hat ihn von Dir?"
„Ja."
„Du hattest solchen Tabak?"
„Natürlich, da er ihn von mir bekommen hat."
Er schwieg eine Weile. Ich wußte, welche Frage er jetzt auf den Lippen habe. Endlich platzte sie heraus:
„Nun ist er alle geworden?"
„Noch nicht ganz." Und um ihm die Sache ein wenig leichter zu machen, fuhr ich fort: „Rauchst Du auch?"
„O gern, sehr gern!"
„Dschebeli?"
„Ich habe diesen Tabak noch nie gerochen, also noch viel weniger geraucht."
„So geh' hinein, und hole Dir Deine Pfeife."
Ich hatte diese Aufforderung noch nicht ganz ausgesprochen, so war er bereits durch die Thüre verschwunden, und ebenso schnell kam er mit der Pfeife zurück.
„Wie geht es Deiner Frau?" fragte ich.
Bei diesen einfachen Handwerkern kann man eine Ausnahme machen und nach der Frau fragen, was sonst im Orient streng verboten ist. Gehen doch auf dem platten Lande die Frauen und Mädchen sehr oft unverschleiert.
„Ich weiß nicht," antwortete er. „Sie wird schlafen."
Der Tabak hatte ihm also mehr am Herzen gelegen als sein Weib, für das er doch so große Liebe an den Tag gelegt hatte.
„Gib die Pfeife her! Ich will sie Dir stopfen."
Als er sodann den köstlichen Duft langsam durch die Nase stieß, meinte er entzückt: „Effendi, das sind Wohlgerüche des Paradieses! So hat selbst der Prophet wohl nicht geraucht!"
„Nein. Zu seiner Zeit gab es keinen Dschebeli."
„Hätte es solchen gegeben, so hätte er den Samen mit in's Jenseits genommen, um ihn dort in die Felder des siebenten Himmels zu pflanzen. Was thue ich, wenn jetzt der Reiter kommt? Rauche ich fort, oder stehe ich auf?"
„Du wirst wohl aufstehen."
„Soll ich auf die köstliche Pfeife verzichten?"
„Du kannst ja wieder anbrennen, und ich werde Dir noch ein wenig Tabak geben."
„Effendi, Deine Seele ist voll von Freundlichkeit, wie das Meer voll von Wassertropfen! Hat Dir mein Bruder keinen Gruß anvertraut?"

„Ja. Ich soll Dir sagen, daß es Dir so wohl gehen möge, wie ihm. Ich soll Dir diesen Gruß bringen von dem, der Dein Öje-kardasch und Dein Jary-kardasch ist."
Er horchte auf und sagte:
„Was höre ich? Dies sind seine eigenen Worte?"
„Ja."
„So habt Ihr wichtige Dinge mit einander besprochen!"
„Wir sprachen von den Skipetars und von denen, die in die Berge gegangen sind."
„Und da hat mein Bruder Dir ein Versprechen gemacht?"
„Ein Versprechen, welches Du nach seiner Meinung erfüllen wirst."
„Wie lange hast Du mit ihm gesprochen?"
„Den vierten Theil einer Stunde."
„So ist ein Wunder geschehen, Effendi. Jafiz ist menschenscheu; er spricht nicht gern und nicht viel und hält in Allem sehr zurück. Er muß Dich sehr schnell lieb gewonnen und Dir großes Vertrauen geschenkt haben!"
„Ich sagte ihm, daß ich vielleicht bis in die Berge des Schar-Dagh reiten müsse."
„So hat er von der Gefahr gesprochen, welche Dich dort erwartet?"
„Er hat mich gewarnt und zur Vorsicht gemahnt."
„Und gewiß dabei des Sicherheitspapieres erwähnt?"
„Ja, er hat davon gesprochen."
„Und gesagt, daß ich Dir so ein Kiaghad eminlikün verschaffen könne?"
„Ja."
„Er hat sich geirrt."
„Ah! Wirklich?"
„Wirklich."
„Es steht nicht in Deiner Macht, mich in den Besitz eines solchen Schutzes zu setzen?"
„Nein."
„Aber er versicherte es so ganz bestimmt!"
„Er hat gedacht, es sei noch so, wie in früheren Zeiten."
„So bist Du kein Wissender mehr?"
„Das ist eine Frage, welche ich nur einem geprüften Freund beantworten darf. Doch Du hast uns gerettet; Du hast das Öl meines Bruders und seine Freundschaft erhalten, so will ich Dir die Wahrheit sagen: Ja, ich war ein Wissender und bin es noch."
„So mußt Du also genau wissen, daß es keine Sicherheitspapiere mehr gibt."
„Es gibt keine mehr; kein Skipetar und kein Katschkyn stellt mehr solche Papiere aus."
„Warum?"
„Weil sie ihren Zweck nicht erfüllen. Sie gewähren nicht den Schutz, den sie bieten sollen."
„So respektirt man sie nicht?"
„Das ist es nicht. Kein Verlorener wird den Schutzbrief, den ein anderer Verlorener ausgestellt hat, mißachten. Aber wer sieht das Papier?"

„Hat man es nicht vorzuzeigen?“
„In vielen Fällen; aber es gibt auch andere Fälle. Du reitest durch den Wald; zwei oder drei Geflohene sehen Dich kommen; Du bist viel besser bewaffnet, als sie; darum beschließen sie, sich in keinen offenen Kampf einzulassen; sie überfallen Dich aus dem Hinterhalt; sie wissen nicht, daß Du das schützende Papier bei Dir trägst; Du hast es in der Tasche; Du verlässest Dich auf seine Kraft und Wirkung und wirst trotzdem von den tödtlichen Kugeln derer getroffen, welche ihr Leben für Dich eingesetzt hätten, wenn ihnen bekannt gewesen wäre, daß Du ein Beschützter bist.“
„Das läßt sich allerdings begreifen. Die Verlorenen können aber nicht ohne Freunde sein, und haben sie solche, so ist es erforderlich, sie zu schützen. Ich vermuthe also, daß an die Stelle des Kiaghad eminlikün etwas Anderes und zwar Besseres getreten ist.“
„Deine Vermuthung ist richtig. Du siehst ein, daß ich Dir kein Schutzpapier verschaffen kann?“
„Ja. Du kannst mir nicht geben, was doch gar nicht vorhanden ist. Aber darfst Du mir vielleicht sagen, welch eines Kennzeichens man sich jetzt bedient?“
„Ich will es wagen. Kannst Du schweigen?“
„So gut wie ein jeder Andere.“
„So wisse, daß sich jetzt alle Schützer und Beschützte an der Koptscha erkennen.“
Diese Worte riefen sofort eine Ahnung in mir hervor.
„Ist diese Koptscha von Silber?“ fragte ich.
„So ist es.“
„Sie bildet einen Ring, in welchem sich ein Czakan befindet?“
„Ja. Woher weißt Du es?“
„Ich vermuthe es, und zwar aus dem Grunde, weil Personen diese Koptscha tragen, von denen ich entweder weiß oder vermuthe, daß sie Verlorene sind oder doch mit denselben in Verbindung stehen.“
„Darf ich die Namen dieser Personen erfahren?“
„Ja. Manach el Barscha hatte eine Koptscha an seinem Fez. Einige Männer, welche in Edreneh bei dem Kadi die Verhandlung gegen Barud el Amasat mit anhörten, trugen sie. Und sodann begegnete ich heute, als ich mit dem ehemaligen Derwisch durch die Stadt ritt, einem Mann, der mich ganz eigenthümlich betrachtete und sodann vermuthlich die Verbündeten der Flüchtlinge benachrichtigte und jene zwei Schüsse veranlaßte, welche gegen mich und Ali Manach Ben Barud el Amasat abgefeuert wurden. Auch er hatte die Koptscha.“
„Daß der einstige Steueraufseher von Uskub sie besitzt, das habe ich heute bemerkt.“
„Vielleicht hätte man Dich nicht so mißhandelt, wenn Du auf den Gedanken gekommen wärst, ihnen zu sagen, daß Du im Besitze der Agraffe bist.“
„Das ist möglich; leider aber habe ich nicht daran gedacht.“
„Es bekommt sie wohl nicht Jedermann?“
„Nein.“

„Welche Anforderungen werden gestellt?“
„Der, welcher sie haben will, muß ein Mann sein, von dem man sicher ist, daß er den Freunden Nutzen bringen kann. Und sodann muß er bewiesen haben, daß er diejenigen, welche in die Berge gegangen sind, nicht verurtheilt.“
„Muß sie nicht ein Jeder verurtheilen? Sie sind aus dem Gesellschaftsverband getreten, welcher unter dem Schutz des Gesetzes steht.“
„Du hast Recht. Aber Du mußt dieses Gesetz mit dieser Gesellschaft vergleichen. Das Gesetz ist gut, und es meint es auch gut mit den Unterthanen; aber die Gesellschaft, von welcher Du sprichst, taugt nichts. Allah hat uns weise Gesetze und wohlthätige Satzungen gegeben, aber sie werden von seinen Vertretern falsch gehandhabt. Hast Du nicht schon die Klage gehört, daß der Islam seine Anhänger verhindere, in der Kultur Fortschritte zu machen?“
„Sehr oft.“
„Wird dieser Vorwurf dem Islam nicht meist von Andersgläubigen gemacht?“
„Ich gebe das zu.“
„Nun, sie kennen den Islam, den ächten Türken nicht. Der Islam verhindert den Kulturfortschritt nicht; aber die Macht, welche er dem Einen über den Andern ertheilt, ist in unrechte, treulose Hände gekommen. Auch der Türke ist gut. Er war und ist noch bieder, treu, wahrheitsliebend und ehrlich. Und wenn er anders wäre, wer hätte ihn anders gemacht?“
Ich war ganz erstaunt, von diesem einfachen Mann, von einem Dorfschmied, solche Worte zu hören. Wo hatte er seine Anschauungen hergenommen? Waren sie die Frucht eigenen Nachdenkens, oder hatte er zufälliger Weise mit Männern verkehrt, die ihn zu sich emporgezogen hatten?
Ich zog es vor, mich einer Antwort zu enthalten, und so fuhr er fort:
„Der Türke hat dieses Land erobert. Ist das ein Grund, ihn aus demselben zu vertreiben? Antworte mir, Effendi!“
„Sprich weiter!“
„Hat nicht der Ingiliz, der Memtsche, der Moskow, der Tschinli, der Arab, der Danimarkaly, der Fransyz, der Filemenk, der Italialy, der Norwedschialy, der Adschem, der Portukis, der Spanjol, der Madschar und der Iswetschialy sein Land ebenso erobert? War nicht noch vor kurzem Prussia so klein wie ein Rikdan, und nun ist es so groß geworden, daß es Millionen von Menschen faßt? Wodurch ist es so groß geworden? Durch Barut, durch das Süngü und durch das Kylydsch, wohl auch durch das Kalem des Muameleti düweli aschna. Sie Alle haben früher nicht die Länder gehabt, welche sie jetzt besitzen. Was würde der Amerikaly sagen, wenn der Türke zu ihm käme und spräche: Du mußt fort, denn dieses Land hat dem rothen Volke gehört? Er würde den Türken auslachen. Warum also soll dieser vertrieben werden?“
„Der Nemtsche will ihn nicht vertreiben.“

„Ja, das habe ich gehört; aber der Nemtsche ist auch der Einzige, welcher Gerechtigkeit besitzt. In unserm Lande gab es ein Volk mit dem Katoliklik des Moskows. Dieses Volk war groß in Kenntnissen, aber noch größer in seinen Sünden. Da kam der Türke und züchtigte sie, ganz wie Joschuah die Völker des Landes Kannah züchtigte. Das war Gottes Wille. Aber mit ihm kamen die von ihm Besiegten; er war und blieb an Zahl der Kleine im Lande. Er hatte gesiegt durch seine Tapferkeit, und nun wurde er nach und nach besiegt durch Schlauheit und Hinterlist. Blicke Dich um! Zähle die Verbrechen, welche man verübt; sammle die Verleumder, Betrüger und Alle, welche gegen das Gesetz handeln, aber zu schlau sind, um ergriffen zu werden; gehe in die dunklen Häuser, in denen es nach dem Laster stinkt – wer sind sie, und woher stammen sie, die Du zu zählen hast? Wie viele wirkliche Türken wirst Du unter ihnen finden? Geht nicht durch ganz Asia ein ungeheurer Diebstahl, ausgeführt von dem Ingiliz und von dem Moskow? Findest Du nicht ein immerwährendes Erdrücken, Ersticken und Abschlachten der Stämme, welche zwischen diese beiden Riesen gerathen? Das thun diese Christen; der Türke aber ist froh, wenn man ihn in Ruhe läßt!"

Er war von seinem Gegenstande so begeistert, daß er sogar die Pfeife hatte ausgehen lassen. Ich brannte ein Hölzchen an und reichte es ihm hin.

„Zieh!" sagte ich.

Er setzte den Tabak in Brand und meinte dann:

„Siehst Du, daß ich sogar den Dschebeli vergesse; aber habe ich Recht oder nicht?"

„Ich könnte Dir in Manchem widersprechen."

„So thue es!"

„Wir haben nicht Zeit dazu."

„So seid Ihr Christen. Ihr verurtheilt uns, ohne uns belehren zu wollen, und ebenso greift Ihr zu, ohne zu fragen. Wer hat die besten Stellen des Landes? Wer besitzt den Einfluß? Wer bereichert sich fort und fort? Der Armenier, der Jude, der schlaue Grieche, der herzlose Engländer und der stolze Russe. Wer zehrt von unserem Fleisch? Wer saugt von dem Safte unseres Lebens, wer nagt an unsern Knochen? Wer schürt immer und immer den Mißmuth, das Mißtrauen, die Unzufriedenheit, den Ungehorsam der Unterthanen? Wer hetzt ohne Unterlaß Einen gegen den Andern? Es geht das unausgesetzte Sozkaryschtyrmak Eurer Idarei mülk wie ein zehrendes Feuer durch unsern Körper. Es soll uns hinraffen. Einst waren wir gesund. Wer hat uns angesteckt? Wer hat uns krank gemacht?"

„Schimin, ich gebe Dir in Manchem Recht; aber laß das Kind im Bade, wenn Du das Wasser ausschüttest! Woher hast Du diese Ansichten genommen?"

„Ich habe sie mir mit meinen Augen und Ohren geholt. Ich habe gethan, wie man es in Euren Ländern thut, wo der Kalfa hinausgeht in die Welt, um mehr zu lernen, als er daheim bei seinem Lehrherrn lernen konnte. Ich habe in Wiena-Betsch, in Budin-Peschte und in Beligrad gearbeitet. Da habe ich genug gesehen und gehört, um denken zu lernen. Kannst Du mich widerlegen?"

„Ja, ich kann es. Du verwechselst Religion mit Politik. Du suchst die Ursachen Eurer Krankheit außerhalb des Staatskörpers, in welchem der Krankheitskeim doch bereits von Anfang lag."
„Kannst Du mir das beweisen?"
„Ja."
„So thue es! Doch halt!"
Es ließ sich von fern her der Schritt eines Pferdes vernehmen.
„Hörst Du?" fragte er.
„Ja."
„Vielleicht ist er es!"
„Sehr wahrscheinlich."
„Das thut mir leid. Ich wollte Dich erst sprechen hören."
„Ich werde Dir meine Beweise bringen, wenn wir mit ihm fertig sind."
„Was aber thun wir jetzt?"
„Er darf mich zunächst nicht sehen, denn er kennt mich vielleicht. Du mußt versuchen, ihn in das Innere des Hauses zu bringen."
„Das wird leicht sein, wenn er nur nicht vorüber reitet."
„Das darf er auf keinen Fall. Es ist dunkel genug. Ich gehe nach der Mitte der Straße. Will er vorüber, so bemächtige ich mich seines Pferdes. Steigt er aber ab, so trete ich sofort hinter Euch in das Haus."
„Und wenn er es nicht ist?"
„So wird ihm nichts gethan."
Das Pferdegetrappel kam näher. Man hörte deutlich, daß es nur von einem einzelnen Thiere stammte. Ich huschte nach der Mitte des Weges, wo ich mich niederduckte.
Jetzt war der Reiter da. Er hielt grad in dem Lichtscheine, welchen das Herdfeuer der Schmiede herauswarf. Das Pferd war ein solches, wie man es mir beschrieben hatte. Das Gesicht des Mannes konnte ich nicht genau erkennen.
„Bak, sawul – he, aufgepaßt!" rief er laut.
Und als sich nicht sofort Jemand zeigte, wiederholte er seinen Ruf. Jetzt ließ sich der Schmied an der Thüre sehen. Er fragte:
„Wer ist da?"
„Im jabendschy – ich bin fremd. Wer wohnt hier?"
„Ich," antwortete Schimin in nicht gerade geistreicher Weise.
„Wer bist Du?"
„Ich bin der Besitzer dieses Hauses."
„Das kann ich mir denken, Budala! Ich will natürlich Deinen Namen wissen."
„Ich heiße Schimin."
„Was bist Du?"
„Schmied. Hast Du keine Augen, dies an dem Feuer zu sehen, dessen Flamme Dich beleuchtet?"

„Ich sehe nichts weiter, als daß Du nicht nur Budala, sondern auch Kabadschy bist! Komm herbei! Ich habe Dich um Etwas zu fragen!“
„Bin ich etwa Dein Sklave oder Dein Diener, daß ich zu Dir kommen soll? Wer mit mir sprechen will, der mag sich zu mir bemühen.“
„Ich bin zu Pferde!“
„So steige ab und komm herein!“
„Das ist nicht nöthig!“
„Benim-war zükkiam öksürme – ich habe den Schnupfen und den Husten. Soll ich mir Deinetwegen ein Sowuk alma holen und dann krank sein, anstatt arbeiten zu können?“ sagte Schimin und trat in die Thüre zurück. Der Reiter stieß einige nicht höfliche Redensarten aus, trieb aber sein Pferd jetzt näher heran.
Bis jetzt wußte ich nicht, ob er der Erwartete sei. Nun aber, als er nahe an der Schmiede hielt, um abzusteigen, erkannte ich deutlich, daß das Pferd ein Falben war. Der Mann trug ein rothes Fez, einen grauen Mantel und hatte einen kleinen hellen Schnurrbart. Und als er jetzt abstieg, erblickte ich die rothen türkischen Schuhe. Er war also der rechte Mann.
Er band sein Pferd an die Thüre der Schmiede und trat dann in das Haus, in dessen Thüröffnung er verschwand.
Ich schlich mich ihm nach. Der Schmied war in die größere Abtheilung seines Hauses gegangen, wo seine Frau lag. Da derFremde ihm dorthin gefolgt war, konnte ich eintreten und – versteckt von der aus Weiden geflochtenen Scheidewand – Alles hören, was gesprochen wurde.
Der Fremde stand mit dem Rücken nach mir, der Schmied vor ihm, die Fackel in der Hand. Die Frau schien sich etwas erholt zu haben; sie hatte die Augen geöffnet und den Kopf in die Hand gestemmt und hörte dem Gespräche der Beiden zu.
Der Schmied erhielt von dem Andern Vorwürfe, daß er sich so wenig freundlich benommen habe; das erbitterte ihn. Er ließ sich aus Ärger zur Unvorsichtigkeit verleiten und sagte:
„Ich bin nur gegen ehrliche Leute freundlich.“
„Meinst Du etwa, daß ich nicht ehrlich bin?“
„Ja, das meine ich.“
„Du bist ein Grobian, wie es gar keinen größeren geben kann! Wie willst Du wissen, ob ich ein ehrlicher Mann bin oder nicht? Kennst Du mich etwa?“
„Ja, ich kenne Dich.“
„Wo hast Du mich gesehen?“
„Ich habe Dich noch nicht gesehen, aber gehört habe ich von Dir.“
„Wo und von wem?“
„Hier, von einem fremden Effendi, welcher ganz genau weiß, daß Du ein Kahpoghlu bist.“
„Wann?“

„Heute, vor ganz kurzer Zeit."
„Du lügst!"
„Ich lüge nicht, ich sage die Wahrheit. Ich kann es Dir beweisen. Ich weiß nämlich ganz genau, was Du bei mir erfahren willst."
„Das kannst Du unmöglich wissen!"
„Ich weiß es ganz gewiß!"
„So sage es!"
„Du willst Dich nach Manach el Barscha und Barud el Amasat erkundigen."
Der Andere machte eine Bewegung des Schreckens und fragte:
„Woher weißt Du das?"
„Eben von jenem Effendi."
„Wer ist er?"
„Das brauchst Du nicht zu wissen. Wenn er will, so wirst Du es erfahren."
„Wo befindet er sich?"
„Das habe ich Dir nicht zu sagen."
„Meinst Du? Wie nun, wenn ich Dich zwinge!"
„Ich fürchte mich nicht."
„Auch vor dem da nicht?"
Er zog ein Dolchmesser hervor und hielt es ihm entgegen.
„Nein, auch vor diesem Messer nicht. Ich bin nicht allein."
Ich war an die Öffnung des Weidengeflechtes, welche als Thüre diente, getreten. Bei den letzten Worten zeigte der Schmied auf mich. Der Fremde drehte sich um, erblickte mich und rief:
„Je lukrul drakului – das ist des Teufels!"
Er sah höchst erschrocken aus, und auch ich war überrascht, denn ich erkannte in ihm jenen Menschen, welcher mich so eigenthümlich beobachtet hatte, als ich mit dem „Tanzenden" durch die Straßen von Edreneh gekommen war.
Er hatte den Ausruf in walachischer Sprache gethan. War er ein Walache? In so unbewachten Augenblicken pflegt der Bestürzte sich gewöhnlich seiner Muttersprache zu bedienen.
Ich mußte das, was der Schmied verdorben hatte, wieder gut zu machen suchen. Er hätte gar nicht verrathen sollen, was er von ihm wußte. Er mußte dessen Fragen abwarten; dann erst war es Zeit, sich zu äußern.
„Aßta nu-i dükit pre adewehrat – das ist nur zu wahr," antwortete ich auch rumänisch.
„Du bist des Teufels!"
Er faßte sich, steckte das Messer, mit welchem er dem Schmiede gedroht hatte, wieder zu sich und sagte:
„Was willst Du? Ich kenne Dich nicht!"
„Das ist auch nicht nothwendig. Die Hauptsache ist, daß ich Dich kenne, mein Bursche!"

Er machte ein ganz erstauntes Gesicht, schüttelte den Kopf und meinte im Tone aufrichtigster Betheuerung:
„Ich kenne Dich nicht! Dumnesenu mi mehrturiä – Gott ist mein Zeuge!“
„Lästere Gott nicht! Er ist Zeuge, daß Du mich gesehen hast!“
„Wo denn?“
„In Edreneh.“
„Wann?“
„Pah! Kannst Du türkisch sprechen?“
„Ja.“
„So laß Dein Rumänisch jetzt. Dieser brave Schmied soll auch hören und verstehen, was wir reden. Du gestehst doch zu, daß Du anwesend warst, als Barud el Amasat in Edreneh verurtheilt wurde, weil er gegen das Gesetz gesündigt hatte?“
„Ich war nicht dabei und ich weiß von nichts.“
Ich hatte ihn allerdings nicht unter den Zuschauern gesehen. Darum mußte ich seine Versicherung ohne Entgegnung hinnehmen. Doch fragte ich weiter:
„Du kennst aber Barud el Amasat?“
„Nein.“
„Auch nicht seinen Sohn Ali Manach?“
„Nein.“
„Warum erschrackst Du so sehr, als Du ihn als meinen Gefangenen erblicktest?“
„Ich habe weder Dich, noch ihn gesehen.“
„Ah so! Du kennst wohl auch nicht den Handschia Doxati in Edreneh?“
„Nein.“
„Und bist auch nicht sofort, nachdem Du mich und Ali Manach gesehen hattest, fortgeeilt, um Deine und seine Verbündeten zu warnen?“
„Ich begreife nicht, wie Du mir solche Fragen vorlegen kannst. Ich sage Dir, daß ich von dem Allem nicht das Geringste weiß!“
„Und ich sage Dir, daß Du von der Flucht des Gefangenen weißt, daß Du Schuld bist an dem Tode Ali Manach's, daß Du aber nicht dafür kannst, daß die andere Kugel den Khawassen traf anstatt mich, und daß Du Dich jetzt auf dem Wege befindest, Manach el Barscha und Barud el Amasat zu warnen. Das Alles weiß ich ganz genau.“
„Und dennoch irrst Du Dich. Du verkennst mich. Wo soll denn das, was Du sprichst, geschehen sein? Wie ich aus Deinen Reden vermuthe, in Edreneh?“
„Ja.“
„Und zwar vor Kurzem? So wisse, daß ich seit mehr als einem Jahre nicht in Edreneh gewesen bin.“
„Sen bir böjück jalandschy – Du bist ein großer Lügner! Wo warst Du in den letzten Tagen?“
„In Mandra.“
„Woher kommst Du heute?“

„Aus Boldschibak, wo ich schon seit gestern früh gewesen bin.“
„In Mandra an der Maritza warst Du? Hm, ja, an der Maritza bist Du gewesen, aber eine bedeutende Strecke oberhalb Mandra, nämlich in Edreneh.“
„Soll ich schwören, daß Du Dich irrst?“
„Dein Schwur würde ein Meineid sein. Liegt Bu-kiöj etwa auf dem Wege von Mandra über Boldschibak nach hier?“
„Bu-kiöj? Das kenne ich nicht.“
„Du warst nicht dort?“
„Nein.“
„Du hast keinen der dortigen Einwohner nach drei Reitern gefragt, welche zwei Schimmel und einen Braunen ritten?“
„Nein.“
„Dieser Mann hat Dich nicht zum Wächter gewiesen, der Dich dann zum Stareschin führte?“
„Nein.“
„Wunderbar! Wir Alle irren uns, nur Du irrst Dich nicht. Du mußt doch bedeutend klüger sein, als wir. Willst Du mir vielleicht sagen, was Du bist?“
„Ich bin Maslahatgüzar.“
„In welchem Fache?“
„Für Alles.“
„Und wie heißt Du?“
„Mein Name ist Pimosa.“
„Ein eigenthümlicher Name. Ich habe ihn noch in keiner Sprache gefunden. Hast Du ihn Dir vielleicht ausgesonnen?“
Da zogen sich seine Brauen drohend zusammen.
„Herr,“ fragte er, „wer gibt Dir das Recht, in dieser Weise mit mir zu sprechen?“
„Ich gebe es mir!“
Und der Schmied fügte hinzu:
„Das ist nämlich der Effendi, von dem ich vorhin gesprochen habe.“
„Ich merke es,“ antwortete er. „Aber er mag ein Effendi aller Effendis sein, so erlaube ich ihm doch nicht, mich unhöflich zu behandeln! Ich kenne die Art und Weise, wie man Leute seines Schlages höflich macht, sehr genau.“
„Nun, wie fängt man das an?“ fragte ich.
„So!“
Er legte die Hand an den Gürtel, in welchem seine Waffen steckten, und zog die Pistole halb heraus.
„Gut, das ist eine Sprache, vor deren Deutlichkeit ich allen Respekt habe. Ich werde also höflicher sein. Wirst Du vielleicht die Freundlichkeit haben, mir zu sagen, wo Du geboren bist?“
„Ich bin ein Syrb, aus Lopaticza am Ibar gebürtig.“

„Ich will so höflich sein, zu thun, als ob ich es glaube, halte Dich aber im Stillen für einen Walachen oder Rumänier, was ganz dasselbe ist. Wo willst Du hin?“
„Nach Ismilan.“
„Wunderbar! Du bist ein so kluger Mann und machst einen so bedeutenden Umweg? Wie kommst Du nach Koschikawak, wenn es Deine Absicht war, von Mandra nach Ismilan zu reiten? Dein Weg hätte Dich viel weiter südlich geführt.“
„Ich hatte eben an den Orten, die ich berührte, zu thun. Aber nun verbitte ich mir alles Weitere. Bist Du etwa ein Ehle ilmi scheraat oder ein Beamter der Zabtie, daß Du mich wie einen Verbrecher ausfragst?“
„Gut, ich will Dir auch hierin Deinen Willen thun. Sage mir nur noch, warum Du hier abgestiegen bist!“
„Wollte ich etwa absteigen? Dieser Schmied hat mich dazu gezwungen, da er mir im Freien nicht antworten wollte.“
„Hast Du ihm nun Deine Fragen vorgelegt?“
„Nein.“
„So thue es jetzt, damit Du erfährst, was Du erfahren wolltest!“
Er wurde verlegen, aber nur ein wenig; er faßte sich schnell und antwortete:
„Dazu ist mir nun die Lust vergangen. Wenn man in dieser Weise behandelt wird, so wirft man sein Ungeziefer ab und geht.“
Er machte dabei die Pantomime des Auskämmens und schickte sich zum Gehen an.
„Nennst Du etwa dies eine Höflichkeit?“ lachte ich.
„Kuiu ku kuiu ßeh ßkoatä afareh – auf einen groben Klotz gehört ein grober Keil!“
Das war wieder walachisch. Er schien mir denn doch kein Serbe zu sein.
„Du scheinst die Anwendung von Sprichwörtern zu lieben,“ bemerkte ich, indem ich mich ihm durch eine Wendung in den Weg stellte. „Das Deinige enthält nicht viel Lebensklugheit. Besser klingt es: Kapul plekat ßabieha nu 'l taieh – mit dem Hute in der Hand kommt man durchs ganze Land. Ich habe mir vorgenommen, höflich gegen Dich zu sein, und bitte Dich also, noch ein wenig bei mir zu bleiben.“
„Bei Dir? Wo ist das – bei Dir? Wo wohnst Du?“
„Hier.“
„Dieses Haus gehört dem Schmied. Er selbst hat Dich ja einen fremden Effendi genannt.“
„Er hat gar nichts dagegen, wenn ich Dich zum Bleiben einlade.“
„Was soll ich hier? Ich habe keine Zeit, ich muß fort.“
„Du sollst die anderen Gäste erwarten, welche noch kommen werden. Sie wollen Dich hier treffen.“
„Wer sind diese Leute?“
„Khawassen aus Edreneh.“
„Duteh la Drakul – geh zum Teufel!“
„Fällt mir nicht ein! Ich bleibe bei Dir. Dort ist Platz. Habe die Güte, Dich niederzusetzen.“

„Bist Du etwa verrückt? Packe Dich auf die Seite!“

Er wollte an mir vorüber; ich aber ergriff ihn beim Arme und hielt ihn fest, doch ohne ihm wehe zu thun.

„Ich muß Dich wirklich bitten, bei uns zu bleiben,“ sagte ich dabei. „Die Khawassen, von denen ich vorhin sprach, möchten sehr gern mit Dir reden.“

„Was habe ich mit ihnen zu schaffen?“

„Du mit ihnen allerdings nichts, aber sie mit Dir.“

Da blitzte es zornig in seinen Augen.

„Thue die Hand von mir!“ gebot er.

„Pah! Man wird dafür sorgen, daß Du Manach el Barscha nicht mehr erreichst!“

Jetzt stand ich vor ihm und der Schmied, welcher den brennenden Span in das dazu bestimmte Loch gesteckt hatte, hinter ihm. Er merkte dieses letztere nicht. Er sah ein, daß er durchschaut sei; er erkannte aber auch die Nothwendigkeit, seinen Weg fortzusetzen, und ich war überzeugt, daß er dies selbst mit Anwendung von Gewalt zu erzwingen suchen werde. Obgleich ich eine sehr gleichgültige Miene zeigte, behielt ich doch seine beiden Hände scharf im Auge.

„Ich kenne diesen Menschen nicht; aber ich will fort und ich muß fort. Mache also Platz!“

Er machte eine Bewegung, um an mir vorbei zu kommen; aber ich kam ihm zuvor. Ich blieb zwischen ihm und dem Ausgange.

„Size dschehenneme gitme – Verdammung Euch!“ rief er aus.

Er trat einen Schritt zurück. Das Messer blitzte in seiner Hand; er wollte auf mich stoßen, aber der Schmied hatte seinen Arm sehr schnell von hinten ergriffen.

„Hund!“ brüllte er, sich jetzt zu diesem wendend.

Dadurch bekam er mich in den Rücken. Ich legte ihm rasch beide Arme um die seinigen und preßte sie so fest an seinen Leib, daß er sie nicht zu rühren vermochte.

„Bir ip, organ, bir scherit – einen Strick, Riemen oder eine Schnur!“ rief ich dem Schmiede zu.

„Das soll Euch nicht gelingen!“ knirschte der sogenannte Agent.

Er strengte alle seine Kräfte an, loszukommen; vergebens. Er schlug mit den Füßen hinten aus, doch dauerte das gar nicht lange, da der Schmied sich beeilte, meinem Gebot nachzukommen, und rasch das Verlangte herbeibrachte. Nach wenigen Augenblicken lag der Mann gefesselt an der Erde.

Und nun begann neuerdings das Gespräch:

„So!“ sagte Schimin im Tone der innigsten Befriedigung. „So soll es auch Deinen Verbündeten gehen, welche mich und mein Weib ebenso gefesselt hatten.“

„Ich habe keine Verbündeten!“ schnaufte der Gefangene.

„Das wissen wir besser!“

„Ich verlange, sofort freigelassen zu werden!“

„Das eilt nicht!“

„Ihr verkennt mich! Ich bin ein ehrlicher Mann!“

„Beweise es!“
„So erkundigt Euch!“
„Wo könnte man das thun?“
„Geht nach Dschnibaschlü.“
„Ah, das wäre ja gar nicht weit! Aber zu wem?“
„Zum BojadschyFärberBoschak.“
„Den kenne ich allerdings.“
„Und er kennt mich. Er wird Euch sagen, daß ich nicht derjenige bin, für den Ihr mich haltet.“
Der Schmied sah mich fragend an. Ich antwortete:
„So eilig haben wir es nicht. Zunächst wollen wir einmal sehen, was sich in seinen Taschen befindet.“
Wir suchten nach, wobei es allerdings ohne grimmige Reden von Seite des Gefesselten nicht abging. Wir fanden eine nicht unbeträchtliche Geldsumme und mehrere Kleinigkeiten, wie man sie bei sich zu tragen pflegt, und steckten dies wieder in die Taschen. Der Schmied, welcher ein weiches Gemüth besaß, fragte:
„Solltest Du Dich nicht geirrt haben, Effendi?“
„Nein; ich bin meiner Sache gewiß. Auch wenn wir nichts finden, halten wir ihn fest. Zunächst werden wir auch sein Pferd untersuchen.“
Die Frau hatte sich bisher ruhig verhalten. Jetzt, als sie sah, daß wir hinausgehen wollten, fragte sie:
„Soll ich ihn bewachen?“
„Ja,“ antwortete ihr Mann.
Da erhob sie sich von ihrem Lager, zündete einige Späne an und sagte:
„Geht getrost hinaus! Wenn er nur versucht, sich zu rühren, dann brenne ich ihn an. Ich will nicht umsonst da unten in dem Loch gesteckt haben!“
„Bir dschessur dischi – ein tapferes Weibchen!“ schmunzelte der Schmied. „Nicht wahr, Effendi?“
Das Pferd stand noch angebunden an der Thüre der Schmiede. Die Satteltaschen enthielten einen kleinen Mundvorrath, sonst aber fanden wir nichts.
„Was wirst Du nun befehlen?“ erkundigte sich Schimin.
„Zunächst bringen wir das Pferd dahin, wo sich auch das meinige befindet.“
„Und dann?“
„Dann stecken wir den Gefangenen in dasselbe Loch, in welchem Du mit Deiner Frau gesteckt hast.“
„Und dann?“
„Nun, dann warten wir, bis meine Leute kommen.“
„Was wird hierauf mit dem Gefangenen geschehen?“
„Ich lasse ihn nach Edreneh zurückschaffen.“

Als wir das Pferd versorgt hatten und dann die Frau des Schmiedes erfuhr, was mit dem Agenten geschehen sollte, zeigte sie sich sehr befriedigt darüber. Sie half sogar mit, und so wurde der Gefangene trotz seiner Gegenwehr, welche allerdings meist nur in Schimpfreden und Drohungen bestand, in Sicherheit gebracht. Dann ließ die gute Frau es sich nicht nehmen, trotz der späten Stunde noch fortzugehen, um ein frugales Abendbrod zu Stande zu bringen.
Wir Beide setzten uns indessen wieder vor die Thüre, wobei der Schmied eine zweite Pfeife rauchte.
„Ein seltenes Abenteuer!“ sagte er. „Ich bin noch nie in meinem Keller gefangen gewesen und habe auch keinen andern Gefangenen unten gehabt. Es war Allah's Wille!“
Die Zeit verfloß. Das Essen ging auch vorüber, und ich wartete noch immer vergebens auf Halef und die Andern. Die Frau legte sich wieder nieder; wir Beide blieben vor der Thüre sitzen; die Mitternacht kam, noch eine Stunde verrann, aber wir warteten vergebens.
„Sie werden unterwegs eine Herberge gefunden haben,“ versuchte Schimin das Ausbleiben der Erwarteten zu erklären.
„Nein; sie haben die Weisung, hier vorüber zu kommen. Sie sind durch irgend ein unvorhergesehenes Ereigniß abgehalten worden; übernachten aber werden sie nicht, bevor sie nicht hier angekommen sind.“
„Oder sie haben den Weg verfehlt.“
„Das traue ich ihnen, besonders aber meinem Hadschi Halef Omar doch nicht zu.“
„Nun, so müssen wir warten. Jedenfalls wird uns dies nicht so schwer, wie dem Mann da unten im Keller. Wie wird er sich die Zeit vertreiben?“
„Ganz so, wie Du sie Dir vertrieben hast, als Du vorher auch unten stecktest.“
„Du glaubst also nicht, daß er ein Serbe ist?“
„Nein, er lügt.“
„Und daß er Pimosa heißt?“
„Auch das bezweifle ich.“
„Kannst Dich aber dennoch irren!“
„Pah! Er zog das Messer – er hätte wirklich gestochen. Warum hat er nicht verlangt, zum Kiaja geführt zu werden? Das hätte ein Jeder verlangt, der ein gutes Gewissen besitzt. Also, wie ich hörte, kennst Du den Färber, von welchem er sprach?“
„Ich kenne ihn.“
„Was für ein Mann ist er?“
„Bir schischman, juwarlak tembely – ein dicker, runder Faulpelz.“
Das war eine eigenthümliche Antwort. Der Färber war Boschak genannt worden, und boschak heißt auch träge, faul. Ich erkundigte mich weiter:
„Ist er wohlhabend?“
„Nein, eben weil er faul ist. Er ist übrigens nicht nur Färber, sondern auch Etmektschi.“
„Ist er als Etmektschi fleißiger?“

„Nein. Sein Haus fällt beinahe um, weil er zu träge ist, Etwas auszubessern. Seine Frau hat den Furun gebaut; sie hat den Chamur taknessi zusammengenagelt, und sie schafft auch die Pogatscha zu den Kunden."
„So bäckt sie wohl auch selbst?"
„Ja, das thut sie."
„Und färbt auch selber?"
„Allerdings."
„Was thut denn der Mann?"
„Er ißt, trinkt, raucht und hält seinen Kef."
„Dann ist es kein Wunder, daß er arm bleibt. Nicht wahr, er wohnt in Dschnibaschlü?"
„Ja, Effendi."
„Ein Dorf?"
„Ein ziemlich großes Dorf."
„Wie weit von hier?"
„Man muß zwei Stunden gehen. Sobald man durch unser Koschikawak gegangen ist, geht man auf der Brücke über den Fluß. Von da führt der Weg grad südwärts nach Dschnibaschlü."
„Steht dieser Bäcker und Färber vielleicht sonst noch in einem schlechten Ruf?"
„Hm! Ich weiß es nicht."
„Sprich deutlicher!"
„Es sind ihm vor einigen Jahren die Ohren aufgeschlitzt worden."
„Weßhalb?"
„Du weißt nicht, wen diese Strafe trifft?"
„Er hat wohl das Backwerk zu klein gefertigt?"
„O nein, sondern zu groß. Ein Bäcker, welcher zu klein bäckt, der wird mit dem Ohre an seine Thüre oder an seinen Laden genagelt; aber aufgeschlitzt wird das Ohr nicht."
„Aber wenn er so arm ist, wundert es mich, daß er zu groß gebacken hat."
„O, er hat trotzdem nicht zu viel Mehl genommen! Sein Gebäck ging über die Grenze. Da fand man, daß es sehr schwer sei. Man öffnete die Brödchen, und da zeigte es sich, daß sie Allerlei enthielten, was an der Grenze versteuert werden muß."
„Ah so! Also er ist ein Schmuggler?"
„Wie es scheint. Wenigstens war er es."
„Hm! So möchte ich doch einmal mit ihm sprechen."
„Warum? Ich denke, Du willst sofort weiter reiten, sobald Deine Gefährten angekommen sind?"
„Allerdings wollte ich das. Aber unser Gefangener hat sich auf den Bäcker berufen; da scheint es mir möglich, daß ich bei diesem Mann Etwas erfahren kann, was mir von Vortheil ist."
„So müßtest Du warten bis morgen früh."

„Allerdings. Die Meinigen könnten indessen voranreiten; ich würde sie bald wieder einholen.“

„Warum wartest Du hier auf sie? Du könntest doch drin im Hause recht gut schlafen!“

„So würden sie hier vorüber reiten, ohne anzuhalten, da sie nicht wissen, daß ich mich hier befinde.“

„Ich wache, Effendi.“

„Das kann ich nicht verlangen.“

„Warum nicht? Hast Du nicht mich und mein Weib aus dem Loch geholt. Wir wären ohne Dich entweder verschmachtet oder erstickt. Und ich soll nicht einige Stunden für Dich wachen können? Du mußt morgen reiten, kannst da also nicht schlafen; ich aber kann die versäumte Ruhe wieder nachholen.“

Ich konnte ihm nicht Unrecht geben, und da er in mich drang, so erfüllte ich seinen Wunsch. Seine Frau bereitete mir ein Lager, und nachdem er mir versprochen hatte, daß er draußen das Herdfeuer nicht verlöschen lassen werde, legte ich mich nieder.

Unter Paschern

Als ich erwachte, war es noch dunkel um mich; dennoch fühlte ich, daß ich vollständig ausgeschlafen hatte. Das Räthsel löste sich indeß, als ich aufstand und nun bemerkte, daß sämmtliche Fensterluken durch die Läden noch verschlossen waren.

Ich stieß einen derselben auf und sah nun, daß die Sonne bereits ziemlich hoch stand. Es mochte nach westlicher Zeit zwischen acht und neun Uhr sein.

Draußen ließ sich ein fleißiges Hämmern und Feilen vernehmen. Ich ging hinaus. Der Schmied stand bei der Arbeit, und seine Frau zog den Blasebalg.

„Guten Morgen!“ rief er mir lachend entgegen. „Du hast sehr gut geschlafen, Effendi.“

„Leider! Du aber auch!“

„Ich? Wie so?“

„Ich sehe meine Gefährten nicht.“

„Ich habe sie auch nicht gesehen.“

„Sie sind vorüber!“

„Wann?“

„Während der Nacht.“

„O, Du denkst, daß ich geschlafen habe?“

„Ich ahne es.“

„Nicht ein Auge habe ich zugethan! Frage meine Frau. Als Du schliefst, kam sie zu mir in's Freie. Wir haben neben einander gesessen und vergebens nach den Erwarteten geschaut.“

„Und das Feuer hat stets gebrannt?“

„Bis jetzt. Effendi, ich sage Dir die Wahrheit.“

„Das macht mich um die Gefährten besorgt. Ich werde ihnen entgegen reiten."
„Ich denke doch, daß Du nach Dschnibaschlü reiten willst?"
„Ich wollte; aber – – –"
„Habe keine Sorge, Effendi! Sie werden kommen. Sie sind so klug gewesen, während der Nacht nicht durch eine unbekannte Gegend zu reiten."
„Nein, das ist es nicht, was ihre Ankunft verzögert. Entweder sind sie auf ein unvorhergesehenes Hinderniß getroffen, oder sie haben den Weg verfehlt."
„Nun, in beiden Fällen ist es besser, daß Du nach Dschnibaschlü reitest. Sie werden das Hinderniß beseitigen und bald kommen. Und befinden sie sich auf falschem Wege, so werden sie den richtigen finden. Welche Orte sollten sie berühren?"
„Ich habe ihnen befohlen, von Dere-Kiöj nach Mastanly zu reiten."
„Dann müssen sie auf alle Fälle hier vorüberkommen. Soll ihnen Jemand entgegen gehen, so will ich es thun. Ich nehme das Pferd unseres Gefangenen."
„Das läßt sich hören! Aber – hast Du bereits mit ihm gesprochen?"
„Ich habe nach ihm gesehen."
„Was sagte er?"
„Er schimpft erbärmlich. Er verlangt, sofort freigelassen zu werden, und als ich sagte, daß ich ihm die Freiheit nicht geben könne, verlangte er, mit Dir zu reden."
„Diesen Wunsch werde ich ihm gern erfüllen."
„Thue es nicht, Effendi!"
„Warum nicht?"
„Er ist hinterlistig. Er will sich befreien – entweder durch Gewalt oder, wenn dies nicht möglich sein sollte, durch List."
„Ich fürchte weder seine Körperkraft, noch seine Verschlagenheit. Er steckt unten in der Grube und ist gebunden. Was will er mir thun? Er kann nicht die Hand nach mir ausstrecken."
„Aber er wird Dich überreden!"
„Das wird er nicht. Ich gehöre nicht zu den leichtgläubigen Leuten und bin nicht der Mann, welcher jetzt so denkt und in fünf Minuten ganz anders. Übrigens wirst Du ja dabei sein. Komm!"
Wir standen eben im Begriff, die den Keller verschließende Thüre zu öffnen, als die Frau des Schmiedes hinzutrat, mich geheimnißvoll am Arme berührte und dabei leise sagte:
„Bul-dim ol, bul-dim ol, ich habe es gefunden, ich habe es gefunden!"
„Was?" fragte ich, indem ich die Hand von der Thüre ließ.
„Onun jüzi, onun jara nischanysü – sein Gesicht, seine Narbe."
„Du meinst wohl das Gesicht und die Narbe des Gefangenen?"
„Ewwet Effendim; anutmisch idim ikiside – ja, Effendi; ich hatte Beides vergessen."
„So hast Du ihn wohl bereits einmal gesehen?"

„Ja. Aber es war mir wieder entfallen. Ich habe während der ganzen Nacht darüber nachgedacht. Ich marterte mein Hirn, ohne mich besinnen zu können. Nun aber ist es mir ganz plötzlich eingefallen."
„Komm in die andere Stube! Er könnte uns hören," sagte ich.
Beide folgten mir in die Wohnstube, und dort sagte der Schmied im Tone der Verwunderung zu seinem Weib:
„Du hast ihn gesehen? Du hattest es vergessen, und Du hast während der ganzen Nacht neben mir gesessen und darüber nachgedacht? Warum hast Du mir nichts davon gesagt?"
„Ich wollte mich nicht irre machen. Hätte ich davon gesprochen, so wäre es mir gar nicht eingefallen; das dachte ich."
„Du magst Recht haben," sagte ich. „Gut, daß Du Dich nun besonnen hast. Also, wo hast Du ihn gesehen?"
„Topokluda – in Topoklu."
„Wann?"
„Baharin achyr; kyz achabimde – Im letzten Frühjahre; bei meiner Freundin."
„Als Du in Topoklu zum Besuche warst?" fragte ihr Mann erstaunt.
„Ja, damals."
„Was that er denn bei Deiner Freundin?"
„Er kaufte Barut und Jakymler."
Und zu mir gewendet, fuhr sie fort:
„Du mußt nämlich wissen, daß der Mann meiner Freundin einen Hazez matahy besitzt und Allerlei verkauft, was man für den Augenblick nöthig hat. Ich war eingeladen worden, weil sie krank war und Niemand hatte, der sie pflegen sollte. Ich saß bei ihr, und da trat Jemand in den Laden und verlangte Munition. Er wollte sie sogleich probiren. Da bat ihn der Krämer, dies nicht zu thun, da seine Frau krank sei und das Schießen nicht vertragen könne; aber der Mann lud dennoch sein Pistol und schoß mit der Kugel nach dem Pferdekopf des gegenüber liegenden Hauses."
Der Bulgare liebt es nämlich, über seine Thüre oder an den Firstenden, also an den Giebelwinkeln seines Hauses Pferdeköpfe oder auch die Köpfe anderer größerer Thiere, wie Rinder-, Maulthier- und Mauleselsköpfe, anzubringen.
Die Frau fuhr fort:
„Meine Freundin schrie bei dem Schuß vor Schreck laut auf. Er lachte und schoß noch mehrere Male. Und als der Krämer es ihm nun streng verbot, drohte er, auf ihn selbst zu schießen. Endlich bezahlte er und ging. Vorher aber sagte er, daß er eigentlich gar nicht zu bezahlen brauche, da er zu den Gizli söz birlidschi gehöre."
„Was für Leute sind das?" fragte ich.
„Das weißt Du nicht?" meinte der Schmied.
„Ich habe es noch nie gehört."

„Ein Gizli söz birlidschi ist ein Mann, der dem Großherrn nicht gehorchen, sondern ein bulgarisches Reich mit einem eigenen, unabhängigen König haben will."

„Darf es denn Jemand wagen, sich öffentlich zu diesen Verschwörern zu bekennen?"

„Warum nicht? Der Großherr wohnt in Istambul, und je weiter Du Dich von dieser Stadt entfernst, desto geringer wird seine Macht. Und sieht so ein Mann sich in Gefahr, so geht er in die Berge. – Erzähle weiter, Frau!"

„Ich hatte durch die Ritzen der Ruthenwand geblickt," fuhr sie fort, „und den Menschen gesehen. Er trug ein großes Melhem über der rechten Wange, und als wir dann den Krämer fragten, wer der Fremde sei, sagte er uns, daß dieser in den Bund der Choschnudsuzlik gehöre und in dem Dorfe Palatza wohne. Er heiße Mosklan und sei eigentlich Dschambaz, habe aber dieses Geschäft aufgegeben, um seine ganze Zeit dem Geheimbunde widmen zu können. Doch bat uns der Krämer, keinem Menschen etwas davon zu sagen. Wir hörten noch, daß dieser Roßtäuscher selten zu Hause sei und sich stets unterwegs befinde."

„Und Du glaubst, ihn in unserem Gefangenen wiedererkannt zu haben?"

„Ja. Er trägt das Pflaster nicht mehr; das machte mich irre. Ich fühlte, daß ich ihn irgendwo gesehen habe, doch konnte ich mich nicht besinnen. Aber da fiel mir jetzt doch die Narbe ein, welche er über der rechten Wange hat, und nun weiß ich es genau, daß er es ist."

„Wirst Du Dich nicht irren?"

„O nein. Ich kann es beschwören, daß er es ist."

„Und er hat sich Pimosa genannt und gesagt, er sei ein Serbe, ein Agent aus Lopaticza am Ibar."

„Das ist eine Lüge."

„Ich habe es ihm ja auch gar nicht geglaubt. Er sprach walachisch, und zwar spricht er diese Sprache, wie mir scheint, genau so, wie ich sie in der Gegend von Slatina gehört habe."

„Slatina? Ja, ja!" nickte die Frau mit Eifer. „Der Krämer schien ihn besser zu kennen, als er uns merken lassen wollte. Er war zornig auf ihn und nannte ihn einen Ak-Iflaki, einen Giaur, einen russialy Katolik, einen Slatinaly Rafyz und einen mükirly Kristian."

„Daraus ist allerdings zu schließen, daß er ihn sehr genau kennt und daß er auch weiß, daß der Mann aus Slatina ist."

„Und jetzt fällt mir auch ein, daß er ihn in seinem Zorne einen Ulak Assilerin und einen Sajy Müdschibbi inkilablerin schimpfte."

„Das ist höchst interessant! Vielleicht ist bei dem dicken Bäcker in Dschnibaschlü noch mehr zu erfahren."

„Willst Du wirklich hin, Effendi?"

„Ja; jetzt ganz gewiß."

„Und soll der Gefangene es erfahren?"

„Allerdings; er selbst hat mich ja dazu aufgefordert."

„Wirst Du ihm auch sagen, daß Du erfahren hast, wer er eigentlich ist?“
„Nein. Das wäre eine Unvorsichtigkeit, deren ich mich nicht schuldig machen will. Habt Ihr für jetzt vielleicht noch Etwas zu bemerken?“
„Nein,“ sagte die Frau. „Ich habe Alles gesagt, was ich weiß. Aber erlaube, daß ich Dich um Etwas frage, was mir Sorge macht!“
„Frage nur immer zu! Vielleicht ist Deine Sorge grundlos.“
„O nein! Wenn dieser Mann zu den Unzufriedenen gehört, so befinden wir uns in Gefahr. Wir haben ihn gefangen genommen, und er wird sich rächen oder von seinen Mitverschworenen gerächt werden.“
„Das ist allerdings ein Gedanke, den Ihr nicht von Euch weisen könnt; aber vielleicht läßt sich dieser Angelegenheit ein solcher Ausgang geben, daß Ihr nichts zu befürchten braucht. Seine Verbündeten haben Euch mißhandelt, und Ihr habt also alle Veranlassung gehabt, Euer Verhalten darnach einzurichten. Vor allen Dingen will ich jetzt einmal mit ihm reden, da er dies verlangt hat.“
Wir brannten einen Span an, öffneten den Keller, legten die Leiter an, und dann stieg ich hinab. Der Gefangene lag auf dem Kohlenhaufen und empfing mich mit Schimpfworten.
„Glaubst Du, in dieser Weise Deine Lage zu verbessern?“ fragte ich ihn.
„Laß mich los!“ antwortete er. „Gib mich frei! Du hast kein Recht, mich hier festzuhalten.“
„Bis jetzt bin ich überzeugt, dieses Recht zu haben!“
„Hat Dich der Färber Boschak nicht eines Besseren belehrt?“
„Ich war noch nicht bei ihm.“
„Warum nicht? Warum zauderst Du? Es muß jetzt weit über Mittag sein. Du hast längst Zeit gehabt, nach Dschnibaschlü zu gehen.“
„Du irrst. Es ist noch nicht so weit, wie Du denkst. Aber ich werde mich sogleich aufmachen. Also Du behauptest, daß er Dich kennt?“
„Ja. Frage nur nach dem Agenten Pimosa.“
„Weiß er, daß Du jetzt nicht in Edreneh gewesen bist?“
„Ja. Er wird, wenn Du ihn fragst, bezeugen, daß ich während der letzten Tage in Mandra und Boldschibak gewesen bin.“
„Wie will er das wissen?“
Er zögerte, zu antworten, und sagte erst nach einer Pause:
„Das wirst Du von ihm selbst hören.“
„Ich möchte es aber noch lieber gleich jetzt von Dir erfahren.“
„Wozu denn?“
„Es ist das die beste Weise, mein Mißtrauen zu bekämpfen.“
„Das sehe ich nicht ein!“
„Muß ich Dir vielleicht vorher eine Erklärung geben? Du schweigst, weil Du verhüten willst, daß seine Aussage der Deinigen widerspricht. Also sage mir, ob er vielleicht mit Dir an jenen beiden Orten gewesen ist.“

„Das habe ich nicht nöthig. Gehe hin, und frage ihn selbst!“
„Es scheint, daß Du Dir Deine Lage nicht verbessern willst. Was habe ich denn eigentlich für eine Ursache, zu diesem Boschak zu gehen? Gar keine!“
„Ich verlange es aber, damit Du meine Unschuld erkennst.“
„Wärst Du schuldlos, so würdest Du selbst mir die geforderte Auskunft ertheilen.“
„Du sollst ihm sagen, daß ich mich hier befinde.“
„Damit er Dich aus diesem Keller holt? Glaubst Du, daß meine Dummheit größer als Deine Klugheit sei? Um aber alle Vorwürfe zu vermeiden, werde ich zu dem Färber gehen. Vielleicht erfahre ich bei ihm ganz das Gegentheil von dem, was er nach Deinem Wunsche mir sagen soll. Hast Du Hunger?“
„Nein.“
„Oder willst Du trinken?“
„Nein. Lieber will ich verschmachten als von solchen Menschen, wie Ihr seid, einen Tropfen Wasser annehmen!“
„Ganz nach Deinem Belieben!“
Ich machte Anstalt, wieder emporzusteigen; da sagte er in barschem Tone:
„Ich verlange, daß Ihr mir die Fesseln abnehmt!“
„Von Menschen, welche nicht werth sind, Dir einen Tropfen Wasser anzubieten, kannst Du das doch nicht verlangen.“
„Sie thun mir weh!“
„Das schadet nichts! Der Durst thut auch weh, und dennoch willst Du ihn ertragen, um nur von uns nichts empfangen zu müssen. Übrigens weiß ich sehr genau, daß Dir die Fesseln keine Schmerzen verursachen. Der Prophet sagt: Wenn Du in Leiden fällst, so bedenke, daß es meist nicht Allah's Wille, sondern nur der deinige gewesen ist. Denke an dieses Wort, bis ich zurückkehre!“
Er zog es vor, sich nun in Schweigen zu hüllen.
Der Schmied hatte die Zeit dazu benutzt, mir mein Pferd vorzuführen. Er brachte zugleich dasjenige des Gefangenen mit.
„Willst Du wirklich den Meinigen entgegen reiten?“ fragte ich.
„Wenn Du es erlaubst, Effendi, ja!“
„Meinst Du, daß Deine Gegenwart hier nicht nöthig sei?“
„Meine Frau ist da. Sie wird den Gefangenen bewachen.“
„Man weiß nicht, was sich während unserer Abwesenheit ereignen kann!“
„Was soll sich ereignen? Ich halte es für nothwendig, daß Deine Leute erfahren, wo Du Dich befindest, und daß Du auf sie wartest. Ich reite nur bis Dere-Kiöj: finde ich sie da nicht, so kehre ich zurück!“
„Ihr könnt Euch umreiten.“
„Meine Frau wird dafür sorgen, daß sie hier nicht vorüberkommen, ohne einzukehren.“
„Nun, wie Du willst! Auch hat sie vor Allem dafür zu sorgen, daß kein Mensch erfährt, wir hätten einen Mann im Keller.“

Die Frau hatte bei uns gestanden und Alles gehört.
„Effendi, reite ohne Sorge nach Dschnibaschlü," sagte sie. „Es wird Alles so sein, als ob Du selbst Dich hier befändest."
Auf diese Versicherung hin bestieg ich das Pferd. Es kam mir der Gedanke, die Gewehre zurück zu lassen, um leichter zu sein; doch waren sie mir zu werthvoll, als daß ich sie hätte in Gefahr bringen mögen. Es gab in diesem Hause keinen Ort, welcher ein sicheres Versteck bieten konnte. Also nahm ich sie mit.
Das Dorf lag nicht weit von der Schmiede. Es war nicht groß, ich kam also schnell hindurch. Dann ging's über die Brücke und linksum nach Südost, nicht, wie der Schmied gesagt hatte, nach Süden zu.
Ich passirte einige Maisfelder, dann Weideland und kam nun an unbebautes Land. Einen eigentlichen Weg gab es nicht. Jeder läuft, fährt oder reitet hier, wie es ihm beliebt. Darum wunderte ich mich nicht, als ich zu meiner Rechten, in ziemlicher Entfernung von mir, einen Reiter auftauchen sah, welcher dieselbe Richtung zu verfolgen schien. Auch er bemerkte mich und hielt nun nach mir herüber.
Als er näher herangekommen war, beobachtete er mich und schien nicht in's Klare kommen zu können; dann faßte er einen schnellen Entschluß und kam im Trabe ganz heran.
„Ssabahhak bilcheer – guten Morgen!" grüßte er mich, zu meinem Erstaunen in schönstem arabisch.
„Allah jußabbihak bilcheer – Gott gebe Dir einen guten Morgen!" antwortete ich in freundlicher Weise.
Der Reiter gefiel mir nämlich. Er gehörte jedenfalls nicht zu den reichen Leuten. Sein Pferd war keine zweihundert und fünfzig Mark werth, und er trug eine fast ärmliche Kleidung; aber diese Kleidung zeugte von einer hier in dieser Gegend ungewöhnlichen Sauberkeit, und das Pferd war, wenn auch nicht üppig genährt, doch sehr gut gehalten. Die Kaschaghy und die Kirpi-fyrtscha mußten wohl den Mangel von Haferüberfluß ersetzen. Dies macht auf den Pferdefreund stets einen guten Eindruck. Übrigens war der junge Mann sehr schön gewachsen, und sein von einem wohlgepflegten Schnurrbart geziertes Gesicht hatte einen so offenen, ehrlichen Ausdruck, daß ich mich keineswegs darüber ärgerte, den Gang meiner Gedanken durch ihn unterbrochen zu sehen.
„Tihki dschenabak bil arabi – Sie sprechen arabisch?" fuhr er fort, indem er durch ein befriedigtes Nicken zu erkennen gab, daß er sich freue, mich richtig beurtheilt zu haben.
„Ssahihh, hhubba we kerameta – gewiß, sehr gern sogar."
„Itfaddal 'alei wa kul li min een dschaï dschenabak – wollen Sie die Güte haben, mir zu sagen, woher Sie kommen?"
„Min Koschikawak – von Koschikawak."
„Ana bistektir cheerak – ich danke schön!"
„To 'an o kerhan – wollen Sie vielleicht mit mir kommen?"
„Akun lak memnun bidalik – ich werde Ihnen dafür sehr verbunden sein!"

Das war eine recht herzgewinnende Höflichkeit. Ich fragte ihn nun, wie er auf den Gedanken gekommen sei, mich arabisch anzureden. Er deutete, indem seine Augen blitzten, auf mein Pferd und antwortete:

„So einen Nedschi kann nur ein Araber reiten. Das ist ein ächter Wüstenhengst! Bei Allah! Rothe Nüstern! So ist die Mutter wohl gar eine Kohelistute gewesen?“

„Sie haben ein gutes Auge. Der Stammbaum weist allerdings nach, daß Sie Recht haben.“

„Sie glücklicher und Sie reicher Mann! Die Hufe und die Fesseln zeigen, daß dieses Pferd nicht in der Sand-, sondern in der Steinwüste geboren wurde.“

„Auch das ist richtig. Ist diese Gegend Ihre Heimat?“

„Ja.“

„Wie kommen Sie da zu diesem Scharfblick für arabische Pferde?“

„Ich bin Hadschi. Nachdem ich in Mekka meine Ssalawat absolvirt hatte, ging ich nach Taïf, wo ich in die Chejale des Groß-Scherifs von Mekka trat.“

Ich kannte diese Elite-Cavallerie und wußte, wie gut sie beritten war. Der Großscherif besitzt einen wahrhaft glänzenden Marstall. Kein Wunder also, daß dieser junge Mann seinen Blick hatte üben können.

Es war mir interessant, einen ehemaligen Cavalleristen des Großscherifs von Mekka vor mir zu sehen.

„Warum blieben Sie nicht dort?“ fragte ich ihn.

Er erröthete, blickte vor sich nieder, richtete dann die Augen voll und aufrichtig auf mich und sagte das eine Wort:

„Mahabbe – die Liebe!“

„Welak – oh wehe!“

„Na'm; hakassa – ja, ja, so ist es!“

Ich hatte mein Wehe in scherzhaftem Tone gesprochen; er aber machte ein sehr ernsthaftes Gesicht und blickte so nachdenklich vor sich hin, daß ich sehr leicht errathen konnte, wie es stand. Natürlich aber fiel es mir nicht ein, ihn über diese äußerst zarte Angelegenheit mit Fragen zu behelligen. Ich lenkte vielmehr um und sagte:

„In Beziehung auf das Pferd haben Sie ganz richtig geurtheilt; aber Ihre Ansicht über den Reiter ist eine irrige.“

„Wie? Sie sind doch jedenfalls Beduine?“

„Sitze ich wie ein Bedawi zu Pferde?“

„Allerdings nicht. Das fiel mir sogleich auf, als ich Sie bemerkte.“

„Und Sie wunderten sich?“

„Ja.“

„Sie sind aufrichtig!“

„Soll ich es nicht sein?“

„In Allah's Namen! Sprechen Sie nur freimüthig!“

„Ich konnte nicht begreifen, daß der Besitzer eines seltenen Pferdes so schlecht reitet.“

„Hadda hhal ed dunja – das geht so in der Welt!“

Er warf einen besorgten Blick zu mir herüber und fragte:
„Sie haben mir das übel genommen?“
„O nein!“
„O doch!“
„Machen Sie sich keine Sorge! Was Sie sagten, das hat mir schon mancher Andere auch gesagt, ohne daß ich es übel nahm.“
„Warum geben Sie sich nicht Mühe, das Reiten zu lernen?“
„O ich habe mir viel Mühe gegeben, sehr viel!“
„Jumkin – wahrscheinlich!“ lächelte er ungläubig.
„Sie zweifeln daran?“
„Ja.“
„Nun, ich will Ihnen sagen, daß ich Jahre lang den Sattel nur verlassen habe, um zu schlafen.“
„Allah akbar – Gott ist groß! Er schafft die Menschen und beschenkt einen Jeden mit einer besonderen Gabe, aber auch mit einem besonderen Mangel. Ich habe Einen kennen gelernt, dem es unmöglich war, zu pfeifen. Er gab sich alle Mühe, brachte es aber nicht fertig. Andere pfeifen schon, wenn sie noch im Beschik hängen. Ihnen geht es mit dem Reiten grad so, wie Jenem mit dem Pfeifen. Dafür aber wird Allah Ihnen ein anderes Talent verliehen haben.“
„Das ist richtig.“
„Darf ich erfahren, welches Talent es ist?“
„Eh ssahihh: esch scherib – ja gewiß: das Trinken.“
„Das Trinken?“ fragte er verblüfft.
„Ja. Ich habe bereits getrunken, als ich noch in der Wiege hing.“
„MaskaradschySpaßvogel!“
„Wollen Sie auch das nicht glauben?“
„O, sehr gern. Dieses Talent haben wir Alle wohl so früh schon besessen. Nur ist das kein Grund, um stolz darauf zu sein. Das Reiten fällt schon ein wenig schwerer.“
„Das merke ich!“
Es war fast der Ausdruck des Mitleides, mit welchem er mich anblickte. Dann meinte er:
„Ist denn Ihr Rückgrat gesund?“
„Ja.“
„Und Ihre Brust auch?“
„Sehr.“
„Warum machen Sie das Erstere so krumm, und warum drücken Sie die Letztere so hinein?“
„Ich habe es von tausend Anderen so gesehen.“
„Das sind sehr schlechte Reiter gewesen.“

„Sogar sehr gute! Ein Reiter, welcher sein Pferd lieb hat, der schont es; er sucht es also so viel wie möglich zu entlasten. Wie das zu machen ist, davon hat weder der Türke, noch der Araber eine Ahnung.“
„Das verstehe ich nicht.“
„Ich glaube Ihnen.“
„Aber sind Sie denn kein Araber?“
„Nein.“
„Was sonst?“
„Ein Nemtsche.“
Da nickte er bedächtig vor sich hin und sagte:
„Ich habe in Stambul Leute aus Alemanja gesehen. Sie verkaufen Bez, Mendil und Bytschak namlisi. Sie trinken Arpa suju und singen Lieder dazu. Aber zu Pferde habe ich keinen Einzigen von ihnen gesehen. Gibt es in Alemanja viele Soldaten?“
„Mehr als im Oszmanly memleketi.“
„Aber um die Kavallerie muß es schlecht bestellt sein!“
„Sie reitet grad wie ich.“
„Fil hakika – fürwahr?“
„Gewiß!“
„Maghmum, deghri maghmum – traurig, geradezu traurig!“
Er meinte es ehrlich. Es fiel mir gar nicht ein, ihm bös zu sein. Er mochte aber doch meinen, zu weit gegangen zu sein; darum fragte er:
„Sie sind fremd hier. Darf ich fragen, wohin Sie wollen? Vielleicht kann ich Ihnen nützlich sein.“
Es war vielleicht nicht gerathen, ihm mit voller Aufrichtigkeit zu antworten; darum sagte ich:
„Zunächst nach Dschnibaschlü.“
„Da reiten wir noch eine Viertelstunde mit einander, dann geht mein Weg rechts ab nach Kabatsch.“
„Wohnen Sie dort?“
„Ja. Errathen Sie, was ich bin?“
„Nein. Ich wundere mich aber, daß Sie so jung dazu kamen, in den Dienst des Großscherifs zu treten, und daß Sie ihn bereits wieder aufgaben.“
„Weßhalb es geschehen ist, wissen Sie bereits. Ich war früher Saati und bin jetzt Kutubi.“
„Haben Sie einen Laden?“
„Nein. Mein Vorrath befindet sich hier in der Tasche. Ich verkaufe hier diese Sachen.“
Er griff in die Tasche und zog einen Zettel hervor. Dieser enthielt die Fathha, die erste Sure des Kuran, mit gespaltenem Rohre in Neskhi-Schrift mittelst aufgelöstem Gummi geschrieben und dann mit Gold bronzirt. Er war also Colporteur und hatte, wie ich bemerkte, einen großen Vorrath dieser Zettel.
„Wurde dies in Mekka geschrieben?“ fragte ich ihn.

„Ja."
„Von den Hütern der Kaaba?"
Er machte ein pfiffiges Gesicht und zuckte die Achsel.
„Ich verstehe. Ihre Käufer glauben das Letztere."
„Ja. Sie sind ein Nemtsche, also ein Nasrani. Ihnen will ich es sagen, daß ich es selbst geschrieben habe, allerdings in Mekka. Ich habe einen großen, großen Vorrath mitgebracht und mache ganz gute Geschäfte."
„Wie viel kostet ein Exemplar?"
„Je nach dem Vermögen des Käufers. Der Arme gibt einen Piaster, bekommt es vielleicht auch umsonst, während ich von reichen Leuten auch schon zehn und noch mehr Piaster bekommen habe. Von dem Erlös lebe ich mit meinem alten Vater, der gelähmt ist, und kaufe mir das Material zu meiner Uhr."
„Sie arbeiten also noch in Ihrem früheren Fache?"
„Ja. Ich arbeite an einer Uhr, welche ich dem Großherrn zum Kauf anbieten will. Es wird im ganzen Lande keine zweite ihres Gleichen sein. Kauft er sie, so bin ich ein gemachter Mann."
„Also ein Kunstwerk?"
„Ja."
„Werden Sie es fertig bringen?"
„Ganz gewiß. Erst hatte ich selbst Sorge; aber jetzt bin ich überzeugt, daß es gelingen wird. Und dann – dann, dann werde ich mit diesem Boschak reden!"
Er hatte die letzten Worte in beinahe drohendem Tone ausgesprochen. Der genannte Name frappirte mich. So hieß ja der Bäcker, zu dem ich wollte!
„Boschak? Wer ist das?" fragte ich.
„Ihr Vater."
„Warum sprechen Sie nicht eher mit ihm?"
„Er wirft mich hinaus, wenn ich jetzt komme. Ich bin ihm zu arm, viel zu arm."
„Ist er denn reich?"
„Nein. Aber sie ist das schönste Mädchen von Rumili."
Ich machte eine Armbewegung gegen die Sonne und sagte:
„Eljoom ßob – heut ist es heiß!"
„Hoon ßob – hier ist es heiß!" antwortete er, mit der geballten Faust nach der Gegend drohend, in welcher ich das Dorf Dschnibaschlü vermuthete. „Ich war bei ihrem Vater, aber er zeigte mir die Thüre!"
„Würde diese Schönste in Rumili Dir die Thüre ebenso zeigen?"
„Nein. Wir sehen uns ja des Abends und sprechen mit einander."
„Heimlich?"
„Ja, denn anders geht es nicht."
„Was ist ihr Vater?"
„Bäcker und Färber. Sie heißt Ikbala."

„Welch' ein schöner Name! Ich wünsche, daß er an Ihnen in Erfüllung gehen möge."
„Das wird geschehen, denn es ist Allah's Wille und auch der meinige. Die Mutter ist unsere Verbündete."
„Lillah elhamd – Gott sei Dank!"
„Ja. Sie wacht über uns, wenn wir zusammenkommen, während der Bäcker schläft. Allah möge ihr dafür ein langes Leben geben und Enkel die Hülle und die Fülle! Der Alte aber möge Tum kauen und Hhibr schlucken müssen, bis er sich entschlossen hat, mein Schwiegervater zu werden!"
„Dann können Sie ihn als Dewid benützen, wenn Ihr jetziger Vorrath ausgegangen ist und Sie also gezwungen sind, einen neuen Vorrath von Amulets zu schreiben. Wo wohnt denn dieser wüthende Vater einer so gepriesenen Tochter?"
„In Dschnibaschlü."
„Das weiß ich. Aber in welchem Hause?"
„Wenn Sie von dieser Richtung in das Dorf kommen, ist es das fünfte Haus zur rechten Hand. Vor der Thüre hängt eine hölzerne Elma-boghatscha, ein gelber Eldiwen und ein rother Diz tschoraby, zum Zeichen, daß Boschak Bäcker und auch Färber ist. Warum fragen Sie nach seiner Wohnung?"
„Ich möchte diesen Tyrannen kennen lernen."
„Das ist sehr leicht."
„Wie so?"
„Lassen Sie Etwas bei ihm färben."
„Ich wüßte nicht, was. Ich müßte mir meinen Rappen blau färben lassen. Doch hätte ich auch keine Zeit, zu warten, bis er vollständig trocken wäre."
„So kaufen Sie sich Schekerleme bei ihm!"
„Ist er denn auch Schekerdschi?"
„Ja. Er bäckt Alles."
„Doch nicht auch Strümpfe und Handschuhe! Eine Verwechslung der beiden Gewerbe kann ja vorkommen. Halt! Haben Sie Etwas gehört?"
Ich hielt mein Pferd an und lauschte.
„Nein," antwortete er.
„Es war mir, als hätte ich einen fernen Ruf vernommen."
Auch er hielt still und horchte. Der eigenthümliche Laut, den ich vernommen hatte, wiederholte sich.
„Das klingt gerade, wie die Stimme eines eingemauerten Menschen!"
„Nein," erwiderte er. „Es ist ein Kurbaghy, welcher schreit."
„Ich habe noch nie einen Frosch mit solcher Stimme gehört."
„So ist es eine Kara Kurbagha. Ich habe oft Unken in dieser Weise schreien hören. Der Ruf kömmt dort links aus dem Diken-tschaly, welches so niedrig ist, daß wir den Menschen sehen müßten. Es ist ein Thier, nichts Anderes. Und nun, hier geht mein Weg nach rechts. Ich muß scheiden."

„Darf ich nicht vorher Ihren Namen erfahren?"
„Man nennt mich überall Ali den Sahaf."
„Ich danke! Und wie weit ist es von Dschnibaschlü bis in Ihr Kabatsch?"
„Ich reite es in drei Viertelstunden. Wollen Sie etwa auch dann nach Kabatsch?"
„Möglich."
„So bitte ich Sie, zu mir zu kommen und sich mein Uhrwerk anzusehen. Vielleicht darf ich dann auch die Fragen aussprechen, welche ich jetzt unterlassen habe."
„Warum fragten Sie nicht?"
„Darf man unhöflich sein?"
„Ich habe mich doch auch nach Ihren Verhältnissen erkundigt!"
„Sie dürfen das, denn Sie sind ein Anderer als ich. Sie sind ein Tebdilenly; das ist sicher!" Er lachte mich dabei so zuversichtlich an, daß auch ich laut lachen mußte.
„Sie irren sich!"
„O nein! Sie können zwar nicht reiten, aber das thut nichts. Sie sind vielleicht ein Basch okumusch oder sonst ein Effendi aus dem Seraj humajun, obgleich Sie ein Christ sind. Wären Sie ein Moslem, so hätten Sie meine Zettel mit der Fathha mit dem Gruße beehrt. Aber ich weiß, daß der Großherr auch Christen bei sich hat, und da Sie kein Reiter sind, so ist der Rappe aus dem Stalle des Padischah geborgt. Habe ich Recht?"
„Nein."
„Gut; ich will schweigen."
„Daran handeln Sie klug. Können Sie mir Ihre Wohnung beschreiben?"
„Sehr leicht. Es ist eigenthümlicher Weise grad so wie hier. Wenn Sie von Dschnibaschlü nach Kabatsch kommen, so ist es das fünfte Haus zur rechten Hand, in welchem ich wohne. Es ist nur eine kleine Hütte. Mein Vater war ein blutarmer Tschoban. Die Mutter lebte noch, als ich nach Mekka pilgerte. Sie starb, und kurze Zeit später traf den Vater der Schlag. Jetzt kann er kein Glied bewegen und auch nicht sprechen, sondern nur lallen; dennoch betet er ohne Unterlaß, daß Allah ihn erlösen möge, damit er mir nicht länger zur Last falle. Ich aber bete heimlich zu der großen Muhabbet ilahi, ihn mir noch lange, lange zu erhalten. Vater und Mutter hat man nur einmal. Sind sie gestorben, so hat der Mezarlyk den besten Theil des Kindes empfangen, und keine Seele auf Erden meint es mit ihm wieder so gut und treu, wie die Hingeschiedenen. Einst, als ich noch klein war, da kam ein alter Mann in unsere Hütte und bat um Herberge. Er bekam ein Lager und Milch und Brod. Mehr hatten wir selbst nicht. Ich hatte Etwas gethan, was die Mutter erzürnte. Da nahm der alte Gast einen Kiaghat hervor und ein Kurschun kalem. Er war ein Kyzyl elma katolik, und obgleich er die türkische Sprache nicht verstand, schrieb er mir ein Beït aus Ihrem Tewoat auf, welches die Kitab el mukkadas der Christen ist, und sagte mir, daß ich diese Worte auswendig lernen und stets befolgen und nie wieder vergessen solle. Ich habe diesen Zettel als Amulet bei mir getragen, bis er in Fetzen ging. Er ist zerrissen und verschwunden; aber die Worte sind mir im

Gedächtnisse und im Herzen geblieben bis auf den heutigen Tag und werden auch da bleiben, bis der Engel des Todes zum Böjük-wida ruft."
Ich war tief gerührt und fragte den Sahaf, dessen Augen feucht geworden waren:
„Wie lauten diese Worte?"
„Sie lauten: Bir göz zewklen-ar babaji, bir göz itaatetmez, kargalar onu kazar-lar yrmak jakinda, gendsch kartalar onu jutar-lar."
Das waren die Bibelworte: „Ein Auge, welches den Vater verspottet und sich weigert, der Mutter zu gehorchen, das werden die Raben am Bache aushacken und die jungen Adler fressen."
Wieder ein Beispiel von der unwiderstehlichen Macht des göttlichen Wortes, welches da wirkt, wie „ein Hammer, der Felsen zerschmettert". Wo hat der Kuran, wo haben die Vedas und wo hat (man verzeihe!) die Offenbarung der „letzten Heiligen", ich meine das Machwerk jenes Joe Smith, welches er book of the Mormons nannte, eine Stelle von so gewaltiger, unmittelbarer Wirkung aufzuweisen? Man lese das Kin-kuang-king, welches Buddha's Lehren über sich, über Buße, Pflicht und das Ende der Dinge enthält; man vertiefe sich mittelst eines entsetzlichen Studiums in die heiligen Bücher Indien's, in die Papyrus Ägypten's mit ihren Ptah-, Ré- und Amon-Reminiszenzen – – es gibt doch nur das eine Gotteswort, von dem es so lieblich heißt: „Dein Wort ist meines Fußes Leuchte und ein Licht auf meinem Wege", und dessen strafende, vernichtende Macht doch auch nicht erschütternder geschildert werden kann, als in der fürchterlichen Stelle: „Und er wurde zu Stein!"
Ich reichte dem Uhrmacher-Buchhändler die Hand und fragte ihn:
„So lieben Sie also Ihren Vater?"
„Herr, warum fragen Sie? Kann es einen Sohn geben, welcher seinen Vater nicht liebt? Kann ein Kind seiner Eltern vergessen, denen es Alles, Alles zu verdanken hat?"
„Sie haben Recht; meine Frage war gänzlich überflüssig. Vielleicht bekomme ich Ihren Vater zu sehen, und dann werde ich ihm ebenso ein Beït aufschreiben, wie der alte Kyzyl elma katolik Ihnen aufgeschrieben hat. Und geht der Wunsch, den ich jetzt im Stillen hege, in Erfüllung, so ist es mir wohl möglich, ihm und Ihnen außerdem eine recht große Freude zu machen. Bleiben Sie daheim, damit ich Sie finde, wenn ich komme! Allah jusellimak – Gott behüte Sie!"
„Fi aman Allah – in Gottes Schutz!" antwortete er, indem er meine ihm dargebotene Hand an seine Stirn drückte.
Da nahm er sein Pferd „al el meimene" – zur rechten Hand und ritt im Trabe davon.
Ich blickte ihm nach, bis er hinter fernem Strauchwerk verschwunden war, und setzte dann meinen Weg fort. Ich war noch nicht weit geritten, so sah ich Etwas auf der Erde liegen, was ich an diesem Orte nicht gesucht hätte, nämlich eine richtige, wirkliche, ächte und wahrhaftige Chaß etmak, eine braune und knusperig gebackene Zeile von acht, sage acht Semmeln.

Dieses Backwerk ist von uns nach der Türkei gebracht worden, weßhalb es dort vorzugsweise Frandschela, „die Fränkische“ genannt wird.
Ich stieg vom Pferde und hob die Semmel auf, eine neubacken duftende Reminiscenz an die Heimat. Ich mußte dabei wohl oder übel an den herrlichen „Blümchenkaffee“ denken, welchen ich dem Kadi zu Edreneh hatte versprechen müssen.
Was mit der Achterzeile thun? Ohne mir darüber klar zu sein, brach ich ein Eckchen ab und – – hielt es meinem Rappen hin. Er hatte so Etwas noch nie gesehen; aber das verursachte ihm keine Skrupel. Ob Chaß etmek oder Frandschela, ob auf Deutsch Semmel oder auf Englisch roll, ob auf Französisch pain blanc oder im Italienischen piccoli pani, ob in polnischer Sprache bulka und pszenna und in serbischer pletenitza, ob auf Walachisch pune albeh oder auf Russisch bulka, grad wie auch in Ostpolen – der Rappe hatte weder sprachliche noch andere Bedenken; er prüfte mit der Nase, nahm das Eckchen und riß mir sodann die ganze übrige Zeile aus der Hand.
„Ma li hadsche fih, sufra daïme, tajib heiwan – ich brauche es nicht; gesegnete Mahlzeit, mein gutes Thier!“
Nachdem er die seltene Delikatesse verzehrt hatte, rieb er den schönen, charaktervollen Kopf an meiner Achsel, dann stieg ich auf und – – – kaum zwanzig Schritte weiter lag abermals eine Semmelzeile.
Was war das? Was hatte das zu bedeuten? Diese Art von Manna regnet es weder vom Himmel, noch wächst es auf der Manna-Esche (Fraxinus ornus) oder kriecht als Mannaflechte (Sphaerothallia esculenta) am Boden hin!
Ich stieg zum zweiten Male ab, hob den Fund auf und steckte ihn in die Satteltasche.
Kaum wieder im Sattel, sah ich von Weitem wieder eine Zeile liegen. Wieder absteigen? Nein! Ich gab dem Rappen die Sporen. Er legte sich lang aus, ventre à terre; ich nahm im Ritt die Semmel vom Boden auf und – – erblickte einige Exemplare anderer Gebäckarten, an denen wir vorüber sausten.
War hier ein amerikanischer Roll-boy mit einem defekten Semmelwagen gefahren? Diese unternehmenden Gentlemen machen gern Geschäfte, aber so sehr weit vom heimatlichen Baker's oven verirren sie sich denn doch wohl nicht!
Ich nahm das Pferd wieder in langsameren Gang, und nun zeigte es sich, daß auch weiterhin der Weg in verschiedenen Intervallen mit Gebäck interpunktirt war. Welch ein gesegnetes Land, dieses Rumelien!
Ich ließ natürlich liegen, was am Boden lag, und trachtete darnach, den wohlthätigen Spender dieser nahrhaften Kommata zu erreichen. Ein kleines Gebüschinselchen inmitten der unbebauten Fläche – ich bog um dasselbe herum, und siehe, da stand er, der Wohlthätige, und zwar in sehr irdischer Gestalt. Es war eines jener Wesen, welche von den Arabern Baghl, von den Türken Katyr, von den gelehrten Abendländern Equus hinnus und von den ungelehrten Deutschen respektwidriger Weise Maulesel genannt wird.

Ja, da stand er und – – fraß. Und was fraß er? Nicht etwa Semmeln, die doch meinem edlen Pferde so ausgezeichnet gemundet hatten, sondern Zuckerwerk, theures, süßes Zuckerwerk, wie es von den abendländischen Damen zum Nachtische geknuspert, von den orientalischen Schönen aber während des ganzen Tages zwischen den rothen Lippen und schwarzen Zähnen geführt wird. Man sagt freilich verleumderischer Weise, daß diese Confitüren auch im Abendlande außerhalb des Nachtisches eingehende Beachtung finden.

„Katyr, bozme-sunler onlarin dischler – Esel, verderben Sie sich Ihre Zähne nicht!"

Ich sprang vom Pferde, nun zum dritten Male. Der Maulesel sah erst mich an, dann den Rappen und wendete sich hernach, ganz unbefangen und keiner Schuld bewußt, zur Seite, als habe er nicht das mindeste Verständniß dafür, daß Unterschlagung und darauf folgende Verwendung im eigenen Nutzen vom Strafrichter mit unnachsichtlicher Sühne zu belegen sei. Oder verließ er sich etwa bereits auf die bekannten mildernden Umstände? Das mußte aber mir egal sein, denn selbst die absoluteste Unkenntniß der Gesetze schützt vor Strafe nicht. Ich begann also, um mich eines diplomatischen Ausdruckes zu bedienen, der Confitürenfrage etwas näher zu treten.

Der Maulesel trug auf dem Rücken ein eigenartiges Ding, halb Pack- und halb Damensattel. Zu beiden Seiten desselben war je ein Korb befestigt gewesen, und der Inhalt dieser Körbe hatte in dem Semmel- und Zuckergebäck bestanden. Das Thier war aus irgend einer Ursache scheu geworden und durchgegangen. Die Befestigung der Körbe hatte sich während des Rennens gelockert, und ein Theil des Inhaltes war verstreut worden. Der Maulesel war auf den nicht sehr bewundernswerthen Gedanken gekommen, mitten durch das Gebüsch zu brechen, und bei dieser Gelegenheit mit dem nachschleifenden Zügel hängen geblieben.

Er hing noch, ein Bild des ereilten Verbrechens. Ich war die zornige Erinnye, die rächende Eumenide; aber der Übelthäter kaute Zuckerwerk. Bildete er sich etwa auf das Nichtvorhandensein des Dolus etwas ein? Ich hatte alle Hoffnung, ihm denselben beizubringen.

Die Körbe waren abgestreift worden und lagen am Boden, ganz in unmittelbarer Nähe von den Resten ihres einstigen Inhaltes. Ich zog dem sehr ehrenwerthen Sir Aß mit der Reitpeitsche Eins über das schlummernde Gewissen, so daß er ganz verblüfft zur Seite sprang und mich mit einem vorwurfsvoll fragenden Blick und einem windmühlenähnlichen Drehen seiner Ohren beglückte. Dann band ich ihn los und führte ihn zur Seite, um ihn dort noch fester anzufesseln.

Jetzt war wenigstens das übrig gebliebene Backwerk gerettet. Nun drängte sich mir natürlich die Frage auf, ob der Maulesel ganz allein oder in irgend einer Begleitung seinen häuslichen Herd verlassen habe. Ich empfand einen unwiderstehlichen Geistesdrang, mich der letzteren Ansicht zuzuneigen. Und das that ich dann mit Vehemenz.

Jetzt die weitere Frage: War die betreffende Person ein Reiter oder Fußgänger gewesen – natürlich ein „in“ hinzugefügt, falls es sich um ein Femininum handeln sollte?
Weder am Sattel, noch auch sonst am Thiere war ein Merkmal zu finden, auf Grund dessen man diese Frage hätte beantworten können. Eins aber stand fest: War der Maulesel geritten worden, so hatte er den Reiter höchst wahrscheinlich abgeworfen. Wo befand sich dieser Letztere?
Ich mußte zurückreiten und nach einer Spur suchen. Das that ich ohne Zögern. Vorher hatte ich nicht Acht gegeben; jetzt aber sah ich deutlich die Spuren meines Pferdes und auch diejenigen des Maulesels. Letztere Spuren führten nach einer Weile von der geraden Richtung ab, rechts hinüber nach dem Dorngestrüpp zu, aus welchem vorher, als der Sahaf sich noch bei mir befunden hatte, der dumpfe Ruf erklungen war.
Jetzt hörte ich ihn wieder. Es klang, wie bereits bemerkt, wie der Ruf eines Eingemauerten. Ich eilte näher und sprang vor dem Gestrüpp ab. Es bestand aus lauter Brombeer- und Himbeer-Ranken und schien undurchdringlich zu sein.
„Jardym, jardym, imdad – Hülfe, Hülfe, Hülfe!“ hörte ich es jetzt mit ziemlicher Deutlichkeit.
„Wer ist da?“ fragte ich.
„Tschileka, Tschileka!“ antwortete es.
Das war eine weibliche Stimme. Auch der Name, welcher „Erdbeere“ bedeutet, sagte mir, daß es sich um ein weibliches Wesen handle.
„Gleich, gleich!“ antwortete ich.
Ich lief am Saum des Gesträuches hin und fand die Stelle, an welcher der „Einbruch“ geschehen war. Da gab es doch wenigstens einigermaßen Bahn. Ich drang hindurch, indem ich mein Messer zu Hülfe nahm, und befand mich dann am Rande einer kessel- oder vielmehr trichterartigen Vertiefung, welche aber nicht, wie ich erwartet hatte, mit Dornwerk, sondern mit – – Teppichen und ähnlichen Dingen angefüllt war.
Hier auf dieser Seite war der Maulesel hinein und drüben wieder hinausgegangen. Unten aber saß auf der weichen Unterlage ein Frauenzimmer, wie so wohlbeleibt ich in meinem ganzen Leben noch Niemand gesehen hatte.
„Hülfe, Hülfe!“ rief die Frau immerfort.
Kaum aber erblickte sie mich, so verbarg sie, laut aufkreischend, ihr Gesicht in einem Teppichzipfel.
„Was ist denn hier geschehen?“ fragte ich.
„Hascha! Geri tschek! Jaschmak-üm, jaschmak-üm – Gott behüte! Geh' fort! Mein Schleier! Mein Schleier!“
Sie rief um Hülfe und jagte mich doch wieder fort, weil sie keinen Gesichtsschleier hatte. Als ich mich genauer umblickte, sah ich die Fetzen desselben an den Dornen hängen.
„Burada; al mendil-im – hier; nimm mein Taschentuch!“ rief ich ihr zu.
Ich zog es hervor, beschwerte es mit einigen kleinen Steinchen und warf es ihr zu.
„Tschewir, büs bütün, tamam bütün – drehe Dich hinum, ganz und gar, vollständig!“

Ich gehorchte ihrem Befehle.
„Tekrar etrafynda – wieder herum!“ kommandirte sie nach einem Weilchen.
Als ich mich ihr nun zudrehte, hatte sie ihr Gesicht mit meinem Taschentuche verhüllt, sehr unnöthiger Weise, denn ich hatte ihr dunkelrothes Gesicht mit den Backentaschenwangen doch bereits genau genug gesehen.
Wäre sie ein Mann gewesen und beim verflossenen Leipziger Turnfeste erschienen, so hätte sie bei der bekannten „dicken Riege“ schon durch ihr bloßes Erscheinen jede Concurrenz und Rivalität aus dem Felde geschlagen. Da sie aber eine Dame war und ich mich gern für „genteel“ halten lasse, so sei von einer näheren Personalbeschreibung hiermit abgesehen.
Der Orientale mißt die Schönheit seines Weibes nach dem Lehrsatze: Radius mal Radius mal Ò, multiplizirt mit dem Quadrate des ganzen Durchmessers, gibt, in Millimetern ausgedrückt, die Kubikwurzel des Schönheitsgrades. Nach diesem Theorem enthielt die von Dornen eingefaßte Vertiefung einen Schatz von ungeheurem Werthe.
Tschileka war in einen kurzärmeligen blauen Mantel gekleidet, welcher aber durch die Dornen ein wenig gelitten hatte. Diese kurzen Ärmel erlaubten, ein Paar sehr lange, fuchsfeuerrothe Handschuhe zu sehen, welche von ausgezeichneter Arbeit waren, da sie sich ohne das leiseste Fältchen an Hand und Arm anschlossen.
Es war ihr, ich weiß nicht wie, gelungen, ein Loch in das Taschentuch zu konstruiren. Durch dieses Monocle betrachtete sie mich eine Weile. Dann sagte sie unter einem mächtigen, donnerartig grollenden Seufzer:
„JabandschyFremdling, willst Du mich retten?“
„Ja,“ antwortete ich galant.
„Kannst Du mich tragen?“
Ich erschrack auf das Tiefste; doch suchte ich mich zu fassen und erkundigte mich:
„Muß dies denn sein?“
„Ja.“
„Kannst Du nicht gehen?“
„Nein.“
„Bist Du verletzt?“
„Ja.“
„Wo?“
„Ich weiß es nicht.“
„Du mußt es doch fühlen!“
„Ich fühle es überall.“
„Hast Du versucht, aufzustehen?“
„Nein.“
„Warum nicht?“
„Es geht nicht.“
„Versuche es getrost. Ich werde Dir helfen.“

Nur drei Fuß bis hinab zu den Teppichen betrug die Tiefe. Ich sprang hinab und wollte ihr meine Hand bieten. Da aber schrie sie laut auf:
„Müssibet, müssibet – Unglück, Unglück! Rühre mich nicht an! Ich bin nicht verhüllt!"
„Wo denn nicht?"
„Hier an den Armen."
„Du hast doch Handschuhe an!"
„Handschuhe? Fremdling, bist Du blind? Das ist doch nur el Pane, die rothe Farbe des Krapp!"
Wahrhaftig! Diese Tschileka, zu deutsch „Erdbeere", welche hier mitten unter Brom- und Himbeeren saß, hatte keine Handschuhe an. Ihre Arme waren vom Krapp so hochroth gefärbt. Ja, nun begriff ich, warum diese Handschuhe so faltenlos gesessen hatten!
Aber noch etwas Anderes begriff ich auch: Frau Erdbeere war eine Bäckerin. Sie hatte krapprothe Arme; sie war also wohl auch Färberin. Ich hatte die Frau des Bojadschy Boschak vor mir, den ich besuchen wollte, die gute Frau, welche ihre Tochter beschützte, wenn diese mit dem Freier sprach.
O gute Erdbeere! Derjenige, dessen Liebe Du unter Deinen mütterlichen Fittich nimmst, hat Dich vor kaum einer Viertelstunde für einen Frosch, für eine Kröte und Deine hülfeflehende Stimme für den Ruf einer mit klebrigen Warzen bedeckten Unke gehalten! Hat die Liebe nicht mehr Instinkt? Vermag sie nicht, die Nähe der Beschützerin zu ahnen –?
„Aber, wie soll ich Dich aufrichten, wenn Du mir nicht erlaubst, Dich anzurühren?" fragte ich sie.
„Fasse mich von hinten an!"
Ich schlug einen Halbkreis, mit dessen Hülfe ich hinter ihren Rücken gelangte, und legte ihr die Hände unter.
„Chajyr, chajyr! Sen tschapuk kydschylelanyr – nein, nein! Ich bin kitzlich!" kreischte sie so laut auf, daß ich vor Schreck mehrere Ellen weit zurückprallte.
„Aber wo soll ich Dich anfassen?" fragte ich.
„Ich weiß es nicht."
„So müssen wir es anders versuchen."
„Aber wie?"
„Dort liegt ein Strick. Diejenigen, welche diese Waaren hierher brachten, haben ihn vergessen. Ich werde Dich mit dem Strick aufziehen."
„Doch nicht am Halse?"
„Nein, sondern an der Hüfte."
„Versuche es!"
Ich holte den Strick, schlang ihn um den Leib der Erdbeere, drehte mich so, daß wir uns Rücken an Rücken befanden, zog den Strick, indem ich mich bückte, über meine Achsel und kommandirte dann:
„Gözet! Bir – iki – ätsch – passe auf! Eins – zwei – drei!"

Bei drei richtete ich mich langsam auf. Der Strick spannte sich an, und ich begann zu ziehen. Es ging nicht.
„Sür, sür, sür – schieb, schieb, schieb mit!“ rief ich keuchend.
„Mümkinsiz, mümkinsiz; kajar-im – unmöglich, unmöglich; ich rutsche aus!“ keuchte sie noch mehr als ich.
Ich zog ihr den Strick wieder weg und holte Athem. War das ein ungeschicktes Weib! Allerdings war die Teppichlage, auf welche diese Mammut-Erdbeere zum Fall gekommen war, von einer gewissen Glattheit; überdies bildete dieselbe eine schiefe Ebene. Eine solche Last, die an sich keine Beweglichkeit besitzt, ist da nicht leicht empor zu bringen, und ich gestehe, daß mir beim Anblick der stacheligen Ranken ein sehr verbrecherischer Gedanke kam, den ich aber sofort von mir wies.
„Hast Du denn jetzt nicht wenigstens bemerkt, ob Du verletzt bist?“ fragte ich.
„Ich bin verletzt,“ antwortete sie.
„Wo denn?“
„Ich weiß es nicht – überall. O Allah! Was werden die Leute sagen, wenn sie erfahren, daß ich mit Dir ganz allein hier gewesen bin?“
„Habe keine Sorge! Man wird nichts erfahren.“
„Du sagst nichts?“
„Nein. Ich bin übrigens hier fremd.“
„Fremd? So bist Du nicht aus dieser Gegend?“
„Nein.“
„Woher denn?“
„Weit her aus dem Abendlande.“
„So bist Du kein Moslem?“
„Nein. Ich bin ein Christ.“
„Nicht wahr, die Frauen der Christen brauchen sich nicht zu verhüllen?“ fragte sie.
„Nein.“
„Nun, so brauche auch ich keinen Schleier. Ich werde durch die Augen eines Christen, der tausend Frauen sieht, nicht beleidigt. Gib mir Deine Hände!“
Ich gab sie ihr. Sie faßte an. Ich zog, und – – da stand sie aufrecht vor mir, zwar ein wenig schnaufend, aber doch glücklich auf die Füße gebracht.
War es eine Schande für mich, daß sie meinte, sich vor mir nicht geniren zu dürfen? Oder war es eine Ehre?
„Wie lange steckst Du bereits hier?“ fragte ich.
„O, eine lange, lange Zeit.“
„Wie aber kamst Du herein?“
„Der Esel wurde scheu. Die Dornen stachelten ihn an die Beine.“
„Du saßest auf ihm?“
„Ja.“

Armer, armer Maulesel! Jetzt bedauerte ich es, ihn in seinem Schmaus gestört zu haben. Er hatte den Zucker mehr als reichlich verdient.
„Warum aber bist Du mit ihm in diese Dornen geritten?“ erkundigte ich mich.
„Ich wollte – wollte – – –“
Sie wurde noch röther, als sie so bereits war, und schwieg. Ich warf einen Blick umher. Das war ja ein kleines Magazin hier unten.
„Wem gehören diese Sachen?“ fragte ich.
„Ich – ich – – ich weiß es nicht!“
„Und doch hast Du gewußt, daß sie sich hier befinden?“
„Nein.“
„Ich bin verschwiegen und zudem fremd. Vor mir brauchst Du keine Angst zu haben. Aber wie gut, daß ich Dich nicht vorher bemerkte, als noch ein Zweiter bei mir war!“
„Du warst nicht allein?“
„Nein. Ein junger Mann aus Kabatsch war bei mir.“
„Wo ist er jetzt?“
„Nach Hause.“
„Kennst Du seinen Namen?“
„Ja. Es ist der Sahaf Ali.“
„Dieser, ah dieser! Nein, der darf nicht wissen, was Du hier gesehen hast. Du kennst ihn gut?“
„Ich sah ihn heute zum ersten Male, aber er hat mir sehr gut gefallen.“
„Und wie hast Du mich gefunden?“
„Ich sah Dein Gepäck am Boden liegen und dann fand ich den Maulesel. Er war in den Sträuchern hängen geblieben. Ich band ihn an und folgte Deiner Spur. So kam ich hierher.“
„Dieser Esel ist ein sehr dummes Geschöpf. Nun muß ich das Gepäck von der Erde auflesen und kann mich doch nur sehr schwer bücken. Wirst Du mir helfen?“
„Gern!“
„So komm!“
„Wird es gehen? Wirst Du hier emporsteigen können?“
„Nein. Aber Du wirst mich ziehen oder schieben.“
„Ich denke, Du bist kitzlich!“
„Nun nicht mehr, da Du ein Christ bist.“
Hm! Diese Dame besaß wirklich höchst eigenthümliche Nerven! Ich stieg jetzt auf dem Teppichlager herum, um es mir genauer zu betrachten. Dann fragte ich:
„Gehört dieser Ort noch zu Koschikawak oder bereits nach Dschnibaschlü?“
„Nach Dschnibaschlü.“
„Was für ein Mann ist Euer Kiaja?“
„Ich bin nicht seine Freundin,“ antwortete sie aufrichtig.

Jetzt wußte ich genug. Der Zufall hatte mir hier einen Trumpf in die Hand gespielt, den ich zu Gunsten des Buchhändlers auszuspielen entschlossen war.
„Gehst Du mit?“ fragte sie.
„Ja.“
„So komm! Führe mich!“
Ich geleitete sie von den Teppichen herab bis dahin, wo die Dornen begannen.
„Aber mein Gewand wird hängen bleiben!“ sagte sie.
„Ich werde Dir Platz machen. Ich schlage die Dornen mit meinem Messer ab.“
„Nein, nein!“ sagte sie ängstlich. „Das darfst Du nicht!“
„Warum nicht?“
„Es ist verboten!“
„Wer hat es verboten?“
„Eben dieser böse Kiaja.“
Ich durchschaute sie. Dieser Platz war ein sehr passendes Versteck für das gesetzwidrige Treiben ihres Mannes. Man hielt das Gestrüpp für undurchdringlich; aber es mußte doch eine Stelle geben, wo es leicht passierbar war. Bahnte ich einen breiten Weg hindurch, so war die Grube der Entdeckung ausgesetzt. Das wollte sie verhüten.
„Wohin wolltest Du mit dem Gebäck?“ fragte ich sie.
„Nach Göldschik; da aber ging der Esel durch.“
Ah, sie hatte gewußt, daß, vielleicht während der letzten Nacht, diese Waaren hier untergebracht worden waren, und sie war, durch die Neugierde, dieselben zu sehen, von dem Wege abgetrieben worden. Sie hatte den Esel zu weit in die Dornen gedrängt, und dieser war durchgegangen, unglücklicherweise mitten durch das Gestrüpp und über die Vertiefung hinweg.
„Woher kommst Du heute?“ fragte sie mich.
„Von Koschikawak.“
„Und wohin willst Du?“
„Nach Dschnibaschlü und Kabatsch.“
„Was willst Du in Kabatsch?“
„Ich will Ali, den Sahaf besuchen.“
„Wirklich? Sag', Fremdling, willst Du mir wohl da einen Gefallen erweisen?“
„Sehr gern.“
„Ich will Dir Etwas für ihn mitgeben.“
„Schön!“
„Aber ich habe es nicht hier. Du müßtest mit nach meiner Wohnung gehen.“
Das war mir eben recht. Dennoch bemerkte ich:
„Ich denke, Du willst nach Göldschik reiten!“
„Nun nicht. Dem Esel ist heute nicht mehr zu trauen. Aber ich muß Dir sagen, daß mein Mann nicht wissen darf, daß ich Dir eine Botschaft für Ali gebe.“
„Ich werde schweigen. Wer ist Dein Mann?“

„Er heißt Boschak und ist Bojadschy und Etmektschi. Ich werde ihm gar nicht mittheilen, daß wir Beide hier gewesen sind, und Du wirst niemals zu einem Menschen davon sprechen!"
Diese Frau setzte meine Verschwiegenheit als etwas ganz Selbstverständliches voraus. Dann fuhr sie fort:
„Ich werde meinem Manne nur erzählen, daß mir der Esel durchgegangen ist und mich abgeworfen hat. Du hast ihn eingefangen und mich auf dem Wege gefunden. Nachher bin ich von Dir heimgeleitet worden."
„Was soll ich dem Sahaf bringen?"
„Das sage ich Dir später. Jetzt wollen wir fort von hier."
Es war kein leichtes Stück Arbeit, diese eigenartige Erdbeere die Böschung hinauf und dann durch das dichte Dorngestrüpp zu schaffen. Es gelang aber doch.
„Jetzt wirst Du den Gang, den wir getreten haben, wieder zumachen", befahl sie peremptorisch. „Kein Mensch darf wissen, daß man durch diese Dornen dringen kann!"
„Du bist eine vorsichtige Herrin. Du hast Recht."
Nach diesen Worten machte ich mich an die mühsame Arbeit, wobei mir mancher Dorn in die Haut drang.
„So ist es gut!" sagte sie, nachdem ich die Aufgabe zu ihrer Zufriedenheit gelöst hatte. „Du bist sehr geschickt in solchen Dingen. Ich danke Dir! Jetzt wirst Du mir erlauben, mich auf Dein Pferd zu setzen."
„Willst Du nicht lieber gehen?"
„Warum?"
„Mein Pferd hat noch nie ein Weib getragen."
„O, ich thue ihm nichts!"
„Das glaube ich! Aber sieh Dir diesen Sattel an. Er ist nicht für die zarten Glieder eines weiblichen Wesens gemacht. Er ist so eng, daß Du gar nicht Platz in ihm finden würdest."
„So nimm ihn herab. Ich setze mich auf den bloßen Rücken des Thieres. Da finde ich Platz."
„Das würde viel Zeit erfordern. Ich müßte das Pferd führen, und zudem könnten wir ja Dein Gebäck nicht auflesen, welches Dein Maulesel auf dem Boden verstreut hat. Es ist gar nicht weit bis dahin, wo ich ihn angebunden habe."
„Du hast ihn festgebunden? Das ist gut! Ich werde also, da Du es für besser hältst, zu Fuße gehen, obgleich mir diese Bewegung schaden kann. Ich pflege, wenn ich gehe, den Athem zu verlieren, und dann muß ich stets lange warten, bis er wieder kommt. Das Gehen verursacht mir immer ein großes Jürek ojnamassy, und dann bekomme ich schlimmen Öksürme und Anksyrme, so daß ich dem Tode nahe bin."
Ich nahm meinen Rappen am Zügel. Sie stützte sich auf meinen Arm, und wir setzten uns in Bewegung.
Wir hatten kaum dreißig Schritte gethan, so begann sie zu pusten und zu schnaufen. Sie blieb stehen, holte tief Athem und sagte:

„Siehst Du, jetzt geht es los. Ich muß mich noch besser auf Dich stützen. Wir wollen langsamer gehen.“
Wir schritten nun mit der halben Geschwindigkeit eines Leichenzuges weiter. Als wir die Stelle erreichten, an welcher die erste Semmel lag, sagte sie:
„Hier liegt eine Frandschela. Hebe sie auf!“
Ich that es. Eine kurze Strecke weiter wiederholte sie: „Hier liegt abermals eine Frandschela. Hebe sie auf!“ Ich gehorchte abermals.
Nach kurzer Zeit hatte ich einen ganzen Arm voll Bäckerwaaren zu tragen, das Pferd zu führen und auch die gute Dame zu stützen. Nach einer weiteren Strecke blieb sie halten, zog ihren Arm aus dem meinigen, schlug die Hände zusammen und rief:
„O Allah! Hier liegt ein ganzer Haufe Saj jaghyla! Dieser Maulesel muß eine Menge Sytschanlar im Kopfe haben, daß es ihm einfällt, diese kostbare Speise auf die Erde zu werfen. Hebe sie auf!“
„Gern, sehr gern! Aber sage mir vorher, wohin ich diese Saj jaghyla thun soll. Ich habe keinen Platz mehr für sie.“
„Thue sie in Deinen Mantel!“
„Allah l' Allah! Siehst Du nicht, welche Farbe mein Mantel hat?“
„Er ist weiß. Er ist so weiß wie der Schnee des Gebirges. Ich vermuthe, daß er neu ist.“
„Allerdings. Er ist neu, und ich habe volle zweihundert Piaster dafür bezahlt!“
„Das ist gut. Ich würde gar nicht zugeben, daß dieses Butterwerk in einen schmutzigen Mantel gethan werde.“
„Allah hat Dir den schönen Sinn für die Reinlichkeit verliehen; Du mußt ihm Zeit Deines Lebens dafür dankbar sein, denn Sauberkeit ist die schönste Zierde des Weibes. Aber ich sage Dir, daß ich mich ganz derselben Gottesgabe erfreue. Es würde meine Seele schmerzen und mein Herz mit Traurigkeit erfüllen, wenn ich mir meinen neuen Mantel voll Butterflecken machen müßte.“
„O, Butter ist gut! Ein Butterfleck im Mantel ist keine Schande. Butter ist weder Fischthran noch Pferdefett.“
„Aber niemand wird es diesen Flecken ansehen, daß sie von Deiner Butter verursacht wurden!“
„Dschanym Effendim, Du bist ein vornehmer Herr; es kann Dir ganz gleichgültig sein, ob man die Flecken Deines Mantels für Butter- oder Thranflecken hält. Ziehe ihn aus und wende ihn um, so wird man sie vielleicht gar nicht bemerken.“
„Weißt Du nicht, daß es verboten ist, sich in Gegenwart eines Weibes eines Kleidungsstückes zu entledigen?“
„O, Du bist mein Freund, mein Retter, und Du trägst ja eine Jacke und eine Weste unter dem Mantel!“
„Dennoch möchte ich mich nicht gegen die Gesetze der Höflichkeit und Sittsamkeit versündigen. Erlaube, daß ich diese Eßwaren in mein At örtüssu thue!“
„Ist sie rein?“

„Ja. Ich pflege sie täglich auszuklopfen."
„Ich muß mich überzeugen. Klopfe einmal!"
Diese Verhandlung gab mir unendlichen Spaß. Ich war nicht darauf gekommen, die Decke zu reinigen. Sie war hinter dem Sattel festgeschnallt und zeigte sehr deutliche Spuren des Staubes, der sich während des gestrigen Rittes festgesetzt hatte. Ich schnallte sie los und rollte sie auf.
„Schüttle einmal!" befahl die holde Erdbeere.
Ich gehorchte, und der Staub flog in einer sehr sichtbaren Wolke von der Decke ab. Dennoch meinte die Frau:
„Ja, sie ist rein. Hebe also dieses Butterwerk auf und thue es hinein."
Ich bildete aus der Decke einen Sack, in welchen ich alle Backwaaren stopfte, die nach und nach von der Erde aufzunehmen waren.
So erreichten wir das Gebüsch, in welchem ich den Esel angebunden hatte. Beim Anblick der am Boden liegenden Körbe schlug sie die Hände hoch zusammen und rief:
„O Allah! O Ayescha! O Fathme! Welch ein Unheil hat dieses Thier angerichtet! Da liegen die Körbe am Boden und dabei alle meine Nazikalar! Doch nein, nicht Alles ist da. Es fehlt sehr viel. Wo ist es?"
Sie warf einen fragenden Blick auf mich und fuhr fort:
„Effendi, diese Sachen schmecken sehr süß und sehr gut!"
„Ich glaube es!"
„Liebst Du Süßigkeiten?"
„Zuweilen."
„Hast Du vielleicht das, was hier fehlt, gegessen?"
„Nein."
„Sage mir die Wahrheit! Ich werde Dir nicht zürnen, sobald Du es nur bezahlst!"
„Ich habe es nicht gegessen, holde Tschileka."
„Aber wo ist es hin? Wo liegt es? Ich muß meinem Manne von jedem Stück Rechenschaft ablegen!"
„Ich sage Dir, daß es nicht gegessen worden ist."
„Was denn?"
„Gefressen!"
„Gefressen? Von wem?"
„Von diesem Deinem Maulesel."
„Ej müssibet, ej saldyrydschylyk! Glaubst Du denn wirklich daß ein Maulesel Zuckerwerk fressen kann?"
„Ich habe ihn ja dabei erwischt!"
„Du hast es mit Deinen eigenen Augen gesehen?"
„Mit diesen meinen Augen."
„Und mich hat er niemals merken lassen, daß er Süßigkeiten liebt! Bu iki jüzli! Bu sureta zahid! Effendi, willst Du mir einen Gefallen erzeigen?"

„Einen einzigen? Habe ich Dir nicht bereits bewiesen, daß ich Dir gern gefällig bin?“
„Ja, Du hast Alles an mir gethan, was ich von Dir begehrte. Nimm jetzt einmal Deine Reitpeitsche und haue das Thier so um den Kopf, daß die Ohren herunterfliegen!“
„Das werde ich nicht thun.“
„Nicht? Warum nicht?“
„Das würde Thierquälerei sein.“
„Was geht das Dich an! Gehört der Esel Dir?“
„Nein.“
„Sondern mir! Nicht?“
„Ja freilich.“
„Nun, er ist mein, und mein Eigenthum kann ich quälen, so viel ich will. Also schlage nur zu!“
„Verzeihe, daß ich es doch nicht thue. Hast Du dem Esel gesagt, daß er diese Sachen nicht essen soll?“
„Nein.“
„Da hast Du einen großen Fehler begangen. Er hat geglaubt, das Zuckerwerk fressen zu dürfen, weil es Eigenthum seiner Herrin ist. Beim nächsten Ritt darfst Du nicht versäumen, es ihm klar zu machen.“
„O, das werde ich gleich jetzt, und ich hoffe, daß er meine Worte sehr gut verstehen wird!“
Sie zog meine Reitpeitsche aus der Sattelöse und trat damit zu dem Esel, welcher sie mißtrauisch anblickte und dabei besorgt mit den Ohren wedelte.
„Was hast Du gethan?“ schrie sie ihn an. „Weißt Du, was Du bist? Ein Kahpoghlu, ein großer Kahpoghlu! Hier hast Du Deine Strafe!“
Er erhielt einen kräftigen Hieb über den Kopf.
„Ein Beziz taami!“
Sie versetzte ihm einen zweiten Hieb.
„Ein fena jürekli Tschapkyn!“
Ein dritter Hieb sauste durch die Luft. Aber der Maulesel schien keine gute Erziehung genossen zu haben und seine Herrin in nur geringem Grade zu respektiren. Er machte eine blitzschnelle Wendung und schlug mit den beiden Hinterhufen nach ihr aus. Das ging so schnell, daß ich kaum Zeit gefunden hatte, sie auf die Seite zu reißen.
Jetzt war aller Ärger vorüber. Sie zitterte vor Angst.
„Effendi,“ sagte sie bebend, „was hat er gethan? Nach mir ausgeschlagen hat er!“
„Ja.“
„Der Elende! Das undankbare Vieh! Weißt Du nicht, ob er mich getroffen hat?“
„Ich glaube nicht, daß Du getroffen worden bist. Fühlst Du denn Schmerz?“
„Natürlich, ja! Mein ganzer Körper scheint eine einzige Beule zu sein.“
„O weh! Eine solche Beule wird schwer zu heilen sein!“
„Ja. Aber doch glaube ich, daß die Hufe an mir vorübergegangen sind. Nicht?“

„Ich glaube, dasselbe bemerkt zu haben.“
„Allah sei Dank! Wenn er mich auf die Brust getroffen hätte, so wäre ich eine Leiche; oder gar in das Gesicht! Er hätte mir einen Zahn ausschlagen können, vielleicht auch alle. Ich werde dieses Dschanawar nie wieder schlagen!“
„Daran thust Du recht. Ich sagte Dir, daß ich es nicht thun würde; Du aber achtetest nicht auf meinen Rath.“
„Aber der Esel ist mein Eigenthum. Wie darf er es wagen, nach mir zu schlagen! Ich bin erschrocken, daß ich am ganzen Leibe bebe. Siehst Du mich zittern?“
„Ja, ich sehe es!“
„Halte mich!“
„Wird dies wirklich nothwendig sein? Ist es so schlimm?“
„Ja, es ist sehr schlimm! Es ist sogar so schlimm, daß ich mich setzen muß, um mich zu erholen.“
Eine ätherischer gestaltete Dame hätte sich in ästhetisch malerischer Weise niedersinken lassen. Tschileka machte zwar auch den Versuch dazu, aber das Gewicht ihres Körpers war zu groß; sie verlor das Gleichgewicht und kam in Folge dessen mit so rapider Schnelligkeit zur Erde, daß ich kaum Zeit fand, den Korb wegzureißen, in welchen sie sich sonst gesetzt hätte.
„Ah, ich danke Dir!“ sagte sie. „Jetzt muß ich Athem holen. Ich schnappe nach Luft.“
Dies that sie auch buchstäblich. Dann, als sie regelmäßig zu athmen vermochte, sagte sie:
„Jetzt wirst Du mir Alles, was übrig ist, hier in die Körbe thun und dann den Sattel wieder in Ordnung bringen. Dann brechen wir auf.“
Ich gehorchte auch diesem Befehl, im Innern sehr gespannt darauf, wie es mir möglich sein werde, sie in den Sattel zu bringen. Es kostete schon eine bedeutende Anstrengung, ihr beim Aufstehen behilflich zu sein. Als dies gelungen war, blickte sie sich rathlos um.
„Was suchst Du?“ fragte ich.
„Ein Merdivan, ein kleines Merdivan.“
„Eine Treppe? Wo soll hier im freien Felde eine Treppe herkommen?“
„Aber ich brauche sie doch, um aufzusteigen!“
„O weh! Das ist allerdings sehr schlimm!“
Nun ließ auch ich meinerseits den Blick ziemlich rathlos in die Runde schweifen.
„Dort,“ sagte sie, „Dort sehe ich ein Kelil aghadschy. Führe mich hin!“
Es gelang mir mit einiger Anstrengung, sie auf den Stumpf und von da in den Sattel zu bringen. Der arme Maulesel brach unter ihrer Last fast zusammen, schien aber doppelte Kräfte zu bekommen, als er bemerkte, daß der Ritt heimwärts ging.
Schon nach kurzer Zeit sah ich einige weit zerstreute Häuser von Weitem.
„Ist das Dschnibaschlü?“ fragte ich.
„Nein; das ist erst Kütschük-Dschnibaschlü. Aber wir wohnen da,“ antwortete sie.

Wir langten dort an und ritten an einigen armseligen Gebäuden vorüber, bis wir ein etwas größeres Haus erreichten, nach dessen hinterer Fronte meine Begleiterin einlenkte.
Dort gab es mehrere Gruben, in welche man Fässer eingelassen hatte. Diese Fässer waren mit farbigen Flüssigkeiten gefüllt. Wir befanden uns also bei der Wohnung des Färbers und Bäckers Boschak.
Die Amazone stieß einen schrillen Schrei aus, den sie noch einige Male wiederholte. Dann öffnete sich ein kleines, in der Nähe stehendes Bretterhäuschen, und eine männliche Gestalt mit einem Vogelgesicht kam herbei.
Der ganze Anzug dieses Menschen bestand aus einer Art von Badehose. Aber nicht dieser Umstand fiel mir auf, sondern die Färbung der Haut frappirte mich. Sein Körper schillerte in allen Nuancen vom tiefsten Dunkelbraun bis zum schreiendsten Orange. Und dabei machte der Mensch ein so unbefangenes, ernstes Gesicht, als ob diese Malerei sich ganz von selbst verstehe.
Ich war vom Pferde gestiegen und erwartete das Kommende mit lebhafter Neugierde.
„Sydschyrda, meine Treppe!“ befahl sie.
Also Sydschyrda, das ist Staar, hieß der Mann. Hm, es gibt ja allerdings auch Prachtstaare, wie jeder Ornitholog weiß. Der Gerufene schritt sehr gravitätisch zur Hinterthür in's Haus hinein und brachte wirklich eine mehrstufige Treppenleiter herbei, welche er neben den Maulesel stellte. Die Reiterin stieg ab.
„Was macht mein Mann?“ fragte sie.
„Ich weiß es nicht,“ war die Antwort.
„Nun, er muß doch Etwas machen!“
„Nein.“
„BudalaDummkopf! Wo ist er denn?“
„Weiß es nicht.“
„Doch im Zimmer?“
„Nein.“
„In der Kammer?“
„Nein.“
„Wo denn sonst?“
„Ich weiß es nicht.“
„Er ist doch daheim?“
„Nein.“
„Also fortgegangen?“
„Ja.“
„Warum sagtest Du das nicht gleich? Schaffe den Esel fort!“
Der farbenprächtige Mensch hatte seine Antworten in höchst feierlicher Weise gegeben, mit einem Ernste, als ob es sich um die hochwichtigste Angelegenheit handele. Jetzt ergriff er den Esel beim Zügel und wollte fort.

„Erst abladen, natürlich!“ schrie sie ihn an.
Er nickte ihr verständnißvoll zu und machte sich nun daran, die Körbe abzunehmen.
„Komm nun mit herein, Effendi!“ lud sie mich ein.
Ich hatte mein Pferd an einen in den Boden gerammten Pfahl gebunden und folgte ihr. Es drang mir ein starker Geruch von Butter und heißer Sodalauge entgegen. Links bemerkte ich eine Vorrichtung, welche ich für den Backofen zu halten geneigt war, denn ein Dachsbau konnte sich doch nicht hier im Wohnhause befinden. Rechts war der Eingang in den Wohnraum.
Als wir da eintraten, stand ich dem leibhaftigen, allerdings jüngeren Ebenbilde meiner „Erdbeere“ gegenüber. Ich konnte nicht im Zweifel sein, daß es ihre Tochter sei.
Diese war nach bulgarischer Weise, doch häuslich leicht gekleidet, hatte keine uninteressanten Züge und besaß die größte Schönheit des orientalischen Weibes, die Wohlbeleibtheit, beinahe in demselben Grade wie ihre Mutter.
Sie stand vor einigen Schüsseln und war im Begriffe, von der darin befindlichen Milch die Haut mittels der zwei Zeigefinger nach ihrem weit geöffneten Munde zu führen.
„Ikbala, was thust Du da?“ fragte die Mutter.
„Derisini tschykar-im – ich häute ab,“ antwortete die Gefragte.
„Nereje – wohin?“
„Aghyz itschine – in den Mund hinein.“
„Aber diese Häute sollst Du doch auf einen Tabak oder in einen Tschanak thun, keineswegs aber in den Mund.“
„Es schmeckt gut!“
Das war allerdings ein sehr triftiger Grund, welchen das Mädchen da angab. Die Mutter ließ ihn auch gelten, denn sie trat auf die Tochter zu, klopfte ihr zärtlich auf die volle Wange und sagte in liebkosendem Tone:
„Benim tschüstlüka – mein Leckermäulchen!“
Dieses Leckermäulchen richtete einen sehr erstaunten Blick auf mich. Die Mutter erklärte:
„Dieser Effendi will sich hier bei uns ausruhen.“
„Warum?“
„Er ist ermüdet.“
„So mag er draußen im Grase liegen. Wie kannst Du ohne Schleier mit einem Fremden verkehren und ihn zu mir bringen, da Du doch weißt, daß ich hier keinen Schleier trage?“
„O, er ist mein Freund, mein Erretter!“
„Warst Du in Gefahr?“
„In großer Lebensgefahr.“
Jetzt richtete die Tochter ihre Augen mit verminderter Strenge auf mich; dann sagte sie:
„Du kannst noch gar nicht zurück sein. Es muß Dir unterwegs Etwas geschehen sein?“
„Freilich ist mir Etwas geschehen.“
„Was denn?“

„Ein Unglück.“
„Das vermuthe ich allerdings. Aber was denn für ein Unglück?“
„Ich hatte nicht daran gedacht, daß heute einer der fünfzig unglücklichen Tage des Jahres ist; sonst wäre ich daheim geblieben. Ich war kaum eine halbe Stunde geritten, da that sich vor mir die Erde auf – –“
„O Allah!“ sagte die Tochter erschrocken.
„Ein blauer Duman stieg hervor,“ fuhr die Mutter fort.
„Wai sana – wehe Dir!“
„Und aus diesem Rauche trat ein Ifret, ein Chajjal hervor, welcher hundertvierundvierzig Arme nach mir ausstreckte – –“
„Allah beschütze Dich! Es gibt viele und schlimme Gespenster auf der Erde!“
„Allerdings, mein Kind. Mein Esel erschrack natürlich ebenso wie ich und entfloh, so schnell er konnte. Ich bin eine sehr gute Reiterin, wie Du weißt; aber ich kam dennoch zum Falle, und der Esel entfloh.“
„Welch ein Unglück! Ist er fort?“
„Nein. Dieser Effendi kam geritten, nahm den Esel gefangen und hob auch mich von der Erde auf, um mich heimzugeleiten. Wo ist Dein Vater?“
„Er ist in das Dorf gegangen.“
„Was will er da?“
„Er will Kuru üzümlar und Bademler kaufen.“
„Hat er gesagt, wann er wieder kommt?“
„Er sagte, daß er nicht lange ausbleiben werde.“
„So bediene diesen Effendi, bis ich zurückkehre. Ich muß ein anderes Kleid anlegen.“
Sie wollte sich durch eine zweite Thür zurückziehen, aber ihre Tochter faßte sie am Arme und sagte:
„Sage mir vorher, was aus dem Geiste, aus dem Gespenste geworden ist.“
„Ich habe keine Zeit; frage den Effendi, er wird es Dir sagen.“
Damit entfernte sich die Schlaue und überließ es mir, ihr Gespenstermärchen bis zu Ende zu führen.
Was mich betrifft, so hatte ich mich bereits nach den ersten, zwischen Mutter und Tochter gewechselten Worten auf eine an der Wand liegende Matte gesetzt.
Die junge „Erdbeere“ sah sich nun mit mir allein und war in sichtlicher Verlegenheit. Nach einer Pause fragte sie:
„Bist Du müde, Effendi?“
„Nein.“
„Oder hungrig?“
„Auch nicht, mein Kind.“
„Aber durstig?“
„Es ist warm. Würdest Du mir einen Schluck Wasser geben, Du Tochter der Holdseligkeit?“

Da griff sie nach einer der Milchschüsseln, von deren Inhalt sie mit ihren zarten Zeigefingern das „Dicke“ vorhin „abgehäutet“ hatte. Sie hielt mir die Schüssel vor und sagte:
„Hier hast Du Süd-ineklü. Sie ist frisch und wird Dir schmecken. Oder ist Dir vielleicht Süd-ketschi noch lieber als diese?“
„Ist von der Letzteren auch bereits die Süd-deridschik abgenommen?“
„Ja, ich habe es selbst gethan.“
„So gib mir Wasser. Ich trinke nur dann Milch, wenn sie ihre Haut noch hat.“
Sie ging hinaus und brachte mir einen thönernen Becher voll Wasser, welches genau so roch und so aussah, als ob ein alter Tabaksbeutel oder ein schmutziger Pudelhund darin gewaschen worden sei.
„Wo hast Du dieses Wasser geschöpft?“ fragte ich.
„Ich habe es aus dem Chamur teknessi genommen,“ antwortete sie.
„Hast Du kein anderes Wasser?“
„Ja, wir haben nicht weit vom Hause ein Akar su.“
„Kannst Du mir nicht von diesem bringen?“
„Ich könnte es; aber Du wirst es nicht trinken.“
„Warum nicht?“
„Es sind Kurbaghilar und Kara-kurbaghilar darin, so groß wie ein Samsun oder ein Kipr, wenn er recht fett geworden ist.“
„Habt Ihr denn kein Koju in der Nähe?“
„Ja; aber es sind Kertenkeleler darin, so lang und so stark wie ein Aal.“
„O wehe! Da will ich lieber nicht trinken.“
„Herr, einen guten Schira könnte ich Dir geben.“
„Ist er wirklich gut?“
„Er ist so süß wie Zucker und Honig.“
„So bitte ich Dich, mir davon zu geben!“
Sie entfernte sich abermals. Als sie zurückkehrte, brachte sie mir einen ausgehöhlten halben Kürbis, in welchem sich eine Flüssigkeit befand, deren Aussehen ein geradezu lebensgefährliches war. Ich roch daran und wurde dadurch nur in dem Vorsatze bestärkt, mich äußerst reservirt zu verhalten.
„Aus welchen Früchten ist dieser Most gepreßt?“ erkundigte ich mich.
„Aus Tutlar, Tschekirdekler dischbudak aghadschylerin und Limonler. Er ist mit gelben Bal kabaghylar gewürzt und mit Syrup gesüßt. Er wird Dich erquicken und stärken, wie im Strom des Paradieses.“
Also Maulbeeren, welche an und für sich einen eklen Geschmack besitzen, Ebereschenbeeren, welche ein Futter für Gimpel und andere Vögel bilden, und saure Citronen! Mit Gelbschwämmen gewürzt und mit Zucker süß gemacht. Der Geschmack ließ sich denken und die Wirkung ahnen. Ein Leibschneiden oder Ähnliches mußte die unvermeidliche Folge sein.

Aber ich hatte wirklich Durst und setzte darum den Kürbis an die Lippen, machte die Augen zu und that einige Züge. Da aber hatte mich das Mädchen schnell beim Arme.
„Dur, dur – halt, halt!“ rief sie. „Salt bir itschimi, salt bir itschimi – nur einen Schluck, nur einen Schluck!“
„Warum?“ fragte ich.
Und indem ich das Gefäß absetzte, bemerkte ich erst den widerlichen Geschmack des hinterlistigen Getränkes.
„Sandschy, korkulu sandschy – Bauchgrimmen, fürchterliches Bauchgrimmen!“ antwortete sie.
„Warum aber gibst Du mir das Zeug?“
„O, der Most ist sehr gut; aber man darf nur einen einzigen Schluck nehmen. Paß auf! So!“
Und sie nahm mir den Kürbis aus der Hand, um einen langen, langsamen, schlürfenden Zug zu thun. Dabei machte sie ein Gesicht, als ob sie den Extract des himmlischen Nektars trinke.
Es kam mir dabei der Gedanke an den entsetzlichen Kumis, den ich in der Kirgisensteppe getrunken hatte. Bei den ersten Versuchen hätte ich in Ohnmacht fallen mögen. Man rieth mir, beim Trinken die Nase zuzuhalten, und in der Befolgung dieses guten Rathes war es mir wirklich gelungen, diesen mephitischen Trank später ohne Abscheu zu genießen.
Dieser Most hier in Dschnibaschlü war jedenfalls ein weit schlimmeres Kunstprodukt; da ich mich aber stets eines ausgezeichneten Magens erfreut habe, blieb der Mordversuch der schönen Bäckers- und Färberstochter ohne alle Folgen.
Als sie nun den Kürbis zur Erde setzte, kam ein alter, dreifarbiger Kater, welcher bisher in einer Ecke gelegen hatte, herbei, tauchte recognoscirend den Schnurrbart in den Most, schüttelte bedenklich den Kopf, begann aber doch zu lecken, erst leise und mißtrauisch, dann aber mit sichtbarem Behagen.
„Kätschük kedi-im itsch; aschyk-üm, tatlylyk-üm, benim dschanymlyk, itsch, itsch, itsch – trink, mein Kätzchen; sauf, sauf, sauf, meine Süße, meine Theure!“ sagte die Türkin, indem sie das Thier streichelte.
„Halt, halt!“ rief ich, und zwar so laut, daß sie ganz erschrocken emporfuhr.
„Was ist's? Warum rufst Du so?“ fragte sie.
„Laß Deinen Liebling doch nicht von diesem Most trinken!“
„Warum nicht?“
„Er wird das Bauchgrimmen bekommen, vor welchem Du mich gewarnt hast!“
„O nein! Er ist den Most gewöhnt.“
„Ah, er trinkt den Most öfters?“
„Ja.“
„Aus diesem Kobak?“
„Ja. Er trinkt ihn sehr gern; er hat erst vorhin daraus getrunken, der Gute, der Liebe.“

Also auch das noch! Erst hatte der „Liebling“ getrunken, dann ich, dann sie! Und dazu die unübertreffliche Unbefangenheit, mit welcher sie mir das sagte! O Ikbala, wie wenig bist Du doch von den guten Sitten des westlicheren Europa übertüncht!
Ich hätte recht zornig werden mögen, brachte aber im Gegentheile, aller Rachsucht bar, das Gespräch auf den Gegenstand, welcher ihr jedenfalls der allerliebste war:
„Trinkt Ali, der Sahaf, auch zuweilen von dem Most?“
Als ich diese Frage in aller Gleichmüthigkeit aussprach, blickte sie mich überrascht an.
„Herr, kennst Du den Sahaf?“ fragte sie.
„Ja, ich kenne ihn.“
„Wo hast Du ihn kennen gelernt?“
„Auf dem Wege von Koschikawak hierher, und zwar heute, vor ungefähr zwei Stunden.“
„Hat er von mir gesprochen?“
„Ja. Ich soll Dir ein Selamlama von ihm sagen.“
„So hat er Dir gesagt, daß er mich liebt?“
„Das hat er gesagt und auch noch Etwas.“
„Was denn?“
„Daß Du ihn ebenso liebst.“
„Ja, das ist wahr. Wir lieben uns von ganzem Herzen. Er ist meinetwegen aus Arabien zurückgekehrt.“
„Und soll doch nicht mit Dir sprechen!“
„Leider! Der Vater will es nicht.“
„Aber Deine Mutter ist der Schutzgeist, welcher Euch umschwebt.“
„Ach ja! Hätten wir diese nicht, so wäre unser Herzleid so groß wie das höchste Minaret im ganzen Reiche des Beherrschers aller Gläubigen. Wir würden uns tödten, entweder durch Zehir sytschanlarin, oder durch das Gark etmisch, da wo das Wasser am tiefsten ist.“
„Du meinst draußen im Akar su?“
„Ja, das meine ich.“
„Aber, sagtest Du nicht, daß sich dort Frösche und Kröten befinden, so groß und so dick wie ein Igel?“
„Ja. Und das ist wahr. Aber wir würden uns eine Stelle suchen, wo sich keine Frösche befinden.“
„Und woher würdet Ihr das Gift bekommen?“
„Ali würde nach Mastanly reiten. Dort gibt es zwei Ezadschy dükkianylar, welche alle Gifte haben.“
„Vielleicht ist es nicht nöthig, daß Ihr in das Wasser oder in die Apotheke geht. Dein Vater wird wohl noch freundlicher gesinnt gegen Ali werden.“
„O nein! Mosklan gibt das nicht zu.“
„Wer ist dieser Mosklan?“

„Er handelt mit Pferden und thut auch noch allerlei Anderes. Doch Du kennst ihn nicht. Ich soll zur Nikiah mit ihm gezwungen werden."
„Ich weiß es."
„Hat Ali es Dir erzählt?"
„Ja. Führt dieser Mann nicht noch andere Namen?"
Sie zögerte mit der Antwort.
„Du kannst aufrichtig mit mir sein; ich meine es sehr gut mit Dir," bemerkte ich.
„Nein, er führt keinen anderen Namen," sagte sie.
„Das sagst Du aus Angst vor ihm und Deinem Vater!"
„O nein! Ich weiß von anderen Namen nichts."
„Nun, hast Du nicht einmal einen Mann gesehen, welcher Pimosa heißt und aus Lopaticza ist?"
Sie wurde verlegen und fragte stockend:
„Wo sollte ich ihn gesehen haben?"
„Hier, bei Euch, in diesem Hause."
„Nein; Du irrst."
„Nun gut, so habe ich mich geirrt, und das ist gar nicht gut für Dich."
„Nicht gut? Warum?"
„Wüßtest Du, wer dieser Pimosa ist, und was er thut, so könnte ich Deinen Vater bewegen, Dich dem Ali zum Weibe zu geben."
„Wie sollte das möglich sein?"
„Nun, ich will Dir sagen, daß ich hierher gekommen bin, um Dich zu sehen. Ich hatte mir, falls Du mir gefallen würdest, vorgenommen, zu Ali zu reiten, um ihn Deinem Vater als Güwji zuzuführen."
„Das ist unmöglich!"
„O nein; es ist sogar sehr leicht möglich."
„Wie wolltest Du dies anfangen?"
„Das kann ich Dir nicht sagen, weil auch Du nicht aufrichtig bist. Ich wollte Deinen Vater zwingen, heute seine Einwilligung zu geben; heute, verstehst Du wohl?"
„Und Du glaubst, daß er sie gegeben hätte?"
„Ja, ganz gewiß. Aber Du vertrauest mir nicht, und so bin ich hier bei Dir überflüssig. Ich werde also jetzt wieder aufbrechen."
Ich wollte von meinem Sitz aufstehen; aber schon stand sie bei mir, hielt mich zurück und sagte:
„Herr, bleib' sitzen! Wer bist Du denn, daß Du glaubst, eine solche Macht über meinen Vater zu haben?"
„Ich bin ein Effendi aus dem Abendlande; ich stehe unter dem Schatten des Padischah und kann, wenn ich will, allerdings Deinen Vater zwingen, Deine Neigung zu Ali zu gestatten. Aber ich habe keine Zeit; ich muß fort!"
„Bleibe noch da! Ich will aufrichtig gegen Dich sein."

„Daran thust Du klug. Es ist zu Deinem Nutzen. Also sage mir, ob Du jenen Pimosa kennst."
„Ja, ich kenne ihn. Verzeihe mir, daß ich vorhin anders redete!"
„Ich verzeihe Dir. Ich weiß ja, daß Du in Rücksicht auf Deinen Vater so sprechen mußtest."
„Aber kannst Du mir versprechen, daß Du meinen Vater nicht in Schaden bringen willst?"
„Ja, ich verspreche es."
„Gib mir Deine Hand darauf!"
„Hier hast Du sie. Wenn ich Etwas verspreche, so halte ich auch Wort. Nun aber sage mir, wer Pimosa ist!"
„Er heißt nicht Pimosa; er nennt sich zuweilen so. Er ist jener Mosklan, dessen Frau ich werden soll."
„Ich wußte es bereits. Was ist das, was er außer dem Pferdehandel noch betreibt?"
„Er ist Pascher und er ist auch der Bote des Schut."
„Hat der Schut ihn auch bereits zu Deinem Vater gesendet?"
„Ja."
„In welcher Angelegenheit?"
„Das weiß ich nicht."
„Dein Vater ist Pascher?"
„Nein."
„Sage die Wahrheit!"
„Er ist kein Pascher; aber die Schmuggler kommen zu ihm und dann – – –"
Sie stockte.
„Nun? Und dann – – –?"
„Und dann hat er immer sehr viele Waaren."
„Wo? Hier im Hause?"
„Nein, sondern draußen auf dem Felde."
„An welchem Ort?"
„Das darf ich nicht sagen. Ich und die Mutter haben schwören müssen, nichts zu verrathen."
„Das hast Du gar nicht nöthig, denn ich kenne den Ort ebenso genau wie Du."
„Das ist ganz unmöglich. Du bist ja fremd!"
„Und dennoch kenne ich ihn. Es ist das Loch da draußen in dem Dorngestrüppe."
Da schlug sie erstaunt die Hände zusammen und rief:
„O Allah! Du weißt es wirklich!"
„Siehst Du! Eben heute befinden sich viele Waaren dort."
„Hast Du sie gesehen?"
„Ja. Es sind lauter Teppiche."
„Wirklich, wirklich, Du weißt es! Wer hat Dir diesen Ort verrathen?"

„Kein Mensch. Wo sind die Teppiche her?"
„Sie sind mit dem Schiffe über das Meer gekommen. In Makri werden sie gelandet, und von da haben sie unsere Träger nach Gümürdschina und zu uns gebracht."
„Und wohin sind sie bestimmt?"
„Sie sollen nach Sofia gehen und von da aus immer weiter; ich weiß nicht, wohin."
„Ist der Schut bei dieser Pascherei betheiligt?"
„Nein. Der Hauptanführer ist ein Silahdschi in Ismilan."
„Ah, so! Dieser Mann hat auch ein Kahwehane?"
„Ja."
„Er wohnt in der Gasse, welche nach dem Dorfe Tschatak führt?"
„Effendi, Du kennst ihn?"
„Ich habe von ihm gehört. Ist Dir sein Name bekannt?"
„Er heißt Deselim."
„War er zuweilen bei Euch?"
„Sehr oft. Er wird auch heute oder morgen kommen."
„Wohl wegen der Teppiche, welche sich da draußen im Felde befinden?"
„Ja. Sie müssen fortgeschafft werden."
„Bringt er die Träger mit?"
„Einige; die Andern wohnen hier in der Nähe."
„In Dschnibaschlü?"
„Hier und in den nächsten Orten."
„Wer ruft sie zusammen?"
„Mein Vater."
„Er selbst doch aber nicht?"
„Nein, sondern er sendet unsern Kalfa, der sie Alle kennt."
„Das ist der Mensch, welcher Deiner Mutter vom Maulesel hilft?"
„Ja. Er hat alle Farben im Gesicht. Er ist ein sehr schlauer und auch ein sehr muthiger Mensch. Horch! Es kommt Jemand!"
Draußen unter dem Eingange ließ sich ein eigenthümliches Schnaufen und Stöhnen vernehmen.
„A buh! A buh!" erklang es ächzend.
„Das ist mein Vater," sagte sie. „Laß ihn ja nicht merken, daß ich mit Dir gesprochen habe!"
Im nächsten Augenblick war sie verschwunden, dahin, wohin auch ihre Mutter gegangen war.
Ich befand mich also ganz allein im Oda, den Kater abgerechnet, welcher sich wieder in seine Ecke zurückgezogen hatte. Das war mir unlieb, konnte aber nicht geändert werden.
Ich hörte einige schwere, schlürfende Schritte, einige wiederholte „A buh", und dann trat er ein.

Ich erschrack beinahe, als ich den Mann sah. Er war fast so dick wie hoch und mußte sich förmlich zur Thüröffnung herein drängen. Er trug sich vollständig bulgarisch. Seine Hose, seine Tunika, sein kurzer Ärmelmantel waren von Wollenstoff, während der Ottomane für die Sommerszeit einen faltenreichen, leichten, leinenen oder baumwollenen Stoff anzulegen pflegt. Die Beine des Bäckers waren auch nach bulgarischer Manier mit dicken Bändern umwickelt, welche auch den Fuß umhüllten. Der Altbulgare, ein zum Slawenthum übergetretener Tatar, liebt andere Fußbekleidungen nicht.

Es versteht sich ganz von selbst, daß diese Tracht den Bäcker noch mehr verstellte. Der kurze Mantel, die umwickelten Beine, der anderthalb Fuß breite Gürtel, welchen er um den Leib trug, machten ihn noch viel dicker und unförmlicher, als er eigentlich war. Dazu kam, daß er den Kopf rasirt hatte. Nur oben auf der Mitte des Schädels befand sich ein langer Haarbüschel, welcher, in zwei Zöpfe geflochten, hinten hinunter hing. Ein Fez oder irgend eine andere Kopfbedeckung trug er nicht. In der Hand hatte er ein mit den Knoten zusammengebundenes Tuch, in welchem sich einige Düten befanden.

Würde man mich fragen, welche Farbe sein Anzug gehabt habe, so könnte ich das unmöglich sagen. Ursprünglich war jedenfalls eine Farbe dagewesen. Über diese hinweg aber gab es Striche von allen möglichen Farben, so daß der eigentliche Grund gar nicht mehr zu erkennen war. Man sah nur, daß der Mann seine Finger, mochten sie nun beim Backen mit Teig oder beim Färben mit Farbe beschmiert gewesen sein, ganz einfach an seiner Kleidung abgewischt hatte.

Seine Hände hatten das Aussehen, als ob er einen Farbenkasten zerstampft, das Pulver in Öl gerieben und sich dann damit die Finger angepinselt habe. Die Arme konnte ich nicht sehen; jedenfalls aber glichen sie ganz genau denjenigen seiner holden „Erdbeere“, deren Farbüberzug ich ja erst für Handschuhe gehalten hatte.

Und nun gar das Gesicht! Das war grandios zu nennen. Jedenfalls hatte er zwei Angewohnheiten oder auch drei, welche sich bei seinem Geschäfte nicht vertrugen: er schnupfte, er liebte es, sich die Augen zu reiben, und er pflegte sich wohl auch gern hinter den Ohren zu kratzen, denn sowohl die Nase, wie die Umgebung der Augen und Ohren schienen mit schwarzer Tinte, Pflaumenmus, Eigelb, Himbeersaft und geschlemmter Kreide eingerieben worden zu sein.

Wenn eine Orientalin die Augenwimper mit Khol färbt, so giebt dies dem Blick eine eigenartige, melancholische, interessante Schärfe. Der Bäcker schien der Ansicht zu sein, daß seine Physiognomie durch die erwähnte Farbenschicht auch an Schönheit gewinne. Wohl aus diesem Grunde oder aus Bequemlichkeit hatte er es seit langer Zeit unterlassen, sein Gesicht mit einem Tropfen Wasser zu beleidigen.

So Etwas kann im Abendlande wohl kaum vorkommen. Da wäre die Polizei gezwungen, sich in's Mittel zu schlagen, weil ein solcher Mensch öffentliches Ärgerniß erregen würde.

Es war wirklich spaßhaft, mit welchem Erstaunen er mich, der ich ruhig neben der Thüre sitzen blieb, betrachtete. Seine Stirn zog sich empor; sein Mund öffnete sich weit, und seine Ohren schienen sich nach hinten retiriren zu wollen.
„Ölüm jyldyrym – Tod und Blitz!"
Mehr brachte er nicht hervor. Er mußte schnaufen, ob aus Athemnoth oder aus Überraschung, das weiß ich nicht.
„Sabahiniz chajir ola – guten Morgen!" grüßte ich ihn, indem ich langsam aufstand.
„Ne is ter sen bunda? Ne ararsen bunda – was willst Du hier? Was suchst Du hier?"
„Seni – Dich," antwortete ich kurz.
„Beni – mich?" fragte er kopfschüttelnd.
„Ewwet, seni – ja, Dich."
„Du verkennst mich!"
„Schwerlich. Dich erkennt man sofort."
Er schien die Beleidigung, welche in den letzten Worten lag, gar nicht zu fühlen. Er sagte, noch immer kopfschüttelnd:
„Du bist in einem falschen Hause."
„Nein; ich bin im richtigen."
„Aber ich kenne Dich nicht!"
„Du wirst mich kennen lernen."
„Zu wem willst Du denn?"
„Zu einem Bojadschy, welcher zugleich Etmektschi ist und Boschak heißt."
„Der bin ich allerdings."
„Siehst Du, daß ich mich nicht irre!"
„Aber Du sagtest, daß Du mich sofort erkannt habest! Hast Du mich bereits gesehen?"
„Nein, nie und nirgends."
„Wie kannst Du mich da erkennen?"
„An der glänzenden Würde Deines Standes, welche in Deinem Gesichte zu bemerken ist."
Auch den eigentlichen Sinn dieser Worte begriff er nicht, denn er verzog dieses farbig erglänzende Gesicht zu einem breiten, wohlgefälligen Lächeln und sagte:
„Du bist ein sehr höflicher Mann und Du hast Recht. Mein Stand ist ein sehr wichtiger. Ohne uns müßten die Menschen verhungern, und wir sind es auch, die jedem Kleide erst die Schönheit geben. Welchen Wunsch hast Du?"
„Ich möchte über ein Geschäft mit Dir sprechen."
„Bist Du vielleicht ein Undar?"
„Nein."
„Oder ein Bosadar?"
„Auch nicht. Es ist ein anderes Geschäft, welches ich meine."
„So sage es mir!"

„Dann, wenn Du es Dir bequem gemacht hast. Ziehe Deinen Mantel aus und setze Dich zu mir!“

„Ja, das werde ich thun. Erwarte mich hier!“

Er ging zu derselben gegenüber befindlichen Thüröffnung hinaus, durch welche die Frau und die Tochter verschwunden waren. Jedenfalls gab es dort zwei Räume hinter einander, und ich hörte aus den dumpf zu mir schallenden Lauten dreier Stimmen, daß sich die Erwähnten in dem hintersten „Cabinet“ befanden.

Als er zurückkehrte, blieb er vor mir stehen und sagte:

„Im bunda. Ischtahnyz warmy? – Da bin ich. Hast Du Appetit?“

„Wozu?“

„Etwas zu essen?“

„Nein,“ antwortete ich, indem ich an die Spuren der Teigfinger dachte, welche er an seinen Hosen abgewischt hatte.

„Oder zu trinken?“

„Ich danke sehr!“

Der Appetit war mir infolge des Backtrogwassers und des famosen Mostes vollständig vergangen.

„Nun, so wollen wir von unserem Geschäft sprechen.“

Es ist geradezu unbeschreiblich, in welcher Weise es ihm unter vielem Ächzen gelang, mir gegenüber auf dem Boden Platz zu nehmen. Als diese Turnübung bei Ach und Krach gelungen war, legte er sein Gesicht in eine ernste, gebieterische Miene und klatschte laut in die Hände.

Ich hätte ihm beinahe in das Gesicht gelacht, als er sich damit das Ansehen eines hohen Mannes gab, welcher zu befehlen gewohnt ist. Aber das Klatschen der Hände war gehört worden, denn der stieglitzähnliche Färbergehilfe, welchen die Tochter einen schlauen und muthigen Mann genannt hatte, trat ein.

Er war jedenfalls, da er sich doch hinter dem Hause befunden hatte, durch eine Fensteröffnung unterrichtet worden, wie er sich zu verhalten habe. Er verbeugte sich mit über der Brust gekreuzten Armen und blickte seinen Herrn und Meister demüthig erwartungsvoll an.

„Getir benim lülejü – bringe mir meine Pfeife!“ befahl der Letztere im Tone eines Pascha mit drei Roßschweifen.

Der Sklave dieses Augenblickes gehorchte dem Befehle. Er brachte eine Tabakspfeife, welche aussah, als ob sie schon lang im Schlamme eines Karpfenteiches gelegen habe. Der Diener entfernte sich, und der Herr langte in die Hosentasche und brachte aus derselben eine Handvoll Tabak hervor, welchen er in den Pfeifenkopf stopfte. Dann fragte er mich:

„Sen mi tütün itschen? – Bist Du Tabaksraucher?“

„Ewwet – ja,“ antwortete ich.

Ich befand mich nun in der Angst, daß er mir eine eben solche Pfeife bringen lassen und sie aus derselben Tasche stopfen werde, fühlte mich aber angenehm enttäuscht, als er nun weiter fragte:
„Kibritler onun itschün melik ol-sen – folglich besitzest Du Streichhölzer?"
„Bre kaw zabt etmez-sen – besitzest Du nicht Zunder?" erkundigte ich mich.
Der Mann hatte nämlich bei seiner Frage ein eigenthümlich pfiffiges oder vielmehr dummschlaues Gesicht gemacht. Zündhölzer sind in jener Gegend nicht überall gebräuchlich; man kann ganze Dörfer aussuchen, ohne ein einziges zu finden. Wer solche bei sich führt, der ist ein Mann, der sich Etwas bieten kann. Der Bäcker wollte nun jedenfalls sehen, ob ich zu diesen bevorzugten Leuten gehöre. Darum antwortete ich ihm in dieser Weise.
„Ich müßte wieder aufstehen," sagte er. „Ich sehe es Dir an, daß Du Kibritler bei Dir hast."
„Wie willst Du das sehen?"
„An Deiner ganzen Kleidung. Du bist reich."
Wenn er gesagt hätte: „Du bist reinlicher als ich", so hätte er Recht gehabt. Ich griff in die Tasche, zog ein Döschen Wachshölzer hervor und gab ihm eins derselben. Er betrachtete es ganz erstaunt und sagte:
„Das ist doch nicht odundan?"
„Nein. Ich mag keine, welche von Odun gemacht sind."
„Das ist wohl gar Bal momu?"
„Ja; Du hast es errathen."
„Und es ist ein Fitil darin?"
„Natürlich!"
„Müdschüpatly, tschok adschaib – wunderbar, höchst wunderbar! Ein jaghmumu zum Anbrennen des Tabaks! Das habe ich noch nicht gesehen. Willst Du mir nicht lieber das ganze Tschykymtschyk schenken?"
Man glaubt nicht, welchen Eindruck oft eine solche Kleinigkeit macht. Es ist dann wohlgethan, die Gelegenheit zu benützen; darum antwortete ich:
„Diese Zündkerzchen sind von großem Werth für mich. Vielleicht schenke ich sie Dir, wenn ich mit unserer Unterhaltung zufrieden bin."
„So wollen wir beginnen. Vorher aber will ich mir die Pfeife anbrennen."
Als das geschehen war, bemerkte ich, daß er gar nicht etwa eine schlechte Sorte Tabak rauchte. Vielleicht hatte er ihn in nicht ganz legaler Weise an sich gebracht.
„So, nun können wir sprechen," meinte er. „Du wirst mir zunächst sagen, wer Du bist."
„Natürlich; denn Du mußt doch wissen, mit wem Du redest. Aber – vielleicht ist es doch besser, wenn ich Dir meinen Namen erst später sage."
„Warum denn?"
„Das Geschäft, welches ich mit Dir besprechen will, ist kein gewöhnliches. Es gehört Schlauheit und Verschwiegenheit dazu, und ich weiß noch nicht, ob Du diese beiden Gaben besitzest."

„Ah, nun weiß ich, was Du bist!“
„Nun, was bin ich?“
„Du treibst verschwiegenen Handel.“
„Hm! Vielleicht hast Du nicht ganz falsch gerathen. Ich habe eine Waare zu verkaufen, welche sehr theuer ist und die ich dennoch sehr billig losschlagen werde.“
„Was ist es?“
„Teppiche!“
„Ah, Teppiche! Das ist eine gute Waare. Aber was sind es für Teppiche?“
„Ächte Smyrnaer Waare.“
„Allah! Wie viel?“
„Gegen Hundert.“
„Wie verkaufst Du sie?“
„Im Pausch und Bogen. Ich fordere Stück für Stück dreißig Piaster.“
Da nahm er die Pfeife aus dem Munde, legte sie neben sich auf den Boden, schlug die Hände zusammen und fragte:
„Dreißig Piaster? Wirklich dreißig?“
„Nicht mehr!“
„Ächte Smyrnaer Teppiche?“
„Gewiß!“
„Kann man sie einmal ansehen?“
„Natürlich muß sie der Käufer vorher sehen!“
„Wo hast Du sie?“
„Ah! Denkst Du wirklich, daß ich das sagen werde, ehe ich weiß, daß der Käufer ein sicherer Mann ist?“
„Du bist sehr vorsichtig. Sage mir wenigstens, ob der Ort, an welchem sie sich befinden, weit von hier ist.“
„Gar nicht weit.“
„Und sage mir ferner, wie es kommt, daß Du Dich grad an mich wendest.“
„Du bist ein berühmter Färber; Du bist also Kenner und wirst beurtheilen können, ob die Waare wirklich in der Farbe ächt ist.“
„Das ist wahr,“ meinte er geschmeichelt.
„Darum komme ich zu Dir! Ich denke zwar nicht, daß Du die Teppiche kaufen wirst, aber ich habe gemeint, daß Du vielleicht einen Andern kennst, welcher bereit ist, einen so vortheilhaften Handel einzugehen.“
„Da hast Du freilich gar nicht unrecht vermuthet.“
„So kennst Du einen Käufer?“
„Ich kenne einen.“
„Der auch baar bezahlen kann?“
„Solche Geschäfte macht man meist auf Kredit.“

„Ich nicht. Gute Waare, billig, aber baares Geld. Dann sind Beide zufrieden, der Käufer wie der Verkäufer."
„Nun, der Mann kann bezahlen."
„Das ist mir lieb. Wer ist er?"
„Er ist ein Silahdschi."
„O weh!"
„Wie so denn?"
„Ein Waffenschmied wird nicht eine so große Menge von Teppichen kaufen."
„Der aber thut es. Er ist zugleich Kaffeewirth und versteht es, die Waare an den Mann zu bringen."
„Wo wohnt er?"
„In Ismilan."
„Das ist mir unangenehm, da es bis dahin so weit ist."
„Das thut nichts. Er kommt heute oder morgen zu mir."
„Bis morgen kann ich nicht warten."
„Warum nicht?"
„Das kannst Du Dir doch denken!"
„Nein, gar nicht."
„Wenn ich so teure Waare so billig verkaufe, muß es ja doch irgend eine Bewandtniß mit ihr haben."
„Hm! Freilich wohl."
„Ich muß sie schleunigst verkaufen, sonst kann sie mir sehr leicht verloren gehen."
„Ist man Dir auf der Spur?"
Er kniff dabei die Augen zusammen, blinzelte mich bedeutungsvoll an und machte mit den Händen die Bewegung des Ergreifens, des Festhaltens, also des Arretirens.
„Nein, das nicht. Kein Mensch ahnt bis jetzt etwas von meinem Vorhaben; aber die Waare befindet sich an einem Ort, der höchst unsicher ist."
„Schaffe sie fort!"
„Das mag der Käufer thun."
„Ist denn der Mann, bei dem Du sie untergebracht hast, so unzuverlässig?"
„Ich habe sie bei keinem Manne."
„Nicht? Wo sonst?"
„Im freien Felde."
„Allah ist groß! Wie bist Du auf diesen Gedanken gekommen?"
„Nicht ich bin auf ihn gekommen, sondern Andere."
„Aber Du hast Deine Erlaubniß dazu gegeben?"
„Auch nicht. Es würde mir niemals einfallen, einen solchen Werth so leichtsinnig aufzubewahren."
„So begreife und verstehe ich Dich nicht."

„Ich werde es Dir im Vertrauen erklären. Du machst auf mich den Eindruck eines Mannes, der keinen Andern verrathen wird."
„Nein, niemals thue ich das!"
„Gut, gut; ich glaube es Dir. Du findest doch, daß dreißig Piaster sehr, sehr wenig ist?"
„Hm! Das kann ich jetzt noch nicht sagen; ich habe die Teppiche nicht gesehen."
„Ich sage Dir, daß es wenig, sehr wenig ist. Kein Anderer verkauft so billig."
„Du wirst sie noch billiger erhalten haben!"
„Natürlich! Das versteht sich von selbst."
„Wie viel hast Du gegeben?"
„Höre, diese Frage ist keine sehr kluge. Kein Verkäufer wird Dir sagen, wie viel er in Wirklichkeit profitirt; aber, wie bereits bemerkt, mit Dir will ich aufrichtig sein."
„Nun, wieviel profitirest Du?"
„Dreißig Piaster, nur dreißig Piaster."
Er blickte mich ganz verständnißlos an und fragte:
„An dem ganzen Vorrathe?"
„Was denkst Du Dir! Ich werde doch nicht so dumm sein, mit einer so kleinen Summe fürlieb zu nehmen? Nein, an jedem einzelnen Teppich verdiene ich das."
„Das ist doch gar nicht möglich!"
„Warum nicht?"
„Du verkaufst das Stück für dreißig Piaster und verdienst grad ebensoviel daran?"
„So ist es."
„Dann müßte Dir Jemand die Waare geschenkt haben."
„Das thut kein Mensch."
„Dann reicht mein Verstand nicht aus!"
„Laß Dich das nicht anfechten; der meinige wird desto weiter reichen. Ich habe die Teppiche nicht gekauft und nicht geschenkt erhalten; ich habe sie gefunden."
„Gefunden?" stieß er hervor.
„So ist es."
„Wann?"
„Das ist nicht wesentlich."
„Aber wo?"
„Hier ganz in der Nähe."
Er erschrack auf das Heftigste. Er schluckte und schluckte; es kostete ihm sichtliche Anstrengung, zu fragen:
„Hier in der Nähe? Herr, ist's möglich?"
„Natürlich! Ich sage es ja!"
„Darf ich den Ort erfahren?"
„Kennst Du den Weg von hier nach Koschikawak?"
„Freilich kenne ich ihn!"

„Er führt an einem Gesträuch vorüber. Hat man dieses hinter sich und biegt ein wenig nach rechts ab, so gelangt man an eine Bodenvertiefung, welche ganz unzugänglich zu sein scheint, denn sie ist von einem sehr dichten Dorngestrüpp umgeben. Das ist der Ort. Da liegen die Teppiche.“
Sein Leib schien ganz erstarrt zu sein. Er machte keine Bewegung. Nur seine Brust arbeitete heftig. Der Athem wollte ihm versagen. Endlich erklang es fast röchelnd aus seinem Munde:
„Herr, das wäre wunderbar!“
„Ja, man sollte nicht denken, da auf freiem Felde einen Vorrath von theuren Teppichen zu finden. Aber es regnet ja hier so sehr selten. Grad jetzt ist die trockene Jahreszeit, und die Waare hat also vom Wetter gar nichts zu leiden.“
„Aber von den Menschen!“
„Wie so?“
„Sie kann so leicht entdeckt werden!“
„O nein. Ihr seid hier die reinen Kinder. Ihr thut heute nur das, was Ihr gestern und früher gethan habt. Ihr wollt heute nicht mehr wissen, als nur das, was Ihr bereits vorher gewußt habt. Die Vertiefung hat stets für unzugänglich gegolten, und so wird es auch wohl schwerlich irgend Einem einfallen, nachzusehen, ob sie es auch wirklich ist. Die Stacheln thun wehe.“
„Aber wie bist denn Du hingekommen?“
„Zu Pferde. Du weißt, daß man sein Thier nicht stets in der Gewalt hat. So ein Geschöpf geht einmal durch, und dabei gelangt man mitten in die Dornen hinein.“
„Lanetli! Lanetli wakaa – verflucht! Verfluchter Zufall!“ rief er aus.
„Wie?“ fragte ich im Tone der Verwunderung. „Du ergrimmst darüber, daß ich diese Entdeckung gemacht habe?“
„Nein, o nein! Ich dachte nur daran, wie unangenehm es für jenen Mann sein muß, dem die Sachen gehören.“
„Er hätte sie besser verstecken sollen!“
„Aber, Herr, wie kommst Du auf den Gedanken, nun die Teppiche zu verkaufen?“
„Ist das nicht das Vortheilhafteste, was ich thun kann?“
„Für Dich, ja; aber – gehören sie Dir?“
„Natürlich! Ich habe sie gefunden.“
„Das ist noch kein Grund, sie für Dein Eigenthum zu halten. Du mußt sie dem Besitzer lassen.“
„So mag er sich melden! Er wird sich hüten, das zu thun.“
„Er wird sie wegholen.“
„Er oder ein Anderer. Wie leicht kann ein Anderer dazukommen, der dann klüger ist, als ich! Nein, ich verkaufe sie.“
Er hatte sich von seinem Schreck erholt und gerieth allmählig in Aufregung.

„Ich rathe Dir, es nicht zu thun!“ sagte er. „Der rechtmäßige Besitzer wird schon dafür sorgen, daß er sein Eigenthum nicht verliert. Du würdest ein Dieb sein, und wie ein solcher siehst Du mir nicht aus.“
„Nicht? Hm! Du magst Recht haben. Du hast dieses Wort grad noch im richtigen Augenblick ausgesprochen. Ein Dieb will ich allerdings nicht sein.“
„Du wirst also die Teppiche liegen lassen?“
„Ja.“
„Versprichst Du es mir?“
„Warum Dir? Gehören sie etwa Dir?“
„Nein; aber ich möchte nicht haben, daß Du Deine Seele mit einem Verbrechen belastest.“
„Du bist ein braver Mann; Du meinst es gut mit mir!“
„Ja. Also gib mir das Versprechen; gib mir Deine Hand darauf, daß Du Dich an den Teppichen nicht vergreifen willst!“
„Gut! Ich will Dir Deinen Willen thun. Hier ist meine Hand!“
Er drückte mir die Rechte, holte erleichtert Athem und sagte dann, nach seiner Pfeife greifend:
„Allah sei gelobt! Ich habe Dich vom Wege der Sünde weggerissen. Dabei ist mir der Tabak verlöscht. Gib mir noch eins von Deinen Wachszünderchen!“
„Hier hast Du! Es freut mich, daß Du mich auf dem Pfade der Tugend erhalten hast. Die Versuchung war groß. Wir wollen dafür sorgen, daß nicht vielleicht ein Anderer ihr erliege.“
„Wie willst Du das anfangen?“
„Ich werde den Fund zur Meldung bringen.“
„Allah 'l Allah! Bei wem?“
„Bei der Behörde.“
Er legte die in Brand gesetzte Pfeife schleunigst wieder weg, schüttelte abwehrend beide Hände und sagte:
„Das ist ja gar nicht nöthig, gar nicht!“
„O doch! Ich werde mich zum Kiaja begeben, der mag die Teppiche in Beschlag nehmen.“
„Was fällt Dir ein? Der Besitzer wird sie schon holen!“
„Das kann meinen Beschluß nicht ändern. Es ist meine Pflicht, die Meldung zu machen.“
„Ganz und gar nicht! Diese Sache geht Dich nichts an!“
„Sehr viel sogar. Wer ein Verbrechen entdeckt, der muß es zur Anzeige bringen.“
„Wie sollte es sich hier um ein Verbrechen handeln?“
„Ein ehrlicher Mann versteckt sein Eigenthum nicht im Felde; darauf kannst Du Dich verlassen. Und übrigens habe ich eine Ahnung, für wen die Teppiche bestimmt sind.“
„Du wirst Dich täuschen!“
„O nein; ich bin meiner Sache sehr gewiß.“
„Wer soll dieser Mann sein?“

„Derselbe, den Du mir vorhin als Käufer vorschlugst."
„Du meinst den Waffenschmied?"
„Allerdings."
„O, der hat mit dieser Angelegenheit gar nichts zu thun! Kennst Du ihn etwa?"
„Nein. Ich habe ihn noch nicht gesehen."
„Wie kannst Du ihn in einen solchen Verdacht nehmen? Ich habe Dir nicht einmal seinen Namen genannt."
„Den kenne ich. Er heißt Deselim."
„Deselim? Den meine ich nicht. Ich kenne keinen Menschen, welcher diesen Namen führt."
„So kennst Du auch wohl keinen, welcher Pimosa heißt?"
„Pimosa? O, den kenne ich!"
„Woher ist er?"
„Er ist ein Serbe aus Lopaticza am Ibar. Wo hast Du ihn kennen gelernt?"
„Das werde ich Dir später sagen. Besucht er Dich zuweilen?"
„Ja."
„War er in der letzten Zeit bei Dir?"
„Nein."
„Weißt Du, wo er gewesen ist?"
„Nein."
„Hm! Bist Du nicht vor ganz kurzem in Mandra und Boldschibak gewesen?"
Jetzt zeigte sein Gesicht einen ganz andern Ausdruck als vorher. Es war die ausgesprochene Fuchsphysiognomie. Dieser dicke Kerl war ein gefährlicher Mensch. Es zuckte in seinem Auge verständnißvoll auf. Er sagte:
„Ich will Dir die Wahrheit gestehen: ich bin dort gewesen, und Pimosa auch."
Der Blick, welchen er jetzt auf mich richtete, war triumphirend zu nennen. Ich aber legte ihm gleichmüthig die Hand auf die Achsel und sagte lachend:
„Boschak, das hast Du nicht schlecht gemacht, Du alter Kachpogly Du!"
„Nicht schlecht? Wie meinst Du das?"
„Nun, Du erräthst, daß ich mit Pimosa gesprochen habe, und zwar ganz kürzlich?"
„Das kann ich mir denken."
„Dieses hast Du nun freilich nicht schlau angefangen. Du solltest es nicht eingestehen."
„Die Wahrheit kann ich sagen!"
„Meinetwegen! Du erräthst ferner, daß mir Pimosa gesagt hat, er sei in Mandra und Boldschibak gewesen, und da trittst Du sofort als Zeuge auf. Wie aber nun, wenn ich Dir beweise, daß Du gar nicht von hier fortgekommen bist?"
„Das kannst Du nicht beweisen."
„Ich brauche nur hier nachzufragen. Man wird Dich gesehen haben. Aber ich thue das nicht; ich gebe mir keine solche Mühe. Ich reite nach dem Dorfe Palatza; da werde ich wohl erfahren, wer dieser Pimosa eigentlich ist."

Der Dicke schien unter der Farbe, die sein Gesicht bedeckte, zu erbleichen. Er sagte in möglichst zuversichtlichem Tone:

„Du wirst dort auch nichts Anderes erfahren, als das, was ich Dir gesagt habe."

„O, der Roßhändler Mosklan wird mir jedenfalls bessere Auskunft ertheilen! Ich sehe ein, daß mein Besuch bei Dir zu Ende ist. Ich werde also zum Kiaja gehen."

Ich stand auf. Er that dasselbe, und zwar so schnell, daß ich genau bemerkte, daß ihm die Angst die ungewöhnliche Beweglichkeit gab.

„Herr," sagte er, „Du wirst nicht eher gehen, als bis wir einig geworden sind!"

„Einig? Worüber?"

„Über die Teppiche."

„Und über den Schut, nicht wahr?"

„Allahy sewersin – um Gottes willen! Warum sprichst Du von dem Schut?"

„Warum erschrickst Du, wenn ich von ihm spreche? Warum sagst Du, daß wir wegen der Teppiche einig werden müssen? Gehören sie denn Dir?"

„Nein, nein!"

„Oder weißt Du vielleicht, wer sie versteckt hat?"

„Auch nicht."

„So kannst Du vollständig beruhigt sein. Ich aber muß zum Kiaja, um ihn von meinem Funde zu benachrichtigen."

„Du hast ja gar keinen Vortheil davon!"

„Man soll seine Pflicht ohne Eigennutz thun."

Er befand sich in der größten Verlegenheit. Er hatte sich sogar vor die Thüre gestellt, um mich nicht hinaus zu lassen. Jetzt sagte er:

„Wer bist Du denn eigentlich, daß Du als Fremder hierher kommst und Dich um unsere Angelegenheiten kümmerst?"

„Kannst Du lesen?"

„Ja."

„Nun, so will ich Dir Etwas zeigen."

Ich zog mein Fol tezkeressi hervor, hielt ihm denselben entgegen, aber so, daß er nur das Siegel deutlich sehen konnte, und fragte:

„Kennst Du das?"

„Ja; es ist das Möhür des Großherrn."

„Nun, so sage ich Dir, daß ich das Möhür besitze und den Agenten Pimosa gefangen genommen habe."

„Herr! Effendi! Bist Du ein Polizist?" stieß er erschrocken hervor.

„Ich habe Dir nicht zu antworten. Aber ich werde auch Dich verhaften und ebenso Deselim aus Ismilan, sobald er hier ankommt."

„Mich verhaften?"

„Du sagst es."

„Warum denn?"

„Wegen der Teppiche und wegen verschiedener anderer Gründe."
„Effendi, ich bin ein ehrlicher Mann!"
„Und doch belügst Du mich?"
„Ich habe die Wahrheit gesagt!"
„Das wagst Du wirklich zu behaupten? Du willst mit Eile in das Verderben gehen. Du sollst Deinen Willen haben. Man wird eine große Untersuchung gegen Dich einleiten; Du wirst verloren sein. Und doch wollte ich Dich retten. Ich kam zu Dir, um Dir im Vertrauen den Weg zu zeigen, welcher zur Rettung führt."
Er hatte sich an die Scheidewand gelehnt und wußte nicht, was er sagen sollte.
„Du solltest Dich jetzt sehen können," sagte ich. „Die Schuld und die Angst kann nicht anders aussehen, als grad so wie Du. Nimm Deinen Mantel wieder und folge mir zum Kiaja!"
Da erschienen seine Frau und seine Tochter. Sie hatten im Nebenzimmer gelauscht und Alles gehört. Beide erhoben ein lautes Klagen und warfen mir alles Mögliche vor. Der Bäcker verhielt sich ganz ruhig; er schien abzuwägen, wie er am besten handeln könne. Ich hörte die beiden Jammernden eine Weile an, dann beruhigte ich sie:
„Seid still! Ich habe ihn ja retten wollen; aber er hat nicht gewollt. Noch jetzt wäre ich bereit, von der Meldung und von der Anzeige abzusehen. Ihr seht jedoch, daß er kein Wort der Bitte spricht."
Das brachte ihn zum Sprechen.
„Effendi," sagte er, „was weißt Du von mir?"
„Alles! Die einzelnen Punkte brauche ich Dir nicht zu sagen; das ist Sache des Richters."
„Und Du meinst, daß Du von der Anzeige absehen könntest?"
„Ja. Ich halte Dich für keinen Bösewicht. Ich halte Dich nur für den Verführten. Darum wünsche ich, mild gegen Dich verfahren zu dürfen."
„Was müßte ich denn thun?"
„Dich von den Verführern lossagen."
„Das will ich gern thun!"
„Das sagst Du jetzt; aber wenn ich fort bin, wirst Du Dein Versprechen nicht erfüllen."
„Ich erfülle es. Ich kann es beschwören."
„So verlange ich, daß Du dem Pferdehändler Mosklan die Freundschaft kündigst."
„Ich werde es ihm sagen."
„Gut! Du wolltest ihm Deine Tochter zum Weibe geben?"
„Ja."
„Sie wird also ihren Bräutigam verlieren. Suche einen Andern für sie aus!"
Er horchte auf. Er blickte die beiden Frauen und dann mich forschend an und fragte dann:
„Ihr habt mit einander gesprochen, ehe ich kam?"
„Ja," antwortete ich der Wahrheit gemäß.
„Meinst Du etwa, daß ich ihr den Sahaf Ali zum Manne geben soll?"

„Das möchte ich Dir allerdings rathen."
„Wallahi! So habt Ihr von ihm gesprochen?"
„Ja, und ich habe auch bereits mit ihm selbst geredet. Er ist ein braver Mann; er ist kein Verbrecher, wie jener Mosklan. Er wird Deine Tochter glücklich machen. Ich habe keine Zeit, hier noch viele Worte zu machen. Ich will Dir also Folgendes sagen: Ich gehe jetzt für einige Minuten hinaus, und Du magst unterdessen mit Deinem Weibe und mit Deiner Tochter reden. Komme ich herein, und Du sagst mir, daß der Sahaf Dir willkommen sei, so reite ich sofort zu ihm, um ihn zu holen. Du magst ihm dann Deine Unterschrift geben, und es ist Alles gut. Weigerst Du Dich aber, so gehe ich zum Kiaja und nehme Dich gleich mit zu ihm."
Der Schweiß stand ihm auf der Stirn, und dennoch kam es mir vor, als ob er viel ruhiger sei, als vorher. Weib und Kind wollten mit Bitten auf ihn einstürmen; er aber wehrte ab und fragte mich:
„Du willst also den Sahaf holen?"
„Ja."
„Du willst zu ihm nach Kabatsch reiten?"
„Natürlich, wenn ich ihn holen will!"
„Und wenn ich ihm dann meine Unterschrift gebe, wirst Du über Alles schweigen?"
„Wie das Grab!"
„Über den Schut und über den Pferdehändler?"
„Ja."
„Auch von den Teppichen wirst Du nichts sagen?"
„Einem nur werde ich es sagen."
„Wem?"
„Dem Sahaf. Der mag dann machen, was er will."
„Er wird schweigen, wenn ich ihm meine Tochter gebe. Sage mir, wann Du nach Kabatsch reiten willst."
„Sobald Du Dich entschieden hast. Ich habe keine Zeit zu versäumen. Also ich gebe Dir einige Minuten Frist. Überlege Dir die Angelegenheit!"
Ich ging hinaus zu meinem Pferde. Ich hatte beim Verlassen der Stube gehört, daß Mutter und Tochter sofort mit Bitten auf ihn eindrangen, und war meiner Sache gewiß. Es blieb ihm, meiner Ansicht nach, nichts übrig, als nachzugeben, und ich freute mich königlich darauf, dem Sahaf schon nach so kurzer Zeit eine so frohe Nachricht bringen zu können.
Zwar fragte ich mich, ob es nicht meine Pflicht sei, Anzeige zu machen; doch gab es auch gute Gründe, dies zu unterlassen. Ich war ja noch gar nicht überzeugt, ob die Teppiche auch wirklich Schmuggelgut seien. Sie wurden es vielleicht erst an der serbischen Grenze. Übrigens hielt ich den Sahaf für einen ehrlichen Menschen und dachte mir, daß er nach seinem Gewissen handeln werde, sobald ich ihm Alles mitgetheilt haben würde.

Ich ging eine kurze Strecke vom Hause fort. Es war mir, als ob ich einen Ruf vernommen hätte. Als ich mich umdrehte, sah ich, daß der Gehülfe nach einer der Fensteröffnungen ging; dort sprach der Bäcker mit ihm.
Was ging mich das an? Er hatte ihm wohl eine geschäftliche Weisung zu ertheilen. Einige Minuten später hörte ich Hufschlag. Ich sah keinen Reiter; es fiel mir gar nicht ein, Verdacht zu schöpfen. Leider aber war mir die Erfahrung vorbehalten, daß ich unvorsichtig gewesen sei. Der Bäcker hatte seinen Gehilfen fortgeschickt, um mir eine Falle zu stellen. Das Mädchen hatte den Kibitzmenschen schlau genannt. Er war es auch. Er war so vom Hause fortgeritten, daß dieses zwischen ihm und mir lag und ich seine Entfernung also gar nicht bemerken konnte.
Ich wartete ungefähr eine Viertelstunde, dann kehrte ich in die Stube zurück. Dort bat mich die Frau, ihrem Mann noch eine kleine Frist zu gestatten. Es sei ihm doch sehr schwer, einen Entschluß zu fassen, da er nicht wisse, wie er von Mosklan ohne Schaden loskommen könne.
Ich erfüllte ihr die Bitte und ging wieder hinaus. Dort wartete ich, bis ich gerufen wurde. Der Bäcker kam mir entgegen und sagte:
„Effendi, Du hast Recht; ich werde thun, was Du mir gerathen hast. Willst Du den Sahaf holen?"
„Ja; ich reite sogleich."
„Und willst Du dann für heute und die nächsten Tage unser Gast sein?"
„Ich danke! Das ist unmöglich. Ich muß fort."
„Wohin reitest Du?"
„Weit fort, nach dem Abendlande, wo meine Heimat ist."
Daß ich dies sagte, war ein sehr großer Fehler, wie ich später erfahren sollte.
„So komme wenigstens jetzt in das Meharrem; dieses ist nur das Selamlük. Ich muß Dir Etwas zeigen."
Er war so nachgiebig, und die beiden Frauen strahlten vor Glück. Ich konnte ihm die Bitte nicht abschlagen und trat mit ihnen in den zweiten Raum, welcher allerdings auch nicht viel anders ausgestattet war. Die Tochter entfernte sich auf einige Augenblicke und brachte einen Gegenstand, welcher in Werg eingeschlagen und mit Schnüren umwunden war.
„Rathe, was das ist, Effendi?" sagte er.
„Wer soll das rathen können? Sage es."
Er entfernte das Werg. Es kam eine Flasche zum Vorschein.
„Das ist der Saft des Üzüm," sagte er. „Darfst Du ihn trinken?"
„Ich darf; aber laß ihn in der Flasche. Erquickt Euch selbst damit."
„Das ist uns verboten. Dieser Wein ist aus Junanistan. Ich erhielt ihn von einem Handelsmanne und habe ihn aufgehoben, bis einmal Jemand kommen werde, der ihn trinken darf."

Ich blieb bei meiner Weigerung; das schien ihn zu kränken. Er besann sich eine Weile; dann sagte er:
„Wenn Du ihn verschmähst, will ich ihn nicht länger bei mir haben. Tschileka, wollen wir ihn dem armen, kranken Saban geben?"
Sie stimmte sofort bei und fragte ihn, ob sie nicht auch ein wenig Gebäck beifügen solle. Er erlaubte es ihr und wendete sich dann an mich:
„Aber, Effendi, wenn der Arme diese Gabe bekommen soll, mußt Du uns einen Gefallen thun!"
„Gern, wenn ich kann. Wer ist dieser Saban?"
„Er ist Zeit seines Lebens Süpürgedschi gewesen, jetzt aber gar ein Dilendschi geworden, da er krank ist und nicht mehr arbeiten kann. Er lebt von der Wohlthätigkeit derjenigen, welche Allah mit Nahrung gesegnet hat."
„Ja, er ist ein Bettler und erhält von uns zuweilen eine Gabe," wiederholte die Tochter. „Er wohnt in einer Hütte mitten im Walde, auf halbem Wege zwischen hier und Kabatsch."
Schon die Wiederholung mußte mir auffallen, noch mehr aber der Ton, in welchem diese Worte gesprochen worden. Sie war dem Vater hastig in die Rede gefallen; ich merkte, daß sie meine Aufmerksamkeit auf sich lenken wollte. Sie stand seitwärts hinter dem Bäcker, und als ich nun zu ihr hinblickte, erhob sie warnend den Zeigefinger der rechten Hand, ohne daß ihr Vater es sah.
„Was ist es für ein Wald?" fragte ich in unbefangener Weise.
„Es sind lauter Mescheler und Kajyn aghadschyler," antwortete der Bäcker. „Nur zuweilen befindet sich ein Tscham oder eine Selwi darunter. Soll ich Dir den Weg vielleicht genau beschreiben?"
„Ich bitte Dich darum."
„Du reitest von hier aus nach Südwest, immer den Wagengleisen nach, welche Dich zur hohen Ebene führen. Dort gehen diese Gleise nach Süden ab, in der Richtung von Terzi Oren und Ireck; aber Du wirst Spuren finden, welche Dich rechts nach einem Bache bringen, welcher unterhalb Kabatsch in den Söüdlü fließt. Nicht weit von der Stelle, an welcher Du diesen Bach erreichst, befindet sich ein freier Platz, an dessen Rande die Hütte Saban's liegt."
„Dort wohnt er allein?"
„Ja."
Ein Bettler und so allein im Walde, das war auffallend. Dazu das Benehmen der Tochter. Ich hatte jedenfalls Veranlassung, sehr vorsichtig zu sein.
„Und Du meinst, daß ich ihn antreffen werde?" erkundigte ich mich.
„Ja. Er kann nicht ausgehen, wie ich gehört habe. Er soll krank sein. Deßhalb sende ich ihm die Gaben."
„Und welchen Gefallen meintest Du vorhin, den ich Dir da thun soll?"
„Würdest Du diese Sachen mitnehmen, um sie ihm zu bringen?"

„Gern; packe sie mir ein!"
Er that dies. Unterdessen ging die Tochter hinaus und gab mir dabei einen verstohlenen Wink. Ich folgte ihr nach und traf sie hinter dem Hause.
„Du hast mir Etwas zu sagen?" fragte ich.
„Ja, Effendi. Ich warne Dich."
„Vor wem und warum?"
„Dieser Bettler ist kein guter Mensch. Nimm Dich vor ihm in Acht."
„Denkst Du, daß Dein Vater eine böse Absicht gegen mich hegt?"
„Ich weiß gar nichts. Ich muß nur sagen, daß ich den Bettler nicht liebe, weil er ein Feind des Sahaf ist."
„Hm! Deine Mutter wollte mir Etwas für diesen Letzteren mitgeben. Dein Vater sollte nichts davon wissen."
„Das hat sich erledigt, Effendi. Sie hat Dir nicht sofort sagen wollen, daß es eine Botschaft ist. Er sollte – –"
Sie stockte erröthend und blickte zu Boden.
„Nun, was sollte er denn, holde Ikbala?"
„Er sollte heut Abend – zur – – zur Mutter kommen."
„Zur Mutter? Aber nicht in Eure Wohnung?"
„Nein, Effendi."
„Wohin denn?" fragte ich in allerdings zudringlicher Weise mit dem größten Ernste.
„Er sollte draußen am Wasser warten."
„So, so! Deine liebe Anaja pflegt also dem Sahaf zuweilen ein kleines Görüschme mülakat zu geben?"
„Ja," antwortete sie so naiv ernst, daß ich nun doch lachen mußte.
„Und Du bist wohl die Beschützerin dieser schönen Zusammenkünfte?" fragte ich.
„O, Effendi, Du weißt wohl recht gut, daß er nicht zur Mutter kommt, sondern zu mir!"
„Ja, ich kann es mir wohl denken. Und da ich ihn heut zu Euch bringen will, so braucht Deine Mutter mir nun die Botschaft nicht zu geben, welche für ihn bestimmt war?"
„So ist es, Effendi. Dein Vorhaben ist so gut; es erfüllt mein Herz mit Freude. Allah gebe, daß es gelingt!"
„Es wird auch den Sahaf mit Freude erfüllen. Er hat Dich, als ich mit ihm sprach, die Schönste in Rumili genannt, und so – –"
„Ist das wahr?" fiel sie mir hastig ins Wort.
„Ja, so sagte er."
„O, er ist ein großer Müdahnedschi und Ofurtmadschi."
„Nein, er hat nicht übertrieben. Du bist noch süßer als der Most, welchen Du bereitest. Aber Du sagtest, Allah möge geben, daß mein Vorhaben gelinge. Kannst Du noch im Zweifel sein? Dein Vater hat doch seine Zustimmung gegeben!"
„Dir hat er sie gegeben; aber es kommt mir vor, daß er es nicht ernstlich meine. O, Effendi, ich ahne eine Gefahr. Beschütze meinen Sahaf!"

„Was könnte ihm denn drohen?"
„Ich weiß es nicht; aber Du und er, Ihr habt Euch sehr in Acht zu nehmen, und ich würde viele, viele Thränen vergießen, wenn ihm ein Leid geschähe."
„Ihm! Um mich aber würdest Du wohl nichts vergießen?"
„Du bist ja fremd!"
Sie sagte das so aufrichtig, und das war so spassig, daß ich herzlich lachen mußte.
„Na," erwiederte ich, „wenn Du nur um ihn weinst, so sage wenigstens Deiner Anajah, daß sie, falls uns ein Unglück geschieht, auch um mich zwei oder drei Damlalar vergießen möge. Jetzt aber gehe wieder hinein, damit Dein Vater nicht bemerkt, daß wir heimlich mit einander gesprochen haben. Auch ich traue ihm nicht."
„Effendi, ich werde Dich von Weitem beschützen!"
Sie ging. Ihre Worte schienen mir ganz ohne Sinn zu sein, doch erfuhr ich später, daß es ihr doch möglich geworden war, dieses Versprechen zu halten.
Ich band mein Pferd los und wartete. Nach kurzer Zeit kam der Bäcker und brachte mir die für den Bettler bestimmten Gaben.
„Wo ist Dein Weib und Deine Tochter?" fragte ich so obenhin, ihn dabei aber verstohlen beobachtend. „Soll ich nicht von ihnen Abschied nehmen?"
„Du kommst ja wieder, Herr," antwortete er.
Dabei glitt es so verschlagen und schadenfroh über sein fettes Antlitz, daß ich ihm sogleich die Hand auf die Achsel legte und im ernsten Tone sagte:
„Meinst Du, ich bemerke nicht, daß Deine Worte eine Istihza enthalten?"
Sofort nahm sein Gesicht den Ausdruck erstaunter Aufrichtigkeit an. Er blickte mich kopfschüttelnd an und sagte:
„Ich verstehe Dich nicht. Ich will doch nicht hoffen, daß Du mich für einen Kiazib hältst?"
„Hm! In meinem Heimatlande gibt es ein Sprichwort, welches sagt, daß man keinem Menschen trauen soll, der Jyrtmisch kulaklar besitzt."
„Beziehst Du das auf mich?" fragte er im Tone des Gekränkten.
„Ich sehe, daß Du einen Jaryk an jedem Ohre hast."
„Das ist kein Zeichen, daß ich Dich täusche. Früher waren meine Ohren unversehrt. Ich bin ein Bekenner des Propheten und schwöre Dir beim Barte Muhammed's, daß wir uns wiedersehen werden, wenn Du nicht selbst darauf verzichtest."
„Ich verzichte nicht und hoffe, daß dieses Wiedersehen ein freundliches sein werde. Fände das Gegentheil Statt, so könnte Dir leicht Etwas passiren, was Dir nicht lieb ist."
Ich hatte während dieses sehr freundschaftlichen Gespräches das von ihm empfangene Packet an dem Sattel befestigt, war aufgestiegen und ritt nun davon.

In Gefahr

Nach wenigen Minuten kam ich an das eigentliche Dorf Dschnibaschlü, ritt hindurch und befand mich dann wieder zwischen Mais- und andern Feldern, an welche sich eine Weideebene schloß, die von dem vorhin besprochenen Wald begrenzt wurde.

Die Räderspuren der großen, unbeholfenen Ochsenwagen waren deutlich zu sehen. Ich folgte ihnen in der angegebenen südwestlichen Richtung und hatte beinahe den Wald erreicht, als ich einen Reiter bemerkte, welcher von links her über die Otluk herangetrabt kam. Da ich langsamer ritt als er, hatte er mich bald erreicht.

„Allah bilindsche – Gott sei mit Dir!“ grüßte er.

„Müteschekkürüm – ich danke Dir!“ grüßte ich.

Er betrachtete mich prüfend, und ich that dasselbe mit ihm, doch geschah dies von mir nicht so auffällig, wie von ihm. Es war nichts Besonderes an ihm zu bemerken. Sein Pferd war schlecht; seine Kleidung war schlecht, und sein Gesicht machte keinen viel besseren Eindruck. Nur die Pistolen und das Messer, welche in seinem Gürtel stacken, schienen gut zu sein.

„Woher kommst Du?“ fragte er.

„Von Dschnibaschlü,“ antwortete ich bereitwillig.

„Und wohin reitest Du?“

„Nach Kabatsch.“

„Ich auch. Ist Dir der Weg bekannt?“

„Ich hoffe, ihn zu finden.“

„Du hoffst es? So bist Du fremd?“

„Ja.“

„Darf ich Dein Gefährte sein? Wenn Du es mir erlaubst, so kannst Du Dich nicht verirren.“

Er machte keinen angenehmen Eindruck auf mich; aber dies war kein Grund, ihn zu beleidigen. Er konnte trotzdem ein braver Mensch sein. Und selbst wenn das Gegentheil der Fall war, konnte es mir nichts nützen, ihn von mir zu weisen. Ich hätte höchstens seinen Zorn oder gar seine Rachsucht herausgefordert. Und er sah mir ganz so aus, als ob er in einem solchen Falle geneigt sein würde, mich von der Güte seiner Waffen zu überzeugen; darum antwortete ich:

„Du bist sehr freundlich. Bleiben wir beisammen!“

Er nickte befriedigt und lenkte sein Pferd an die Seite des meinigen.

Eine Weile ritten wir schweigend neben einander her. Er betrachtete mit sichtlichem Interesse meinen Rappen und meine Waffen. Dabei war es mir, als ob sein Blick zuweilen besorgt die Umgebung mustere. Gab es hier vielleicht Etwas zu befürchten? Ich hielt es für angezeigt, keine Frage auszusprechen. Später freilich erfuhr ich den Grund dieser besorgten Blicke.

„Reitest Du von Kabatsch dann weiter?“ fragte er mich nun in freundlichem Tone.

„Nein.“

„So besuchest Du dort Jemand?“
„Ja.“
„Darf ich wissen, wen? Du bist ja fremd, und vielleicht kann ich Dir seine Wohnung zeigen.“
„Ich reite zu Ali, dem Sahaf.“
„O, den kenne ich! Wir kommen an seinem Hause vorüber. Ich werde Dich aufmerksam machen.“
Wieder stockte das Gespräch. Ich fühlte keine Lust, auf eine Unterhaltung einzugehen, und er schien sich ganz in derselben Stimmung zu befinden. So legten wir eine große Strecke zurück, ohne daß ein weiteres Wort gefallen wäre.
Der Weg zog sich zwischen den Bäumen des Waldes mehr und mehr bergan. Wir erreichten die von dem Bäcker erwähnte Höhe und auch die Stelle, an welcher die Räderspuren sich nach Süden wendeten. Doch war zu bemerken, daß Leute auch nach Westen geritten seien. Dieser letzteren Richtung folgten wir, und dann zeigte sich auch bald der Bach, von welchem die Rede gewesen war.
Nach kurzer Zeit erreichten wir eine kleine Lichtung, an deren Rand ich eine niedrige, länglich gebaute Hütte gewahrte. Sie war ganz roh aus Steinen errichtet und schindelähnlich mit gespaltenem Holz gedeckt. Ich bemerkte eine niedrige Thüre und eine kleine Fensteröffnung. Im Dache befand sich eine Öffnung, welche jedenfalls den Zweck hatte, den Rauch abziehen zu lassen. Mächtige Eichen streckten ihre knorrigen Zweige über dieses urwüchsige Bauwerk aus, welches den Eindruck eines traurigen Verlassenseins machte.
Wie nur so nebenbei, deutete mein Begleiter nach der Hütte hinüber und sagte:
„Dort wohnt ein Bettler.“
Er machte keine Miene, sein Pferd anzuhalten. Dieser Umstand ließ den Argwohn, welchen ich gehegt hatte, in mir verschwinden. Ich hielt meinen Rappen an und fragte:
„Wie heißt dieser Bettler?“
„Saban.“
„Ist er nicht Besenbinder gewesen?“
„Ja.“
„So muß ich auf einen Augenblick zu ihm hin. Ich habe ihm eine Gabe zu überbringen.“
„Thue es! Er kann es brauchen. Ich reite einstweilen langsam weiter, immer am Bache dahin. Du kannst mich, wenn Du mir dann folgst, gar nicht verfehlen.“
Er ritt wirklich weiter. Wäre er gleichfalls abgestiegen, so hätte mich dies veranlaßt, meine Vorsicht zu verdoppeln. Jetzt fühlte ich mich beruhigt. Ich ritt also zu der Hütte hin und einmal um sie herum, um zu sehen, ob sich vielleicht Jemand in der Nähe befände.
Die Eichen und Buchen standen, obgleich sich ihre Äste berührten, so weit aus einander, daß ich zwischen den mächtigen Stämmen hindurch tief in den Wald hineinzublicken vermochte. Ich fand nicht die Spur eines menschlichen Wesens.

Fast schämte ich mich, Argwohn gehegt zu haben. Ein armer, kranker Bettler – was konnte er mir thun! Einen Hinterhalt gab es nicht, wenigstens nicht in der Umgebung der Hütte; davon glaubte ich, überzeugt sein zu dürfen. Hatte ich ja noch Grund zu Befürchtungen, so konnte die Veranlassung dazu nur im Innern des armseligen Bauwerkes zu suchen sein und da war es ja nicht schwer, der Gefahr zu entgehen.
Ich stieg vor der größeren Öffnung, in welcher sich gar keine Thüre befand, vom Pferde, band es aber nicht an, um nöthigenfalls sofort aufsitzen und davonreiten zu können. Den Revolver schußfertig in der Hand, so trat ich langsam ein.
Die Vorsicht weiter zu treiben, schien gar nicht möglich zu sein, und – sie war auch gar nicht nöthig, wie ich mich beim ersten Blick überzeugte.
Das Innere der Hütte bildete einen einzigen Raum, welcher so niedrig war, daß ich mit dem Kopfe fast an die Decke stieß. Ich sah einen geschwärzten Stein, welcher jedenfalls als Herd diente, mehrere entfleischte Ochsen- und Pferdeköpfe, welche wohl die Sessel bildeten, und in der linken hinteren Ecke ein aus Laub bestehendes Lager, auf welchem eine bewegungslose menschliche Gestalt lag. Daneben auf der Erde ein Topf, eine zerbrochene Flasche, ein Messer und einige andere, armselige Kleinigkeiten – das war Alles, was die Hütte enthielt. Was sollte hier für mich zu befürchten sein?
Ich holte das Packet herein und näherte mich mit demselben dem Lager. Der Mann rührte sich noch immer nicht.
„Güniz chajir ola – guten Tag!“ grüßte ich laut.
Da drehte er sich langsam zu mir herum, starrte mich an, als ob ich ihn aus dem Schlafe geweckt hätte, und fragte:
„Ne istersiz sultanum – was befehlen Sie, mein Herr?“
„Ad-in Saban – Dein Name ist Saban?“
„Basch üstüne sultanum – zu Befehl, mein Herr!“
„Bojadschyjü Boschak tanimar-sen – kennst Du den Färber Boschak?“
Da richtete er sich erfreut in sitzende Stellung empor und antwortete:
„Pek eï sultanum – sehr wohl, mein Herr!“
Dieser Mensch sah wirklich sehr krank und elend aus. Er trug nur Lumpen auf dem Leib und schien ein fleischloses Gerippe zu sein. Seine Augen waren begierig auf das Packet gerichtet, welches ich in der Hand hielt.
„Er sendet Dir Wein und Backwaaren.“
Bei diesen Worten kniete ich mitleidig an seinem Lager nieder, um das mit Bast umwickelte Packet zu öffnen.
„O Herr, o Herr, wie gut Du bist! Ich habe Hunger!“
Seine Augen waren flammend auf mich gerichtet. War das wirklich Hunger, oder war es etwas Anderes, für mich Gefährliches? Ich hatte keine Zeit, diesen Gedanken auszudenken. Hinter mir gab es ein Geräusch. Ich wendete den Kopf. Zwei, vier, fünf Männer drängten sich durch die Thüröffnung. Der Vorderste hatte die Flinte verkehrt, wie zum Schlage, in der Hand. Er sprang auf mich zu.

Ich riß den Revolver heraus und – schnellte empor? – Nein, ich wollte mich emporschnellen; da warfen sich die langen, dürren Arme des Bettlers wie die Fänge eines Meerpolypen um meinen Hals und rissen mich wieder nieder. Ich weiß nur noch, daß ich den Lauf des Revolvers schnell nach dem Kopf des verrätherischen Alten richtete und losdrückte – zielen aber konnte ich nicht. Dann erhielt ich von hinten einen fürchterlichen Schlag auf den Kopf. – –

Ich war gestorben; ich besaß keinen Körper mehr; ich war nur Seele, nur Geist. Ich flog durch ein Feuer, dessen Gluth mich verzehren wollte, dann durch donnernde Wogen, deren Kälte mich erstarrte, durch unendliche Wolken- und Nebelschichten, hoch über der Erde, mit rasender, entsetzlicher Schnelligkeit. Dann fühlte ich nur, daß ich überhaupt flog, grad so, wie der Mond um die Erde wirbelt, ohne einen Gedanken, einen Willen zu haben. Es war eine unbeschreibliche Leere um mich und in mir. Nach und nach verminderte sich die Schnelligkeit. Ich fühlte nicht nur, sondern ich dachte auch. Aber was dachte ich? Unendlich dummes, ganz und gar unmögliches Zeug. Sprechen aber konnte ich nicht, so sehr ich mich auch anstrengte, einen Laut von mir zu geben.-. . . .

Nach und nach kam Ordnung in das Denken. Mein Name fiel mir ein, mein Stand, mein Alter, in welchem ich gestorben war; aber wo und wie ich den Tod gefunden hatte, das war mir nicht bekannt. . . . .

Ich sank nach und nach tiefer. Ich wirbelte nicht mehr um die Erde, sondern ich näherte mich ihr wie eine leichte Feder, welche langsam, immer hin und her gehaucht, von einem Thurme fällt. Und je tiefer ich sank, desto mehr vergrößerte sich die Erinnerung an mein nun beendetes irdisches Dasein. Personen und Erlebnisse fielen mir ein, mehr und mehr. Es wurde klarer in mir, immer klarer. Ich erinnerte mich, daß ich zuletzt eine weite Reise unternommen hatte; es fiel mir langsam ein, durch welche Länder – zuletzt war ich in Stambul gewesen, in Edreneh, hatte nach Hause gewollt und war unterwegs in einer steinernen Hütte auf einer Vorhöhe des Planinagebirges erschlagen worden. Die Mörder hatten mich dann gefesselt, trotzdem ich eine Leiche war, und mich auf das Lager geworfen, auf welchem vorher der Bettler gelegen hatte, und sich nachher um den Herd gesetzt und ein Feuer angezündet, über welchem irgend Etwas gebraten werden sollte. . . . .

Ich war gestorben gewesen und hatte dies doch bemerkt. Ich hatte sogar die Stimmen der Mörder gehört, ja, ich hörte sie noch, indem ich jetzt wieder zur Erde niedersank, deutlicher und immer deutlicher, je mehr ich mich ihr näherte. . . . .

Und wunderbar! Ich sank durch das Dach der Hütte, auf das Laub des stinkenden Lagers, und da saßen sie noch, die Mörder. Ich hörte sie sprechen; ich roch den Duft von Fleisch, welches sie über dem Feuer brieten. Ich wollte sie auch sehen, aber ich konnte die Augen nicht öffnen und konnte mich auch nicht bewegen. . . . .

War ich denn wirklich nur Seele, nur Geist? Da oben, wo ich früher den Kopf gehabt hatte, am hintern Theile desselben brannte und schmerzte es wie eine ganze Hölle. Es war mir jetzt, als ob ich diesen Kopf noch besitze; aber er war zehnmal, hundertmal, tausendmal größer als früher und umfaßte die unterirdische Flammensee des Erdinnern, auf deren Inseln Vulkan mit Millionen von Kyklopen hämmert und schmiedet. . . . .

Erst fühlte ich nur diesen Kopf; bald aber bemerkte ich, daß ich auch noch den Leib, die Arme, die Beine besitze. Doch rühren konnte ich kein Glied. Aber mit der größten Deutlichkeit hörte ich jedes Wort, welches dort am Feuer gesprochen wurde. Ich vernahm sogar den Hufschlag einiger Pferde. Zwei Reiter stiegen draußen ab.

„Kalyndschi gelir – der Dicke kommt!“ sagte Einer.

War das nicht die Stimme des Kerls, mit dem ich bis zur Hütte geritten war? Wie kam er hierher? Er war ja weiter geritten!

„We bir ikindschi – und noch Einer!“ sagte eine andere Stimme.

„Kim-dir – wer ist's?“

„Jahu, bre Silahdschi Deselim Ismilandan – hallo, der Waffenschmied Deselim aus Ismilan!“

Ich hörte, daß die Insassen der Hütte hinauseilten und die beiden Angekommenen unter lebhaften Freudenrufen begrüßten.

„Achmaki tut-diniz – habt Ihr den Dummkopf gefangen?“ fragte draußen eine fette Stimme.

Ich kannte sie; es war diejenige des dicken Färber-Bäckers aus Dschnibaschlü. Was denn? Meinte er mit diesem Dummkopf etwa mich? Könnte ich diesen Menschen so ein wenig zwischen meine Hände bekommen, ich würde ihn – – – ah, ich konnte jetzt plötzlich die Finger zur Faust ballen! Was doch der Ärger vermag!

„Ewwet, aldat-dik onu – ja, wir haben ihn übertölpelt.“

Diese Worte sagte der Bettler. Meine Kugel hatte ihn also nicht getroffen.

„Gene nerde dir – wo ist die Schaflaus?“

Das war stark! Wenn der Deutsche in handgreiflichster Weise einen recht dummen Menschen bezeichnen will, so nennt er ihn einen Schafskopf. Der Türke bedient sich zuweilen des Wortes Kojundschi, welches ungefähr Schafskerl bedeutet. Mich aber hielt der gegenwärtige Sprecher für so unendlich albern, daß das Wort Kojundschi noch eine unverdiente Ehre für mich gewesen wäre. Er nannte mich also Gene, das ist Schaflaus?

Es kribbelte mir in den Händen, und siehe da: ich konnte jetzt zwei Fäuste machen anstatt, wie vorhin, nur eine. Es war mir ganz so, als ob ich noch lebe und gar nicht gestorben sei. Wenigstens war der Wunsch, den ich hatte, ein sehr irdischer; er bezog sich auf die keineswegs übersinnliche Thätigkeit, welche der Türke mit den drei gleichbedeutenden Wörtern döjmek, wurmak und dajak jedirmek, der Deutsche aber mit dem liebenswürdigen Ausdruck „prügeln“ bezeichnet.

Wie kam es nur, daß mein Kopf jetzt nicht mehr so brannte und schmerzte? Auch schien seine vorhin beschriebene Ausdehnung außerordentlich abgenommen zu haben.

„Kulibede dir – er ist in der Hütte,“ antwortete der Bettler.

„Zindschirde-a – doch gefesselt?“ fragte der Mann, welcher mich Schaflaus genannt hatte und dessen Stimme ich nicht kannte.
„Ewwet, andschak dejil la iladsch – ja, aber nicht nothwendiger Weise.“
„Nitschün – warum?“
„Tschünki dir müteweffa – weil er todt ist.“
Die Stimmen sanken zu einem Gemurmel hernieder. Erst nach einiger Zeit hörte ich wieder den lauten Befehl:
„Onu bana giösteryn – zeigt ihn mir!“
Sie kamen herein in die Hütte, und der Bettler sagte:
„Bunda jatar – hier liegt er.“
Eine Hand legte sich auf mein Gesicht und blieb da eine Weile prüfend liegen; sie roch wie Schusterpech und saure Milch.
Also ich hatte den Geruchssinn nicht verloren. Ich war am Ende doch nicht todt! Dann sagte der Besitzer der Hand:
„Sowuk ölümin gibi – kalt wie der Tod!“
„Ona namzyna bak – befühl' ihm den Puls!“ hörte ich den dicken Bäcker sagen.
Die Pech- und Milchhand glitt von meinem Gesicht hinweg und faßte mich am Handgelenk. Der Daumen legte sich prüfend auf den oberen Theil des Gelenkes, wo von einer Pulsader kaum was zu fühlen ist. Dann sagte der Mann nach einer Pause allgemeiner Spannung:
„Onun jok damar woruschu – er hat keinen Pulsschlag.“
„El ile dokan jüreksijy – befühle sein Herz!“
Im nächsten Augenblick fühlte ich die Hand auf meiner Brust. Es schien gar nicht nöthig gewesen zu sein, einen Knopf zu öffnen. War Jacke und Weste bereits geöffnet gewesen? Oder hatten mich die guten Menschen vielleicht von diesen Kleidungsstücken befreit? Ich hätte mich gern davon überzeugt; aber ich konnte die Augen nicht öffnen, und selbst wenn ich dies vermocht hätte, so wäre es mir jetzt nicht eingefallen, es zu thun.
Die Hand hatte mir nur einen Augenblick lang auf dem Herzen gelegen; dann glitt sie nach der Magengegend und blieb dort ruhen. Hierauf erklärte das Orakel:
„Gönnülü sessini tschikarmar – sein Herz schweigt still.“
„Dir ölmüsch onun itschün – folglich ist er todt!“ erklang es rund im Kreise.
„Kim onu öldürmisch – wer hat ihn getödtet?“ fragte der Mann, dessen Stimme ich nicht kannte.
„Ben – ich!“ erklang es kurz.
„Nassyl – wie?“
„Tepelemisch onu – ich habe ihn erschlagen.“
Dies sagte der Mann im Tone einer Genugtuung, welche mir die beruhigende Überzeugung brachte, daß mein Blut in Bewegung sei. Ich fühlte es nach den Schläfen steigen. Wer noch Blut hat, das sich in den Adern bewegt, der kann nicht todt sein. Ich

lebte also noch; ich lag in Wirklichkeit auf dem Laubhaufen und war also nur besinnungslos gewesen.
Der dicke Bäcker schien doch noch einige Besorgniß zu hegen. Er wollte kein Mittel, sich von meinem Tod zu überzeugen, unversucht lassen; darum fragte er:
„Soluk malik olmar – hat er Athem?“
„Kulak asar-im – ich will horchen!“
Ich fühlte, daß sich Jemand zu mir niederlegte. Dann rieb sich eine Nase an der meinigen. Ich bekam einen Duft von Knoblauch, Tabakschmirgel und faulen Eiern zu genießen; dann erklärte der Betreffende:
„Onun jok nefes – er hat keine Luft.“
„Sabuscha-lum – entfernen wir uns!“
Dieser Befehl befreite mich endlich von der Sorge, daß man doch noch Leben in mir verspüren werde. Aber wäre es nicht vielleicht besser gewesen, wenn sie bemerkt hätten, daß ich nicht todt sei? Ich befand mich nicht im Gebrauch meiner Glieder, dafür aber in der fürchterlichen Gefahr, lebendig verscharrt zu werden.
Es befiel mich Angst. Ich fühlte, daß es mich erst eiskalt und dann glühend heiß überlief. Ich begann zu schwitzen. Die Leute hatten sich an das Feuer gesetzt. Sie verhielten sich schweigend. Vielleicht waren sie zunächst mit dem Fleisch beschäftigt, dessen Duft bis zu mir drang.
Meine Lage war hoffnungslos. Der Schlag mit dem Kolben hatte meinen Hinterkopf getroffen. Ich bin weder Anatom noch Patholog; ich weiß die möglichen Wirkungen eines solchen Krafthiebes nicht aufzuzählen. Ich besaß Gehör und Geruch; vielleicht auch Gesicht und Geschmack; aber daß die Bewegungsnerven versagten, das schrieb ich diesem Hiebe zu. Würden sie ihre Thätigkeit wieder aufnehmen, und zwar so schnell, wie es in meiner Lage nothwendig war?
Und selbst wenn dies der Fall sein sollte, wozu ich bei meiner robusten Körperbeschaffenheit doch Hoffnung hatte, blieb mir sehr wenig Aussicht, mich dem mir drohenden Schicksale zu entziehen. Ja, wenn meine Gefährten in der Nähe gewesen wären! Wenn wenigstens mein braver Halef eine Ahnung der mir drohenden Gefahr gehabt hätte! Aber dies war doch nicht der Fall.
Es überkam mich ein Gefühl, von welchem ich nicht weiß, ob es Wuth oder Verzweiflung zu nennen ist; vielleicht ist das Erstere richtig, denn ich habe stets gewußt, daß Gott auch dann, wenn die Uhr zum zwölften Stundenschlag ausholt, noch helfen kann. Ich ballte die Fäuste; ich preßte den Athem in die Lungen zurück, als ob ich mich freiwillig ersticken wolle; ich spannte alle Fasern an, die ich überhaupt in der Gewalt hatte, und da – da ging es wie ein gewaltiger Ruck durch meinen Körper: ich konnte die Arme bewegen, die Beine, den Nacken und – Gott sei Dank! – auch die Augenlider.
Zwar hütete ich mich sehr, dies merken zu lassen; aber ich prüfte nach und nach alle Glieder durch. Es ging nicht leicht; der Kopf war wie zerschlagen. Ich mußte mich wirklich anstrengen, um logisch zu denken, und in den Extremitäten hatte ich das

Gefühl, als seien sie mit Blei angefüllt; aber ich hoffte doch, mich gegebenen Falls erheben und einigermaßen vertheidigen zu können. Vielleicht wich die Lähmung schneller noch, als es jetzt den Anschein hatte. Und sodann vertraute ich dem Einflusse des Augenblickes und der Wirkung, welche ein fester Wille auf den ungehorsamen Körper auszuüben pflegt. So viel wenigstens stand fest, daß ich mich nicht lebendig begraben lassen würde.

Ich blieb lang ausgestreckt liegen und schielte hinüber nach dem Feuer, welches auf dem Steine brannte. Dort saßen acht Männer, welche mit ihren Messern das Fleisch von den Knochen eines Schafes lösten und in großen Stücken zwischen die Zähne steckten. Unter ihnen befand sich der dicke Bäcker, der liebenswürdige Bettler und der ehrenwerthe Urian, welcher sich mir als Führer nach Kabatsch angeboten hatte.

So also hatte der Bäcker es gemeint, als er schwor, daß wir uns wiedersehen würden! Freilich hatte er wohl nicht gemeint, daß man mich erschlagen würde. Warte, Du Fleischkloß, ich hoffe, es Dir „schlagend" beweisen zu können, daß ich noch am Leben bin!

Und mein famoser Führer hatte sich vortrefflich zu verstellen gewußt! Warum hatte er doch nur so besorgt zwischen die Bäume geblickt? Ah, da ging mir ein Licht auf! Als ich mich wartend hinter dem Hause des Färbers befand, hatte sich sein Geselle entfernt. Er war von seinem Herrn ausgesandt worden, um die hier anwesenden Gentlemen zusammenzutrommeln und den Bettler von meinem Kommen zu benachrichtigen. Mein Führer hatte mich im Felde erwartet und dann befürchtet, daß wir dem Boten oder einem der sauberen Herren begegnen könnten, in welchem Falle ich ja leicht Verdacht schöpfen konnte. Der Färber-Bäcker hatte nur aus schlauer Berechnung mich mit dem Auftrage an den Bettler betraut. So war es und nicht anders!

Und nun war er mit dem Waffenschmied und Kaffeewirth Deselim aus Ismilan hier. Er hatte diesen für heute oder morgen erwartet, und dieser gute Mann, der Schwager des „Schut", war just zur richtigen Minute gekommen, um sich durch die Bemächtigung meiner Person aus der ihm drohenden Gefahr zu befreien.

Wie sollte ich ihnen entkommen? Acht gegen Einen! Und dieser Eine war gefesselt und gelähmt! Das Fensterloch war zu klein; kein Mensch konnte hindurch kriechen.

Vorn in der Ecke lagen meine Waffen. Man hatte sie mir abgenommen und alles Andere, was ich bei mir trug, natürlich dazu. Ich lag in Hemd und Hose auf dem Laubhaufen.

Jetzt prüfte ich behutsam die Fesseln. Sie bestanden aus Riemen und waren fest. Hier war nichts zu thun. Bei größerer Anstrengung hätten sie mir doch nur die Haut zerschnitten. Ich sann und grübelte, um einen Rettungsgedanken zu finden – vergebens. Es gab nur eine Hoffnung, und diese war nicht viel werth: ich mußte mich todt stellen. Jedenfalls schafften sie mich in den Wald, um mich einzuscharren. Vielleicht kamen sie da auf die Idee, die Riemen zurückzubehalten, die doch immerhin einen Werth hatten, wenn auch nur einen ganz geringen. Dann befand ich mich im freien Besitze meiner Glieder.

Vielleicht gönnten sie dem Grabe die beiden Stücke nicht, mit denen ich noch bekleidet war. Wollten sie mir auch diese ausziehen, so mußten sie vorher die Fesseln entfernen. Auch in diesem Falle hatte ich wenigstens die Hoffnung, wenn auch nicht los zu kommen, so doch nicht ohne Widerstand an diesem Orte meine irdische Wanderung zu beenden. Es blieb mir also nur übrig, in Geduld zu warten, was da kommen werde. Sicherlich blieben diese Menschen nicht ewig stumm. Ein Gespräch zwischen ihnen konnte einen brauchbaren Wink für mich enthalten.

Und eben jetzt legte jener Mann, dessen Stimme mir unbekannt gewesen war und den ich für den Waffenschmied aus Ismilan hielt, den letzten Knochen weg. Er wischte sich das Messer an seiner Hose ab, steckte es in den Gürtel und sagte:

„So! Jetzt haben wir gegessen und nun können wir auch reden. Ich werde den Schöps bezahlen. Was hat er gekostet?"

„Nichts," antwortete der Bettler. „Ich habe ihn gestohlen."

„Desto besser. Der Tag fängt also sehr billig an. Ich komme, um Euch lohnende Arbeit zu geben, und unterdessen habt Ihr eine andere vollbracht, welche vielleicht noch lohnender ist. Ich weiß noch nicht genau, wie es eigentlich zugegangen ist. Ich kam zu Boschak, als er im Begriff war, aufzubrechen, und wir sind so schnell geritten, daß er unterwegs nicht sprechen konnte."

„Allah 'l Allah! Ich bin in meinem Leben noch nicht so geritten!" klagte der Dicke. „Ich fühle nicht, ob ich noch am Leben bin."

„Du lebst, Freund! Aber, konntest Du nicht eher aufbrechen?"

„Nein. Ich habe nur das eine Reitthier, und der Bote, den es fortgetragen hatte, kam so spät zurück."

„Also nun – wer ist dieser Fremde gewesen?"

„Ein Christ aus dem Frankenlande."

„Allah verderbe seine Seele, wie Ihr seinen Körper getödtet habt! Wie kam er zu Dir?"

„Er hatte mein Weib unterwegs getroffen und nach mir gefragt. Er wußte alle unsere Geheimnisse und wollte mich bestrafen lassen, wenn ich meine Tochter nicht dem Sahaf zum Weibe gäbe."

„Sie gehört Mosklan, unserem Verbündeten. Wer aber hat diesen Fremdling eingeweiht?"

„Ich weiß es nicht, er schwieg darüber. Er sprach von Mosklan, vom Schut, von Allem; er kannte unser Dorngestrüpp im Felde und zwang mich mit seiner Drohung, ihm meine Einwilligung zu geben."

„Du aber hältst es nicht!"

„Einem Gläubigen halte ich mein Wort; er aber ist ein Christ. Geht nach Stambul und sprecht mit den Ungläubigen. Es gibt dort viele russische Christen, welche sagen, daß Niemand sein Wort zu halten brauche, der während des Versprechens im Stillen zu sich gesagt habe, daß er es brechen werde. Warum soll ich an ihnen nicht das thun dürfen, was sie lehren und unter einander auch thun?"

„Du hast Recht.“
„Ich schickte also heimlich meinen Knecht an Saban und an die Freunde hier und ließ ihnen sagen, was geschehen solle. Saban mußte sich krank stellen; Murad erwartete den Fremdling, um ihn sicher hierher zu bringen, und die Andern versteckten sich hinter die dicken Stämme des Waldes, um dann nach ihm in die Hütte zu treten. Das ist's, was ich weiß; laß Dir das Weitere von ihnen erzählen.“
„Nun, Saban, wie ist es dann gekommen?“ fragte der Waffenschmied.
„Sehr gut und sehr leicht,“ antwortete der Bettler. „Der Fremde kam mit Murad, welcher sich den Anschein gab, als ob er weiter reiten wolle, und stieg ab. Ich beobachtete es durch das Fenster und legte mich sodann rasch auf das Lager. Der Fremde trat herein und brachte mir, was der Bäcker ihm für mich gegeben hatte.“
„Den Wein gibst Du mir aber wieder!“ warf der Erwähnte ein. „Ich sandte ihn Dir nur zum Scheine und habe nur diese eine Flasche. Das Gebäcke aber kannst Du behalten.“
„Was! Wein hast Du ihm geschickt?“ fragte der Ismilaner.
„Ja.“
„Den bekommst Du nicht wieder!“
„Warum?“
„Weil wir ihn trinken werden.“
„Wie könnt Ihr ihn trinken? Ihr seid gläubige Söhne des Islam, und der Prophet hat den Wein verboten.“
„Nein, er hat ihn nicht verboten. Er hat nur gesagt: „Alles, was trunken macht, sei verflucht!“ Diese eine Flasche Wein aber wird uns nicht betrunken machen.“
„Sie ist mein Eigenthum!“
Der Ton, in welchem er sprach, zeigte, daß der Dicke die feste Absicht habe, seinen Wein zu retten; da aber bemerkte der Bettler lachend:
„Streitet Euch nicht über die Gebote des Propheten. Der Wein kann nicht getrunken werden.“
„Warum?“ fragte der frühere Besitzer des umstrittenen Gegenstandes.
„Weil er bereits getrunken ist.“
„Mensch, was fällt Dir ein! Wer gab Dir das Recht dazu?“
„Du selbst. Du hast ihn ganz ausdrücklich mir gesandt. Ich habe ihn mit den Gefährten getheilt. Wärst Du eher gekommen, so hättest Du mittrinken können. Dort liegt die Flasche. Nimm sie mit und rieche daran, wenn Deine Seele sich nach ihr sehnt!“
„Sei ein Erbe des Teufels, Du Spitzbube! Niemals im Leben wirst Du wieder eine Gabe von mir erhalten.“
„Ich brauche sie ja auch nicht, obgleich ich für einen Bettler gelte; das weißt Du so gut, wie ich.“
„Jetzt fort mit dem Streite!“ befahl der Waffenschmied. „Erzähle weiter, Saban!“
Der Genannte kam der Aufforderung nach. Er sagte:

„Der Fremde mochte glauben, daß ich schlafe. Er trat zu mir und grüßte so laut, daß ich that, als ob ich erwache. Er fragte, ob ich Saban heiße und den Färber Boschak kenne, welcher mir hier diese Gabe sende. Er kniete neben mir nieder, um das Päckchen zu öffnen, welches die Gaben Boschak's enthielt. Da sah ich die Gefährten, welche leise eingetreten waren. Ich faßte ihn schnell, zog ihn zu mir nieder, und er bekam den Kolbenschlag, welcher ihn sofort tödtete. Wir haben ihn entkleidet, und nun können wir Alles theilen, was er bei sich trug.“

„Ob wir sein Eigenthum theilen, das steht noch sehr in Frage. Welche Gegenstände hatte er bei sich?“

Es wurde Alles genannt. Man vergaß nicht die geringste Kleinigkeit. Selbst die Toplu ijneler, von denen ich ein kleines Päckchen bei mir gehabt hatte, wurden gezählt. Für diese Gegend waren sie beinahe eine Seltenheit und bildeten in Folge dessen eine ganz schätzbare Erwerbung.

Durch die nur ein klein wenig geöffneten Augenlider sah ich, daß der Waffenschmied aus Ismilan meine Büchse betrachtete.

„Dieses Gewehr ist nicht zehn Para werth,“ sagte er. „Wer soll es tragen? Es ist schwerer als fünf lange, türkische Flinten, und es gibt hier bei uns nicht so große Fischek kurtudschler, wie sie zur Ladung erforderlich sind. Es ist ein alter Atesch endadschy aus der Zeit vor zweihundert Jahren.“

Der gute Mann hatte eben noch keinen Bärentödter in der Hand gehabt. Noch mehr aber schüttelte er den Kopf, als ihm nun auch der Henrystutzen gereicht wurde. Er drehte ihn nach allen Seiten, tastete und probirte eine Weile an ihm herum und gab dann unter einem verächtlichen Lächeln sein Gutachten ab:

„Dieser Fremdling muß Ratten im Kopfe gehabt haben. Dieses Gewehr ist nichts als ein Spielzeug für Knaben, welche das Exerziren lernen sollen. Man kann es nicht laden; man kann damit gar nicht schießen. Hier ist der Schaft und da der Kolben, dazwischen eine eiserne Kugel mit vielen Löchern. Wozu soll die Kugel sein? Etwa um die Patronen aufzunehmen? Man kann sie nicht drehen! Wo ist der Hahn? Der Drücker läßt sich nicht bewegen. Wenn der Mensch noch lebte, würde ich ihn auffordern, einen Schuß zu thun. Er könnte es nicht und müßte sich schämen!“

So wurde ein jeder Gegenstand besprochen, und es kamen da Urtheile zum Vorscheine, welche mich zum Lachen gebracht hätten, wenn dies mit meiner Lage zu vereinbaren gewesen wäre. Eben wollte der Ismilaner sich vom Boden erheben, um sich auch mein Pferd zu betrachten, als ich den Hufschlag eines sich langsam nähernden Rosses vernahm. Auch die Männer hörten es, und der Bettler trat vor die Thüre.

„Wer kommt da?“ fragte der Ismilaner.

„Ein Fremder,“ antwortete der Gefragte. „Ein kleiner Kerl, den ich noch nie gesehen habe.“

Und da hörte ich auch bereits den Gruß:

„Neharak mu barak – Dein Tag sei gesegnet!“

„Neharak sa'id – Dein Tag sei beglückt! Wer bist Du?“
„Ein Joldschu aus der Ferne.“
„Woher kommst Du?“
„Aus Assemnat.“
„Und wohin willst Du?“
„Nach Gümürdschina, wenn Du es erlaubst.“
„Du bist sehr höflich, denn Du bedarfst meiner Erlaubniß ja gar nicht.“
„Ich bin höflich, weil ich wünsche, daß auch Du es seist. Ich möchte eine Bitte an Dich richten.“
„Sprich sie aus!“
„Ich bin ermüdet und sehr hungrig. Erlaubst Du mir, in dieser Hütte auszuruhen und mein Taam bei Dir zu verzehren?“
„Ich habe keine Speise für Dich; ich bin arm.“
„Ich habe Brod und Fleisch bei mir, und Du sollst auch davon haben. Es reicht für uns Beide.“
Ich war äußerst gespannt, was der Bettler jetzt antworten werde. Man kann sich mein Entzücken denken: ich hatte die Stimme des Fremden sofort erkannt; es war diejenige meines kleinen braven Hadschi Halef Omar.
Wo hatte er während der Nacht gesteckt? Wie kam er hierher? Auf welche Weise hatte er erfahren, daß ich in dieser Richtung zu suchen sei? Diese und ähnliche Fragen gingen mir durch den Kopf. Auf alle Fälle mußte er annehmen, daß ich hier abgestiegen sei, denn er sah ja mein Pferd draußen stehen. Und ebenso mußte er erkennen, daß man mich feindselig behandelt hatte. Der Bettler hatte nämlich mein Bowiemesser in der Hand. Es war leicht zu schließen, daß man es mir abgenommen hatte.
Mir bangte für den Freund, und doch kam es wie ein Gefühl der Sicherheit über mich. Halef wagte gewiß und ohne Zaudern das Leben, um mich zu befreien.
Der Ismilaner war aufgestanden; er schob den Bettler bei Seite, trat an den Eingang, betrachtete sich den Hadschi und sagte im Tone des Erstaunens:
„Was sehe ich, Fremdling! Du hast die Koptscha!“
„Ah! Du kennst dieses Zeichen?“ fragte Halef.
„Siehst Du nicht, daß ich es auch trage!“
„Ich sehe es. Wir sind also Freunde.“
„Von wem hast Du den Knopf?“
„Meinst Du, daß man ein Geheimniß so leicht offenbart?“
„Du hast Recht. Steige ab und sei uns willkommen, obgleich Du in ein Haus der Trauer kommst!“
„Um wen trauert Ihr?“
„Um einen Verwandten des Herrn dieser Hütte. Er starb in voriger Nacht an einem Schlaganfall. Seine Leiche liegt da in der Ecke, und wir sind versammelt, um die Namzlar zu verrichten.“

„Allah gebe ihm die Freuden des Paradieses!“
Bei diesen Worten schien Halef vom Pferde zu steigen. Dann hörte ich ihn sagen:
„Welch ein schönes Pferd! Wem gehört dieser Rapphengst?“
„Mir,“ antwortete der Waffenschmied.
„So bist Du zu beneiden. Dieses Pferd stammt sicher von der Stute des Propheten, welche Zeugin war, wenn ihm des Nachts die Boten Allah's erschienen.“
Er trat ein, begrüßte die Anderen und richtete dann den Blick in meine Ecke. Ich sah seine Hand nach dem Gürtel fahren; aber glücklicher Weise besaß er genug Macht über sich, um sich nicht zu verrathen.
„Dies ist der Todte?“ fragte er, nach mir zeigend.
„Ja.“
„Erlaubt, daß ich ihm seine Ehre gebe!“
Er wollte sich mir nähern. Da sagte der Bettler:
„Laß ihn ruhen! Wir haben bereits die Gebete des Todes über ihn gesprochen.“
„Aber ich nicht. Ich bin ein Muminly und pflege die Gebote des Kuran zu erfüllen.“
Er trat jetzt, ohne gehindert zu werden, herbei und kniete wie zum Gebete neben mir nieder, den Rücken gegen die Anderen gewendet. Ich hörte das Knirschen seiner Zähne. Da ich mir wohl denken konnte, daß jetzt die Augen aller Anwesenden auf ihn und mich gerichtet seien, hielt ich die meinigen fest geschlossen, aber ich flüsterte, natürlich nur für ihn vernehmbar:
„Halef, ich lebe.“
Er holte tief, tief Athem, als sei eine große Last von ihm genommen, blieb noch eine Weile knieen und erhob sich dann wieder, blieb aber bei mir stehen und sagte:
„Dieser Todte ist ja gefesselt!“
„Wundert Dich das?“ fragte der Waffenschmied.
„Natürlich! Man fesselt ja nicht einmal die Leiche eines Feindes. Ein Todter kann Keinem mehr schaden.“
„Das ist richtig; aber wir mußten diesen armen Menschen binden, denn als der Anfall über ihn kam, tobte er wie ein Wahnsinniger. Er rannte wüthend hin und her; er schlug und stach um sich, so daß er unser Leben gefährdete.“
„Nun aber ist er todt. Warum nehmt Ihr ihm die Bande jetzt nicht ab?“
„Wir dachten noch nicht daran.“
„Das ist Entweihung eines Abgeschiedenen. Seine Seele kann nicht von hinnen gehen. Gehört Ihr etwa zu den Chawaridsch?“
„Nein.“
„So müßt Ihr ihm die Hände falten und sein Gesicht in die Kiblah legen!“
„Weißt Du nicht, daß man sich verunreinigt, wenn man eine Leiche berührt?“
„Ihr seid ja bereits unrein, da Ihr Euch mit ihr in demselben Raume befindet. Ihr braucht den Todten gar nicht zu berühren. Schneidet die Fesseln mit einem Messer entzwei und faßt ihn mit einem Tuche an. Hier habe ich mein Mendil. Soll ich es für Euch thun?“

„Du bist ja sehr um seine Seele besorgt!“
„Nur um die meinige. Ich bin ein Anhänger der Lehre und des Ordens Merdifah und thue, was die Pflicht dem wahren Gläubigen gebietet.“
„Mach', was Du willst!“
Er zog sein Messer. Zwei Schnitte – meine Hände und meine Füße waren frei. Dann umwickelte er seine Rechte mit dem Taschentuche, um nicht in unmittelbare Berührung mit der angeblichen Leiche zu kommen, legte mir die Hände zusammen und drehte mich dann auf die Seite, so daß ich mit dem Gesicht gegen Osten zu liegen kam.
Da dies auch die Richtung war, in welcher sich die Anwesenden befanden, so war es mir nun leichter als vorher, sie zu beobachten.
„So!“ sagte er, das nun unrein gewordene Taschentuch von sich werfend. „Jetzt ist meine Seele befriedigt, und ich kann meine Mahlzeit halten.“
Er ging hinaus zu seinem Pferde. Die Männer flüsterten mit einander, bis er zurückkehrte und sich mit Fleisch und Brod zu ihnen setzte.
„Ich habe nicht viel,“ meinte er; „aber wir wollen theilen.“
„Iß nur selbst. Wir sind satt,“ sagte der Ismilaner. „Dabei kannst Du uns sagen, wer Du eigentlich bist, und was Dich nach Gürmürdschina führt.“
„Ihr sollt es erfahren. Aber ich bin der Gast, und Ihr waret vor mir hier. Ich werde also vorher erfahren, bei wem ich mich befinde.“
„Bei guten Freunden; das glaubst Du wohl, da Du es an dem Knopf erkennst.“
„Ich mag nicht daran zweifeln; es wäre das nicht gut für Euch!“
„Warum?“
„Weil es gefährlich ist, mich zum Feind zu haben.“
„Wirklich?“ lachte der Waffenschmied. „Bist Du ein so gefährlicher und schrecklicher Mann?“
„Ja!“ antwortete Halef ernsthaft.
„Meinst Du, daß Du ein Ehremen seist?“
„Nein; aber ich habe noch nie einen Feind gefürchtet. Da Ihr jedoch Freunde seid, so braucht Euch vor mir nicht bang zu sein.“
Es antwortete ihm ein schallendes Gelächter, und Einer sagte:
„O, wir würden auf keinen Fall Angst vor Dir haben.“
„So sagt mir, wer Ihr seid!“
„Ich bin ein Köjlü aus Kabatsch, und die Anderen hier sind es auch. Und Du?“
„Meine Heimat ist Kürdistan; ich bin ein Ajy-awdschyjy.“
Es entstand eine kurze Pause; dann brachen sie Alle abermals in ein schallendes Gelächter aus.
„Warum lacht Ihr?“ fragte er im allerernstesten Tone. „Es ist bereits das zweite Mal, daß Ihr ein solches Gelächter aufschlagt. In der Nähe einer Leiche geziemt es dem wahren Gläubigen, den tiefsten Ernst zu zeigen.“
„Ist dies denn hier möglich? Du, ein Bärenjäger?“

Das Gelächter begann von Neuem.
„Warum denn nicht?“ fragte er.
„Du bist ja fast ein Dschödsche. Der Bär würde Dich verschlingen, sobald er Dich erblickte. Aber satt wäre er doch noch nicht. Zehn Männer Deiner Größe sind nothwendig, um seinen Hunger zu stillen.“
„Meine Kugel würde ihn fressen, nicht aber er mich!“
„Ist denn die Bärenjagd Deine Profession?“
„Ja. Ich hatte zwei Tanten, welche ich sehr liebte. Die Eine war meine Hala und die andere meine Tejze. Ein Bär fraß sie alle Beide. Da schwor ich den Bären Rache und bin ausgezogen, sie zu tödten, wo ich sie nur treffe.“
„Hast Du denn schon einen getödtet?“
„Ja, viele!“
„Mit der Kugel?“
„Ja. Meine Kugel geht niemals fehl.“
„Bist Du denn ein so großer Schütze?“
„Man sagt es von mir. Ich kenne alle Arten von Gewehren und treffe mit jedem mein Ziel.“
Ah, jetzt merkte ich, warum der schlaue Hadschi sich für einen Jäger ausgegeben hatte. Er suchte nach einem Grund, auf gute Weise meine Gewehre in die Hand zu bekommen. Vielleicht war es auch seine Absicht, sie zu der Aufforderung an ihn zu bewegen, einen Probeschuß zu thun. In diesem Falle mußten sie ihm hinaus vor die Hütte folgen, und ich erhielt Gelegenheit, mich zu erheben.
„Was sagst Du?“ fragte der Waffenschmied. „Du willst alle Arten von Gewehren kennen?“
„Ja.“
„Kennst Du denn dieses hier?“
Er deutete dabei auf den Henrystutzen.
Halef nahm das Gewehr in die Hand, betrachtete es und antwortete dann:
„Sehr gut. Es ist ein Tekerrur-tüfenki aus Jeni dünja.“
„Wir haben noch nie ein solches Gewehr gesehen. Wir glaubten, daß es ein Spielzeug sei. Du aber meinst, daß man mehrere Male, ohne zu laden, damit schießen könne?“
„Fünfundzwanzigmal.“
„Öjün-sen – Du schneidest auf!“ rief der Waffenschmied.
„Ich sage die Wahrheit. In dem Lande, welches ich genannt habe, gab es einen berühmten Waffenkünstler. Er erfand dieses Gewehr. Er war ein Aslidschi. Er dachte, daß in kurzer Zeit alle jagdbaren Thiere ausgerottet sein würden, wenn es viele solcher Flinten gäbe. Darum nahm er kein Patenta auf seine Erfindung. Er behielt das Geheimniß für sich und fertigte nur einige dieser Gewehre. Er starb bald. Andere wollten das Geheimniß ergründen; aber wer die Theile des Gewehres aus einander nahm, der konnte sie nicht wieder zusammensetzen. Das Gewehr war unbrauchbar geworden. Die Wenigen, welche eines besaßen, kamen in der Wildniß um, und ihre Flinten gingen

verloren. Dieses Gewehr hier ist vielleicht das einzige, welches noch existirt. Es wird Kissa bir tüfenk Henrynün genannt, und ich möchte wohl wissen, wie es in Eure Hände gekommen ist."

„Ich habe es in Stambul von einem Amerikaly gekauft," erklärte der Waffenschmied.

„Es zu verkaufen, ist sehr unklug von ihm gewesen! Diese Kugel hier hinter dem Laufe nimmt die Patronen auf. Sie bewegt sich bei jedem Schusse von selbst, so daß das nächste Loch mit der Patrone sich an den Lauf legt. Soll ich es Euch zeigen?"

„Ja, zeige es uns!"

„Wie aber kommt es, daß der Amerikaly Dir das Gewehr verkauft hat, ohne Dich von seiner Kurusch zu unterrichten?"

„Ich vergaß, ihn zu fragen."

„So bist Du ein Mensch, den ich nicht begreifen kann. Bist Du denn in Arkilik geboren, wo die Stiefel keine Sohlen, die Wagen keine Räder und die Töpfe keine Böden haben? Kommt heraus! Ich will Euch zeigen, wie mit diesem Gewehre geschossen wird."

„Ist es denn geladen?"

„Ja. Ihr sollt mir ein Ziel nennen, und ich werde es zehnmal nach einander treffen."

Er verließ die Hütte, und sie folgten ihm. Sie waren so gespannt auf das Experiment, daß sie gar nicht an mich dachten. Übrigens waren sie ja von meinem Tode überzeugt; sie brauchten sich also gar nicht um mich zu bekümmern. –

„Also – was soll ich treffen?" hörte ich Halef draußen fragen.

„Schieße nach der Kara karga, welche dort auf dem Aste sitzt."

„Nein; sie würde todt herabfallen, und ich will ja mehrere Schüsse nach demselben Ziele thun. Gehen wir da weit hinüber. Ich will nach der Hütte schießen. Seht Ihr die Schindel da oben, welche der Wind fast abgerissen hat? Sie steht vom Dache ab und gibt ein gutes Ziel. Ich werde sie zehnmal treffen."

Ich hörte, wie ihre Schritte sich entfernten. Halef lockte sie möglichst weit von der Hütte fort, um mir mein Erwachen aus dem Todesschlaf zu erleichtern.

Dort lagen meine Kleider, das Messer, welches der Bettler wieder hingelegt hatte, die Patronen, die Uhr, die Brieftasche, das Portemonnaie, Alles, Alles beisammen, und daneben hatte man die Büchse an die Mauer gelehnt.

Ich sprang auf und reckte mich. Es lag mir zwar wie Blei in den Gliedern; sie waren schwer und ungehorsam, aber ich konnte sie bewegen. Der Kopf that mir fürchterlich weh, und als ich die schmerzende Stelle mit der Hand berührte, fühlte ich eine umfangreiche Anschwellung. Aber ich hatte keine Zeit, das zu beachten. Ich fuhr also möglichst schnell in die Kleider, steckte Alles wieder zu mir und griff nach der Büchse. Dazu brauchte ich natürlich mehr Zeit als gewöhnlich; aber Halef schoß in solchen Pausen, daß ich bereits bei dem fünften Schusse fertig war.

So oft er abgedrückt hatte, hörte ich die „Aferim" seiner erstaunten Zuschauer. Ich stand jetzt inmitten des Raumes und konnte ihn durch die Fensteröffnung beobachten. Eben hatte er den sechsten Schuß abgegeben. Ich sah deutlich, daß er den Blick nicht nach der Dachschindel empor, sondern nach dem Fenster richtete. Hoffte er, daß ich ihm da ein Zeichen geben werde? Schnell trat ich hin und erhob die Hand, nur zwei Sekunden lang, aber er hatte sie doch gesehen. Er nickte mit dem Kopf und wendete sich zu seinen Zuschauern.

Ich konnte nicht hören, was er sagte, aber er schulterte das Gewehr und kam auf die Hütte zu.

„Zehn Schüsse, zehn!“ hörte ich den Waffenschmied rufen. „Du hast ja erst sechsmal geschossen!“

„Das ist genug,“ antwortete er, und er hatte sich jetzt so weit genähert, daß ich die Worte verstehen konnte. „Ihr habt gesehen, daß ich das Ziel mit jedem Schusse traf. Wir wollen die Kugeln nicht verschwenden, denn ich werde sie vielleicht nothwendiger brauchen!“

„Wozu denn?“

„Um sie Euch durch den Kopf zu jagen, Ihr Halunken!“

Bei diesen Worten blieb er stehen und machte Front gegen sie. Der Augenblick des Handelns war gekommen. Wir Beide gegen diese Übermacht? Aber der tapfere Kleine verrieth keine Spur von Sorge oder gar Angst. Sie hatten ihre Gewehre in der Hütte gelassen und konnten also nur mit den Messern Widerstand leisten.

Sie waren verblüfft – sowohl von seinen Worten, wie auch von der Haltung, welche er gegen sie annahm. Sie glaubten wohl, daß es sich um einen Scherz handele, denn der Ismilaner sagte lachend:

„Wie? Uns willst Du erschießen, Kleiner? Wenn Du Dir einen Spaß machen willst, so sinne Dir etwas Besseres aus! Du bist ein sehr guter Schütze; uns aber würdest Du doch nicht treffen, so nahe wir Dir auch stehen!“

Halef steckte einen seiner Finger in den Mund und ließ einen lauten, schrillen Pfiff hören. Dann antwortete er:

„Spaß? Wer sagt Euch, daß ich nur Spaß mache? Seht einmal dort hinüber! Da stehen Zwei, die Euch zeigen wollen, daß es mein Ernst ist.“

Er zeigte nach dem der Hütte gegenüber liegenden Rande der Lichtung. Ich folgte mit dem Blicke. Dort standen in einiger Entfernung von einander Osko, der Montenegriner, und Omar Ben Sadek, der Sohn des Führers, mit schußfertig an die Wangen gelegten Gewehren. Sie hatten sich also versteckt gehabt, und Halef's Pfiff war ein Zeichen für sie gewesen, hinter den Bäumen hervorzutreten.

„Dschümle bütün schejtanlar – bei allen Teufeln!“ entfuhr es dem Waffenschmied. „Wer sind diese Menschen? Was wollen sie von uns?“

„Sie wollen die Leiche, welche dort in der Hütte liegt.“

„Was geht sie der Todte an?“

„Sehr viel. Der Todte ist nicht ein Verwandter dieses Bettlers, sondern er ist unser Anführer und Freund. Ihr habt ihn getödtet, und wir sind gekommen, Euch den Lohn dafür zu geben.“

Sie griffen nach ihren Messern. Er aber sagte:

„Laßt die Messer stecken; sie helfen Euch nichts. Ich habe in diesem Gewehre noch achtzehn Schüsse, und beim ersten Schuß, den ich abgebe, schießen auch die Beiden dort. Ihr seid Leichen, ehe Ihr an mich kommt!“
Er sagte dies in einem so entschlossenen, drohenden Tone, daß sie von seinem Ernste überzeugt sein mußten. Sie standen nur zehn bis fünfzehn Schritte von ihm entfernt. Er hielt den Gewehrlauf auf sie gerichtet. Wenn sie sich schnell auf ihn warfen, konnte er nur einen Einzigen treffen; aber dieser Eine wollte Keiner von ihnen sein.
Sie blickten sich einander grimmig und verlegen an. Dann fragte der Ismilaner:
„Wer ist denn der Mann, den Du Euern Freund und Anführer nennst?“
„Er ist ein noch viel besserer Schütze und Jäger, als ich. Er ist unverwundbar, und selbst wenn er getödtet würde, so käme seine Seele wieder in die Leiche zurück. Wenn Ihr dies nicht glaubt, so blickt nach der Hütte hin!“
Sie wandten sich nach der angegebenen Richtung. Dort stand ich jetzt unter dem Eingange, mit erhobenem Gewehre. Sie erschracken. Osko aber und Omar ließen einen Ruf der Freude hören.
„Seht Ihr nun, daß Ihr verloren seid, wenn Ihr Euch einfallen ließet, Widerstand zu leisten?“ fuhr Halef fort.
„Vaj! Bizim tüfenkler war isa idik – ha! Wenn wir unsere Gewehre hätten!“ rief der Waffenschmied.
„Ihr habt sie aber nicht. Und wenn Ihr sie hättet, würden sie Euch nichts nützen. Ihr befindet Euch in unserer Gewalt. Wenn Ihr Euch freiwillig ergebt, werden wir gnädig mit Euch sein.“
„Wie kannst Du feindselig gegen uns auftreten, da Du doch den Knopf hast?“
„Ihr habt meinem Gefährten nach dem Leben getrachtet. Aber daß ich die Koptscha besitze, mag Euch überzeugen, daß Ihr auf Nachsicht rechnen könnt, wenn Ihr Euch ergebt. Tretet in die Hütte! Dort wollen wir weiter sprechen.“
Der Ismilaner ließ den Blick nach dem Gebäude hinübergleiten. Ich glaubte ein schnelles Aufleuchten zu bemerken, welches über sein Gesicht glitt.
„Ja,“ sagte er. „Treten wir in die Hütte. Dort wird sich Alles aufklären. Ich bin unschuldig. Als ich kam, war der Fremdling bereits todt, wie wir glaubten. Geht hinein! Kommt, kommt!“
Er schob die Andern vor sich her. Halef ließ das erhobene Gewehr sinken, und ich trat schnell zurück, um mich der Gewehre dieser Leute zu bemächtigen. Ich raffte sie zusammen und trug sie nach der Ecke. Ich beabsichtigte, dorthin Keinen gehen zu lassen.
Noch mit den Gewehren beschäftigt, sah ich sie eintreten, vorne den dicken Färber-Bäcker mit einem wahren Armensündergesicht. Eben war ich im Begriff, von dem letzten Gewehre das Zündhütchen zu nehmen, als ich einen Schrei hörte. Draußen fielen zwei Schüsse; die Kugeln prallten an die Mauer, und zugleich hörte ich Halef rufen:
„Sihdi, Sihdi, heraus, heraus!“

Natürlich mußte ich diesem Rufe sofort folgen; da aber rief jener Mann, welcher mein Führer gewesen war:

„Halt! Laßt ihn nicht hinaus!“

Sie stellten sich mir entgegen. Ich aber rannte dem Kerl den Büchsenlauf an den Leib, daß er mit einem Schmerzensschrei zurücktaumelte und stürzte, schlug dem Nächsten die Faust in's Gesicht und stand dann draußen. Das war das Werk nur dreier Sekunden gewesen; aber schon jagte der Waffenschmied über die Lichtung dahin – auf meinem Rappen und meinen Henrystutzen in der Hand schwingend.

Er hatte ganz unvermuthet meinem Halef den Stutzen entrissen, ihm den Kolben an den Kopf geschlagen und sich dann blitzschnell auf meinen Rih geworfen. Osko und Omar hatten dies bemerkt und nach ihm geschossen, ihn aber nicht getroffen.

„Bleibt hier!“ rief ich ihnen zu. „Laßt Keinen aus der Thüre! Schießt Jeden nieder, der entweichen will!“

Der Maulesel des dicken Bäckers und die Pferde Halef's und des Ismilaners standen da. Des Letzteren Pferd schien das frischeste zu sein. Ich sprang auf, stieß dem Thiere die Sporen ein, daß es mit allen Vieren in die Luft ging, riß es herum und galoppirte dem Diebe nach.

Was hinter mir geschah, war gleichgültig. Ich mußte mein Pferd wieder haben. Ich hatte die Büchse in der Hand und war entschlossen, den Kerl aus dem Sattel zu schießen, wenn es nicht anders gehen sollte.

Er hatte die Richtung nach Kabatsch genommen. Ich konnte ihn nicht sehen. Die Spur führte durch den Wald. Wenn ich ihm gleich im Anfang einen Vorsprung ließ, so war mir Rih verloren. Ich trieb also den Klepper, welchen ich ritt, zur größten Eile an.

Es war mir zwar, als ob ich Hufschlag vor mir hörte; sehen aber konnte ich wegen der Bäume nichts. So ging es wohl volle fünf Minuten lang unter den licht stehenden Bäumen dahin. Es war mir, als ob ich in dieser kurzen Zeit wenigstens drei englische Meilen zurückgelegt hätte. Und nun – keine Täuschung – hörte ich auch wirklich Hufschlag vor mir. Vor mir? Nein; das konnte nur hinter mir sein. Ich drehte mich um und erblickte Halef, welcher im sausenden Galopp mir nachkam. Er stand, weit vornüber geneigt, in den Bügeln und bearbeitete sein armes Pferd mit der Peitsche von Nilpferdhaut, daß ich es klatschen hörte.

„Kudam! Khawam, bil' aghel! 'sa Rih chatirak – vorwärts! Rasch, schnell! Sonst Rih, lebe wohl!“ rief er.

Er sprach Arabisch und das war ein Zeichen, daß er sich in großer Aufregung befand.

„Warum hast Du die Hütte verlassen?“ fragte ich zurück. „Nun werden sie entkommen!“

„Osko wa Omar hunak – Osko und Omar sind dort!“ antwortete er, sich entschuldigend.

Weiter konnten wir nicht mit einander sprechen.

Jetzt wurde der Wald noch lichter. Die Bäume traten mehr und mehr zurück, und endlich jagten wir in freies Feld hinaus, welches ungehinderte Aussicht gewährte.

Wir befanden uns auf der Höhe. Unten lag ein Dorf, jedenfalls Kabatsch, ungefähr eine halbe Wegstunde entfernt. Von links kam ein breiter Bach, der sich hinter dem Dorfe mit dem Flüßchen Söüdlü vereinigte. Oberhalb dieser Vereinigung gab es eine Holzbrücke.
Natürlich sahen wir auch den Ismilaner. Er befand sich weit vor uns. Es war unmöglich, ihn mit der Kugel zu erreichen. Rih war ja ein ausgezeichneter Renner. Er spielte aber nur. Wäre der Waffenschmied ein besserer Reiter gewesen, so hätte er bereits den dreifachen, fünffachen Vorsprung haben können.
Er hatte nicht die Richtung nach dem Dorfe genommen. Er scheute sich wohl, sich dort sehen zu lassen. Er hielt unbegreiflicher Weise nach dem Bache zu. Getraute er sich wirklich, ihn zu überspringen? Ich glaubte nicht daran. Der Bach war breit und hatte sehr hohe Ufer.
„Ihm nach!“ rief ich Halef zu. „Treibe ihn nach der Brücke!“
Ich selbst lenkte nach dem Dorfe ein. Dies war der gradeste Weg zur Brücke. Vielleicht gelang es mir, trotz meines schlechten Pferdes dort eher anzukommen, als der Dieb.
Mein Thier war zu schwerfällig. Ich machte mich so leicht wie möglich – vergebens! Ich mußte zu einer Grausamkeit greifen: – ich zog das Messer und stach das Pferd vielleicht einen Zoll tief in den Hals.
Es stöhnte laut auf und that sein Allermöglichstes. Ich flog dem Dorfe völlig entgegen; aber das Thier schien nun auch ganz aus dem Häuschen gerathen zu sein. Es wollte nicht mehr gehorchen. Es stürmte blind vorwärts, immer grad aus, und da von einem Wege hier keine Rede war, so hatte ich meine liebe Noth, einen Sturz zu verhüten, welcher gefährlich werden konnte.
Ganz links da drüben ritt der Ismilaner. Er hatte sich umgesehen und Halef erblickt, mich aber nicht. Er erhob sich im Sattel und hielt den gestohlenen Stutzen hoch auf. Ich konnte mir das höhnische Lachen, welches er dabei wohl ausstieß, sehr gut denken. Sein Vorsprung vor Halef vergrößerte sich. Zum Glück aber raste mein fast toll gewordenes Pferd mit einer Geschwindigkeit, welche diejenige meines Rappen jetzt übertraf, dem Dorfe zu.
Man hatte uns von dort aus gesehen. Die Leute standen vor den Thüren. In der Nähe der ersten Häuser lag ein langer, hoher Steinhaufen; ich fand nicht Zeit, ihn zu umreiten, und setzte über ihn hinweg. Das Pferd ließ bei dem Sprung einen grunzenden Baßton hören. Es schien nichts zu sehen; es wäre mit dem Kopfe an die erste beste Mauer gerannt. Ich hatte zwar nicht die Gewalt über es verloren; aber vollständig zu lenken vermochte ich es doch nicht; ich konnte mich nur darauf beschränken, Unglück zu verhüten.
Jetzt flog ich am ersten Hause vorüber. Da stand ein plumper, zweiräderiger Karren mit Früchten – ich weiß nicht, mit welchen – beladen. Ausweichen, das ging nicht. Ein Druck, ein Sprung – wir waren darüber hinweg. Die Zuschauer schrien laut auf.

Eine Biegung kam, der ich folgen mußte. Das Pferd mühsam um die Ecke bringend, gewahrte ich einen Mann, welcher eine Kuh führte. Er sah mich, stieß einen Angstruf aus, ließ die Kuh stehen und sprang fort. Das Thier drehte sich nach ihm um, so daß es quer mir im Wege stand. Im nächsten Augenblick waren wir über die Kuh hinweg.
„Tschelebi, Effendi, Effendi!“ hörte ich rufen.
Ich blickte im Vorüberjagen den Mann an. Es war Ali, der Sahaf, welcher vor seinem Hause stand. Er hatte den Mund offen und schlug die Hände zusammen. Er hatte mich ja für einen schlechten Reiter erklärt und mochte glauben, das Pferd gehe mit mir durch. So ging es weiter und weiter, zum Dorfe hinaus. Da sah ich die Brücke; der Ismilaner war noch nicht da. Ich war ihm zuvorgekommen. Ich drehte mich um und sah ihn längs des Wassers daherkommen, Halef in ziemlicher Entfernung hinter ihm.
Ich hielt an und nahm die Büchse vor. Mein Rappe war mir mehr werth als sein Leben. Gab er ihn nicht freiwillig auf, so war ihm die Kugel gewiß. Nur näher kommen mußte er.
Da aber erblickte auch er mich. Er stutzte. Er konnte es nicht begreifen, mich hier, vor sich, zu sehen. Dann nahm er sein Pferd rasch nach rechts. Mich und Halef vor und hinter sich, den Fluß zur Linken, blieb ihm nichts Anderes übrig, als quer durch das Dorf zu fliehen.
Ich drehte augenblicklich um, versetzte meinem Pferde einen zweiten Stich und jagte zurück. Ich sah ihn hinter einem Hause hervorkommen. Er hatte die Absicht, an dem gegenüberstehenden Hause vorbei zu reiten. Vier oder fünf Sprünge meines Rih, und Roß und Reiter wären verschwunden gewesen. Ich richtete mich also in den Bügeln auf, legte die Büchse an und zielte mitten im Galopp. Aber ich setzte das Gewehr schnell wieder ab. Ich sah nämlich, daß sich dem Flüchtling ein Hinderniß entgegenstellte, welches er entweder vorher nicht gesehen oder doch unterschätzt hatte.
An dem Hause, an welchem er vorüber wollte, befand sich ein hoher Zaun, aus Weiden bestehend. Ich an seiner Stelle hätte mich durch dieses Hinderniß nicht zurückhalten lassen; kam man nicht hinüber, so kam man doch hindurch. Er aber hatte Angst und lenkte um, nach dem Dorfeingange zu, durch den ich gekommen war.
Ich folgte ihm nicht. Es war meine Aufgabe, ihm den Weg nach der freien Ebene zu verlegen und ihn vielmehr nach dem Wasser zu treiben. Zwar war ich ihm jetzt nahe genug, um ihn mit der Kugel zu treffen; aber er war doch ein Mensch, und ich mußte wenigstens den Versuch machen, ohne Vergießung von Menschenblut wieder zu meinem Eigenthum zu gelangen.
In Folge dessen trieb ich mein Pferd grad gegen denselben Zaun, welcher ihn abgeschreckt hatte. Für Rih wäre der Sprung nicht zu hoch gewesen; der Klepper aber konnte den Satz nicht erzwingen. Ich nahm ihn so hoch wie möglich und brach hindurch. Es gab auf dem eingefriedeten Platze eine offene Grube – darüber hinweg und auf der andern Seite durch den Zaun hinaus!

Mein Pferd rasete jetzt, wie vom Bösen besessen, hinter dem Dorfe hinab, und eben als ich mich parallel dem ersten Hause befand, kam auch der Ismilaner in Sicht.
Er sah den Weg verlegt und ritt nun in grader Richtung rechterseits dem Bache entgegen, den er vorher hatte vermeiden wollen. Weiter unten kam auch Halef zum Vorschein, welchem nichts übrig geblieben war, als gleichfalls umzukehren.
Nun folgte ich dem Fliehenden hart auf der Fährte. Er befand sich vielleicht fünfzig Pferdelängen vor mir und trieb den Rappen mit den Sporen an, was dieser nicht gewohnt war. Rih bäumte auf und verweigerte den Gehorsam.
„Rih, waggif, waggif, ugaf – Rih, halt, halt, halt!“ rief ich, in der Hoffnung, daß der Klang meiner Stimme das brave Pferd zur Fortsetzung seines Widerstandes bewegen werde.
Aber der Ismilaner schlug es mit dem Gewehre auf den Kopf, daß es, laut aufwiehernd, wieder vorwärts schoß, ich natürlich hinterdrein.
Der Rappe griff mächtig aus. Die Entfernung zwischen uns begann zu wachsen. Es war augenscheinlich, daß der geängstigte Reiter über den Bach setzen wollte, das letzte Mittel, zu entkommen. Gelang ihm der kühne Sprung, so war mir mein Rappe verloren, wenn ich nicht noch zur Büchse griff. Ich nahm sie also wieder auf und legte an.
So brausten wir vorwärts. Im Augenblicke, in welchem der Ismilaner drüben glücklich ankäme, wollte ich feuern. Noch fünf – vier – drei Pferdelängen war er vom Ufer entfernt. Rih griff mit den Hinterhufen vor die Vorderhufe und schoß in einem hocheleganten, weiten Bogen hinüber; der Reiter verlor Bügel und Sattel, schlug mit fürchterlicher Gewalt zur Erde nieder und blieb da unbeweglich liegen.
Ich hatte keine Zeit mehr, mein Pferd zu zügeln; es befand sich im rasenden Laufe. Es hatte eine schlechte Schulung, war aufgeregt und wäre mir doch in den Bach gerannt, um Hals und Beine zu brechen. Ein lauter, aufmunternder Zuruf von mir – es machte den Sprung, gelangte zwar hinüber, stolperte aber und überschlug sich.
Der Sattel, in welchem ich saß, war ein arabischer Serdsch mit hoher Vorderlehne und noch höherer Rückenlehne. Diese Sitze sind zwar bequemer als die englischen, aber auch gefährlicher, falls das Pferd zum Sturze kommt. Ich wagte bei dem Sprunge über den Bach das Leben; das hatte ich gewußt. Darum zog ich während des Zurufes, mit welchem ich das Pferd ermunterte, die Füße aus den Schuhen, welche als Steigbügel dienten, stemmte mich, indem ich die Zügel behielt, mit beiden Händen auf die Brustlehne, hob mich über die Rücklehne hinüber, so daß ich mit dem rechten Bein hinter dieselbe zum Knieen kam, und warf mich, als das Thier in's Stolpern gerieth, von dem Rücken desselben herab.
Dieses Manöver wurde mir durch die Büchse erschwert; es gelang nicht so glatt, wie es bei einem andern Sattel der Fall gewesen wäre, und ich kam zum Sturze, so daß ich für einige Augenblicke bewegungslos liegen blieb.
„Allah il Allah!“ rief der kleine Halef hinter mir. „Sihdi, lebst Du noch, oder bist Du todt?“
Ich lag so, daß ich ihn sehen konnte. Er war nur wenig mehr vom Rande des Baches entfernt und wollte sein Pferd zum Sprunge antreiben. Er konnte den Hals brechen. Das

gab mir augenblicklich die Bewegungsfähigkeit wieder. Ich erhob warnend den Arm und rief:
„Bleib drüben, Halef! Sei nicht dumm!“
„Dem Propheten sei Dank!“ antwortete er. „Er hält mich für dumm; er ist also noch nicht todt.“
„Nein; ich bin nur tüchtig hier aufgeschlagen.“
„Hast Du Etwas gebrochen?“
„Ich glaube nicht. Wollen sehen!“
Ich raffte mich auf und streckte mich. Meine Glieder waren ganz, aber der Kopf brummte wie eine Baßgeige. Halef stieg vom Pferde, kletterte die Uferböschung herab und sprang über das Wasser herüber. Dieses war nicht breit; nur daß es so tief zwischen weiten, steilen Ufern floß, machte den Sprung im Sattel so gefährlich.
„Allah ist groß!“ meinte der Hadschi. „Das war eine Hetzjagd! Ich hätte nicht geglaubt, daß wir mit unsern beiden Pferden Deinen Rih erreichen würden.“
„Er hatte einen schlechten Reiter.“
„Ja, dieser Mann saß auf dem Pferde wie der Affe auf dem Kameele, wie ich es in Stambul gesehen habe bei einem Manne, der einen Bären sehen ließ. Dort steht Rih. Ich werde ihn holen.“
Der Rappe stand ruhig und ließ sich die saftigen Grashalme schmecken. Es war ihm keine Anstrengung anzusehen, während das Pferd des Ismilaners, welches ich geritten hatte, schnaubend und mit schlagenden Flanken neben uns hielt. Es hatte sich wieder aufgerafft und keinen Schaden gelitten. Nur die Lehnen des Sattels waren zerbrochen, während es sich überschlug.
„Laß ihn stehen!“ antwortete ich. „Wir müssen vor allen Dingen hier nach dem Reiter sehen.“
„Ich wollte, er hätte das Ense tschukuru gebrochen!“
„Das wollen wir nicht wünschen.“
„Warum nicht? Er ist ein Räuber und Pferdedieb.“
„Aber doch ein Mensch. Er rührt sich nicht. Die Besinnung ist von ihm gewichen.“
„Vielleicht ist nicht nur die Besinnung, sondern seine ganze Seele von ihm gewichen. Sie möge in die Dschehenna fahren und mit dem Teufel Kardaschlyk trinken!“
Ich kniete neben Deselim nieder und untersuchte ihn.
„Nun? Siehst Du, wo seine Seele steckt?“ fragte Halef.
„Sie ist nicht mehr bei ihm. Er hat wirklich das Genick gebrochen.“
„Er ist selbst Schuld daran und wird kein Pferd mehr stehlen, am allerwenigsten aber Deinen Rappen. Allah lasse seine Seele in eine alte Märe fahren, die täglich zehnmal geraubt wird, damit er erfahre, wie es ist, wenn ein Pferd einen Spitzbuben zu tragen hat!“
Dabei trat er näher und zeigte nach der Kopfbedeckung des Waffenschmiedes.
„Nimm sie herab!“ sagte er.

„Was?“
„Die Koptscha.“
„Ah! Du hast recht. Daran hätte ich nicht gedacht.“
„Und doch ist dies so nothwendig. Wer weiß, ob ich Dich hätte retten können, wenn ich den Knopf nicht gehabt hätte.“
„Von wem hast Du ihn?“
„Von dem Gefangenen des Schmiedes.“
„So warst Du bei Schimin?“
„Ja. Doch das will ich Dir nachher erzählen. Jetzt haben wir Anderes zu thun. Da, siehe diese Leute!“
Die ganze Bewohnerschaft des Dorfes schien an den Bach gekommen zu sein. Männer, Frauen, Kinder standen in großer Zahl am Ufer und führten eine laute, schreiende Unterhaltung. Ein so seltenes Ereigniß hatte natürlich ihr ganzes Interesse in Anspruch genommen.
Zwei von ihnen kamen herabgeklettert und sprangen über das Wasser. Der Erste war Ali, der Sahaf.
„Herr, was ist geschehen?“ fragte er. „Warum habt Ihr diesen Reiter verfolgt?“
„Hast Du das nicht errathen?“
„Nein. Wie kann ich es wissen?“
„Hast Du nicht gesehen, wessen Pferd er ritt?“
„Das Deinige. Hattest Du mit ihm eine Wette gemacht, oder wollte er es Dir abkaufen und vorher die Schnelligkeit desselben probiren?“
„Keines von Beidem. Er hat es mir gestohlen.“
„Und Ihr seid ihm nachgejagt?“
„Ja, wie Du gesehen hast.“
„Aber, Herr, ich weiß nicht, was ich denken soll! Du konntest doch nicht reiten!“
„Ich kann es auch jetzt nicht anders als vorher.“
„O doch! Du reitest wie der Miracher des Großherrn, und sogar noch besser. Kein Mensch hätte mit diesem Pferde den Sprung gewagt.“
„Nun, vielleicht habe ich es unterdessen gelernt.“
„Nein. Du hast mich getäuscht; Du hast Dir mit mir einen Scherz gemacht. Erst saßest Du auf dem Pferde, wie ein Mekteb oghlandschyk, und dann, als ich Dich durch den Zaun dringen und über den Bach setzen sah, dachte ich, Du müßtest den Hals brechen.“
„Das Letztere überlasse ich Anderen, zum Beispiel diesem Manne da.“
Dabei deutete ich auf den Ismilaner.
„Allah! Hat er ihn gebrochen?“
„Ja.“
„So ist er todt?“
„Natürlich.“
„So hat er den Diebstahl theuer bezahlt. Wer ist er?“

Er trat an den Todten heran, wandte dessen Gesicht zu sich, um es zu sehen, und rief erstaunt:
„Gott thut Wunder! Das ist ja der Waffenschmied Deselim aus Ismilan!"
„Kennst Du ihn?"
„Ja. Er ist zugleich auch Kaffeewirth, und ich habe bei ihm manche Kiasse geleert und manche Pfeife geraucht."
„So war er ein Freund von Dir?"
„Nein, sondern nur ein Bekannter."
Da trat auch der Andere herbei, welcher hinter ihm über das Wasser gesprungen war. Auch er hatte sich das Gesicht des Todten betrachtet. Jetzt fragte er mich:
„Du hast diesen Mann gejagt?"
„Ja."
„Und er hat dabei das Leben verloren?"
„Leider!"
„So bist Du der Mörder. Ich muß Dich verhaften!"
„Das wirst Du nicht thun!" fiel schnell der Sahaf ein. „Dieser Mann gehört nicht unter Deine Gerichtsbarkeit."
Da nahm der Andere eine würdevolle Miene an und sagte in ernstem Tone:
„Du bist Ali, der Sahaf, und hast zu schweigen; ich aber bin der Kiaja dieses Ortes und habe zu sprechen. – Also, wer bist Du?"
Diese Frage war an mich gerichtet.
„Ein Fremder," antwortete ich.
„Woher?"
„Aus Nemtsche memleketi."
„Ist das weit von hier?"
„Sehr weit."
„Stehst Du auch unter einem Kiaja?"
„Ich stehe unter einem mächtigen König."
„Das ist gleich. Ich bin der König von Kabatsch; ich bin also dasselbe, was er ist. Komm und folge mir."
„Als Arrestant?"
„Natürlich! Du bist ein Mörder."
„Willst Du mich nicht vorher fragen, wie es gekommen ist, daß ich diesen Mann verfolgt habe?"
„Das wird morgen geschehen, sobald ich Zeit und Sammlung gefunden habe."
„Ich habe schon jetzt Zeit und Sammlung, morgen aber habe ich sie nicht."
„Das geht mich nichts an. Vorwärts!"
Er deutete dabei mit gebieterischer Armbewegung auf den Bach. Da aber trat der kleine Halef zu ihm heran, zeigte ihm, wie es seine Gewohnheit war, die an seinem Gürtel hängende Nilpferdpeitsche und fragte:

„Also Du bist der Kiaja dieses Dorfes?“
„Ja.“
„Hast Du schon einmal eine solche Peitsche gesehen?“
„Oft.“
„Hast Du auch bereits eine gekostet?“
„Wie meinst Du das?“
„O, ich meine nur Folgendes: Wenn Du diesem Sihdi, Effendi und Emir, welcher mein Freund und Gefährte ist, noch ein einziges unhöfliches Wort sagst, so schlage ich Dir diese Peitsche um das Gesicht, daß Du Deine neugierige Nase für die Moschee des Sultans Murad, den Allah segnen möge, halten sollst. Glaubst Du etwa, wir seien nach Kabatsch gekommen, um uns an Deiner Herrlichkeit zu weiden? Glaubst Du, daß wir meinen, ein Kiaja sei der prächtigste Mann des Erdkreises? Wir haben blatternarbige Stallbuben und Betrüger mit abgeschnittenen Nasen gesehen, welche schöner und ehrwürdiger waren als Du! Warum hat Allah Dir krumme Beine gegeben und eine rothe Warze an die Nase? Etwa um Dich auszuzeichnen vor den anderen Gläubigen? Hüte Dich vor meinem Zorne und nimm Dich in Acht vor meinem Grimme! Ich habe noch ganz andere Kerls, als Du bist, mit dieser meiner Peitsche höflich gemacht!“
Der Kiaja war mehr erstaunt als erschrocken. Er betrachtete den Kleinen vom Kopf bis zu den Füßen und fragte ihn dann:
„Mensch, bist Du etwa deli geworden?“
„Nein; aber wenn Du einen Verrückten kennen lernen willst, so gucke hier in dieses Wasser; da wirst Du Dich selbst sehen. Nur ein Verrückter kann es wagen, meinen Effendi, den mächtigen Emir Hadschi Kara Ben Nemsi, grob zu behandeln.“
„Und wer bist Du?“
„Ich bin Hadschi Halef Omar Bey, der Beschützer der Unschuldigen, der Rächer aller Ungerechtigkeit und der Herr und Meister aller Kiajas, so weit die Sonne scheint.“
Jetzt wußte der gute Beamte wirklich nicht, wie er sich verhalten sollte. Die Aufschneiderei des Kleinen hatte Eindruck gemacht. Er wendete sich zu mir:
„Herr, bist Du wirklich ein so vornehmer Mann?“
„Sehe ich etwa nicht so aus?“ fragte ich in strengem Tone.
„O, Du hast das Aussehen eines Emirs; aber Du hast doch diesen Mann hier zu Tode gejagt.“
„Er selbst ist Schuld daran.“
„Warum?“
„Er stahl mir mein Pferd, und ich verfolgte ihn, um es ihm wieder abzunehmen.“
„Deselim aus Ismilan sollte Pferde stehlen?“
„Glaubst Du etwa nicht, was mein Effendi sagt?“ fragte Halef, indem er näher an ihn herantrat und eine sehr bezeichnende Handbewegung nach dem Gürtel machte.
„O, ich zweifle nicht daran,“ meinte der Kiaja schnell. „Aber kann der Effendi auch beweisen, daß der Rappe sein wirkliches Eigenthum war?“

„Hier ist der Beweis!"
Dabei schlug Halef mit der Hand an die Peitsche. Ich aber deutete auf den Sahaf und sagte:
„Frage diesen! Er weiß, daß das Pferd mein Eigenthum ist."
„Woher soll er es wissen? Er kennt Dich doch nicht; Du bist ja ein Fremder!"
„Er kennt mich und hat mich den Rappen reiten sehen."
„Ist das wahr?"
„Ja," antwortete der Sahaf, an den diese letztere Frage gerichtet gewesen war.
Da machte mir der Kiaja eine Verbeugung und sagte:
„Ich glaube es. Dennoch aber, Effendi, wirst Du mich nach meinem Hause begleiten müssen."
„Als Gefangener?"
„Nicht ganz, sondern nur halb."
„Gut! Welche Hälfte willst Du arretiren? Die andere hat keine Zeit, mitzugehen, und wird weiter reiten."
Er blickte bei offenem Munde mich an. Die am andern Ufer versammelten Bewohner von Kabatsch aber ließen ein lautes Gelächter hören. Da rief er zornig zu ihnen hinüber:
„Was habt Ihr zu lachen? Ihr Menschen, Ihr Unterthanen, Ihr Sklaven! Wisset Ihr nicht, daß ich der Bevollmächtigte und der Vertreter des Sultans bin? Ich lasse Euch Alle einsperren und Allen die Bastonnade geben!"
Und zu mir gewendet fuhr er fort:
„Warum machst Du mich lächerlich vor meinen Leuten?"
„Warum machst Du Dich lächerlich vor mir? Ist es nicht lächerlich, zu sagen, daß ich ein halber Gefangener sei?"
„Deine Unschuld ist nur erst halb erwiesen!"
„So will ich sie Dir ganz beweisen!"
„Thue es!"
„Gern und sogleich! Siehst Du dieses Gewehr und dieses Messer? Ich werde Jeden, der mich verhindert, abzureisen, niederschießen oder ihm die Klinge geben. Und hier ist der andere Beweis. Kannst Du lesen?"
„Ja."
„So lies hier mein Jol tezkeressi, welches das Siegel des Großherrn trägt!"
Ich gab ihm das Dokument hin. Als er das Siegel erblickte, drückte er es an Stirn, Mund und Brust und sagte:
„Effendi, Du hast Recht; Du bist unschuldig. Du kannst reisen."
„Gut! Was wird mit diesem Todten geschehen?"
„Wir werden ihn in das Wasser werfen. Die Ystakoslar mögen ihn fressen, weil er Dich beleidigt hat."
„Das werdet Ihr nicht thun. Ihr werdet seinen Tod seinen Anverwandten melden, damit sie kommen, um ihn zu begraben. Er soll auf ehrliche Weise zu seinen Ahnen

versammelt werden. Wenn ich höre, daß Ihr das Gegentheil thut, werde ich es dem Oberrichter von Rumili melden."

„Bist Du sein Freund?"

„Was fragst Du?" antwortete Halef an meiner Stelle. „Der Rumili Kaseri askeri ist unser Freund und Verwandter. Meine Lieblingsfrau ist die Tochter seines Lieblingsweibes. Wehe Euch, wenn Ihr nicht gehorcht!"

Er ging, um Rih herbeizuholen. Der Kiaja aber verbeugte sich tief und sagte zu mir:

„Allah gebe der Lieblingsfrau Deines Begleiters hundert Jahre und tausend Kinder, Enkel und Enkelskinder! Ich werde thun, was Du mir befohlen hast!"

„Das erwarte ich. Auch wirst Du das Pferd des Todten und Alles, was er bei sich trägt, seinen Verwandten geben."

„Sie sollen Alles erhalten, o Effendi!"

Ich war vom Gegentheile überzeugt. Doch ging mich das Weitere ja gar nichts an. Ich konnte froh sein, unbelästigt fortreiten zu dürfen, und bestieg den Rappen, den ich fast auf eine so schmähliche Weise verloren hätte.

Ein Pfiff – – er schnellte mit einem Satz über den Bach hinüber. Die Leute stoben, vor Schreck laut aufschreiend, auseinander. Halef folgte zu Fuße nach und bestieg sein Pferd drüben.

„Herr, wolltest Du mich nicht besuchen?" fragte der Sahaf.

„Ja, führe uns. Ich will Deinen Vater sehen."

Wir ritten voran, und das Volk folgte hinterher, nachdem der Kiaja einen Wächter zu der Leiche gestellt hatte. Bei dem kleinen Häuschen des Sahaf stiegen wir ab und traten ein. Das Innere der Hütte war auch in zwei ungleiche Hälften getheilt. In der größeren bemerkte ich auf dem Lager einen alten Mann, welcher uns mit den Augen bewillkommnete, ohne sprechen oder sich bewegen zu können.

„Vater, das ist der Herr, von dem ich Dir erzählt habe," sagte der Sohn.

Ich trat zu dem Alten, ergriff seine Hand und sprach einen freundlichen Gruß aus. Er dankte durch einen ebenso freundlichen Blick seiner Augen. Das Lager war reinlich, und der Alte zeigte eine hier nicht gewöhnliche Sauberkeit. Das freute mich. Ich fragte ihn:

„Kannst Du meine Worte verstehen?"

Er nickte mit dem Auge.

„Ich bin gekommen, um den ehrwürdigen Vater eines guten Sohnes zu sehen und Ali glücklich zu machen."

Sein Blick nahm einen fragenden Ausdruck an, darum fuhr ich erklärend fort:

„Er liebt Ikbala, die schönste der Töchter in Rumili. Ihr Vater will sie ihm nicht geben; aber ich werde ihn zwingen, es zu thun. Ali wird mich jetzt zu ihr begleiten."

„Herr, ist's wahr, ist's wahr?" fragte der Sahaf rasch.

„Ja."

„Hast Du mit ihr gesprochen?"

„Auch mit ihrer Mutter und mit ihrem Vater."

„Was hat sie und was hat er gesagt?“
„Sie haben beide „Ja“ gesagt, aber der Bäcker sann auf Betrug und Verrath. Ich werde es Dir nachher erzählen. Jetzt aber zeige mir Deine Uhr!“
„Willst Du nicht vorher Etwas genießen?“
„Ich danke Dir. Wir haben nicht Zeit. Ich muß schnell wieder zurückkehren.“
„So komme heraus!“
Er führte mich in die kleinere Abtheilung, in welcher ein Tisch stand, hier eine Seltenheit. Auf demselben erblickte ich das Kunstwerk.
„Das ist es,“ sagte er. „Sieh es Dir an.“
Das Zifferblatt fehlte noch. Die Räder waren aus Holz geschnitzt, mit der Hand, gewiß eine mühsame Arbeit.
„Weißt Du, worin die Kunst liegt?“ fragte er.
„Ja,“ antwortete ich, auf die betreffende Zeigerführung deutend. „Hier ist's.“
„Ja, Du hast es errathen. Diese Uhr wird nicht nur die Saatlar, sondern auch die Dakikalar anzeigen. Hast Du schon so eine Uhr gesehen?“
„O weh, mein bester Sahaf! Mit Deiner Kunst ist es nicht weit her!“ dachte ich.
Laut aber antwortete ich:
„Ja. Sieh hier einmal meine Uhr. Sie zeigt die Jahre, Monate, Tage, Stunden, Minuten und Sekunden an.“
Er nahm mir die Uhr aus der Hand und betrachtete ganz erstaunt die Zifferblätter.
„Herr,“ sagte er, „geht sie richtig?“
„Ja, sehr richtig.“
„Aber ich kann sie nicht lesen.“
„Weil die Namen und Ziffern in einer Dir unbekannten Schrift geschrieben sind. Aber hören kannst Du sie.“
Ich ließ die Uhr repetiren. Er fuhr bei dem scharfen, hellen Klang des Schlages zurück.
„Allah akbar!“ rief er aus. „Diese Uhr hat entweder Allah gemacht oder der Teufel!“
„O nein! Der sie gemacht hat, war ein frommer Uhrmacher in Germany. Er hat die Uhr als Meisterstück gemacht und sie aber nie verkauft. Als er starb, erhielt sie sein Erbe, nach dessen Tode ich sie bekam.“
„Kann man sie öffnen?“
„Ja.“
„Öffne sie; öffne sie, damit ich sehe, wie sie beschaffen ist.“
„Jetzt nicht; aber in Dschnibaschlü sollst Du sie betrachten dürfen. Dort haben wir Zeit, hier aber nicht.“
„So willst Du sofort aufbrechen?“
„Ja. Vorher aber will ich mein Wort halten und Deinem Vater einen Beït aufschreiben, welcher ihm in seinem Leiden zum Troste gereicht.“
„Ein Beït aus Eurem Tewoat?“
„Ja.“

„So komm. Ich werde es ihm vorlesen, und er wird eine große Freude haben."
Ich kehrte mit ihm in den vorderen Raum zurück. Dort sagte er zu dem Kranken:
„Mein Vater, besinnest Du Dich noch auf den alten Kyzyl elma katolik, welcher mir das schöne Beït aufschrieb?"
Der Gefragte bejahte mit den Augen.
„Dieser Effendi ist auch ein Christ und wird Dir ein Beït aufschreiben. Ich lese es Dir vor."
Ich hatte ein Blatt aus dem Notizbuch gerissen, schrieb und gab es dann dem Sahaf. Dieser las:
„Jaschar-sam jaschar-im Allaha, ölar-sam ölar-im Allaha, jaschar-im jagod ölar-im olyr-im Allaha!"
Das heißt zu Deutsch:
„Wenn ich lebe, so lebe ich dem Herrn; wenn ich sterbe, so sterbe ich dem Herrn; darum möge ich leben oder sterben, so gehöre ich dem Herrn."
Die Augen des Alten wurden feucht. Er blickte auf seine Hand, welche er nicht zu bewegen vermochte.
„Effendi, er bittet Dich, ihm Deine Hand zu geben," erklärte mir der Sohn.
Ich folgte dieser Aufforderung und trocknete dem Gelähmten die Thränen in den Augen.
„Allah ist gütig, weise und gerecht," sagte ich. „Er hat Deine Glieder gebunden, damit Deine Seele desto fleißiger mit ihm verkehre. Wenn einst Dein scheidender Geist an der Brücke zur Ewigkeit auf die beiden Engel trifft, welche die Thaten der Verstorbenen prüfen, so wird in ihren Händen die Ergebung in Dein Leiden schwerer sein, als Alles, was Du hier fehltest. Mögen die Herrlichkeiten des Himmels Dir offen entgegenleuchten!"
Er schloß die Augen, und über sein faltiges Gesicht legte es sich wie ein Frieden nach glücklich zu Ende geführtem Seelenkampfe. Er öffnete die Augen auch nicht, als wir die Stube verließen.
„Herr," fragte draußen der Sahaf, „warum hast Du das Beït nicht in der Sprache geschrieben, welche man jetzt spricht?"
„Der Kuran wurde auch nicht im neuen Arabisch geschrieben. Ein Beït muß in ehrwürdigen Worten verfaßt werden. Aber warum sprichst Du jetzt anders als vorher zu mir?"
„Ich?" fragte er, einigermaßen verlegen.
Er hatte mich bei dieser zweiten Begegnung „Du" genannt, vorher aber „Sie". Nach einer Pause sagte er:
„Weil ich Dich lieb habe. Zürnest Du mir?"
„Nein. Hole Dein Pferd. Wir reiten nach Dschnibaschlü."
Während er hinter das Haus ging und wir auf ihn warteten, hätte ich gern den kleinen Halef nach seinen Erlebnissen gefragt; aber es umgab uns ein Haufe von Menschen, welche sich in lauten Ausrufungen über das Geschehene ergingen und unsern Personen

ein so zudringliches Interesse widmeten, daß von einer Unterhaltung zwischen uns Beiden gar keine Rede sein konnte.
Dann kam der Sahaf auf seinem Pferde, und in scharfem Trabe begannen wir die Rückkehr, da wir über das Befinden Omar's und Osko's in Ungewißheit waren.
Während dieses Rittes nun wendete ich mich mit meinen Erkundigungen an den kleinen Hadschi:
„Ich habe so lange Zeit auf Euch gewartet, und Ihr kamt doch nicht. Hattet Ihr Euch vielleicht verirrt?"
„Nein, Effendi. Wir sind genau auf dem Wege geblieben, den Du uns vorgeschrieben hattest; aber – –"
Er stockte und blickte mich von der Seite an, um zu erforschen, ob ich so gelaunt sei, daß er es wagen dürfe, mir eine unangenehme Mittheilung zu machen.
Ich befand mich jedoch in keiner grimmigen Stimmung. Überhaupt ist es stets mein Bestreben gewesen, keiner sogenannten Laune die Herrschaft über mich einzuräumen; ein launenhafter Mensch ist mir ein Gräuel. Es hat ein Jeder gegen seinen Nächsten die Pflicht, die momentane Seelenstimmung, welche sich seiner bemächtigen möchte, zu beherrschen. Nur dadurch beherrscht man dann auch den Andern. Übrigens war ich durch das Erscheinen meines wackeren Halef aus einer mißlichen Lage befreit worden. Ich schuldete ihm wirklich großen Dank. Ich hatte ferner mein Pferd wieder gewonnen; es gab also für mich gar keine Veranlassung zu einer üblen Stimmung. Dennoch machte ich ein recht grimmiges Gesicht, um den Kleinen dann durch eine nachsichtige Antwort desto mehr erfreuen zu können. Da ich nun gar nicht antwortete und auch möglichst finster dreinschaute, rückte er sich im Sattel fest und fragte:
„Kejfi jerinde sen – bist Du bei guter Laune?"
„Chajyr, Hadschi – nein, Hadschi."
Das klang so fremd, daß er erschrack.
„Aj hai – o wehe!"
„Warum klagst Du?"
„Weil ich Dich erzürnen muß."
„Womit?"
„Es ist uns ein Unglück passirt."
„Welches?"
„Er ist fort."
„Wer denn?"
„Der Letzte."
„Welcher Letzte? So rede doch!"
„Der letzte Khawaß."
Er stieß das mit einem Seufzer aus, der trotz des Hufschlages unserer Pferde zu vernehmen war.
„Lilla elhamd – Gott sei Dank!"

Ich sagte das in einem solchen Tone der Freude, daß er mich ganz erstaunt anblickte.
„S'lon – wie?“ fragte er, sichtlich erleichtert.
„Hada jißlah li; hada ja'dschibni – das behagt mir; das ist mir recht!“
„Effendi, habe ich Dich richtig verstanden?“
„Ich hoffe es!“
„Du zürnst nicht, daß er fort ist?“
„Nein. Ich bin ganz im Gegentheile Dir und ihm sehr dankbar dafür.“
„Aber warum denn?“
„Weil dieser Mensch uns doch nur belästigte und unsern Ritt ungebührlich verzögert hätte.“
„Warum hast Du ihn aber mitgenommen?“
„Einige Khawaßlar hätten uns allerdings von Nutzen sein können; da aber diese Leute nicht zu reiten verstanden und ihr Anführer lieber befehlen als gehorchen wollte, so ist es besser, daß wir uns nicht mehr mit ihnen zu ärgern brauchen.“
„Sarif, tajib – schön, gut! Du nimmst mir eine große Last vom Herzen! Ich habe wirklich Angst gehabt!“
„Vor mir, Halef?“
„Ja, Sihdi, vor Dir!“
„Kennst Du mich noch so wenig? Du hast mir so lange Zeit die größten Dienste geleistet und mich auch heute wieder vom wahrscheinlichen Tode errettet. Du bist mein Freund und Beschützer – und Du fürchtest Dich vor mir? Geh, lieber Halef! Das ist nicht klug von Dir!“
„O, noch viel weniger klug war es von mir, daß ich diesen Menschen entkommen ließ!“
„Er ist also ausgerissen?“
„Ja, richtig ausgerissen.“
„Ah, ich ahne es: mit dem Packpferde natürlich?“
„Ja, mit dem Pferde, welches die Gaben trug, die wir durch Malhem, den guten Pförtner, erhielten.“
„Laß ihn laufen!“
Jetzt machte er ein erstauntes, fast böses Gesicht.
„Was? Ihn laufen lassen?“ fragte er. „Das habe ich nicht gethan. Wir sind ihm nachgeritten, eine ganz große Strecke rückwärts. Wir wollten ihn ergreifen. Aber es war ja Nacht, und da konnten wir seine Spur nicht sehen!“
„Ihr seid also in's Blaue hineingeritten. O wehe! Damit habt Ihr nur die kostbare Zeit versäumt.“
„Leider! Wir sind beinahe bis Geren zurückgeritten. Da kannst Du Dir denken, wie viel wir versäumt haben. Ich habe geflucht und gewettert, daß Allah den Kopf geschüttelt hat, denn ich bin sonst ein frommer Mann. Heute Nacht aber war ich so zornig, so wüthend und voll von Grimm, daß ich tausend Riesen erschlagen hätte, wenn sich einer von ihnen mir in den Weg gestellt hätte.“

„Trösten wir uns! Wir haben an Anderes zu denken."
„Uns trösten? Effendi, ich kenne Dich nicht mehr, ich begreife Dich nicht! Weißt Du denn, welche Geschenke es waren, die uns unser Gastfreund verehrt hat?"
„Ich habe nicht öffnen lassen. Lebensmittel jedenfalls."
„Aber ich habe geöffnet!"
„Ah, Du warst neugierig?"
„Neugierig? Es ist stets vortheilhaft, zu wissen, was man geschenkt erhält und was man mit sich führt. Es war dabei ein vortrefflicher Boghatscha, so dick wie ein großer Djirmen-taschy, mit tausend Koz helwassylar und Kuru üzümler. Leider aber war er bereits gequetscht worden. Sodann gab es zwei kostbare Chaschalar, jedenfalls für Dich und mich. Ferner fand ich eine ganze Anzahl seidener Jemeni-mahramalar, sehr schön zum Schmuck des Kopfes passend. Wie gern hätte ich eins davon meiner Hanneh mitgenommen! Nun ist sie darum gekommen! Ja schema' dan el mahabe, ïa schems el amel, ïa warde el benat – o Leuchter der Liebe, o Sonne der Hoffnung, o Rose der Töchter!"
Da kam ja mit einem Male die Liebe zu seiner guten Hanneh zum Durchbruch! Ich versuchte, ihn zu trösten:
„Klage nicht, Hadschi! Daß wir den Kuchen, die Schabracken und die Tücher zu verlieren hatten, das stand im Buche des Lebens verzeichnet. Es gibt auch anderwärts seidene Tücher, und ich werde dafür sorgen, daß Du nicht mit leeren Händen zur Schönsten der Töchter zurückkehrst!"
„Allah gebe es! Ich freue mich nur, daß ich wenigstens den Beutel gerettet habe."
„Welchen Beutel?"
„Als ich öffnete, fand ich einen Beutel, aus Kedi-deri gemacht. Die Schnur war zugebunden und versiegelt; aber er war so schwer, und es klang so silbern, daß ich überzeugt sein mußte, es befinde sich Geld darin."
„Ah, den hast Du eingesteckt?"
„Ja, ich habe ihn hier in der Tasche. Es hängt ein Pergamentstreifen daran; darauf steht: Dostima Hadschi Kara Ben Nemsi Effendi. Der Beutel ist also für Dich – hier, nimm ihn!"
Er zog ihn aus der Tasche und gab ihn mir herüber. Ich wog ihn in der Hand. Ja, es befand sich Geld darin. Dostima heißt: „an meinen Freund". Handelte es sich vielleicht um ein Freundschaftsgeschenk? Für mich? Geld? Vielleicht Reisegeld? Hm! Ich steckte den Beutel ein und sagte:
„Wir werden ihn später öffnen. Jedenfalls ist es von Dir sehr klug gewesen, ihn zu Dir zu nehmen. Jetzt müssen wir von Anderem sprechen, denn wir haben fast die Hälfte der Strecke zurückgelegt. Also, wie konnte der Khawaß Euch entfliehen?"
„Es war finster. Wir stiegen bei einem Hause ab, in dessen Nähe sich ein Ziehbrunnen befand. Wir wollten die Pferde tränken. Der Khawaß schöpfte Wasser. Ich ging in das Haus, um mich bei dem Besitzer nach dem Wege zu erkundigen. Osko und Omar blieben

nicht draußen; sie kamen auch herein, und als wir dann zum Brunnen zurückkehrten, war der Khawaß mit seinem Pferde und mit unserm Pack-Pferde verschwunden."

„Hörtet Ihr nicht den Hufschlag der Thiere?"

„Nein; aber dennoch eilten wir ihm nach."

„O nein, das habt Ihr nicht gethan," antwortete ich lachend.

„Nicht? Wir sind im Galopp zurückgeritten, konnten ihn aber nicht mehr erreichen."

„Weißt Du denn, ob er zurückgeritten ist? Er wird wohl so klug gewesen sein, einen ganz andern Weg einzuschlagen."

„Ah! Der Betrüger! Der Heuchler!"

„Vielleicht hat er gar nur die Pferde bei Seite geführt und gewartet, was Ihr thun würdet. Danach hat er sich dann sehr leicht richten können."

„O, daran habe ich nicht gedacht! Sollte er wirklich so klug gewesen sein? Er hatte doch ein so dummes Gesicht! Ich wollte, ich hätte ihn hier vor mir! Und wenn er alle seine Knochen nummerirt hätte, er sollte sie doch nicht wieder zusammenfinden können! Mich zu betrügen, mich, Hadschi Halef Omar Ben Hadschi Abul Abbas Ibn Hadschi Dawud al Gossarah!"

Er zog die Peitsche aus dem Gürtel und schlug damit durch die Luft, als ob er den Missethäter vor sich habe.

„Tröste Dich!" sagte ich. „Wann seid Ihr dann nach Koschikabak gekommen?"

„Eine Stunde, nachdem Du fort warst. Du hattest uns dem Schmied beschrieben; er erkannte uns also gleich und hielt uns an. Bei ihm erfuhren wir, was geschehen war. Er zeigte uns den Gefangenen. Wir warteten. Du kamst nicht, und ich empfand Besorgniß. Da beschloß ich, Dir nach Dschnibaschlü zu folgen. Dabei kam mir ein Gedanke, über den auch Du Dich freuen wirst."

„Welcher?"

„Der Schmied hatte mir von der Koptscha gesagt. Der Gefangene trug eine. Der Knopf ist ein Erkennungszeichen; er konnte mir gute Dienste leisten. Ich nahm ihn also diesem Manne, der sich Agent Pimosa genannt hat, ab und steckte ihn an meinen Fez."

„Vortrefflich! Ich habe ja gesehen, welche Wirkung der Knopf gehabt hat."

„Wirst Du nun noch einmal sagen, daß ich unklug bin?"

„Nein, Du bist ein Ausbund von Weisheit."

„Ja; aber zuweilen lasse ich die Khawaßlar entfliehen! Dann in Dschnibaschlü ritten wir stracks zu dem Bäcker. Wir trafen nur das Weib und die Tochter desselben. Effendi, als ich die Alte sah, bin ich fast in alle Ohnmachten gefallen! Hast Du einmal genau in einen Ary kowany geschaut?"

„Ja."

„Da gibt es eine Kralitscha, deren Leib aufgeblasen ist, wie ein Kürrei hewarewan. Man sagt, daß diese Königin in einem Tage mehrere tausend Eier legt. Sihdi, grad wie so eine Kralitscha ist mir die Frau vorgekommen!"

„Aber sie hat ein gutes Gemüth!"

„Ja; sie und ihre Tochter haben mich gewarnt. Der Gehilfe war mit einer Botschaft fortgeschickt worden. Dann war der Kaffeewirth aus Ismilan gekommen und hatte mit dem Bäcker von Dir gesprochen, worauf sie sich eiligst auf den Weg gemacht hatten. Dies theilte uns Ikbala, die Tochter, mit. Es war ihr auch bang um Ali, den Sahaf, der jetzt hinter uns reitet. Sie bat mich, Dir nachzufolgen. Ich hätte das ganz von selbst gethan."
„Du kamst zur rechten Zeit, lieber Halef!"
„Ja. Ich hatte Eile; aber ich war dennoch vorsichtig. Ich hörte ein Pferd wiehern. Darum ritt ich allein und vorsichtig voran. Ich sah die Lichtung mit der Hütte; ich sah Deinen Rih und noch einige andere Pferde; Du befandest Dich also in der Hütte mitten unter den Feinden; sie hatten Dich wohl gar gefangen genommen. Drei Reiter hätten Deine Gegner zur Vorsicht veranlaßt, während ein Einzelner ihnen nicht gefährlich vorkommen konnte. Darum versteckte ich Osko und Omar zwischen den Bäumen und sagte ihnen, was sie thun sollten; dann ritt ich allein nach der Hütte."
„Das war sehr vorsichtig und auch sehr muthig von Dir. Du hast bewiesen, daß ich mich auf Dich verlassen kann."
„O Effendi, Du bist mein Lehrer und mein Freund! Was dann geschah, das weißt Du."
„Ja. Aber warum bist Du nicht bei der Hütte zurückgeblieben, Halef?"
„Sollte ich Dir Deinen Rih stehlen lassen?"
„Du konntest nichts dagegen thun; Dein Pferd war nicht schnell genug, um den Rappen zu erreichen."
„Das Deinige auch nicht. Hättest Du den Dieb täuschen können – ohne mich? Hättest Du ihn zwischen Dich und mich nehmen können? Er sah nur mich; er glaubte, ich sei sein einziger Verfolger. Darum erschrack er, als er bemerkte, daß Du ihm den Weg abgeschnitten habest. Er mußte zurück, und dadurch kam Rih wieder in Deine Hand. Wäre das gelungen – ohne mich?"
„Nein. Du hast vollständig Recht. Aber ich sorge mich um unsere beiden Begleiter."
„Das ist nicht nöthig; sie sind tapfer."
„Aber sie haben die Übermacht gegen sich; ihre Feinde sind durch die Hütte geschützt."
„Sie sind in der Hütte nicht nur geschützt, sondern auch zugleich gefangen."
„Wie lange? Sie können durch das Fenster oder durch die Thüre Omar und Osko mit ihren Kugeln treffen."
„Nein. Du hast den Beiden ja Deine Weisungen gegeben. Und auch ich rief ihnen, ehe ich Dir folgte, zu, daß sie sich hinter die Bäume stecken und auf Jeden schießen sollten, dem es einfallen würde, die Hütte zu verlassen. Was wirst Du mit diesen Menschen thun?"
„Das kommt auf ihr Verhalten an. Gib Deinem Pferde die Sporen!"
Der Sahaf hatte sich ehrerbietig hinter uns gehalten. Als er jetzt bemerkte, daß mein Gespräch mit Halef beendet sei, kam er an meine Seite und fragte:
„Herr, darf ich erfahren, was geschehen ist und weßhalb ich Dich begleiten soll?"

„Nachher! Ich hoffe, daß Du noch heute Ikbala, die schönste Jungfrau in Rumili, in Gegenwart ihres Vaters begrüßen wirst. Jetzt wollen wir eilen, aber nicht sprechen."
Wir waren unterdessen in den Wald gekommen und befanden uns in kurzer Zeit in der Nähe der Lichtung. Da zügelten wir die Pferde, damit man unsere Annäherung nicht so leicht hören könne. Fast an dem Rande der Lichtung angekommen, stieg ich vom Pferde und gab dies dem Hadschi zu halten.
„Bleibt hier zurück," sagte ich. „Ich werde zunächst einmal recognosciren. Gib mir den Stutzen, Halef!"
„W' Allah! Richtig! Den habe ich ja immer noch! Hier, Sihdi! Sollen wir warten, bis Du zurückkommst?"
„Ja; außer Du hörst meinen Ruf."
Ich schlich mich von Baumstamm zu Baumstamm vorwärts, bis ich den freien Platz ganz überblicken konnte. Die Pferde standen noch vor der Hütte. Aus dem Fenster ragten zwei Flintenläufe hervor. Die Insassen des Gebäudes hatten sich also in Vertheidigungszustand gesetzt. Es war mir ja leider nicht möglich gewesen, ihre Waffen zu entfernen.
Das Belagerungscorps, bestehend aus Osko und Omar, war nicht zu sehen. Die Beiden standen jedenfalls hinter starken Bäumen versteckt. Ich machte also einen Bogen, bis ich mich im Walde gegenüber der Hütte befand, und da sah ich die zwei Gesuchten mit angelegten Gewehren liegen. Ich näherte mich ihnen so weit, als es möglich war, ohne drüben gesehen zu werden. Sie bemerkten mich und gaben mir ihre Freude durch gedämpfte Ausrufe zu erkennen.
„Ist Einer entkommen?" fragte ich.
„Nein," antwortete Osko.
„Habt Ihr geschossen?"
„Fünfmal."
„Und die Männer da drüben?"
„Auch dreimal; sie haben aber nicht getroffen. Sie können nicht heraus und wir nicht hinein. Was ist da zu thun?"
„Ihr bleibt hier, bis Ihr mich an der Hütte seht – –"
„Was! Du willst hin?"
„Ja."
„Sie erschießen Dich!"
„Nein. Ich schleiche mich von hinten heran. Dort gibt es kein Fenster; sie können mich also nicht sehen. Halef ist bei mir. Wenn wir uns dort befinden, kommt Ihr nach, natürlich auch von hinten. Was wir dann thun, das muß sich erst finden. Wo habt Ihr Eure Pferde?"
„Etwas weiter drin im Walde angebunden."
„Laßt sie da, bis die Belagerung zu Ende ist!"

Ich kehrte jetzt wieder zu Halef zurück und theilte ihm meinen Entschluß mit. Er war einverstanden. Er nickte mir pfiffig zu und fragte:
„Siehst Du die Gewehrläufe, welche dort aus dem Fenster ragen, Sihdi?“
„Ja freilich.“
„Diese Gewehre werden nicht lange mehr so neugierig sein!“
„Ah! Meinst Du? Richtig, ich dachte auch daran.“
„Wir schleichen uns hinan, greifen plötzlich zu und ziehen die Flinten zum Fenster heraus!“
„Wollen es versuchen.“
„Und was soll ich thun?“ fragte der Sahaf.
„Wenn wir bei der Hütte sind, bringst Du unsere Pferde nach, aber auf einem Umwege von hinten. Hinter der Hütte bindest Du sie an die Bäume und kannst dann zu uns kommen.“
Er erhielt die Zügel unserer Pferde, und wir schlugen einen Bogen nach der hinteren Seite des Gebäudes. Wir erreichten es ganz glücklich und blieben zunächst lauschend stehen. Es war Alles ruhig.
„Jetzt, Sihdi!“ flüsterte Halef.
„Aber nur vorsichtig! Die beiden Gewehre können leicht losgehen. Wir müssen uns hüten, getroffen zu werden. Haben wir die Gewehre, so eilen wir an die beiden vorderen Ecken des Gebäudes. Wir sind dann, hinter ihnen versteckt, vollständig sicher und können Jedem, der heraustreten will, aus nächster Nähe eine Kugel senden. Komm!“
Ich lugte um die Ecke. Die beiden Gewehrläufe ragten etwa acht bis neun Zoll aus der Fensteröffnung heraus. Ich bückte mich – einige leise Schritte, Halef an meiner Seite – ein Griff, ein Ruck, ein Sprung zurück: wir waren wieder hinter der Ecke und hatten die beiden langen, türkischen Flinten in den Händen.
Drinnen blieb es noch einige Augenblicke ruhig, jedenfalls vor Überraschung. Da riefen Osko und Omar von drüben herüber laut:
„Aferim, aferim – bravo, bravo!“
Und nun wurde es auch in der Hütte laut. Wir hörten die verschiedensten Flüche, Ausrufe des Schreckens, der Verwunderung, rathlose Fragen; wir antworteten aber nicht.
„Geh' Du hinten herum an die andere Ecke,“ flüsterte ich Halef zu. „Dann haben wir die Thüre zwischen uns.“
Er nickte und schlich sich davon.
Jetzt vernahm ich ein leises Zischeln im Innern der Hütte. Ich strengte das Ohr an und glaubte ein „Unter dem Fenster versteckt!“ zu vernehmen. Ich vermuthete, was man jetzt thun werde, und beobachtete, nur die Hälfte des Gesichtes vorstreckend, die Fensteröffnung.
Richtig! Die Doppelläufe eines Pistoles kamen zum Vorschein. Man wollte am Fenster herniederschießen, das war mit einem Gewehr unmöglich; darum bediente man sich eines Pistoles. Ich nahm den Lauf meiner Büchse in die Hand und erhob den Kolben.

Erst sah ich die Läufe des Pistoles, dann das Schloß, endlich auch die Hand, welche die Waffe hielt. Der Besitzer dieser Hand war entweder sehr kühn oder sehr leichtsinnig; ich konnte sie ihm mit einer Kugel sofort zerschmettern. Statt dessen aber holte ich mit dem Kolben aus, zwar wenig nur, aber als ich die Hand traf, ertönte trotzdem drinnen ein fürchterlicher Schrei. Die Hand war verschwunden; die Pistole aber lag unter dem Fenster an der Erde.

Halef hatte von der andern Ecke her den Vorgang beobachtet. Er sagte laut:

„Eji, pek eji – gut, sehr gut, Effendi! Dieser dumme Kerl wird seine Hand in Zukunft lieber in die Tasche stecken. Wir haben nun drei Waffen erbeutet!“

„Iahu, ajy awdschy – holla, der Bärenjäger!“ hörte ich drin rufen.

Man hatte Halef also an der Stimme erkannt.

„Ja, ich bin es,“ antwortete er. „Kommt heraus! Da es hier keine Bären gibt, so will ich einmal Fena kokulu kiprlar jagen.“

Es trat eine Pause ein. Drinnen berieth man sich. Dann ertönte die Frage:

„Bist Du allein?“

„Nein.“

„Wer ist bei Dir?“

„Der Effendi, den Ihr gefangen hattet, und außerdem noch drei Andere.“

Jetzt sahen wir nämlich Osko und Omar herankommen, und auch der Sahaf war beschäftigt, die drei Pferde anzubinden. Halef hatte also keine Unwahrheit gesagt. Nach einer Weile erkundigte man sich:

„Wo ist der Ismilaner?“

„Todt.“

„Du lügst!“

„Sage das noch einmal, so werfe ich Euch Feuer auf das Dach, und Ihr Alle müßt verbrennen. Mit Leuten Eures Gelichters pflege ich nicht zu spaßen!“

„Wie soll er denn gestorben sein?“

„Er hat den Hals gebrochen.“

„Wo denn?“

„Er wollte auf dem gestohlenen Rappen über den Bach bei Kabatsch setzen, fiel aber herab und schlug sich das Genick entzwei.“

„Wo ist das Pferd?“

„Wir haben es wieder.“

„Wenn dies wahr ist, so mag Dein Effendi doch einmal seine Stimme hören lassen.“

„Das kann geschehen,“ antwortete ich jetzt.

„Bei Allah, er ist es!“

Der, welcher diese Worte in erschrockenem Tone ausrief, war der dicke Bäcker. Ich erkannte seine fette Stimme.

„Ja, ich bin es,“ fuhr ich fort. „Ich frage Euch, ob Ihr Euch uns ergeben wollt?“

„Geh zum Teufel!“

„Das werde ich nicht thun, aber etwas Anderes, was Euch nicht lieb sein wird."
„Was?"
„Ihr habt mich ermorden wollen, und nun befindet Ihr Euch in meiner Hand. Ich bin kein Moslem; ich bin ein Christ und will mich nicht an Euch rächen. Sendet mir den Bojadschi Boschak heraus. Er soll Mijandschy sein. Ich werde ihm sagen, unter welcher Bedingung ich auf Rache verzichte. Gehorcht Ihr diesem Befehle nicht, so sende ich einen meiner Leute zum Stareschin von Dschnibaschlü. Dieser wird Euch gefangen nehmen, und Ihr könnt Euch denken, was dann folgt."
Drin wurde geflüstert.
„Gehe hinaus!" hörte ich dann sagen.
„O Allah! Er wird mich ermorden!" wehrte sich der Dicke.
„Denkt auch an die Teppiche, welche Ihr versteckt habt!" warnte ich sie. „Auch diese sind verloren, wenn Ihr nicht thut, was ich verlange."
„Was wirst Du mit dem Bojadschi thun?" fragte Einer.
„Ich will ihm nur sagen, unter welcher Bedingung ich Euch frei gebe."
„Du wirst ihm nichts thun?"
„Nein."
„Er darf also wieder herein, wenn Du mit der Unterredung mit ihm fertig bist?"
„Ja."
„Willst Du uns dies bei Allah und dem Propheten versichern?"
„Ich habe Euch gesagt, daß ich ein Christ bin. Ich schwöre bei keinem Propheten."
„Wie heißt Dein Allah?"
„Tanry – Gott!"
„So schwöre bei Deinem Tanry!"
„Auch das thue ich nicht. Unser Kurtarydschy hasreti Yssa hat das Schwören verboten. Wir Christen sagen Ja oder Nein und halten unser Wort."
„Du wirst uns nicht betrügen?"
„Nein."
„So gib uns Dein Wort!"
„Ich gebe es. Ich verspreche Euch Folgendes: Wenn Ihr mir den Bojadschi herausschickt und Euch ruhig verhaltet, bis ich mit ihm gesprochen habe, so wird ihm kein Haar gekrümmt werden, und er darf unbelästigt und unbeschädigt wieder zu Euch gehen."
„Aber wenn Du mit ihm nicht einig wirst?"
„So wird er Euch mittheilen, was ich zu thun beabsichtige. Übrigens werdet Ihr, wenn Ihr Euch still verhaltet, jedes Wort unseres Gespräches verstehen können. Ihr werdet daraus ersehen, daß ich sehr nachsichtig bin; ja, Ihr werdet sogar mit Freuden thun, was ich verlange."
„Dein Wort hast Du gegeben; aber werden Deine Begleiter ihm auch nichts thun?"
„Nein; ich verspreche es Euch."
„So mag er hinauskommen."

Der Dicke schien nicht zu wollen; es gab einen längeren, halblauten Wortwechsel. Unterdessen stellte ich Osko und Omar an die beiden Ecken, welche von mir und Halef besetzt gewesen waren. Sie erhielten die Weisung, beim geringsten Zeichen der Feindseligkeit ihre Waffen in Anwendung zu bringen.
„Allah vergebe Euch!“ hörte ich den Färber jetzt sagen. „Ich muß mich für Euch opfern. Wenn er mich tödtet, so sorgt für mein Weib und für mein Kind!“
Das klang so tragikomisch, daß ich mir Mühe geben mußte, nicht laut aufzulachen.
Jetzt trat er aus der Hütte. Ich habe manch einen Menschen gesehen, der ein Bild der Scham, Verlegenheit und Angst war, aber so eine Physiognomie, wie der Dicke sie zeigte, war mir doch noch nie vor die Augen gekommen. Er getraute sich nicht, den Blick zu erheben, und blieb zitternd an der Thüre stehen.
„Komm herbei, hierher an die Seite des Hauses,“ gebot ich ihm. „Diese beiden tapferen Männer werden einstweilen wachen, daß Deine Gefährten nichts Feindseliges gegen uns unternehmen.“
„Sie werden ruhig in der Hütte bleiben,“ versicherte er.
„Das hoffe ich um Deinetwillen! Es soll Dir nichts geschehen, aber bei dem geringsten Versuch ihrerseits würde ich Dir dieses Messer zwischen die Rippen stoßen.“
Ich sagte das in drohendem Tone und zeigte ihm dabei mein Messer.
Der Färber fuhr sich sofort mit beiden Händen erschrocken nach der Magengegend und rief:
„Herr, bedenke, daß ich Ajal-baba bin!“
„Hast Du, als Du mich den Mördern überliefertest, etwa nach meiner Familie gefragt? Komm!“
Ich faßte ihn bei der Hand und zog ihn um die Ecke. Dort standen Halef und Ali, der Sahaf.
„O Wunder Allah's!“ rief der Hadschi. „Welch ein Etpartscha ist dieser Mensch! Legt er auch mehrere Tausend Eier in der Stunde?“
Der Färber fand gar keine Zeit, auf diese ihm jedenfalls unbegreifliche Frage zu achten. Er erblickte den Andern und rief erschrocken:
„Ali, der Sahaf!“
„Ja, Dein Güweji, den Du gewiß mit Freuden erwartest,“ antwortete ich. „Gib ihm die Hand, und begrüße ihn, wie es zwischen solchen Verwandten schicklich ist!“
Ich meinte, daß er sich weigern werde, aber er streckte dem Sahaf ohne Zögern die Hand entgegen. Der Gruß geschah wortlos; dann sagte ich, auf den Boden deutend:
„Setze Dich, Boschak! Unsere Verhandlung kann beginnen.“
Er blickte verlegen vor sich nieder und sagte:
„Wie will ich dann wieder aufstehen?“
Da legte der kleine Hadschi die Hand an seine Nilpferdpeitsche und sagte:
„Hier, o König aller Dicken, ist ein gutes Mittel zum schnellen Niedersetzen und Aufstehen. Wir haben Dir keinen Divan mitgebracht.“

Im Augenblick plumpste der Bäcker wie ein Mehlsack auf die Erde nieder und bat mit flehender Stimme:

„Laß Deine Peitsche im Gürtel; ich sitze ja schon!“

„Ja. Siehe, wie rasch dies gegangen ist! Ich hoffe, daß uns das Andere ebenso schnell gelingen wird. Effendi, sage ihm, was Du von ihm verlangst!“

„Ja, sage es mir!“ wiederholte der Dicke, vor Angst stöhnend.

„Ich verlange vor allen Dingen ein aufrichtiges Bekenntniß von Dir!“ sagte ich zu ihm. „Bei der ersten Lüge, welche Du mir machst, schicke ich Dich in die Hütte zurück und lasse den Stareschin kommen. Ich bin ein Emir aus Germanistan; es ist keine Kleinigkeit, einem solchen Manne nach dem Leben zu trachten. Weißt Du, was mit Dir geschehen würde, wenn ich Anzeige machte?“

„Nein.“

„Du würdest vor den Richter geschleppt und zum Tode verurtheilt werden.“

„Ja,“ fiel Halef drohend ein. „Du würdest verkehrt an den Dar aghadschy gehängt, mit dem Kopfe nach unten; sodann bekämst Du drei große Flaschen Gift zu trinken, und endlich würde man Dich enthaupten, auch verkehrt, nämlich von den Füßen herauf.“

Dem geängstigten Manne fiel es gar nicht ein, den von dem Hadschi vorgebrachten Unsinn zu bemerken; er faltete die Hände in einander und stieß hervor:

„W' Allah! Das werdet Ihr doch nicht thun!“

„Wohl werde ich es thun, wenn Du mir Deine Zustimmung verweigerst,“ erwiederte ich. „Also antworte mir jetzt! Du hast mir Deine Einwilligung für den Sahaf und Ikbala nur scheinbar gegeben?“

„Nein – – ja, ja,“ fügte er schnell hinzu, als er meine drohende Miene bemerkte.

„Du hast dann Deinen Gehülfen fortgeschickt, um die Männer, welche sich jetzt in der Hütte befinden, zusammen zu rufen?“

„Ja.“

„Sie sollten mich tödten?“

„Das habe ich ihnen nicht sagen lassen!“

„Aber unschädlich sollte ich gemacht werden?“

„Ja – – ja!“

„Nun, das ist ganz dasselbe, wie getödtet! Ferner: die Teppiche, welche in dem Gestrüpp liegen, befinden sich gegen den Willen der Obrigkeit dort?“

„Nein – – ja, ja, Herr!“

„Nun, so höre! Ich sollte Euren Mordanschlag anzeigen; ich sollte auch dem Kiaja sagen, wo sich die Teppiche befinden. Das Erstere will ich Euch verzeihen; das Letztere brauche ich nicht zu thun, weil ich ein Fremder bin. Aber ich werde dem Sahaf von dem Teppichlager erzählen; er mag dann thun, was seine Pflicht als Untertan des Padischah ist.“

„O, Herr, erzähle ihm nichts!“

„Er wird es erfahren, ganz gewiß! Nun kommt es auf Dich an, ob er als Dein Feind oder als Dein Freund handeln wird. Du hattest dem Mosklan aus Palatza Deine Tochter bestimmt?“
„Ja.“
„Nun, Mosklan ist gefangen. Ich selbst habe ihn gefangen genommen. Ikbala hat den Sahaf lieb und er sie. Ich erwarte, daß Du mir jetzt das Versprechen hältst, welches Du mir gegeben hast.“
Er kratzte sich mit beiden Händen hinter den langen Ohren.
„Nun?“ fragte ich.
„Ja, ich werde es halten!“ knurrte er.
„Du schwörst es beim Barte des Propheten?“
„Das darf ich nicht!“
„Warum?“
„Du bist ja ein Christ!“
„Aber er ist ein Moslem. Ihm sollst Du es zuschwören, aber doch nicht mir. Entschließe Dich!“
„Herr, wenn Mosklan wieder frei wird, so – – –“
„Schweig!“ fuhr ihn der kleine Hadschi an. „Was wollen wir von diesem Schurken wissen! Mache keine langen Reden, sondern fasse Dich kurz, sonst dehne ich Dich mit meiner Peitsche aus, daß Du länger wirst, als zwei halbe Jahrhunderte! Willst Du Deine Tochter dem Sahaf geben oder nicht? Ja oder Nein!“
„Ja – ja!“
„Du schwörst es uns zu?“
„Ja.“
„Beim Barte des Propheten und bei den Bärten aller frommen Khalifen und Gläubigen?“
„Ja.“
„Das ist Dein Glück. Ich hätte keinen Augenblick länger gewartet!“
„Herr, ist es nun gut?“ wendete sich der Geängstigte zu mir. „Wirst Du uns nun frei geben?“
„Nein. Wir sind noch nicht zu Ende.“
„Was verlangst Du noch?“
„Du hast mir bereits einmal Dein Wort gegeben, ohne es halten zu wollen. Jetzt werde ich mich sicherer stellen. Du wirst dem Sahaf Deine Einwilligung nicht nur mündlich, sondern auch schriftlich geben.“
„Wie denn?“
„Wir fertigen ein gültiges Isbat an, welches Du zu unterschreiben hast.“
„Ja, wir werden es anfertigen, in meiner Wohnung. Aber laß uns nur vorher frei!“
„Nein, laß ihn nicht frei!“ sagte jetzt der Sahaf, welcher sich bisher ganz schweigsam verhalten hatte. „Ich kenne ihn. Du weißt, daß ich heilige Schriften verkaufe. Ich habe stets Papier, Feder und Tinte in der Satteltasche. Er mag das Isbat gleich jetzt anfertigen.“

„Das meine ich auch!"
„Ich kann aber nicht!" wendete der Färber ein. „Ich kann nicht schreiben; ich bin so aufgeregt; ich habe das Zittern. Mein Körper ist wie ein Berg voller Feuer und Erdbeben!"
„Soll ich dieses Erdbeben vielleicht beruhigen?" fragte der Hadschi mit einer bezeichnenden Handbewegung nach seiner Peitsche.
„O Allah, o Allah!" jammerte der Dicke. „Ich bin wie ein Strauch, der zwischen zwei Felsen zermalmt wird!"
„Oder wie ein Schaf, an welchem zwei Löwen zerren!" lachte Halef. „Mein Effendi wird Dir nur eine einzige Minute Frist zum Überlegen geben."
„Ist das wahr, Herr?" fragte er.
„Ja. Ist die Minute verstrichen, so kannst Du wieder in die Hütte gehen; ich aber sende zum Kiaja!"
„Nun wohlan! Mag Mosklan mir zürnen; ich kann nicht anders! Ich werde unterschreiben!"
„Das genügt mir aber noch nicht."
„Nicht? Was willst Du denn noch mehr?"
„Deine Gefährten haben mit Dir gesündigt; sie mögen nun auch mit dafür sorgen, daß Du Dein Wort hältst. Sie sollen gleichfalls schwören und unterschreiben, wie Du. Sie sollen mit uns zu Dir reiten, und Du gibst die Hand Deiner Tochter vor unser Aller Augen in die Hand des Sahaf!"
„Sie werden es nicht thun."
„Warum nicht?"
„Sie können nicht schreiben."
„Vielleicht so gut wie Du. Und wenn sie wirklich ihren Namen nicht schreiben können, so mögen sie ihr Zeichen unter die Schrift setzen. Ich verlange nur das von ihnen; dann sind sie frei."
„Und sie werden es doch nicht thun, denn – – –"
„Halt, Boschak!" unterbrach ihn eine Stimme von innen. „Sollen wir uns Deinetwegen in Gefahr begeben? Effendi, ist dies wirklich Alles, was Du verlangst?"
„Ja."
„Dann wirst Du nicht davon sprechen, was Dir hier geschehen ist?"
„Nein!"
Ich erkannte die Stimme des Bettlers; er war der Haupt-Missethäter und trachtete also am eifrigsten, die Gefahr von sich abzuwenden. Kaum hatte er mein Nein gehört, so sagte er:
„Dann mag der Bojadschi das Isbat unterschreiben. Wir thun es auch."
„Was wird Mosklan sagen?" warf der Dicke ein.
„Nichts darf er sagen. Du weißt, daß er mich zu fürchten hat. Er darf nicht widerstreben."
„Gut!" sagte ich. „Wir sind einig. Du kannst in die Hütte zurückkehren, Bojadschi."
„Ohne zu unterschreiben?" fragte er erfreut.

„Wir werden das Isbat drin anfertigen. Ich gehe mit."
„Um Allah's willen, bleibe!" sagte Halef, indem er mich bei der Hand ergriff.
„Pah! Diese Leute werden mir nichts mehr thun. Ich gehe mit hinein. Hört Ihr, daß mir irgend Etwas geschieht, so legt Ihr Feuer an das Dach und bewacht den Eingang mit Euren Gewehren. Es entkommt dann Keiner."
„Ja, komm herein, Effendi; Du bist sicher!" rief der Bettler im Innern.
„Sihdi, ich gehe mit!" sagte Halef.
„Gut, überzeuge Dich, daß wir nicht mehr besorgt zu sein brauchen. Stehe auf, Boschak!"
Der Dicke erhob sich stöhnend und ging wankend in die Hütte. Wir folgten ihm. Halef hatte den Revolver gezogen; er steckte ihn aber sogleich wieder zu sich, als er bemerkte, daß die Männer in der einen Ecke saßen und ihre Gewehre in die andere gelehnt und gelegt hatten. Ich gab Omar, Osko und dem Sahaf einen Wink, und sie kamen nun auch herein.
Der Dicke wollte sich noch immer nicht fügen; er fürchtete sich vor Mosklan; aber die Andern, besonders der Bettler, drangen in ihn, und so erklärte er sich endlich einverstanden.
Da ging der Sahaf hoch erfreut zu seinem Pferde und brachte die vorhin erwähnten Requisiten herbei.
„Willst Du schreiben, Herr?" fragte er mich.
„Nein. Du bist der Nischanly; sorge Du dafür, daß Dir die Braut nicht entgehen kann!"
So begann er denn sein stilistisches Meisterstück. Es dauerte sehr lange, bis es fertig war; dann reichte er es mir hin. Ich las die Zeilen und fand, daß er die Sache so verklausulirt hatte, daß nicht ein Hinterthürchen zum Entwischen übrig blieb.
Aber als nun die Unterschrift des Bäckers folgen sollte, begann das Lamento desselben von Neuem.
„Sihdi, wollen wir ihn nicht lieber gleich jetzt aufhängen?" fragte mich Halef. „Gehängt wird er doch! Denn wenn er nicht augenblicklich schreibt, so reite ich fort und hole den Kiaja. Ihr haltet diesen Kerl bis dahin fest!"
„Ich schreibe – ich schreibe!" versicherte er.
Und nun setzte er seinen Namen auf die Urkunde. Der Sahaf wandte sich an die Andern und erhielt schnell nicht nur ihre Handzeichen, sondern auch ihr mündliches Versprechen. Nun, da Alles in Ordnung war, sagte der Sahaf:
„Jetzt reiten wir nach Dschnibaschlü. Ihr sollt Zeugen sein, daß er die Hand Ikbala's in die meinige legt!"
„Laßt mich erst ausruhen!" stöhnte der Färber. „Ich bin ganz matt vor – –"
„Horch!" unterbrach ihn Halef, nach dem Eingange deutend.
Auch ich hatte den Galopp eines Pferdes gehört. Freilich war der Reiter bereits da, denn bei der Weichheit des Waldbodens war der Hufschlag nur in der Nähe zu vernehmen.

Wir hatten noch nicht Zeit gehabt, uns vom Boden, wo wir saßen, zu erheben, so trat er ein. Man denke sich mein Staunen, als ich – Mosklan erkannte, Mosklan, der sich für den Agenten Pimosa ausgegeben hatte.
Wie war er dem Schmied entkommen? Hatte er – – – doch nein, zu solchen Gedanken blieb mir ja gar keine Zeit, denn er gewahrte mich augenblicklich.
„Lanetli chowarda, burada – verfluchter Schurke, hier!"
Diese Worte brüllte er mir entgegen; ich sah ein Pistol in seiner Hand. Der Schuß blitzte auf; ich warf mich auf die Seite und – ich weiß nicht, wie das so blitzschnell geschehen konnte, im nächsten Augenblick schlug ich ihm den Kolben des Stutzens an den Kopf, daß er das Pistol sinken ließ und unter einem gurgelnden Schrei mit beiden Händen nach dem Gesicht fuhr; denn nicht den Schädel hatte ich getroffen, sondern das Gesicht, weil er eine Wendung gemacht hatte.
Fast in demselben Moment hatte ihn auch Halef bereits zu Boden gerissen und kniete auf ihm. So gedankenschnell war dies gegangen, daß keiner der Anderen noch Zeit gefunden hatte, sich vom Boden zu erheben.
Jetzt freilich sprangen Alle auf. Halef hielt den Menschen fest, und Osko band ihm die Arme zusammen. Mosklan leistete fast keine Gegenwehr; er hielt die Hände an das Gesicht und preßte ein gurgelndes Geheul heraus – der Kolbenhieb hatte ihm das ganze vordere Gebiß, vielleicht auch die Kinnlade zerschmettert.
Aber noch Einer stieß Schmerzenslaute aus – oder richtiger – er schrie, als ob er am Pfahle stäcke: der dicke Färber.
Als Mosklan schoß und ich mich schnell mit dem Oberkörper zur Seite geworfen hatte, war der Dicke von seinem Schreck zu einer unwillkürlichen Armbewegung getrieben worden; dabei war seine Hand in die Schußlinie gerathen, und die Kugel hatte den kleinen Finger getroffen.
„Parmak-im, el-im, fakir-im, wüdschud-im, ten-im – mein Finger, meine Hand, mein Arm, mein Leib, mein Körper!" brüllte er. „Bulmisch-um, beni wur-di, beni, beni – ich bin getroffen worden, er hat mich erschossen, mich, mich!"
Dabei sprang er trotz seines schweren Körpers wie ein Rasender hin und her.
„Zeige!" gebot ich ihm.
„Hier, hier! Da läuft das Blut; da fließt das Leben hin! Ich bin todt; ich bin eine Leiche!"
Ich sah, daß die Kugel den Finger nur ganz leise gestreift hatte; nur ein wenig Haut und Fleisch war weg.
„Schweig doch!" sagte ich. „Das ist ja gar keine Wunde! Das thut nicht wehe; das kannst Du kaum fühlen!"
„Das? Nicht fühlen?" fragte er erstaunt.
Er sah den Finger genauer an, horchte, ob er ihm auch wirklich wehe thue, und antwortete dann:
„Allah ist gnädig! Dieses Mal bin ich dem Tode noch glücklich entwischt. Aber ein wenig weiter nach rechts, so wäre es um mich geschehen gewesen!"

„Ja, zwei Fuß weiter nach rechts!“
„Zwei Fuß nur! Effendi, Dir hat die Kugel gegolten! Warum thatest Du Deinen Kopf so schnell weg?“
„Um nicht getroffen zu werden, natürlich!“
„Dafür hat er dann mich getroffen! Dieser Elende konnte mich um das Leben bringen! Ich hatte ihm meine Tochter versprochen, und er schießt auf mich! Konnte er nicht besser zielen? Konnte er sich nicht mehr in Acht nehmen? Zwischen mir und ihm ist es aus, vollständig aus! Saban, komm her und verbinde mich!“
Aber Saban, der Bettler, kauerte bei Mosklan, um dessen Verletzung zu untersuchen. Der Verwundete wollte sprechen, konnte aber nicht; er brachte nur gurgelnde Töne heraus. Desto beredter aber waren seine Augen, deren Blick uns Alle erstochen hätte, wenn das möglich gewesen wäre. Er sah, daß wir uns nicht in Feindschaft bei einander befunden hatten.
„Wie steht es?“ fragte ich.
„Ich weiß es noch nicht,“ lautete die Antwort. „Die Kinnlade ist auch verletzt. Man wird nach einem richtigen Tabib senden müssen. Er muß hier liegen bleiben.“
Ich begriff sehr wohl den Hintergedanken des Sprechers, antwortete aber doch:
„So kannst Du nicht mit nach Dschnibaschlü, denn Du mußt doch hier bleiben. Wir Andern aber müssen sofort aufbrechen.“
„Was!“ sagte Halef. „Du willst diesen Menschen hier lassen, Sihdi?“
„Ja.“
„Bedenke, daß er entflohen ist! Wie ist ihm das gelungen? Vielleicht hat er den Schmied ermordet!“
„Das werden wir erfahren. Er kann uns ja nicht entgehen. Saban mag für ihn sorgen, bis wir Botschaft senden.“
„Und ich werde einen Tabib holen,“ sagte Murad, der auf dem Herwege meinen Führer gemacht hatte.
„Thue das!“ antwortete ich. „Ihr Anderen aber kommt jetzt augenblicklich mit!“
Keiner weigerte sich. Ich durchschaute die Kerle. Sie wollten mir ihr Wort nicht brechen, aber doch auch ihren verwundeten Verbündeten nicht im Stich lassen. Osko und Omar holten ihre Pferde. Wir stiegen auf. Der dicke Färber war wunderbarer Weise der eiligste dabei.
Die Anderen folgten uns, langsamer und immer langsamer. Als wir den Wald hinter uns hatten, waren sie nicht mehr zu sehen.
„Sihdi, warten wir, bis sie kommen?“ fragte Halef.
„Nein. Ich bin froh, daß ich sie los bin!“
„Sie müssen ja mit zu Boschak!“
„Ich brauche sie nicht!“ sagte der Genannte. „Ich brauche überhaupt keinen Freund, welcher auf mich schießt. Dort kommt wieder ein Reiter!“

Ich hatte bereits den Mann gesehen, welcher auf einem ungesattelten Pferde uns entgegen kam. Ich sah, daß er sein Pferd langsamer gehen ließ, als er uns bemerkte.
„Ah, so ist ihm also nichts geschehen," athmete ich auf.
„Wer ist es?" fragte Osko.
„Der Schmied. Heute jagt immer Einer hinter dem Andern her. Eine wahre Hetzjagd!"
Wir spornten die Pferde an. Als Schimin mich erkannte, rief er von Weitem:
„Hamdulillah – Preis sei Gott, Du lebst! Ich habe große Sorge um Dich ausgestanden."
„Und ich um Dich. Ist Dir ein Leid geschehen?"
„Nein!"
„Aber Deinem Weibe?"
„Er hat sie mit der Faust auf den Kopf geschlagen; aber es bedeutet weniger, als ich erst dachte."
Jetzt hatten wir uns ganz erreicht. Er war außer Athem.
„Habt Ihr ihn gesehen?" fragte er.
„Ja. Er schoß nach mir, traf mich aber nicht."
„Woher mag er die Waffe haben?"
„Wie ist er denn entkommen?"
„Zuerst kamen Deine Freunde," erzählte der Schmied, „und ich sandte sie Dir nach zu Boschak, der sich hier an Deiner Seite befindet. Dann stand ich in der Schmiede, um zu arbeiten. Da plötzlich sah ich den Gefangenen davonjagen. Ich sprang zu meiner Frau. Sie lag in der Stube und hielt sich den Kopf mit den Händen. Sie war noch nicht ganz bei Besinnung. Er hatte sie überfallen und niedergeschlagen."
„Wie aber war das möglich? Wie konnte er aus dem Keller entkommen?"
„Herr, ich habe einen großen Fehler begangen. Dieser Hadschi Halef Omar wollte den Gefangenen sehen. Als dies geschehen war, ließ ich die Leiter lehnen. Er hat sich von den Banden frei gemacht und ist aus dem Keller gestiegen."
„Konnte er denn die Thüre öffnen?"
„Sie ist ja nur von Weidengeflecht. Er hat sie aufgesprengt. Das dabei verursachte Geräusch konnte man nicht hören, weil ich schmiedete. Hinter dem Hause stand sein Pferd. Er bemerkte dies und entkam dadurch."
„Wie aber kommt es, daß er uns nachgeritten ist? Konnte er wissen, wo ich war?"
„Er wird gehört haben, was ich mit Deinen Gefährten sprach."
„Da seid Ihr allerdings sehr unvorsichtig gewesen."
„Du hast Recht. Ich wollte das wieder gut machen. Darum gab ich meinem Weibe Wasser, um sich den Kopf zu kühlen, rannte nach dem Dorfe, nahm das erste Pferd, welches ich fand, und ritt nach Dschnibaschlü. Dort hörte ich von der Frau des Bäckers, daß Du nach Kabatsch geritten seist, ihr Mann mit Mosklan Dir nach und hinter ihnen dann Deine Freunde. Darauf war der Entflohene gekommen, hatte dasselbe erfahren und war Euch gefolgt. Ich ritt sofort weiter und freue mich von Herzen, daß ich Euch so wohl zurückkehren sehe. Jetzt werde ich erfahren, was geschehen ist."

Ich erzählte ihm in kurzen Worten unser Erlebniß. Als ich geendet hatte, sagte er nachdenklich:
„Das hat Allah gegeben. Mosklan hat seine Strafe, und ich bin ihn los. Wie hättest Du ihn von mir entfernen wollen, Effendi?“
„Das wäre mir nicht schwer geworden, ist nun aber nicht nöthig,“ antwortete ich.
Ehrlich gestanden, hätte ich mich aber doch in Verlegenheit befunden. Mosklan konnte doch nicht ewig im Keller des Schmiedes stecken. Wie nun ihn frei lassen, ohne daß es ihm möglich war, sich zu rächen?
Von dieser zu befürchtenden Rache sagte ich jetzt einige Worte; da aber beruhigte mich der Schmied:
„Mache Dir keine Sorge um mich! Ich habe jetzt durch Euch so viel erfahren, daß ich diesen Pferdehändler nicht zu fürchten brauche. Jetzt kann er nicht reden, Dir also keine augenblicklichen Verlegenheiten bereiten, und ich werde schon mit ihm fertig werden!“
„Ich auch!“ knurrte der Dicke. „Er hat auf mich geschossen. Das soll er mir entgelten! Mein Leben hing an einem einzigen Haare.“
„Nein, sondern an meinem ganzen Kopf!“
„Vielleicht hat er Dich und mich mit einer einzigen Kugel erschießen wollen! Doch, Effendi, da ist das Dorf. Reiten wir langsamer. Ich habe vorher noch Einiges zu fragen.“
Ich blieb mit ihm ein wenig zurück, und da sagte er:
„Du wirst also dem Sahaf von den Teppichen erzählen?“
„Ja.“
„Er wird auch den Ort erfahren, an welchem sie sich befinden?“
„Ich werde ihm denselben sogar zeigen.“
„Willst Du das nicht lieber unterlassen?“
„Nein! Ich will haben, daß er Dich anzeigen soll.“
„Du bist grausam. Verlangst Du das denn wirklich von ihm?“
„Ja.“
„Wirst Du ihn zwingen, wenn er lieber davon absehen will?“
„Ich muß abreisen; ich kann ihn also nicht zwingen. Er wird es aber sicher thun, wenn Du ihm Dein Wort nicht hältst. Richte Dich also danach!“
„Ich werde ihm mein Wort halten.“
„So laß gleich jetzt den Kiaja kommen und drei Nachbarn als Zeugen. Das rathe ich Dir.“
„Meinst Du?“
„Ja. Du mußt dem Sahaf zeigen, daß es Dein Ernst ist.“
„Ich werde Dir gehorchen, und – o Allah – wie werden sie sich freuen, mein Weib und meine Tochter!“
Da endlich kam doch die angeborene Gutmüthigkeit zum Durchbruch! Sein Gesicht erheiterte sich zusehends, und als wir vor seinem Hause von den Pferden sprangen, er sich aber von dem Maulesel förmlich herabgekugelt hatte, da eilte er uns voran, riß die Thüre auf, und wir hörten ihn rufen:

„Tschileka, Ikbala, gelyn, gelyn, ewetlemyn, burda iz – kommt, kommt, eilt, wir sind da!“ Und sie liefen herbei. Der Herr des Hauses war der Erste, den sie erblickten, ich der Zweite.
„Herr, da bist Du!“ rief die Lieblichste von ganz Rumili. „Es ist Dir nichts geschehen? Allah sei Dank! Ich habe Dich warnen lassen. Hast auch Du Wort gehalten?“
„Ja, ich bringe Dir den Heißersehnten mit.“
„Wo? Wo?“
„Hier!“
Dabei deutete ich auf den kleinen Hadschi, der hinter mir eingetreten war. Die Anderen waren noch nicht zu sehen.
„Inkali' min hon – geh' zum Teufel!“ fiel Halef sofort ein, glücklicher Weise in seinem arabischen Dialekt, den sie nicht verstand.
Sie aber meinte bestürzt:
„Dieser da?“
„Ja, Du süße Tochter der rothen Farbe.“
„Den kenne ich doch gar nicht!“
„Aber er will Dir sein Leben weihen! Doch – da kommt noch Einer. Wähle zwischen diesen Beiden!“
Der Sahaf hatte sich hinter Halef hereingedrängt. Sie blickte ihren Vater verlegen und fragend an.
„Hangy bil-ir-sen – welchen kennst Du denn?“ fragte dieser lachend.
„Bonu – diesen,“ antwortete sie, auf den Sahaf zeigend.
„Sana elwerir dir – ist er Dir genügend?“
„Ewwet, tamam bütün – ja, vollständig!“
„Onu al – nimm ihn!“
Da legte sie die Hände vor das Gesicht, stieß ein lautes Schluchzen aus, ob vor Scham oder vor Entzücken, das war unmöglich zu sagen, dann floh sie durch die Thüre zurück, aus der sie gekommen war.
„Herr, siehst Du, welch ein Unglück Du angerichtet hast!“ sagte der Bäcker zu mir, halb besorgt, halb lachend.
„Sende ihr das Glück nach!“
„Wo ist es denn?“
„Da steht es!“
Ich zeigte auf den Sahaf.
„Das geht nicht,“ antwortete er kopfschüttelnd. „Kein Jüngling darf vor dem Tage des Düjün mit einer Jungfrau sich allein befinden!“
Der Gute ahnte nicht, daß seine Ikbala sich bereits so oft mit ihrem treuen Ali unter vier Augen befunden hatte, da draußen hinter dem Hause, unter dem Schutze der verschwiegenen Tschileka und des noch verschwiegeneren Mahitab.
„So gehe mit ihm!“ rieth ich.

„Ich habe keine Zeit.“
„Kann nicht Tschileka ihn begleiten?“
„Auch diese nicht. Ihr seid unsere Gäste und sollt verpflegt werden. Da haben wir zu thun.“
Verpflegt? Wollte er uns etwa speisen und tränken? Womit? Mit den Delikatessen, die ich bereits kennen gelernt hatte? O weh! Ich beeilte mich also, die schleunige Bemerkung zu machen:
„Laß Dir an unserm Gruße genügen! Meine Zeit ist mir sehr kurz gemessen. Ich muß abreisen.“
„Herr, das wirst Du mir doch nicht anthun! Sieh, der Tag ist beinahe zu Ende. Wohin willst Du noch reisen?“
Er hatte Recht. Es war schon spät am Nachmittag. Und da fragte auch Halef leise:
„Willst Du wirklich heute noch fort, Sihdi?“
„Es ist fast unumgänglich nothwendig.“
„Allein? Ohne uns?“
„Das möchte ich doch nicht wieder wagen.“
„So bedenke, daß wir stets im Sattel gewesen sind und daß unsere Pferde der Ruhe bedürfen.“
„Nun gut, so bleiben wir noch einige Zeit hier, und in der Nacht schlafen wir bei Schimin, meinem Freunde.“
Da stieß der wackere Schmied einen Freudenruf aus und sagte, mir die Hand entgegenstreckend:
„O, Effendi, Du glaubst nicht, was Du mir für eine Freude bereitest!“
„Ich weiß es.“
„Du hast mich Deinen Freund genannt!“
„Das bist Du auch. Du hast es mir bewiesen. Wenn ich längst in mein Land zurückgekehrt bin, so wirst auch Du zu Denen gehören, deren ich stets und gern in Liebe gedenken werde.“
„Das muß ich meinem Weibe sagen. Ach, wüßte ich, wie sie sich befindet!“
„Du hast Dir ein Pferd geborgt und mußt es abgeben. Nimm das meinige; sieh nach Deiner Gefährtin und komm dann wieder zurück.“
„Das sei ferne von mir! Ein solches Pferd darf nur Einer reiten, der dieses Thieres würdig ist. Ich werde leicht ein anderes bekommen und kehre dann sogleich zurück.“
Er ging.
Mir war das auch recht, da ich meinen Rappen doch eigentlich nothwendig brauchte. Zu unserer Sicherheit mußte ich erfahren, was mittlerweile in der Hütte des Bettlers geschehen war. Als sich Alle gesetzt hatten und der Färber mit den Seinen beschäftigt war, die versprochene „Bewirthung“ einzuleiten, sagte ich darum zu Halef:
„Habe keine Sorge, wenn ich mich jetzt entferne! Ich will sehen, was mit Mosklan geschehen ist.“

„Bist Du toll, Sihdi! Du willst zur Hütte zurück?“

„Ja.“

„Man wird Dich tödten!“

„Pah! Jetzt kann man mich nicht wieder überraschen. Übrigens bin ich überzeugt, daß die Hütte leer ist. Man wird Mosklan fortgeschafft haben, damit wir ihn etwaigen Falls nicht finden können.“

„Er hat Dich doch eigentlich gar nicht zu fürchten. Du hattest kein Recht, ihn einzusperren.“

„Das ist wahr. Dennoch aber fürchtet er mich. Er hat auf mich geschossen und besitzt auch in anderer Beziehung kein gutes Gewissen. Laß den Färber nicht wissen, wohin ich gegangen bin!“

„Aber wenn Du nicht bald zurückkehrst, so komme ich Dir nach!“

„Gut, das will ich gelten lassen.“

Ich ging hinaus und machte mich im Stillen davon. Ich hütete mich sehr wohl, den früheren Weg einzuschlagen. Ich konnte da leicht eine mir nicht passende Begegnung haben. Darum ritt ich nicht nach Süd, sondern nach West, um von der nach Kabatsch liegenden Seite in den Wald zu kommen.

Den nördlichen Rand des Waldes zur linken Hand, galoppirte ich über das Weideland dahin und erreichte bei der Schnelligkeit meines Rih sehr bald die Stelle, wo sich der Wald südlich nach Kabatsch zog. Da erblickte ich ganz draußen, seitwärts des genannten Ortes, eine Reitergruppe, welche sich nicht gar zu eilig fortzubewegen schien. Diese Leute hatten bei einem einsamen Hause angehalten und nun ihren Ritt wieder fortgesetzt.

Ich ahnte, daß ich die Gesuchten vor mir hatte. Es konnte etwas über eine englische Meile bis dorthin sein.

„Kawam, kawam – schnell, schnell!“ rief ich meinem Rappen zu.

Rih verstand das Wort genau; es bedurfte keines weiteren Mittels, um ihn zur größeren Eile anzutreiben. Es war eine Freude, so dahin zu fliegen. Und doch hätte ich, im Sattel sitzend, Champagner eingießen und trinken können, ohne einen Tropfen zu verschütten.

In einigen Minuten hatte ich das Haus erreicht und stieg ab. Ich hatte mich so gehalten, daß das Gebäude zwischen mir und der Reitergruppe geblieben war; ich war also nicht bemerkt worden.

Ein in den mittleren Jahren stehendes Weib saß, Melonen schneidend, vor der Thüre.

„Mesalcheer – guten Abend,“ grüßte ich in arabischer Sprache.

Sie blickte mich fragend an. Ich wiederholte den Gruß türkisch, und nun verstand sie mich. Sie dankte freundlich.

„Willst Du mich nicht von Deiner Karputz kosten lassen? Ich habe Durst,“ bat ich.

„Sehr gern, Herr.“

Sie schnitt mir ein tüchtiges Stück ab und gab es mir. Als sie bemerkte, mit welchem Behagen ich in die Gabe biß, lächelte sie befriedigt und sagte:
„Die habe ich selbst gepflanzt. Vor wenigen Minuten mußte ich eine ganze Frucht an Andere verschneiden. Die baten nicht so freundlich, wie Du."
„Aber sie haben Dich belohnt?"
„Ich verlange keinen Lohn, obgleich ich sehr arm bin und nur wenig Früchte gezogen habe. Aber sie haben mich noch dazu beraubt."
„Die Undankbaren! Was nahmen sie Dir?"
„Mein Jemini. Einer von ihnen war verwundet. Den verbanden sie damit."
„Kanntest Du sie denn nicht?"
„Saban, der Bettler, war dabei, der im Walde wohnt, und Murad, sein Kumpan."
„Weißt Du nicht, wohin sie ritten?"
„Sie wollten hinüber nach Usu-Dere. Dort wohnt ein Verwandter Saban's, welcher ein Dscherrah und ein Adschaiby ist. Bei ihm soll der Kranke untergebracht werden."
„Haben sie nicht davon gesprochen, auf welche Weise der Mann verwundet wurde?"
„Er ist vom Baum gefallen, mit dem Gesicht auf einen Stein. Er hat sich sämtliche Zähne zerschlagen."
„Der arme Kerl!"
„O, er ist nicht zu bedauern! Ich kenne ihn, nur weiß ich seinen Namen nicht. Er ist der Verführer unserer Männer!"
„Auch des Deinigen?"
„Nein. Ich bin Dul kary; mein Mann ist todt."
„Hast Du Kinder?"
„Drei. Das Kleinste liegt am Kyzyl humma krank; die beiden Größeren sind an's Wasser gegangen, um Sülükler zu fangen, welche ich an den Wunderdoktor verkaufe. Er bezahlt einen Para für zehn Stück."
Die arme Frau! Welch eine elende Bezahlung! Ich zog fünf Piaster aus der Tasche und gab sie ihr.
„Hier, kaufe Deinem Kinde Öz zu einem kühlenden Trank."
Das war eine Kleinigkeit, für sie aber schon eine wirkliche Summe. Sie blickte mich ungläubig an und fragte:
„Das willst Du mir schenken?"
„Ja."
„Herr, bist Du so sehr reich?"
„Ja."
„Dann ist die Güte Deines Herzens so groß, wie Dein Vermögen. Allah möge Dir – – –"
Weiter hörte ich nichts, denn ich war in den Sattel gesprungen und ritt davon, um zurückzukehren. Wie manches Elend könnte gelindert, wie manche Noth gehoben oder doch gemildert werden, wenn – – ah, wer doch nur so recht geben könnte!
Ich hatte genug erfahren, um zu wissen, daß für mich nichts zu befürchten war.

Als ich in Dschnibaschlü hinter dem Hause unseres dicken Gastfreundes und Brautvaters vom Pferde stieg, sah ich ein blutiges, frisches Fell an einem Pfahle hängen, und zugleich drang Bratengeruch in meine Nase. Das Fell war bis vor wenigen Minuten die Staatskleidung eines Ziegenbockes gewesen. Brr!
An der einen Giebelseite des Hauses, da wo der Luftzug sich am wenigsten bemerkbar machte, fand ich den Färber und sein Ehegespons beschäftigt – womit?
Am Boden stand ein hölzernes, niedriges Gefäß, ein solches, wie man es je nach der Gegend Deutschland's ein Schaff, Schäffel, Stutz u. s. w. nennt. Über den Rand desselben waren drei starke Drähte gelegt. An dem mittleren Draht steckte der heimgegangene, doch leider nicht zu seinen Vätern versammelte Ziegenbock. Die Hörner hatte er noch am Kopfe. Über seinen Leib und über die andern beiden Drähte hinweg hatte man Holzscheite gelegt, darauf gedörrten Kuhmist, was der Mongole Arkols nennt, dann wieder Holz und wieder Dünger, und darauf war dieser Scheiterhaufen in Brand gesteckt worden. Der Ziegenbock wurde oben schwarz angekohlt; darunter briet er, und weiter abwärts blieb sein Fleisch und Gemüth von der Wärme unberührt. Aus der bratenden Schicht aber tropfte das Fett in einsamen, schauderhaft langweiligen Intervallen auf den Boden des Gefäßes, wo ich eine Schicht Reis liegen sah. Die Seitenwände dieser wunderbaren Bratpfanne aber waren so schön krapproth gefärbt, wie französische Militärhosen, und ich konnte mir beim besten Willen nicht helfen, ich mußte an die rothen Hände der dicken Tschileka denken, an den in allen Farben schimmernden Mantel ihres Mannes, und da kam mir der Verdacht, daß das gegenwärtige Bratgefäß zu anderer Zeit doch wohl als Farbenkübel gebraucht werde.
„Wo warst Du, Herr?“ fragte der Dicke. „Gut, daß Du da bist. Ich habe Euch zu Ehren eine zarte saftige Ketschi geschlachtet. Der Nachbar verkaufte sie mir.“
„Kommt Dir diese Ziege nicht sehr erkek vor?“ bemerkte ich.
„O nein! Was denkst Du, Herr!“
„Prüfe einmal den Duft! Dein Nachbar hat sich vergriffen und Dir einen Bock gegeben.“
„Das thut mein Nachbar nicht.“
„Das Fleisch verbrennt. Willst Du nicht vielleicht den Braten wenden?“
„Ah, Herr, man merkt, daß Du ein Fremder bist! Ich würde dem Fleische den Hochgeschmack nehmen.“
„Wird der Reis von den Fetttropfen weich?“
„Das darf er ja gar nicht. Kennst Du nicht das Sprichwort: „Pilaw ol tschatyrdajydschy?“ Weich schmeckt er nicht.“
„Scheint es nicht, als ob von dem Brennmaterial Einiges in den Reis falle?“
„Das thut nichts. Siehe, ich nehme es ja wieder heraus.“
Er langte mit den Fingern hinein und gab sich Mühe, die Spuren des Mistes aus dem Reise zu entfernen. Ich gedachte unwillkürlich meiner holden Mersinah in Amadijah,

welche sich ihre Triefaugen mit Zwiebeln wischte. Von wem war wohl leichter zu essen, von ihr oder von diesem beleibten, krapprothen Ehepaar hier in Dschnibaschlü?
Ich verzichtete, weiter in die Küchengeheimnisse der Färbersleute einzudringen, und zog mich schaudernd in das Haus zurück.
Unter der Thüre des Wohnraumes kam mir Halef entgegen.
„Da bist Du, Sihdi!“ sagte er erfreut. „Es dauerte mir zu lange. Ich wollte eben das Pferd besteigen.“
„Du siehst, daß mir nichts geschehen ist. Womit habt Ihr Euch bisher unterhalten?“
„O, wir haben keine Langeweile gehabt. Ich bin mit dem Wirthe auf den Ziegenhandel gegangen, da gab es sehr viel Spaß. Er wollte die Ziege geschenkt haben, weil sie für einen so vornehmen Herrn bestimmt sei, welchen der ganze Ort als Gast zu betrachten habe. Darüber gab es einen solchen Streit, daß selbst der Kiaja geholt werden mußte.“
„Wer ist denn dieser vornehme Herr?“
„Du bist es; wer soll es denn sonst sein? Etwa ich?“
„Ah so! Und für mich wäre diese Ziege bestimmt?“
„Ja.“
„Du meinst doch nicht die Ziege, welche ein Bock ist?“
„Ziege oder Bock – das ist gleichgültig, Sihdi; der Braten wird uns doch schmecken.“
„Ich wünsche guten Appetit! Gehen wir in die Stube!“
Drin wollte ich eben Platz nehmen, als ich im Nebenraume, welcher für die Damen bestimmt zu sein schien, ein ganz eigenthümliches Geräusch vernahm. Es war, als ob Jemand recht kräftige Ohrfeigen erhielte, und dazu ließ sich ein Stöhnen und Seufzen vernehmen, welches mich für die Person oder auch für die Personen, welche sich dort befanden, besorgt werden ließ.
„Wer ist da drin?“ fragte ich den Sahaf.
„Ikbala, der Stern meiner Augen,“ antwortete er.
„Und wer noch?“
„Ich weiß es nicht.“
„Was thun sie denn?“
„Weiß ich es, Herr? Ich höre sie ächzen. Ich befürchte, daß ihr ein Unglück zugestoßen ist. Ich möchte ihr helfen; aber ich bin der Bräutigam und darf nicht zu ihr gehen.“
„Denkst Du, daß ich hinein dürfte?“
„Ja. Du bist ein Christ. Du kannst keine Tochter dieses Landes heirathen. Du hast auch schon ihr Angesicht gesehen. Du wirst also die Holde nicht beschämen, wenn Du zu ihr gehst.“
„So werde ich nachsehen.“
„Thue es! Aber rühre sie nicht an, Effendi. Sie wird mein Weib, und diejenige, welche an meinem Herzen wohnen soll, darf nicht mit der Hand eines Andern in Berührung kommen.“
„Habe keine Sorge! Die Schönste in Rumili hat von mir nichts zu befürchten.“

Ich ging also in den Nebenraum. Dort saß Ikbala, auf deutsch die „Glückbringende“, auf der ebenen Erde. Zu ihrer Rechten stand ein backtrogähnliches Gefäß, in welchem sich ein eigenartig gefärbter Teig befand. Ihre beiden Arme waren bis über die Ellbogen herauf mit dieser Masse beklebt. Soeben hatte sie ein mehrere Pfund schweres Stück dieses Teiges aus dem Backtroge herausgerissen und versuchte, demselben eine kugelrunde Form zu geben. Dies geschah dadurch, daß sie es in der einen Hand drehte und mit der andern hohl gehaltenen Hand aus allen Kräften darauf klopfte. Das waren die Ohrfeigen, welche ich gehört hatte.

Sie widmete diesem Geschäfte eine solche Hingebung, daß ihr der Schweiß aus allen Poren rann. Ihr ganzes Gesicht war hochroth und tropfnaß.

„Was thust Du hier?“ fragte ich sie.

„Ich backe,“ antwortete sie wichtig.

„Was?“

„Gülleler.“

„Für wen?“

„Für Euch natürlich, die Ihr unsere Gäste seid.“

„Wie schmecken diese Kugeln?“

„Wie ein Nazikly des Paradieses.“

„Was hast Du dazu genommen?“

„Vielerlei: Mehl, Wasser, Rosinen, Mandeln, Olivenöl, Salz, türkischen Pfeffer und allerlei wohlriechende Kräuter.“

„Wie lange währt es, bis sie fertig sind?“

„Wenn die Ziege gebraten ist, dann werden sie in dem Fett derselben und in dem Reis gedämpft.“

„Das wird ein Vorgeschmack der sieben Himmel!“

„Ja. Koste einmal den Teig! Du wirst noch nie so Etwas gegessen haben.“

Sie langte mit den Fingern in den Trog, zog sie voll von Teig wieder hervor und streckte sie mir unter einem holden Lächeln entgegen.

„Ich danke Dir, Du Blume der Gastfreundlichkeit! Wenn ich jetzt schon kostete, würde ich mir das Entzücken verderben, mit welchem ich später von den Kanonenkugeln genießen werde.“

„Nimm doch nur! Du bist der Schöpfer meines Glückes. Nur Dir allein habe ich es zu danken, daß der Sinn des Vaters sich so schnell geändert hat.“

Sie winkte mir dringlich zu. Ich aber wehrte so eifrig ab, daß sie endlich verzichtete und nun die Finger zu dem eigenen Munde führte, um sie schmatzend von dem Teige zu befreien.

Rosinen, Mandeln, Speiseöl, türkischer Pfeffer! Das gab jedenfalls einen entsetzlichen Geschmack. Dazu von dem Wasser, vor welchem es mich geschüttelt hatte. Und allerlei Kräuter. O weh! Sahaf, edler Sahaf, wie wird Dein Magen in einigen Monaten beschaffen sein!

Er war sehr erfreut, von mir zu hören, daß die Auserwählte seines Herzens sich in keiner Gefahr befand. Übrigens war jetzt der Schmied zurückgekehrt, und in demselben Augenblick sprang draußen ein Reiter vom Pferde, in welchem ich einen der Leute erkannte, welche wir in der Hütte des Bettlers belagert hatten. Ich hörte ihn nach mir fragen und ging hinaus zu ihm. Er führte mich zur Seite und sagte:
„Herr, Du bist großmüthig gegen uns gewesen und Du bist auch reich. Ich habe Dir etwas mitzutheilen."
„So sprich!"
„Was gibst Du mir dafür?"
„Ich weiß nicht, ob das, was Du mir sagen willst, einen Werth für mich hat."
„O, einen sehr großen!"
„In wie fern?"
„Du befindest Dich in Lebensgefahr."
„Das glaube ich nicht."
„Wenn ich es Dir sage, so ist es wahr."
„Grad weil Du es mir sagst, ist es nicht wahr."
Er blickte mich ganz erstaunt an und fragte:
„Glaubst Du wirklich, daß ich Dich belüge?"
„Ja. Ihr habt mich tödten und berauben wollen. Mörder aber und Räuber sind doch wohl auch der Lüge fähig."
„Aber jetzt meine ich es gut mit Dir und sage die Wahrheit."
„Nein. Wenn ich mich wirklich in Lebensgefahr befände, würdest Du es mir nicht sagen."
„Warum?"
„Weil Du Dich damit selbst in eine große Gefahr begibst. Ich würde Dich sofort festnehmen lassen, und Du müßtest gestehen, ohne einen Para zu empfangen."
Er erschrack und sah sich nach seinem Pferde um. Ich zog den Revolver hervor und sagte:
„Zunächst mache ich Dich darauf aufmerksam, daß ich Dir eine Kugel geben werde, wenn Du einen Schritt thust, um zu entfliehen."
„Herr, ich will Dich retten, und Du willst mich dafür erschießen!"
„Ich bin Dir keinen Dank schuldig. Wenn Du jetzt wirklich die Absicht hast, mir einen Dienst zu erweisen, so denke an das, was Du vorher gegen mich im Schilde geführt hast. Will ich sehr großmüthig sein, so sage ich, daß wir jetzt quitt sein werden, nachdem Du mir gesagt hast, in wie fern ich mich in Gefahr befinde."
„Du willst mir also nichts geben?"
„Ich bin bereit, Dich zu belohnen. Aber erst muß ich wissen, welchen Werth Deine Mittheilung für mich hat."
„Einen sehr hohen. Gibst Du tausend Gurusch?"
„Nein."
„Meine Nachricht ist noch viel mehr werth."
„Ich glaube es nicht."

„Gib wenigstens neunhundert!“
„Nein.“
„Achthundert!“
„Auch nicht.“
„Bedenke, daß es sich um Dein Leben handelt!“
„Ich gebe für mein Leben nicht einen einzigen Piaster.“
„Wie? Es hat keinen Werth für Dich?“
„Einen sehr großen; aber es steht in Gottes Hand. Sagt nicht Euer Kuran, daß Allah die Dauer des Lebens für einen jeden Menschen gleich von Anbeginn bestimmt hat?“
Das brachte ihn sichtlich in Verlegenheit. Er wußte nicht, was er antworten solle. Darum fuhr ich fort:
„Du siehst also, daß es beinahe eine Sünde wäre, für mein Leben Geld zu bezahlen. Ich werde die mir beschiedene Stunde erreichen, gleichviel, ob ich Geld bezahle oder nicht.“
Da zuckte es über sein Gesicht. Es war ihm ein rettender Gedanke gekommen:
„Herr, Du bist doch ein Christ?“
„Ja.“
„Nun, so kannst Du Dein Leben verlängern.“
„Wie so?“
„Allah hat nur die Lebensdauer seiner wahren und rechtgläubigen Anhänger bestimmt.“
„Wirklich?“
„Ja.“
„Wir Christen können also unser Leben verlängern?“
„Ja, ganz gewiß.“
„Dann ist Allah gegen uns Christen viel gütiger gewesen als gegen Euch. Er hat uns also lieber als Euch; wir sind seine Lieblingskinder. Das Leben ist das größte und kostbarste Geschenk, welches wir aus Gottes Hand empfangen haben. Wer von Gott zugleich die Macht erhalten hat, dieses Geschenk zu vergrößern, der erfreut sich der Gnade des Schöpfers weit mehr, als derjenige, welcher ohne Barmherzigkeit zu der ihm bestimmten Stunde sterben muß. Siehst Du das nicht ein?“
Er zupfte sich verlegen am Schnurrbarte. Er schien die Gedanken in diesem Bart zu haben, denn er zupfte sich doch einen nicht ganz üblen Gedanken heraus:
„Du gibst doch zu, daß die Seligkeit besser ist, als das Leben?“
„Ja.“
„Nun, wenn der wahre Gläubige zur bestimmten Stunde sterben muß, ohne sich sein Leben verlängern zu können, so ist das nur gut für ihn. Er erlangt ja um so viel eher die Seligkeit.“
„Meinst Du?“
„Ja.“
„Wenn aber nun seine Seele auf der Brücke Es Ssireth strauchelt? Sie ist schmäler als die Schneide eines Rasiermessers. Die Seele, welche hier mehr Sünden als gute Thaten

begangen hat, strauchelt auf der Brücke und stürzt hinab in die Hölle. Sie ist also um so viel eher verdammt worden. Und Du gibst doch zu, daß das Erdenleben besser ist als die Hölle?“

„Herr, Deine Antworten sind so spitz wie mein Dolch!“

„Auch irrst Du Dich, wenn Du meinst, daß der Prophet nur von den Moslemim gesprochen habe. Es heißt in der fünften Sure des Kuran, welche die „Sure des Tisches“ genannt wird, daß die Stunden aller Menschen, der Gläubigen und der Ungläubigen, vorher abgezählt sind. Kennst Du diese Sure?“

„Ich kenne alle Suren.“

„So wirst Du mir Recht geben. Ich kann und darf mein Leben nicht verlängern. Wie aber würdest Du es nennen, wenn ich ein Pferd bezahlen wollte, welches ich gar nicht kaufen darf? Das wäre doch Dummheit!“

Er zupfte sich abermals am Barte. Diesmal aber wollte kein guter Gedanke zum Vorschein kommen.

„Herr, ich brauche aber Geld,“ meinte er in einem Tone, der nicht sehr selbstbewußt klang.

„Ich auch.“

„Du hast Geld, ich aber habe keines.“

„Nun, Du sollst sehen, daß ich nicht hartherzig bin. Erpressen lasse ich mir nichts, aber dem Bedürftigen gebe ich gern ein Geschenk, wenn ich sehe, daß er desselben nicht unwürdig ist. Retten kannst Du mir mein Leben nicht; es ist also unmöglich, Bezahlung für die Rettung zu verlangen. Willst Du mir aber mittheilen, in welcher Gefahr ich mich befinde, so bin ich bereit, Dir ein Bakschisch zu geben.“

„Bakschisch? Almosen? Herr, ich bin kein Bettler.“

„Nun, so soll es nicht ein Bakschisch, sondern ein Peschkasch sein.“

„Wieviel aber bietest Du?“

„Bieten? Man bietet nur, wenn es sich um einen Preis handelt, und ich habe Dir bereits gesagt, daß von einer Bezahlung keine Rede sein kann. Ich verspreche Dir ein Geschenk; die Höhe eines Geschenkes aber hat der Geber zu bestimmen, nicht der Empfänger.“

„Ich möchte aber doch wissen, wie viel Du mir geben willst.“

„Ich werde Dir nichts geben oder so viel, wie mir beliebt. Auch sage ich Dir, daß ich keine Zeit habe, viele Worte zu machen. Also, was hast Du mir zu sagen?“

„Nichts!“

Er wollte sich von mir wenden; ich aber ergriff ihn beim Arme und sagte in ernstem Tone: „Du hast gesagt, daß ich mich in Lebensgefahr befinde; es gibt also Leute, welche mir nach dem Leben trachten; Du weißt davon, bist also ihr Mitschuldiger; ich werde Dich unbedingt festnehmen lassen, falls Du nicht redest.“

„Ich habe nur Scherz gemacht.“

„Das ist eine Lüge!“

„Herr!“ sagte er in drohendem Tone.

„Pah! Du hast Geld haben wollen, gleichviel, ob Deine Mittheilung die Wahrheit oder die Unwahrheit enthalten hätte. Weißt Du, wie eine Zoryla bestraft wird?“

„Es ist von einer Erpressung keine Rede.“

„Gut! Ich will mich mit Dir nicht ärgern; ich habe weder Lust noch Zeit dazu. Du kannst gehen.“

Ich ließ ihn stehen und ging der Hausthüre zu. Ich hatte diese aber noch nicht erreicht, so rief er:

„Effendi, warte!“

„Was noch?“

Er kam nahe zu mir heran und fragte:

„Gibst Du fünfhundert?“

„Nein.“

„Dreihundert?“

„Nein.“

„Hundert?“

„Keinen einzigen!“

„Du wirst es aber bereuen!“

„Das denkst Du nur. Überhaupt hältst Du mich für dümmer, als ich bin. Was Du mir sagen willst, das weiß ich längst.“

„Das ist unmöglich.“

„Pah! Es ist ein Bote unterwegs.“

Ich sah ihm an, daß ich das Richtige errathen hatte.

„Woher weißt Du das?“ fragte er.

„Das ist mein Geheimniß.“

„So hat der Bettler es weiter erzählt!“

Ich zuckte die Achsel und ließ ein überlegenes Lächeln sehen. Es fiel mir gar nicht ein, Geld für ein Geheimniß zu bezahlen, das ich schon halb errathen hatte und durch List vollends zu erfahren hoffte.

„Und Du hast keine Sorge?“ fragte er.

Ich mußte zunächst wissen, wer der Bote war; darum antwortete ich lachend:

„Glaubst Du, daß ich diesen Kerl fürchte?“

„Du kennst Saban noch nicht! Einmal hast Du ihn überlistet, zum zweiten Male gelingt es Dir nicht.“

Also Saban, der Bettler, war es. Er hatte den Verwundeten nach Usu-Dere schaffen helfen; es ließ sich darum sehr leicht vermuthen, daß er von demselben beauftragt worden sei, erst nach Palatza zu reiten, wo der Verwundete zu Hause war und vielleicht auch Verwandte hatte, und dann wohl noch weiter nach Ismilan zu den Verwandten des Waffenschmiedes und Kaffeewirthes, welcher den Hals gebrochen hatte.

Die von uns Überlisteten hatten ihren Frieden mit uns geschlossen; sie würden Wort halten, was sie persönlich betraf, das glaubte ich fest und bestimmt. Durch Andere aber

konnten sie Rache nehmen. Zugleich gebot ihnen die Vorsicht, mich nicht entkommen zu lassen. Und da sie durch den dicken Bäcker erfahren hatten, in welcher Richtung wir unsere Reise fortzusetzen beabsichtigten, so war das Weitere leicht zu errathen.
Ich antwortete dem Manne in trockenem Tone:
„Ich will ihn auch gar nicht überlisten.“
„Was denn?“
„Ich mag gar nichts mehr mit ihm zu schaffen haben. Er hat mir sein Wort gegeben, mich nicht mehr zu belästigen.“
„Er wird es halten. Er selbst wird Dich nicht mehr belästigen; aber er wird Andere gegen Dich hetzen. Der Bund ist groß.“
„Ich fürchte mich nicht. Ich werde Jeden, der mir feindselig entgegentritt, dem Richter übergeben.“
„Kannst Du eine Kugel anzeigen?“
„Mach Dich nicht lächerlich! Sage mir lieber, wie Du dazu kommst, Saban zu verrathen, der doch Dein Freund gewesen ist.“
„Mein Freund? Ich werde Dir nicht antworten. Du willst Dein Herz und Deinen Beutel verschließen. Ich bin umsonst zu Dir geritten.“
Er ging zu seinem Pferde, aber so zögernd, daß ich sah, er erwarte, daß ich ihm doch ein Gebot machen werde. Aber ich sagte nur noch:
„Du willst fort? Magst Du nicht hier einkehren? Du weißt ja, daß ein Fest gefeiert wird.“
„Zu solchen Festen habe ich keine Zeit. Also Du gibst nichts?“
Sein Auge war fast drohend auf mich gerichtet.
„Nein.“
„Reisest Du noch heute hier ab?“
Es war sehr albern von ihm, diese Frage auszusprechen. Er verrieth mir damit doch nur seine feindselige Absicht. Er hatte Geld verdienen wollen; er hatte nichts erhalten und war nun zu jeder Feindseligkeit fähig.
„Glaubst Du, daß ich dem Ziafet entsage, welcher uns bevorsteht?“ antwortete ich. „Auch müssen unsere Pferde ruhen, ehe sie weiter können.“
„So segne Dich Allah so, wie Du mich gesegnet hast!“
Jetzt stieg er in den Sattel und ritt davon.
Hinter dem Eingange stieß ich auf Halef, dem ich es gleich ansah, daß er sich hier verborgen gehalten hatte. Die Flamme des in der Mauer steckenden, mit Pech bestrichenen Spanes ließ mich deutlich erkennen, daß er zornig war.
„Sihdi, warum läßt Du ihn fort?“ fragte er.
„Er nützt mir hier nichts.“
„Aber anderswo schadet er Dir!“
„Du hast seine letzten Worte gehört?“

„Leider nur die letzten. Ich stellte mich hierher, um über Dich zu wachen. Ich konnte Euch sehen, aber nicht hören. Aber zuletzt erfuhr ich doch, daß er Geld haben wollte. Wofür?“
„Komm heraus in's Freie. Es braucht kein Anderer zu hören, was wir mit einander sprechen.“
Ich erzählte ihm, was ich erfahren und vermuthet hatte.
„Man will uns überfallen,“ sagte er.
„Vielleicht auch nicht, lieber Halef.“
„Was denn sonst? Warum reitet dieser Bettler, welcher kein Bettler ist, uns voran?“
„Vielleicht oder jedenfalls soll er die Anverwandten Mosklan's und Deselim's gegen uns aufhetzen. Kommen wir dann nach Palatza oder gar nach Ismilan, so haben wir auf einen Empfang zu warten, der uns nicht sehr angenehm sein dürfte.“
„So schlagen wir einen anderen Weg ein.“
„Das möchte ich nicht. Erstens will ich unseren Flüchtlingen auf der Fährte bleiben, und zweitens denke ich, daß wir grad in Ismilan und im Hause Deselim's Vieles erfahren können, was uns von Nutzen ist.“
„Wenn man uns als Feinde empfängt, werden wir gar nichts erfahren. Es ist sogar möglich, daß wir als Mörder verhaftet werden sollen.“
„Deßhalb will ich diesem Bettler zuvorkommen.“
„Du? Wie denn?“
„Ich werde eher dort sein, als er.“
„Sihdi, was fällt Dir ein! Du willst doch nicht etwa auch in dieser Nacht uns voranreiten?“
„Grad das will ich.“
„Das geht nicht.“
„Pah, es geht.“
„Ich lasse Dich nicht fort! Bedenke, in welche Gefahr Du heute gekommen bist, weil ich mich nicht bei Dir befand!“
„Du hast mich doch gerettet und würdest mich auch morgen wieder retten, wenn es nothwendig wäre.“
Das schmeichelte dem braven Hadschi.
„Meinst Du?“ fragte er in selbstgefälligem Tone.
„Ja gewiß. Ich will Dir sagen, was ich mir vorgenommen habe. Ihr übernachtet bei dem Schmied und brecht am frühen Morgen auf. Ihr schlagt eine andere Tour ein, als wir uns vorgenommen hatten. Ihr reitet von Koschikawak über Mastanly, Stajanowa und Topoklu nach Ismilan; ich aber reite jetzt südlicher über Göldschik, Maden und Palatza.“
„Warum über diese Orte?“
„Weil dies die Tour ist, welche der Bettler von Usu-Dere eingeschlagen hat.“
„Es ist rabenschwarze Nacht. Du wirst Dich verirren.“
„Ich hoffe, daß ich nicht vom Wege abkomme.“
„Aber der Bettler hat einen großen Vorsprung!“

„Rih ist schnell; ich werde ihn überholen."
„Und dabei den Hals brechen in dieser Finsterniß!"
„Wollen sehen! In Ismilan angekommen, reitet Ihr zu dem Kaffeehause des Waffenschmiedes Deselim. Es liegt in der Gasse, welche nach dem Dorfe Tschatak führt. Dort werdet Ihr mich finden."
„Und bist Du nicht da – –?"
„So wartet Ihr."
„Und wenn Du doch nicht kommst?"
„So reitest Du mir am andern Morgen bis Palatza entgegen. Es ist möglich, daß ich dort wegen Mosklan aufgehalten werde."
„Wo finde ich Dich dort?"
„Das weiß ich jetzt natürlich noch nicht. Aber das Dorf ist klein, und so wird eine einzige Frage nach mir genügen."
Er gab sich alle mögliche Mühe, mich von meinem Vorsatz abzubringen; ich blieb aber fest.
Als dann die Anderen erfuhren, daß ich sie verlassen wolle, traf ich auf einen Widerstand, dem ich kaum gewachsen war. Ikbala und ihre Mutter Tschileka schlugen die Hände über den Köpfen zusammen, daß ich von den Kanonenkugeln und von dem Ziegenbraten nichts zu kosten haben solle. Auch der Sahaf bat mich, zu bleiben.
Diesen nahm ich noch allein bei Seite und theilte ihm alles Nöthige über die Teppiche mit.
„Effendi," sagte er, „das ist gut, daß Du mir dies sagst. Die Anderen wissen, daß hier Verlobung ist, und werden unterdessen das Loch heimlich ausräumen wollen. Das werde ich verhindern."
„Wirst Du Deinen Schwiegervater anzeigen?"
„Ja; er wird gehängt werden," lachte er.
„Was Du thust, geht mich nichts an. Bringe Deinem alten Vater meinen Gruß und sei unendlich glücklich mit Ikbala, der Schönsten in Rumili!"
Als Schimin, der brave Schmied, bemerkte, daß es unmöglich sei, mich zum Bleiben zu bewegen, fragte er mich nach dem Wege, den ich einschlagen wolle. Ich traute dem dicken Färber doch nicht recht und gab darum mehrere Orte an, welche zu berühren ich gar nicht im Sinne hatte. Der Schmied aber folgte mir hinaus zum Pferde, und dort theilte ich ihm meine wahre Absicht mit. Er sann einen Augenblick nach und sagte dann:
„Der Bettler wird jetzt in Usu-Dere angekommen sein. Er wird sich ein wenig verweilen und dann aufbrechen. Er wird jedenfalls nach Maden und Palatza reiten. Von hier bis Maden hast Du zehn Aghatsch zu machen und mußt eigentlich über Mastanly und Göldschik reiten; aber ich kenne diese Strecke und werde Dir es ermöglichen, viel eher dort anzukommen. Wir reiten in ganz gerader Linie."
„Was? Du willst mit?"

„Ja. Ich begleite Dich so weit, bis ich die Überzeugung habe, daß Du Dich nicht mehr irren kannst."
„Das ist sehr freundlich von Dir, aber – –"
„Schweig!" fiel er ein. „Du weißt, was ich Dir zu danken habe."
„Aber ich muß sehr schnell reiten!"
„Mein Pferd ist nicht schlecht; es ist das beste des Mannes, von dem ich es mir geborgt habe. Es wird sich anstrengen müssen. Habe ich mich von Dir verabschiedet, so kann ich es ja dann schonen. Ich bedaure nur, daß mein Weib das Glück, Dich noch einmal zu sehen, nicht haben kann. Aber Du darfst versichert sein, daß Dein Andenken uns für immer im Gedächtnisse bleiben wird."
Halef war uns nachgekommen, um mich auf Etwas aufmerksam zu machen, woran ich gar nicht wieder gedacht hatte, nämlich auf den Beutel, von welchem während unsers Rittes von Kabatsch nach der Hütte zurück die Rede gewesen war. Derselbe wurde hervorgenommen und beim Scheine des brennenden Spanes auf seinen Inhalt geprüft.
Es befanden sich in demselben hundert österreichische Dukaten. So ein Dukaten wird fast durch die ganze Türkei nicht Dukaten genannt, sondern mit dem deutschen Worte „Münz" bezeichnet. Da einer derselben, je nach der Gegend, 53 bis 58 Piaster gilt, so betrug die Summe also zwischen tausend und elfhundert Piaster ungefähr.
Außerdem gab es noch fünfzig Beschliks. Das sind Fünfpiasterstücke. Dabei lag ein Zettel, auf welchem bemerkt war, daß die Dukaten mir, die Beschliks aber Halef gehören sollten. Wie ich später hörte, hatte Omar Ben Sadek bereits in Edreneh von unserem Gastfreunde ein Geldgeschenk erhalten.
Mancher mag ein solches Geldgeschenk nicht für zart halten. Auch mir kam ein schmollender Gedanke, der aber gar nicht lange die Oberhand behielt. Erstens hatte der Geber es gut gemeint. Er wußte, daß ich kein Millionär war. Zweitens hatte das Hauptgeschenk ja in anderen Gegenständen bestanden, welche uns freilich sammt dem Lastthiere und dem liebenswürdigen Khawassen verloren gegangen waren. Und drittens befand sich in dem Beutel auch noch ein für mich bestimmter Jüzük von wunderbar feiner Arbeit mit einem Gök jakut von ziemlicher Größe. Zwar kann ich keinen Ring am Finger dulden – des Mannes Schmuck soll anderer Art sein; aber dieser Ring gehört doch zu denjenigen Gegenständen, welche ich als freundliche Andenken aufbewahre.
Es versteht sich ganz von selbst, daß Halef seine fünfzig Beschliks sofort erhielt. Er steckte sie schmunzelnd ein und sagte:
„Sihdi, dieser Ejlikdar ist ein Mann von großem Verstande. Ich an seiner Stelle aber wäre vielleicht noch verständiger gewesen. Ein Kaf ist besser als ein Nun und steht auch im Alphabet vor demselben."
Nämlich ein jeder Buchstabe des arabischen Alphabets hat auch eine Zahlenbedeutung. Das Kaf (K) bedeutet hundert und das Nun (N), welches aber in der feineren Aussprache vor einem B wie M gebraucht wird, nur fünfzig. Der kleine Hadschi hatte eben grad einmal seine unbescheidene Stunde. Fünfzig Mark sind für einen „Freund und

Beschützer seines Effendi" freilich nicht sehr viel, als Bakschisch für einen Diener aber doch sehr reichlich bemessen.
Ich übergehe den Abschied, welcher noch einige wunderliche Szenen bot. Der Färber drückte mir die Rechte, und seine Tochter reichte mir die Linke. Die gute Tschileka weinte sogar einige Thränen schmerzlicher Rührung. Als ich schon zu Pferde saß, kam auch der Gehilfe herbei und streckte mir die Hand entgegen. Sollte ich sie ihm zum Abschiede drücken, oder wollte er ein Bakschisch? Meine Peitsche pflegte fester am Sattel zu hängen, als diejenige des tapferen Hadschi Halef Omar; jetzt aber hatte ich sie blitzschnell in der Hand und zog dem Halunken ein paar solche Hiebe über den Rücken, daß er sich mit einem raschen Sprung hinter seine dicke Herrin retirirte.
„O jazik! Bu biberlemer – O wehe! Das pfeffert!" rief er aus, mit der Hand nach der Kehrseite greifend.
„Tuz daha, arzussundscha – wünschest Du auch Salz?" fragte ich.
Sofort war der Hadschi hinter ihm, nahm die Peitsche vom Gürtel und fragte:
„Soll ich salzen? Er hat es verdient!"
„Boghul-dim – ich bin verduftet!" rief der Bedrohte und verschwand eiligst hinter der Ecke des Hauses.
Nun brachen wir auf.

Alte Bekanntschaft

Es war eine dunkle Nacht, grad so finster wie die vorige. Nur wenige Sterne blinzelten matt am Firmament. Erst jetzt sah ich ein, daß es ein kühnes Unterfangen von mir war, in solcher Nacht in so unbekannter Gegend zu reiten, und zwar so schnell, wie es nöthig war, um den Bettler einzuholen oder gar ihm zuvor zu kommen.
Eine Viertelstunde lang ritten wir schweigend neben einander her. Ein Jeder gab seinen eigenen Gedanken im Stillen Audienz. Wir hatten keinen Weg, sondern das freie Feld unter uns. Rih machte sich nichts daraus; seine Augen waren selbst an solches Dunkel gewöhnt.
Jetzt fragte Schimin:
„Herr, erinnerst Du Dich unseres Gespräches, welches leider unterbrochen wurde, als dieser Mosklan kam? Wir saßen neben der Thüre meines Hauses."
„Noch sehr genau."
„Du wolltest mir beweisen, daß Ihr Christen besser seid, als ich dachte."
„Es gibt gute und böse Menschen überall, also auch unter den Christen und unter den Moslemim. Nicht von den Christen wollte ich sprechen, sondern von dem Christenthum."
„Du meinst, daß es besser sei, als unsere Lehre?"
„Ja."

„Das zu beweisen, wird Dir schwer werden!"
„O nein. Nimm den Kuran und unser Tewrat her und vergleiche beide! Die herrlichsten Offenbarungen sind Eurem Propheten aus unserem Buch gekommen. Er hat geschöpft aus den Lehren des alten und neuen Testamentes und diese Lehren für die damaligen Verhältnisse seines Volkes und seines Landes verarbeitet. Diese Verhältnisse haben sich verändert. Der wilde Araber ist nicht mehr der einzige Bekenner des Islams; darum ist der Islam jetzt für Euch zum Teknef geworden, unter dessen Druck Ihr hülflos leidet. Unser Heiland brachte uns die Lehre der Liebe und der Versöhnung; sie ist nicht aus den Gewohnheiten eines kleinen Wüstenvolkes gefolgert; sie ist aus Gott geflossen, der die Liebe ist; sie ist ewig und allgegenwärtig; sie umfaßt alle Menschen und alle Erden und Sonnen; sie kann nie drücken, sondern nur beseligen. Sie streitet nicht mit dem Schwert, sondern mit der Gnade. Sie treibt die Völker nicht mit der Peitsche zusammen, sondern sie ruft sie mit der Stimme einer liebenden Mutter, welche ihre Kinder an ihrem Herzen vereinigen will."
„Du sprichst von Liebe, und dennoch fehlt sie Euch!"
„Wirfst Du die ganze Ernte weg, weil einige Früchte vom Wurm zernagt sind?"
„Warum aber wächst grad bei uns nicht der Weizen des Christenthumes, sondern das Unkraut?"
„Ist es wirklich so? So schlimm? Nun, dann mußt Du wissen, daß das Unkraut am allerbesten auf schlechtem Boden gedeiht. Du gibst damit dem Islam ein schlechtes Zeugniß, denn er würde dieser schlechte Boden sein. Wir sind allein und wir haben Zeit. Soll ich Dir von Christus erzählen, von den Propheten, die ihn verkündigten und von den Wundern, die er verrichtete?"
„Erzähle! Beweise, daß er größer ist, als Muhammed! Dir kann ich zuhören, ohne mein Gewissen zu beschweren. Du bist kein Zahib kazamna gaïretli, der mich verführen will. Du kennst den Islam und das Christenthum; Du willst mich nicht verlocken, sondern wirst mir die Wahrheit sagen."
„Von jetzt an wirst Du Menschen fangen!" An dieses Wort des Heilandes dachte ich, als ich jetzt zu erzählen begann. Der Schmied hatte Recht: ich meinte es ehrlich mit ihm. Er war eine Nathanaelseele; an ihm war kein Falsch. Er gehörte zu jenen einfachen Menschen, welche bei geringen Gaben nach der Wahrheit trachten, während geistig reich Begnadete ihre Kräfte an unfruchtbare Spitzfindigkeiten verschwenden.
Es war ein eigenthümlicher Ritt. Ich erzählend und er still zuhörend. Nur zuweilen warf er eine kurze Frage ein oder sprach ein Wort der Verwunderung aus. Wir ritten im schärfsten Trabe, und er hatte sehr zu thun, sich an meiner Seite zu halten. Dennoch achtete er mehr auf meine Worte als auf Pferd und Weg, und da kam es vor, daß er bei einem Stolpern oder bei einem unerwarteten Sprung seines Gaules den Bügel verlor und dabei ein Kraftwort ausrief, welches zu dem Inhalte meiner Erzählung keine ganz passende Interjektion bildete. Aber wir kamen körperlich schnell vorwärts und geistig oder vielmehr geistlich machten wir auch Fortschritte, wie ich bemerkte.

Es waren Stunden vergangen. Wir hatten einen ziemlich bedeutenden Berg erklommen – ohne Weg und bei dieser Finsterniß keine Leichtigkeit. Wir ritten drüben wieder hinab, durch lichten Wald und bei steilem Abfall. Darum ging es langsamer als bisher.
„Und glaubst Du, daß er wirklich auferstanden ist und aufgefahren gen Himmel?“ fragte er.
„Ja, ganz gewiß!“
„Wie kann ein irdischer Leib in den Himmel kommen? Ist doch der Leib unseres Propheten auf der Erde geblieben!“
„Habe ich Dir nicht von dem Berg der Verklärung erzählt? Und sagt nicht Euer Prophet, daß Hazreti Yssa vor den Augen seiner Jünger aufgefahren sei?“
„Ja, es ist ein großes Wunder. Und er wird einst wiederkommen?“
„Um zu richten die Lebendigen und die Todten. Das sagt auch Muhammed. Er wird Seligkeit und Verdammniß geben. Ist er da nicht Gott? Muß er da nicht größer, herrlicher und mächtiger sein, als Muhammed, der nicht ein einziges Mal von sich sagt, daß er Richter sei?“
„Fast glaube ich es!“
„Fast? Nur fast? Christi Worte sind wahr, wie er selbst die Wahrheit ist. Er sagt von sich: „Benim war hepsi kuwwet gökda toprak üzerinde – ich besitze alle Macht im Himmel und auf der Erde!“ Hat Euer Muhammed ein einziges Mal so gesprochen?“
„Nein, Effendi. Ich werde meiner Frau und meinen Freunden erzählen, was Du mir erzählt hast. Ich wollte, ich hätte Euer Kitab mukaddes; dann könnte ich lesen und lernen, und vielleicht käme dann jener Ruhul kuds, von dem Du erzähltest, auch über mich, wie über die Gemeinde zum ersten heiligen Idi chamsi. Wenn der Mensch dürstet, so soll man ihm Wasser geben. Auch die Seele hat ihren Durst. Ich habe ihn gefühlt und ich habe geglaubt, Wasser zu trinken, wenn ich meine Gebete sagte und die Moschee besuchte. Jetzt aber ist es mir, als hätte ich kein reines Wasser gehabt, denn Deine Worte sind klarer und erquickender als die Worte unseres Vorbeters. Ich bedaure, daß Du hier fremd bist, und daß ich Dich also niemals wiedersehen werde.“
„Ich werde bei Dir bleiben, zwar nicht mit dem Körper, aber meine Worte werden nicht von Dir weichen. Sie ruhen in Deinem Herzen, wie der Same in der Erde ruht, und werden keimen und treiben und Früchte bringen. Und weil ich Dich lieb gewonnen habe und Dir so viel Dank schuldig bin, will ich Dir ein Geschenk zurücklassen, welches Dich an diese Nacht erinnern soll, so oft Du es in die Hand nimmst. Du kannst ja lesen. Es ist ein Buch. Ich kaufte es in Scham scherif als ein Andenken an die Stadt der Gärten und der kühlenden Gewässer. Magst Du erquickende Wasser fließen hören und sie auch trinken, wenn Du es liesest! Hier ist es!“
Ich öffnete die Satteltasche, nahm das Buch heraus und gab es ihm.
„Was steht darin?“ fragte er. „Ist es ein Märchenbuch?“
„Nein. Nicht ein Märchen wirst Du lesen, sondern die Wahrheit von Ewigkeit zu Ewigkeit. Deine Seele dürstet nach ihr, und Du sollst sie haben. Dieses Buch ist das Ahdi

dschedid kitabi indschil, welches Alles enthält, was ich Dir erzählt habe, und noch weit mehr."

Da stieß er einen lauten Ruf der Freude aus, ein helles Jauchzen, dem man anhörte, wie glücklich ihn die Gabe machte.

„Effendi," sagte er, „dieses Geschenk ist so groß, daß ich es gar nicht annehmen kann!"

„Behalte es in Gottes Namen! Ich bin nicht reich. Das Buch kostet mich keine große Summe, aber es enthält den größten Reichthum, den die Erde bietet, nämlich den Weg zur Seligkeit. Der heilige Apostel sagt, man solle in dieser Schrift suchen und forschen, da sie das ewige Leben enthalte. Mögest Du Dir dieses Leben daraus erforschen! Das wünsche ich Dir von ganzem Herzen."

Ich hatte wirklich Mühe, seinen Danksagungen ein Ende zu machen. Er hätte dieselben wohl noch länger fortgesetzt, wenn er nicht auch von anderer Seite darin gestört worden wäre.

Wir hatten die Ebene wieder erreicht und bemerkten, daß wir uns auf einem ziemlich gebahnten Pfade befanden, das heißt, was man dort gebahnt nennt.

„Dies ist der Weg von Usu-Dere nach Maden," erklärte Schimin, indem er seine Dankesrede unterbrach.

Zu gleicher Zeit griff ich ihm in die Zügel.

„Halt! Horch! Es war mir, als hörte ich da vor uns ein Pferd schnauben."

„Ich habe nichts gehört und vernehme auch jetzt noch nichts."

„Der Boden ist weich und dämpft den Schall des Hufschlages. Aber mein Pferd legt die Ohren nach vorn und zieht die Luft prüfend durch die Nüstern. Das ist ein sicheres Zeichen, daß wir Jemand vor uns haben. Horch!"

„Ja, jetzt hörte ich es. Es trat ein Pferd auf einen Stein und rutschte von demselben ab. Wer mag so spät in dieser einsamen Gegend reiten?"

„Vielleicht ist's der Bettler."

„Das ist sehr unwahrscheinlich."

„Warum?"

„Dann müßte er sehr spät erst aufgebrochen sein."

„Warum sollte sich dies nicht denken lassen?"

„Er will doch vor Dir ankommen!"

„Nun, er hat sich gesagt, daß ich jedenfalls erst am Morgen aufbrechen werde, und so hat er keine Eile gehabt. Können wir ihn hier umreiten, so daß er gar nicht merkt, daß ich schon vor ihm bin?"

„Ganz gut; aber das rathe ich Dir nicht."

„Freilich wohl! Wenn wir einen Bogen reiten, so daß wir ihn dann hinter uns haben, wissen wir ja gar nicht, ob er es auch wirklich ist."

„Darum müssen wir hin zu ihm."

„Aber was thue ich mit ihm? Kann ich ihn hindern, seinen Weg fortzusetzen? Doch nur mit Gewalt. Ich möchte doch nicht etwa Blut vergießen!"

„Das ist nicht nöthig, Herr. Überlasse ihn mir."
„In welcher Weise?"
„Du zwingst ihn, umzukehren, und ich thue dasselbe. Ich bleibe ihm zur Seite und nehme ihn mit nach Koschikawak. Er soll mir nicht entkommen."
„Wenn er Dich nun nach dem Recht fragt, welches Du Dir über ihn anmaßest?"
„Habe ich es etwa nicht? Hat er Dich nicht ermorden wollen, Effendi?"
„Das mag allerdings einen Grund abgeben. Aber Du wirst in ihm einen Feind bekommen, welcher bestrebt sein wird, sich an Dir zu rächen."
„Ich fürchte ihn nicht. Er ist bereits mein Feind. Er ist der Feind aller ehrlichen Leute. Du mußt mir erlauben, Dir gefällig zu sein, und brauchst Dir dabei keine Sorge um mich zu machen. Ist er es wirklich, so nehmen wir ihn fest und sagen uns lebewohl, ohne daß er zu hören braucht, wohin Du reitest."
„Wie ist der Weg von hier bis Maden?"
„Du bleibst immer auf diesem Pfade und bist in einer halben Stunde dort. Von hier aus kannst Du gar nicht irren. Ich wollte noch wegen der Koptscha mit Dir sprechen; aber Dein kleiner Hadschi hat eine, und Du hast diejenige des Ismilaners genommen. Diese Beiden genügen. Jetzt komm, Effendi."
Er setzte sein Pferd wieder in Gang, zum Zeichen, daß er keinen Einwand von mir hören wolle. Mir konnte dies recht sein, da auf die gedachte Weise der Bettler ganz ohne Schaden für mich verhindert wurde, seine Botschaft auszurichten.
Es dauerte gar nicht lange, so waren wir dem nächtlichen Reiter so nahe gekommen, daß er uns hören mußte. Wir bemerkten, daß er schneller zu reiten begann, damit wir ihn nicht einholen sollten.
„Immer rasch nach!" sagte der Schmied. „Saban ist kein guter Reiter. Wir holen ihn leicht ein, wenn er es wirklich ist und kein Anderer."
„Wenn er aber vom Wege weicht?"
„Er wird sich hüten. Das wagt hier Niemand in so finsterer Nacht. Auch ich würde es unterlassen haben, wenn es sich nicht darum gehandelt hätte, Dich zu begleiten."
Er hatte richtig vermuthet. Der Reiter merkte, daß wir schneller waren, als er. Von dem Wege getraute er sich nicht abzuweichen, und so hielt er es für das Beste, anzuhalten und uns zu erwarten.
Der Schmied ritt voran, und ich hielt mich so weit hinter ihm, daß meine Gestalt nicht sogleich zu erkennen war. Der Reiter war ein wenig zur Seite gewichen, um uns vorüber zu lassen. Aber der Schmied hielt bei ihm an und grüßte:
„Sabahiniz chahir ola – guten Morgen!"
„Sabahiniz," antwortete der Andere kurz.
„Nereden gelir my sin – woher kommst Du?"
„Deridereden – aus Deridere."
Das war eine Lüge, denn ich erkannte an der Stimme den Mann. Es war der Bettler.
„Nereje gidejorsun – wohin gehst Du?"

„Her jerde hitsch bir jerde – überall und nirgendshin."
Das klang sehr trotzig; er kam aber damit nicht aus, denn der Schmied sagte in einem Tone, welcher seinen Entschluß, sich nicht abweisen zu lassen, deutlich verrieth:
„Du wirst es mir wohl sagen müssen!"
„Müssen?"
„Ja. Kennst Du mich?"
„Kennst Du mich etwa?"
„Du bist Saban, der Bettler."
„Ah, und Du?"
„Die Nacht ist so schwarz wie Deine Seele. Du kannst mein Gesicht nicht erkennen. Ich bin Schimin, der Schmied aus Koschikawak."
„Darum kam Deine Stimme mir so bekannt vor! Reite weiter! Ich habe nichts mit Dir zu schaffen!"
„Aber ich mit Dir. Kennst Du den Mann, welcher hier bei mir ist?"
„Nein. Packt Euch fort!"
„Das werde ich thun, vorher aber ein Wort mit Dir sprechen, Saban!"
Bei diesen Worten näherte ich mich ihm und trieb mein Pferd so neben das seinige, daß er mich erkennen konnte. Wir hielten so bei einander, daß sich der Kopf des einen Pferdes bei dem Schweife des anderen befand.
„Bei allen Teufeln! Der Fremde!" rief er aus.
„Ja, der Fremde! Nun glaubst Du wohl, daß ich mit Dir zu sprechen habe?"
„Aber ich nicht mit Dir!"
Ich bemerkte, daß er mit der Hand nach dem Gürtel griff. Es war so dunkel, daß ich nicht erkennen konnte, was er dort suchte. Ich nahm meinen Stutzen in der Mitte, so daß ich den Kolben vor mir auf dem Halse des Pferdes liegen hatte, zum Hiebe von links nach rechts bereit.
„Also sag', wo willst Du hin?" fragte ich, ihn scharf im Auge behaltend.
„Was geht das Dich an, Mörder?" antwortete er.
„Mörder?"
„Ja. Wer hat Deinetwegen den Hals gebrochen, und wem hast Du das Gesicht zerschlagen?"
„Und wen habt Ihr in Deine Hütte gelockt, um ihn zu erschlagen? Ich weiß, wohin Du willst; aber Du wirst die Güte haben, umzukehren."
„Wer will mich zwingen?"
„Ich. Steige ab!"
„Oho! Willst Du auch mich morden? Da werde ich mich vertheidigen. Fahre zur Hölle!"
Er erhob den Arm gegen mich. Ich schlug augenblicklich zu, und zu gleicher Zeit drückte er ab. Der Schuß blitzte auf – die Kugel traf nicht, weil mein Hieb seinen Arm abgelenkt hatte. Und er hatte denselben noch nicht gesenkt, so drängte ich mein Pferd um einen

Schritt vorwärts und stieß ihm den Kolben von unten herauf in die Achselhöhle, so daß er bügellos wurde und auf der andern Seite vom Pferde stürzte.
Ich wollte schnell vom Pferde herab, hatte jedoch den Erdboden noch nicht erreicht, so hörte ich den Schmied rufen:
„Halt, Kerl, bleib; sonst reite ich Dich nieder!"
Ich wollte um das stehen gebliebene Pferd des Bettlers hinumspringen – da sah ich einen zweiten Schuß blitzen; das Pferd des Schmiedes machte darauf einen Satz nach vorn, und der Schmied war blitzschnell aus dem Sattel.
War er getroffen worden? Ich schnellte mich hinzu. Zwei Menschen lagen am Boden: der Eine auf dem Andern. Es war so dunkel, daß ich sie, so nahe an der Erde, gar nicht unterscheiden konnte. Ich packte den Obenliegenden beim Arm.
„Halt, Effendi," sagte er. „Ich bin es!"
„Ah, Du, Schimin! Hat er Dich getroffen?"
„Nein. Ich sah, daß er davon springen wollte, und verbot es ihm; da schoß er, und ich ritt ihn nieder. Er wehrte sich, aber nur mit einem Arm. Der Huf meines Pferdes wird ihn an dem anderen getroffen haben."
„Nein. Das bin ich mit dem Gewehrkolben gewesen."
„Er beißt. Der Kerl ist wie ein Marder. Ich werde ihm den Mund stopfen müssen!"
Ich konnte nicht sehen, was er machte; aber nach einigen Augenblicken, während welcher ich ein gurgelndes Röcheln gehört hatte, richtete er sich empor und sagte:
„So, jetzt ist er still."
„Was hast Du gemacht? Ihn doch nicht ermordet?"
„Nein. Fühle her, wie er noch zappelt. Ich habe ihm nur das Bojunbag ein wenig zusammengedreht."
„So wollen wir ihm die Arme binden."
„Aber womit?"
„Mit dem Gürtel."
„Ja. Ah, er hat ein Prostela bachy und auch ein Tiranti. Das reicht sogar aus, ihn auch auf das Pferd zu binden."
Ich half dem Schmied. Er hatte Saban beinahe erwürgt. Ehe dieser wieder gut zu Athem kam, saß er bereits auf dem Pferde. Die Gürtelschnur hielt ihn auf demselben fest, da sie von dem einen Fuße unter dem Bauche des Pferdes weg nach dem andern ging. Die Arme waren ihm mit dem Hosenträger festgebunden. Es stellte sich heraus, daß er zwei Pistolen gehabt hatte: – das eine hatte ich ihm aus der Hand geschlagen, und das andere war ihm entfallen, als ihn Schimin's Pferd niedergerissen hatte. Sie waren nur einläufig und beide abgeschossen, ohne daß, glücklicher Weise, eine Kugel getroffen hatte.
Jetzt begann er zu schimpfen. Er verlangte, freigelassen zu werden, und drohte mit der Obrigkeit. Der Schmied lachte ihn aus und sagte:
„Was Du vorher gethan hast, soll mich gar nichts angehen; aber Du hast mich erschießen wollen, und so nehme ich Dich mit mir, um Dir zu beweisen, daß nur Du allein es bist,

der sich vor der Obrigkeit zu fürchten hat. Vielleicht verzeihe ich Dir, wenn Du Dich unterwegs gut beträgst. Schimpfest Du aber in dieser Weise weiter, so hast Du nichts Gutes zu erwarten.“

„Ihr habt mich aufgehalten; ich habe mich nur vertheidigt. Ich muß weiter reiten.“

„Ja, überall und nirgends hin! Dazu ist später auch noch Zeit. Und nun schweig'! Wir können dann auch mit einander reden, wenn ich von diesem Effendi Abschied genommen habe.“

Der Bettler verhielt sich nun wirklich still. Vielleicht dachte er, aus unseren Reden noch Etwas für sich erfahren zu können. Aber Schimin war klug. Er führte ihn irre, indem er zu mir sagte:

„Also, Effendi, von jetzt an wirst Du den Weg ganz gut allein finden. Reite zurück und erwarte uns. Ich aber schlage den Weg nach Göldschik ein, da es jedenfalls nicht leicht sein wird, mit diesem Manne auszukommen. Du kannst den Deinigen sagen, daß wir ihn haben, damit sie nicht unnöthiger Weise suchen. Wir sehen uns bei mir wieder.“

Während dieser Worte war er aufgestiegen. Er ergriff den Zügel auch des anderen Pferdes und ritt querfeldein davon. Ich hörte noch einige Zeit lang die laute, scheltende Stimme des Bettlers; dann war es ruhig.

Ich konnte nicht glauben, daß Saban die Worte Schimin's für wahr halten werde; aber ich war ihn los. Das war für mich die Hauptsache. Zugleich hatte mir der Schmied den Abschied erspart, und Abschied nehmen ist niemals etwas Angenehmes, außer man trennt sich von Menschen, für welche man keine Sympathie besitzt.

Ich folgte nun der Richtung, welche wir bisher inne gehalten hatten, und erreichte Maden in der mir von Schimin angegebenen Zeit.

Eben begann der Tag zu grauen. Ich überlegte. Ich hatte gar nicht nöthig, nach Palatza zu reiten, um mich über etwaige Verwandte des verwundeten Mosklan zu erkundigen. Der Bote, welchen dieser an sie gesandt hatte, war ja zur Umkehr gezwungen worden und befand sich in der Obhut des wackeren Schmiedes. Also erfuhr man auch in Ismilan heute noch nichts von dem Tode Deselim's. Warum also mein Pferd anstrengen nach zwei so schlimmen nächtlichen Ritten? Ich beschloß, nach Topoklu zu reiten und dort Halef mit den beiden Anderen zu erwarten.

In Maden schliefen die Leute noch. Ich wußte, daß Topoklu davon in ungefähr nördlicher Richtung liegt, und ritt also weiter. Der Weg führte an einem Wasser entlang, von welchem ich annehmen konnte, daß es sich in der Nähe von Topoklu in die Arda ergießen werde. Ich konnte also nicht irren.

Nach einiger Zeit gelangte ich in ein Dorf, in welchem es ein Han gab. Hier war man bereits wach, und ich beschloß, meinem Rappen einige Ruhe zu gönnen. Der Han lag abseit des Weges, von einem tiefen Morast umgeben. Über denselben war ein dicker, knorriger Eichenstamm gelegt, rund und unbehauen. Dann kam ein tiefes, breites Loch, in welchem sich einige Schweine wälzten, und aus diesem Loch gelangte man direkt in

ein breites Thor. Was hinter diesem Thore war, konnte ich wegen der hohen Lehmwand, die einen Hof zu umfassen schien, nicht sehen.
Eigentlich hätte man ein Eichkätzchen sein müssen, um über den Stamm hinüber zu kommen; doch gelang meinem Rih das Wagniß ziemlich gut. Jetzt hielt ich vor dem Loch mit den Schweinen. Rih schnellte darüber hinweg und zum Thore hinein. Ich wurde von einem vielstimmigen Schreckensrufe empfangen und riß einen Mann um, welcher grad in diesem Augenblick am Eingang hatte vorübergehen wollen.
Ich befand mich auf einem ziemlich großen Hof, der eine einzige Düngerstätte zu sein schien. In einer Ecke desselben standen die Leute, welche geschrieen hatten. Zwei Kerle schienen ein ziemlich altes Mädchen festzuhalten. Sie waren augenscheinlich soeben im Begriff gewesen, jene Person an eine Leiter zu binden, welche dort angelehnt stand. Ein hochgebauter Mann, der eine Peitsche in der Hand hatte, kam in selbstbewußter Haltung auf mich zu. Seine breite Brust, sein lang gezogenes Gesicht mit einer fürchterlichen Habichtsnase ließen schließen, daß er ein Armenier sei.
„Bist Du blind?" fuhr er mich an. „Kannst Du Dich nicht in Acht nehmen, wenn Du durch das Thor reitest?"
„Schaff' den Dreck da draußen fort, und mach' die Löcher zu, dann kann man zu Dir kommen, ohne sich oder Anderen die Hälse zu brechen!"
„Was! Du willst grob mit mir sein?"
„Bist Du etwa höflich?"
„Soll ich Dich umarmen und küssen, wenn Du mir meinen Knecht fast zu Tode reitest?"
„Zu Tode? Dort steht er und putzt sich den Dünger aus den Haaren. Bei Dir fällt man so weich, daß es eine wahre Lust ist, umgeritten zu werden. Bist Du der Handschi?"
„Ja. Und wer bist Du?"
„Ein Fremder."
„Das sehe ich. Hast Du einen Paß?"
„Ja."
„Zeige ihn her!"
„Wasche Dir erst die Finger, sonst wird er schmutzig. Was hast Du zu trinken?"
„Ga-urtSaure Milch."
„Danke! Hast Du sonst nichts?"
„RakiZwetschgenbranntwein."
„Und Futter für das Pferd?"
„Gestoßenen Mais."
„Schön! Laß ihm geben, so viel es frißt. Mir aber gib ein Glas Raki."
„Ich habe keine Gläser. Du wirst einen Topf bekommen. Gehe hinein in die Stube."
Der Mann war sehr kurz angebunden. Ich band mein Pferd an einen Pfahl und trat dann in die Stube. Diese war ein schmutziges Loch mit einer rohen Bank und einem eben solchen Tisch. Mehrere umherstehende kleinere Holzgestelle von ganz absonderlicher Form gaben mir zu denken. Sie bestanden aus einem dreieckigen Lattenrahmen und

hatten drei Beine. Mein bewundernswerther Scharfsinn ließ mich errathen, daß es Sessel seien.
Eine Frau saß da und rührte in einem großen hölzernen Kübel herum, in welchem sich saure Milch befand. Das Instrument, dessen sie sich bediente, war nicht etwa ein Löffel oder Quirl, sondern die Hälfte eines Stiefelknechtes, welcher seiner Länge nach auseinandergebrochen war. Daß ich mich nicht irrte, bewies die andere Hälfte dieses nützlichen Hausgeräthes, welche daneben lag. Diese Frau hatte jedenfalls den ersten nächstliegenden Gegenstand ergriffen, um die Milch zu rühren. Wäre der halbe Stiefelknecht nicht dagelegen, so hätte sie, glaube ich, einen ihrer Pantoffel ausgezogen, um sich desselben zu dem angegebenen Zweck zu bedienen.
Ich grüßte. Sie glotzte mich mit großen, dummen Augen an und antwortete nicht. Der Mann war auch eingetreten. Er nahm einen kleinen Topf von einem Nagel herab und goß aus einem Krug einige Tropfen einer Flüssigkeit ein, welche er mir als Raki vorsetzte.
„Ist das wirklich Raki?“ fragte ich, an dem Topf riechend.
„Ja.“
„So! Hast Du sonst nichts?“
„Nein. Er ist Dir wohl nicht gut genug?“
„Er ist schlecht.“
„So packe Dich fort, wenn es Dir bei mir nicht schmeckt! Ich habe es Dir nicht befohlen, hier einzukehren. Bist Du etwa ein Pascha, daß Du solche Ansprüche machst?“
„Nein. Wieviel kostet dieser Raki?“
„Zwei Piaster.“
Ich verkostete den Trank. Der Topf hatte einen Kubikinhalt von mehr als einem halben Liter. Raki enthielt er vielleicht zwei Fingerhüte voll. Dazu klebte an dem Rande eine Art Pech, welches gewiß aus dem Schmutz bestand, welchen die Schnurrbärte von einigen Tausenden von Trinkern daran abgesetzt hatten. Der Raki war der allerniederträchtigste Fusel, den ich je gerochen und geschmeckt hatte. Und zwei Piaster sollte er kosten! Achtunddreißig bis vierzig Pfennige! Das war der reine Schwindel in diesem Lande der Zwetschgenbäume! Doch enthielt ich mich jetzt noch einer Bemerkung.
„Nun, schmeckt er?“ fragte der Mann.
„Ja – und wie!“
Er verstand mich falsch und sagte:
„Wenn Du mehr willst, so sage es der Frau. Sie wird Dir geben. Ich habe keine Zeit. Ich muß hinaus, um eine Züchtigung vorzunehmen.“
Er ging, und ich betrachtete mir nun die Stube näher. Einige elende Bilder, welche einfach an die Wand geklebt waren, bestätigten, daß ich mich bei einem armenischen Christen befand. Das war jedenfalls einer von jenen Christen, welche der gute Schimin „Unkraut“ genannt hatte. Sie sind es leider, nach denen in jenen Gegenden von Andersgläubigen das Christenthum beurtheilt wird. Kann man sich da wundern, wenn

man, falls von einem Christen die Rede ist, allüberall die stehenden, verächtlichen arabischen Worte hört: „Hascha naßrani – Gott bewahre, ein Christ"?
Die Frau rührte noch immer. Ihre Unterlippe hing weit herab, und davon tropfte es in den Milchkübel hinein. Ich wendete mich ab und blickte zu einem der Löcher hinaus, welche hier Fenster genannt werden. Draußen begann die Sonne ihr wärmendes Tagewerk. Hier innen aber war es dunkel und räucherig. Ich dachte an den persischen Dichter Hafiz:

„Wenn Deiner Locken Wohlgerüche
Um's Grab mir wehen einst,
So blühen viele tausend Blumen
Aus meinem Hügel auf."

Ob wohl jenes weibliche Wesen, auf welches er diese Worte dichtete, eine Ähnlichkeit mit der sauren Milchküblerin vor mir gehabt haben mag? Und Wohlgerüche! Brrr!
Ich stand auf, um hinauszugehen und frische Luft zu schöpfen, so frisch sie eben da draußen im Hofe zu finden war. Meines Bleibens konnte hier nicht lange sein. Das stand so fest wie eine californische Balsamfichte.
Eben that ich den ersten Schritt zur Stube hinaus, da ertönte draußen ein schriller, lang gezogener Schrei. Im Nu war ich vor der Hausthüre. Ein zweiter, ebenso gräßlicher Schrei, und ich sprang über den Hof hinüber nach der Ecke, in welcher man wirklich jene weibliche Person an die Leiter befestigt hatte.
Sie trug nur den Rock. Mit der vorderen Seite ihres Körpers an der Leiter, bot sie den bloßen Rücken der Peitsche dar, welche einer der Kerle zum dritten Hiebe schwang. Ehe er schlagen konnte, hatte ich sie ihm aus der Faust gerissen.
Der Rücken der Gezüchtigten zeigte zwei breite, blutige Striemen, die sicherlich bald aufspringen mußten. Der Handschi stand dabei mit der Miene eines Gesetzgebers, der sich an dem Gehorsam weidet, welchen seine Befehle finden. Er trat auf mich zu und streckte die Hand nach der Peitsche aus, indem er mich anschrie:
„Mensch, was fällt Dir ein? Die Peitsche her! Sie gehört mir, nicht aber Dir!"
Ich befand mich im höchsten Zorn über diese schandbare Art, ein Frauenzimmer zu züchtigen. Sie mochte meinetwegen gethan haben, was sie wollte; so aber sollte sie in meiner Gegenwart nicht geschlagen werden. Ich fühlte, daß mein Gesicht glühend roth war.
Mit erhobener Stimme fragte ich den Wirth:
„Was hat dieses Mädchen gethan?"
„Das geht Dich nichts an!" erwiederte er trotzig.
„Oho! Ist sie Deine Tochter?"
„Was hast Du zu fragen? Her mit der Peitsche, sonst bekommst Du sie selbst!"
„Was? Mir das, Bursche? Mir die Peitsche? Da – meine Antwort!"

Ich zog sie ihm über den Rücken herüber, daß er sich augenblicklich zusammenkrümmte; aber er warf sich mir auch sofort entgegen, und zwar mit solcher Kraft, daß er zu Boden flog, weil ich rasch zur Seite wich.

„Nicht anrühren, sonst bekommst Du die Peitsche in's Gesicht!“ drohte ich.

Er sprang trotzdem, als er sich aufgerafft hatte, wieder auf mich los. Ich wich nicht wieder zurück, sondern ich erhob den rechten Fuß und empfing ihn mit einem Tritt in die Magengegend. Dabei muß man sehr fest stehen, nach vorn gebeugt, sonst stürzt man selbst hin. Er flog wieder in den Schmutz des Hofes, hatte aber nun genug, denn er konnte nur mit Mühe aufstehen. Er wollte reden, brachte aber nur ein haschendes Wimmern hervor und hinkte nach der Stube, ohne mir auch nur einen einzigen Blick zuzuwerfen.

Das war für mich genug. Das war schlimmer, als wenn er die fürchterlichsten Drohungen gegen mich ausgesprochen hätte. Ich ging zu meinem Rappen, nahm den Stutzen und kehrte dann zur Leiter zurück. Dort sah ich zunächst, ob mich ein Schuß aus irgend einem der Fenster treffen könnte. Das war nicht möglich. Nun stellte ich mich so, daß ich stets einen der Männer zwischen mir und der Thüre hatte.

„Bindet sie los!“ befahl ich den Knechten.

Es hatte mich schon gewundert, daß sie keine Hand gerührt hatten, um ihrem Herrn zu helfen. Sie gehorchten sofort.

„Zieht sie an!“

Die Gezüchtigte konnte die Arme kaum bewegen, so fest waren sie ihr angebunden gewesen, und so sehr schmerzten die Schwielen auf ihrem Rücken.

„Warum wurde sie geschlagen?“ fragte ich.

Es standen drei Frauenzimmer und vier Mannspersonen da, immer Einer roher aussehend als der Andere.

„Der Herr hat es befohlen,“ antwortete Einer.

„Warum?“

„Weil sie gescherzt hat.“

„Mit wem?“

„Mit dem Fremden.“

„Ist sie verwandt mit dem Herrn?“

„Nein; sie ist Magd.“

„Woher?“

„Aus einem Dorfe in der Nähe.“

„Hat sie Verwandte?“

„Eine Mutter.“

„Und er wagt es, sie schlagen zu lassen, nur weil sie mit einem Fremden freundlich war?“

Dieses Thema, an jedem andern Orte zart, hatte hier gar nichts Mimosenhaftes an sich. Das Mädchen hatte sich übrigens augenblicklich hinter eine nahe Thüre zurückgezogen.

„Ja, sonst hat sie nichts gethan," antwortete der Betreffende. „Der Herr ist sehr streng, und heute früh schon war er ungewöhnlich wild."
In diesem Augenblick kam der Genannte wieder auf den Hof. Er hatte eine lange türkische Flinte in den Händen. Er schien sich von meinem Fußtritt leidlich erholt zu haben. Er konnte wieder reden, denn er schrie mir schon von Weitem mit gellender Stimme zu:
„Hundesohn, jetzt werden wir abrechnen!"
Er legte das Gewehr an und zielte auf mich. Seine Frau war hinter ihm aus dem Hause gekommen. Sie schrie vor Angst laut auf und griff nach der Flinte.
„Was willst Du thun?" jammerte sie. „Du wirst ihn doch nicht ermorden wollen?"
„Schweig! Packe Dich fort!" antwortete er und gab ihr einen solchen Stoß, daß sie zur Erde fiel.
Der Lauf seines Gewehres war dadurch aus der Richtung gekommen. Auch ich legte an und zielte so genau, als es bei der jetzt nothwendigen Schnelligkeit möglich war. Ich wollte ihn ja nicht verwunden, obgleich ich sehen mußte, daß es sein fester Wille war, mir eine Kugel zu geben. Mein Schuß krachte eher als der seinige. Er stieß einen Schrei aus und ließ das Gewehr fallen. Ich hatte gut gezielt, wie sich dann herausstellte. Die Kugel hatte, hart unter seiner Nase anprallend, das Flintenschloß getroffen. Ihm selbst war weiter nichts geschehen, als daß der Kolben ihm einen tüchtigen Schlag in's Gesicht versetzt hatte, und daß die Hände ihm von dem Pralle schmerzten. Er schleuderte sie fluchend hin und her und brüllte:
„Habt Ihr gesehen, daß er auf mich geschossen hat? Er ist ein Mörder. Faßt ihn, ergreift ihn, nehmt ihn gefangen!"
Er raffte das demolirte Gewehr von der Erde auf und sprang, zum Schlage ausholend, auf mich los.
„Zurück!" warnte ich ihn. „Sonst schieße ich wieder!"
„Zweimal schießen? Versuche es doch!" höhnte er.
Seine Flinte war nur einläufig. Er hätte allerdings keinen zweiten Schuß abgeben können, und er meinte, ich befände mich in derselben Lage. Ich drückte abermals ab, auf den Lauf seiner Flinte zielend, und wieder wurde sie ihm aus der Hand geschleudert. Ich gab gleich noch zwei weitere Schüsse ab, natürlich in die Luft. Er hatte wieder einen Fluch auf den Lippen gehabt, brachte ihn aber nicht hervor. Ganz entsetzt, stand er offenen Mundes da.
„Bir tifenk schejtani – eine Teufelsflinte!" stieß er endlich hervor.
„Sihirbaz-dir; sihir-bu – er ist ein Zauberer; das ist Hexerei!" ließen sich die Anderen hören.
Ich behielt das Gewehr im Anschlage, sagte aber kein Wort. Er hob das seinige auf, betrachtete es und sagte:
„Ajyb-dir, bozulmusch-dir- das ist eine Schande; es ist verdorben!"

„Bis jetzt ist nur Dein Gewehr verdorben," antwortete ich. „Ich habe mit Absicht nicht auf Dich, sondern nur auf die Flinte gezielt. Thust Du aber noch einen Schritt weiter, so schone ich Dich nicht länger, und auch Du wirst zu Schanden; denn ich schieße dann auf Dich!"
„Wage es nicht!" sagte er in drohendem Tone.
„Ich wage gar nichts dabei! Du bist mit dem Gewehr auf mich zugekommen; Du hast auf mich gezielt. Ich befand mich im Zustande der Nothwehr und hätte Dich mit Recht niederschießen dürfen."
„Du wolltest mich erschießen und hast nur aus Zufall die Flinte getroffen. Niemand soll sagen, daß er das Flintenschloß zu treffen vermag, wenn mein Gesicht ganz am Visire liegt!"
„Du hast wohl noch keinen guten Schützen gesehen?"
„Und vorher hast Du mich geschlagen. Weißt Du, was das zu bedeuten hat? Kein Mensch kann es mir verdenken, wenn ich Dich dafür niederschieße. So eine Schande kann nur mit Blut abgewaschen werden."
„Wer aber wäscht dieselbe Schande von der Ehre des Mädchens, welches Du hast schlagen lassen?"
„Hat eine Magd Ehre?" entgegnete er mit Hohngelächter. „Und was hast Du Dich um meine Angelegenheiten zu kümmern? Ich kann mein Gesinde züchtigen, wie es mir beliebt!"
Da hatte er nach den Gebräuchen jener Gegend allerdings ganz Recht. Ich aber durfte mich nicht durch Worte schlagen lassen. Ich hatte einmal angefangen und mußte durchgreifen. Darum antwortete ich:
„In meiner Gegenwart lasse ich keine solche Unmenschlichkeit geschehen. Und gegen Dich habe ich die Peitsche gebraucht, weil Du die Höflichkeit verletzt hast, welche Du mir schuldig bist. Solche Beleidigungen beantworte ich eben nur mit der Peitsche. Ich bin das so gewöhnt."
„Was für ein großer Herr bist Du denn eigentlich? Wie viele Roßschweife hat Dir denn der Großherr geschenkt? Ich werde das gleich einmal untersuchen lassen."
Und sich zu den Knechten wendend, fuhr er fort:
„Ich warne Euch, ihn ja nicht fortzulassen. Ich komme gleich wieder!"
„Du willst den Kiaja holen?" fragte ich.
„Ja. Ich übergebe Dich den Händen des Hakim kabakatly. Er mag Dir zeigen, welch' schöne Wohnungen es in dem Terbijistan gibt."
„So hole den Kiaja! Ich warte mit Vergnügen, und Du brauchst mir diese Leute nicht zu Wächtern zu setzen. Wenn ich gehen wollte, würde ich mich nicht von ihnen halten lassen. Aber ich werde bleiben, um Dir zu beweisen, daß Du selbst Dich auf dem Wege zum Terbijistan befindest."
Er eilte durch Schmutz und Kot zum Thore hinaus. Ich aber öffnete die Thüre, hinter welcher das Mädchen verschwunden war. Ich sah einen Aufbewahrungsort für

Ackergeräthe und ähnliche Werkzeuge. Das Mädchen saß weinend und vor Schmerzen zusammengekauert auf einem Strohhaufen. Ich wollte einige Fragen stellen, fühlte mich aber von hinten ergriffen. Als ich mich umdrehte, sah ich die Frau, welche mich zurückzuzerren versuchte. Sie schien die Mittheilungen des Mädchens zu fürchten.

„Was hast Du hier zu suchen?" sagte sie. „Heraus mit Dir!"

„Nein, sondern mit Dir hinaus!" herrschte ich sie im grimmigsten Tone an.

Sie fuhr ganz erschrocken zurück und rief:

„Bir tamam insan-jejidschi – ein richtiger Menschenfresser!"

„Ja," antwortete ich, „ich habe schon sehr viele Männer und Weiber gefressen; Du aber bist mir nicht appetitlich genug!"

Sie war abgeschreckt und versuchte es nicht wieder, mich am Eintreten zu verhindern.

„Du siehst, daß ich Dir helfen will," sagte ich zu dem Mädchen; „aber Du mußt mir auch sagen, warum Dein Herr Dich so schrecklich züchtigte."

„Wenn ich es Dir sage, wird er mich noch mehr schlagen lassen," antwortete sie.

„Ich werde dafür sorgen, daß er es nicht thun kann. Wer war der Fremde, der so freundlich mit Dir gewesen ist?"

„Er war ein Herr aus – aus – – ich habe den Ort vergessen, den er nannte. Er blieb hier über Nacht."

„Was war er? Wie hieß er?"

„Er nannte sich Madi Arnaud und wollte wiederkommen."

Das war ja der Name des Mannes, von welchem Schimin mir erzählt hatte.

„Warum aber ist Dein Herr über die Freundlichkeit dieses Mannes so sehr erzürnt?"

„O, nicht darüber! Er ist zornig wegen des Dschizdan, das ich entdeckt habe."

„Wem gehörte es?"

„Dem Fremden. Er hatte es verloren und suchte es vergeblich. Ich fand es im Jatak odassy des Herrn und wollte es dem Fremden wiedergeben; aber der Herr schloß mich ein, bis der Andere fort war, und als ich dann sagte, daß die Tasche nicht ihm gehöre, ließ er mich schlagen."

„So ist er ein Dieb. Was war in der Tasche?"

„Ich konnte nicht nachsehen, weil der Herr dazu kam."

„Weißt Du, wo er sie jetzt hat?"

„Ja, ich habe aufgepaßt. Er hat sie der Frau gegeben, und diese steckte sie hinter das Holz am Herd."

Da hörte ich draußen eine quickende Stimme fragen:

„Wo ist der Mörder?"

Ich trat hinaus und sah einen kleinen, spindeldürren Mann, welcher eine ungeheure Pelzmütze auf dem Kopfe und ebenso riesige Bastschuhe an den Füßen trug. Gekleidet war er in eine scharlachrothe Hose und Weste und in einen blauen Dschiuppeh mit kurzen Ärmeln. Dieses letztere, kaftanähnliche Oberkleid war sehr zerrissen, und Hose

und Weste hatten keine Knöpfe mehr; sie wurden von einer einfachen Hanfschnur zusammengehalten.
Auf der Nase dieses Mannes saß eine riesige Hornbrille mit anderthalb Gläsern, und in den Händen trug er ein Tintenfaß, eine Gänsefeder und mehrere fettbefleckte Papierblätter.
„Da ist er," sagte der Wirth, auf mich zeigend.
Also das wunderliche Männchen war der Gebieter des Dorfes! Er machte auf mich ganz denselben Eindruck wie die Insignien seines Amtes. Ich sah auf den ersten Blick, daß die Gänsefeder einen langen Schnabel aufsperrte, und das Tintenfaß schien einen trostlos eingetrockneten schwarzen Schlamm zu enthalten.
„Also Du bist der Mörder?" wendete er sich in amtlich strenger Würde an mich.
„Nein."
„Dieser sagt es aber doch!"
„Wäre ich ein Mörder, so müßte ich doch Jemand ermordet haben!"
„Du hast morden wollen; das ist genug. Kommet Alle in die Stube! Ich werde ein strenges Verhör anstellen, und der Schuldige mag ja nicht glauben, daß er dem Kreuzfeuer meiner Fragen entrinnen kann. Nehmt ihn in die Mitte!"
„Das verbitte ich mir!" sagte ich. „Noch wissen wir nicht, wer der Schuldige ist. Ich gehe voran."
In der Stube angekommen, setzte ich mich zu meinem Rakitopf. Es war das der bequemste Sitz, den es gab.
„Weg mit Dir!" meinte der Kiaja. „Das ist mein Platz."
„Siehst Du denn nicht, daß es der meinige ist? Ich sitze ja bereits!"
„So stehe auf!"
„Ich sehe Keinen unter Euch, vor dem ich aufzustehen hätte."
„Siehest Du nicht mich? Gehorchst Du nicht gutwillig, so werde ich Dir Deinen Platz mit Gewalt anweisen lassen!"
„Wer es wagt, mich anzurühren, dem werde ich diese sechs Schüsse in den Leib geben!"
Ich hielt ihm den Revolver entgegen. Er that einen Satz nach rückwärts, welcher einem Kunstturner alle Ehre gemacht hätte. Dann sagte er:
„Dieser Mensch ist wirklich gefährlich. Wir wollen ihn einstweilen sitzen lassen."
Er suchte einen andern Platz, legte das Papier vor sich hin, stellte das Tintenfaß daneben, zog die Stirne wichtig in Falten, hielt die Feder gegen das Licht und untersuchte den Schnabel derselben. Das Resultat dieser Untersuchung war der Befehl:
„Gib mir ein Messer!"
Der Wirth brachte einen Kneif hervor, mit welchem man Holz hätte hacken können. Der Kiaja schnitzte mit demselben an dem Kiele herum, daß es eine Art hatte; dann gebot er:
„Gib mir Wasser!"

Das Tintenfaß wurde voll gegossen, und dann stampfte und rührte er mit der Feder in dem Schlamm, der nur sehr langsam weich wurde, so herum, als ob er Teig machen wolle.
Die Situation belustigte mich außerordentlich. Ich schob ihm meinen Topf hin und sagte:
„Das ist eine schwere Arbeit. Trink!“
Es geschah wirklich, wie ich erwartet hatte. Er fragte:
„Was ist darin?“
„Raki.“
„Ist er gut?“
„Sehr.“
Er nahm den Topf, sah hinein, roch daran und trank.
„Willst Du mehr?“ fragte ich.
„Hast Du Geld?“
„Ja; ich bezahle.“
„Laß ihn voll machen. Wir Alle trinken dann.“
Der Topf wurde gefüllt und ging von Mund zu Mund.
Als die Reihe an mich kommen sollte, meinte der Kiaja:
„Dieser ist der Kabahatlü; er bekommt nichts!“
Das war mir lieb, obgleich ich den Knechten anmerkte, daß sie mir gern einen Schluck gegönnt hätten. Sie schienen überhaupt auf meiner Seite zu sein. Den letzten Schluck nahm der würdige Beamte. Dann sagte er, die Brille fest rückend:
„Also jetzt beginnt das Verhör! Du hast auf diesen Mann geschossen. Nicht wahr?“
„Nicht auf ihn, sondern auf seine Flinte.“
„Das ist ganz gleich. Du hast geschossen; Du hast es eingestanden. Das Verhör ist also zu Ende. Ich brauche gar nicht zu schreiben. Bezahle den Raki und dann wirst Du abgeführt.“
„Wohin?“
„Das wirst Du schon erfahren. Jetzt hast Du zu gehorchen, ohne zu fragen.“
„Schön! Aber wenn ich nicht fragen darf, so wünsche ich, daß Du doch wenigstens einige Fragen thust.“
„Was hätte ich zu fragen? Ich bin fertig.“
„Ganz wie Du willst! So bin ich also auch fertig und werde meinen Weg fortsetzen.“
„Das wirst Du nicht thun, denn Du bist mein Gefangener!“
„Höre, wenn Du einen Spaß machen willst, so mache wenigstens einen guten. Ich möchte wissen, wer mich halten wollte! Etwa Du?“
Er warf sich in die Brust und antwortete:
„Ja, ich!“

„So komme her und versuche es. Wenn ich Dich zwischen meine Hände nehme, so bist Du im Augenblick geknickt wie ein Schilfrohr. Und will mich etwa ein Anderer halten, den schieße ich nieder."
„Hört Ihr's?" rief er. „Wir werden ihn fesseln müssen."
„Das ist nicht nöthig. Ich thue Euch nichts, denn ich weiß, daß auch Ihr mir nichts thut. Du hast Dein Verhör beendet, ohne zu fragen, wer ich bin. Mußt Du nicht Deinem Vorgesetzten meinen Namen nennen?"
„Ja. Wer bist Du und wie heißest Du?"
„Sieh, jetzt kannst Du auf einmal fragen!"
„Ich wollte nur nicht anfangen, weil ich Dich nicht ganz und gar unglücklich machen wollte. Denn wenn ich einmal in's Fragen komme, so werden auch alle andern Verbrechen, die Du begangen hast, offenbar."
„So frage in Allah's Namen weiter! Ich werde Dir alle meine Sünden nennen, und Du magst sie aufzeichnen. Kannst Du schreiben?"
Diese Frage kam ihm unerwartet. Erst nach einigem Besinnen antwortete er:
„Diese Tinte ist freilich zu dick; auch ist die Feder viel zu stumpf. Ich muß mir neue Tinte kochen. Ich höre, daß Du ein Fremder bist?"
„Das bin ich."
„Hast Du denn ein Teskereh für neun Piaster?"
Ein Teskereh ist der gewöhnliche Paß, welchen ein jeder Reisende haben muß. An jedem Orte muß visirt werden.
„Ja, ich habe eines," antwortete ich.
„Zeige es her!"
Er erhielt es; kaum aber hatte er den ersten Blick darauf geworfen, so sagte er:
„Das ist ja noch kein einziges Mal visirt! Warum nicht?"
„Weil ich das Teskereh noch Niemandem gezeigt habe."
„So bist Du ein Howarda, wie es keinen zweiten gibt. Deine Strafe wird immer schwerer!"
„Willst Du nicht fragen, warum ich das Teskereh noch nicht vorgezeigt habe?"
„Nun, warum nicht?"
„Weil ich etwas Anderes vorzeigen kann, nämlich das hier."
Ich reichte ihm mein Buyuruldi hin. Das ist ein Empfehlungsschreiben des Pascha an die Behörden seines Paschaliks. Der Kleine machte ein sehr verlegenes Gesicht.
„Nun, willst Du das Siegel und die Unterschrift Deines Vorgesetzten nicht begrüßen?" fragte ich.
Er verneigte sich und sagte dann:
„Warum hast Du dieses Buyuruldi nicht eher erwähnt?"
„Du warst mit dem Verhör zu schnell fertig. Du hast Dich mit Deinem Gruß nicht sehr angestrengt. Erhebe Dich von Deinem Sitze und ziehe Deine Schuhe aus, denn ich werde Dir noch einen andern Paß zeigen!"
„Um Allahs willen! Hast Du etwa einen Ferman?"

„Ja – hier ist er!“
Ich entfaltete den großen Bogen. Der Ferman ist der höchste Paß. Er enthält oben zwischen kalligraphischen Schnörkeln die Titel des Padischa. Es wird den Behörden alle mögliche Rücksicht für die Wünsche des Reisenden anbefohlen. Auch sind allerlei für den Inhaber vortheilhafte Bestimmungen zu lesen, zum Beispiel zu welchem Preise er Pferde, Begleiter und Führer und Anderes haben kann.
Der Ferman brachte die gewünschte Wirkung hervor. Der Kiaja rief:
„Ihr Leute, begrüßt die Würden, das Siegel und die Unterschrift des Beherrschers aller Gläubigen! Von seinen Lippen fließt Wahrheit und Segen, und was er befiehlt, das muß geschehen an allen Orten der Erde.“
Die Verneigungen wollten kein Ende nehmen. Ich steckte indessen die drei Pässe wieder in das Lederetui und fragte dann den Kiaja:
„Was wird der Padischa sagen, wenn ich ihm schreibe, daß ich hier beschimpft worden bin, und daß Du mich einen Mörder genannt hast?“
„Sei gnädig, Hazreti! Ich wußte es nicht anders.“
Hazreti heißt Hoheit. Ich konnte zufrieden sein und nahm eine höchst würdevolle Miene an.
„Ich will es verzeihen, obgleich es ein großer Fehler ist, mich einen Verbrecher zu nennen, da ich doch gekommen bin, ein Verbrechen zu entdecken. Gehe einmal hin an den Herd, und räume das Holz zur Seite. Du wirst dort Etwas finden, was nicht in dieses Haus gehört.“
Er gehorchte augenblicklich. Der Wirth konnte seinen Schreck nicht verbergen; seine Frau hielt es für das Allerbeste, zu verschwinden. Sie schlich zur Thüre hinaus.
Der Kiaja brachte wirklich die Brieftasche zum Vorschein und gab sie mir. Sie war alt und abgenützt. Als ich sie öffnete, sah ich, daß sie auch ein Notizbuch enthielt. Da gab es eine Menge Bemerkungen und allerlei gereimtes und ungereimtes Zeug – in deutscher Sprache. Das erste Blatt enthielt die geistreichen Verse:
„Wenn ich mich nach der Heimat sehn',
Wenn meine Beene nicht mehr steh'n,
Wenn mein Tornister drückt so sehr,
So knarrt mein Magen immer mehr.
Und 's wird nur leichter mir um's Herz,
Fühl' weniger den stillen Schmerz;
Wenn ich so off der Straße steh'
Und mir mein kleenes Geld beseh'.“
Das war, wie ich später von dem Besitzer der Brieftasche erfuhr, die erste Strophe einer „Stoffel in der Fremde“ betitelten Parodie auf Mosmüller's Lied in dem Singspiele: „Die Zillerthaler“.
Der Inhalt des Notizbuches war werthlos. Vielleicht enthielten die Fächer der Brieftasche Besseres. Ich suchte und fand eine alte Karte mit zwei verschlungenen Händen, darunter

die Worte: „Kein Tod kann uns trennen“ – ein coupirtes Bahnbillett dritter Klasse von St. Peter nach Nebresina – zwei Blätter aus einem Fremdwörterbuche – ein mittelst Bürste durchgeklopftes Eichenblatt mit einer aufgemalten Rose und der Unterschrift: „So schön bist Du!“ – ein sehr abgegriffenes Miniaturheftchen mit dem Titel: „Genaue Preisberechnung aller möglichen Skatspiele mit und ohne Farbengrand“ – das Preisverzeichniß einer Pester Weinhandlung und – endlich etwas Befriedigendes, nämlich, in Papier eingeschlagen, für achtzig Gulden österreichisches Papiergeld.

Dieses Letztere war jedenfalls für den Wirth die Veranlassung gewesen, die sonst für ihn und auch für Andere ganz werthlose Tasche zurückzubehalten.

„Woher hast Du dieses Dschizdan?“ fragte ich ihn.

„Es gehört mir,“ antwortete er.

„Wer hat diese Blätter beschrieben?“

„Ich.“

„Welche Sprache ist das denn?“

„Das ist – das ist – das ist – – –“

„Persisch, nicht wahr?“

„Ja.“

„So will ich Dir sagen, daß diese Schrift nur in Alemanja geschrieben wird. Hier lies mir einmal vor, was auf dieser Seite steht!“

Er befand sich in der größten Verlegenheit.

„O, Du kannst es nicht lesen! Dieses Dschizdan gehört einem Manne, welcher sich Madi Arnaud nennt. Ich werde dafür sorgen, daß er es wieder erhält. Was Dich betrifft, so hast Du Strafe verdient; doch soll es auf Dich ankommen, ob ich Gnade walten lasse. Gestehst Du offen, daß Du diese Brieftasche widerrechtlich an Dich gebracht hast, so soll Dir die Strafe erlassen sein. Also rede jetzt! Gehört sie wirklich Dir?“

Die Antwort fiel ihm schwer; aber der Ferman hatte einen großen Eindruck gemacht. Er hielt mich jetzt für einen großen Herrn, den er zu fürchten hatte; darum stieß er endlich zögernd hervor:

„Nein; sie gehört ihm.“

„Weißt Du, wohin er gereist ist?“

„Nach Ismilan.“

„Gut, es sei Dir vergeben; aber ich mache die Bedingung, daß Du einem Jeden der Anwesenden jetzt diesen Topf voll Raki schenkst. Du würdest die Bastonnade erhalten und viele Wochen eingesperrt werden. Willst Du?“

„Ja,“ knurrte er grimmig.

Da griff der kleine Kiaja mit solchem Eifer nach meiner Hand, daß er das Tintenfaß umstieß, und sagte:

„Herr, Deine Güte ist groß, Deine Weisheit aber noch viel größer! Du bestrafst ihn, indem Du uns Wohlthat erweisest. Dein Andenken wird bei uns nie vergessen werden!“

„So macht Euch meiner Güte nicht unwürdig und genießt den Trank – Euch Allen zur Freude und zur Besserung."
Die mißhandelte Magd war nicht mit in die Stube gegangen. – Ich ging hinaus zu ihr – sie saß noch auf dem Stroh. Ich theilte ihr mit, daß ihr Herr den Diebstahl eingestanden habe; das erregte ihre Besorgniß.
„Herr, nun wird es mir sehr schlimm ergehen," sagte sie.
„Er weiß nicht, daß Du es mir gesagt hast. Aber warum bleibst Du bei ihm, wenn er ein so böser Herr ist?"
„Ich muß. Er hat mir dreißig Piaster Lohn vorausgezahlt; ich brauchte das Geld für meine Mutter und kann nun nicht eher zu einem andern Herrn gehen, als bis ich diesen Vorschuß abgedient habe."
„Ich werde Dir das Geld geben. Wirst Du dann gleich einen andern Dienst finden?"
„O gleich! Aber er wird mich doch nicht sofort gehen lassen."
„Er wird, denn ich befehle es ihm."
„Herr, wie soll ich Dir danken?"
„Sei still! Du hast für Deine Mutter gesorgt; das hat mich erfreut. Ehre sie auch fernerhin, denn wer die Eltern liebt und achtet, auf dem ruht Allah's Wohlgefallen."
Ich gab ihr die kleine Summe und noch ein Weniges darüber. Sie machte ein ganz anderes Gesicht als der Wirth, mit dem ich dann an der Hausthüre zusammentraf. Er ging, um den Krug zu füllen, und sagte:
„Herr, es war nicht nöthig, all diesen Leuten Raki zu geben. Hätte der Kiaja solchen erhalten, so war es genug."
„Meinst Du? Ich will Dir sagen, daß keiner von Euch Allen einen Para werth ist. Dein Raki aber ist noch schlechter als Du selbst. Indem Ihr ihn trinken müßt, bestrafe ich Euch, und ich werde mit Vergnügen an seine Wirkung denken. Jetzt aber habe ich noch ein Wort wegen Deiner Magd mit Dir zu reden. Ich rathe Dir, sie zu entlassen."
„Sie ist mir Geld schuldig."
„Sie wird Dich bezahlen."
„Hast Du es ihr gegeben?"
„Ja."
„So mag sie gehen. Ich will sie nicht mehr sehen, denn sie ist Schuld an Allem, was geschehen ist."
„So erkläre ihr das drin vor allen Anwesenden."
„Das ist nicht nothwendig!"
„O, ich halte es im Gegentheile für sehr nothwendig, denn ich traue Dir nicht. Ich werde nicht eher von hier fortreiten, als bis auch sie fortgegangen ist."
„Ich habe gesagt, daß sie gehen kann. Hältst Du mich für einen Lügner?"
„Ja. Du bist ein Dieb und ein gewaltthätiger Mensch. Ich bin überzeugt, daß Du auch lügen kannst."

„Das sollte mir ein Anderer sagen! Aber ich will es dulden. Ich erleide zwar großen Schaden, aber ich bin überzeugt, daß Du mir meine Flinte, die Du mir verdorben hast, bezahlen wirst."

„Meinst Du? Bist Du ein Moslem?"

„Ich bin ein armenischer Christ."

„So schäme Dich! Der, den Du bestohlen hast, war auch ein Christ. Das macht Deine That noch nichtswürdiger. Ihr Christen solltet für die Moslemim die Leuchte aller Tugenden sein; was aber seid Ihr ihnen in Wirklichkeit? Ich will Dir keine Predigt halten, denn sie würde ja doch nutzlos sein; Eins aber sage ich Dir: Ich bezahle weder Dein Schießgewehr, noch den Raki, den ich bestellt, aber nicht getrunken habe. Für das Futter meines Pferdes sollst Du fünf Piaster haben. Hier sind sie, und damit sind wir mit einander fertig!"

Er nahm das Geld, ohne ein Wort zu entgegnen, und entfernte sich. Ich setzte mich auf einen Stein, welcher in der Nähe der Thüre lag, und wartete. Es dauerte gar nicht lange, so kam die Magd, mit einem kleinen Bündel in der Hand. Sie sagte mir, daß sie den Herrn bezahlt und dann ihren Laufpaß erhalten habe, und verabschiedete sich von mir unter aufrichtig gemeinten Dankesworten.

Nun verließ auch ich den Ort, der mir fast gefährlich hätte werden können. Es hatte sich zuletzt Niemand um mich bekümmert. Man war ja mit dem Raki beschäftigt. Indem ich also ohne Gruß davonritt, dachte ich mit Vergnügen an die Möglichkeit, daß die Geister des Zwetschgenfusels meine Absicht verstehen könnten. So eine intime Abwalkerei unter einander konnte den Bewohnern dieses traulichen Han's gar nichts schaden.

In Topoklu fand ich ein anderes Han, dessen Besitzer ein Türke war. Hier herrschte Reinlichkeit, und es gab einen guten Kaffee, und da der Weg von Stajanowa da vorüberführte, so blieb ich hier, um auf meine Gefährten zu warten.

Ich hatte geglaubt, daß sie erst gegen Abend Topoklu passiren würden; aber es war noch am Nachmittag, als ich sie vorüberreiten sah. Ich bezahlte, was ich genossen hatte, und holte sie schnell ein. Sie wunderten sich nicht wenig, mich hier zu sehen, da ich ja die Absicht gehabt hatte, über Palatza zu reiten. Als ich ihnen dann erzählte, was mir begegnet war, bedauerte es Halef sehr, nicht dabei gewesen zu sein.

Sie hatten gar nicht geschlafen und waren mit Tagesgrauen aufgebrochen. Ihre Pferde waren von dem weiten Ritt sehr ermüdet; bis Ismilan aber konnten sie es aushalten, und da sollte es eine längere Ruhe für Menschen und Thiere geben.

Als wir am Ziele ankamen, fragten wir nach dem Kaffeehause des Waffenschmiedes Deselim. Wir erfuhren, daß es nicht nur Kaffeehaus, sondern auch Han sei, und daß sehr viele Reisende da über Nacht blieben.

Es war gewiß nicht ungefährlich, im Hause des Mannes, der meinetwegen den Hals gebrochen hatte, abzusteigen; aber dieser Unglücksfall war ja hier noch nicht bekannt, und da Deselim der Schwager des Schut gewesen war, so erwartete ich, daß unsere

Flüchtlinge auch bei ihm eingekehrt seien. Vielleicht war da etwas für uns Vortheilhaftes zu erfahren.
Das Haus stand in der bereits erwähnten Gasse. Es hatte einen ziemlich großen Hof mit Stallungen und einem niedrigen Gebäude, in welchem sich die für die Fremden bestimmten Schlafräume befanden. Es waren dies kleine Stuben mit ganz urwüchsigen Lagerstätten. Decken und dergleichen hatte der Reisende selbst mitzubringen.
Als wir von den Pferden stiegen, kam ein finster dreinblickender Mensch und fragte, ob wir da übernachten wollten. Auf meine bejahende Antwort meinte er:
„Da müßt Ihr im offenen Hofe schlafen. Die Räume sind alle besetzt. Es ist kein Platz vorhanden."
„Auch für solche Leute nicht?"
Bei dieser Frage deutete ich auf meine Koptscha. Ich war neugierig, ob dies eine Wirkung hervorbringen werde.
„Ah, Ihr seid Brüder," antwortete er schnell. „Das ist etwas anderes; da wird Platz gemacht. Aber Ihr müßt zu Zweien schlafen, da ich nur zwei Stuben frei machen kann."
Wir waren natürlich einverstanden und folgten ihm in den Hof, um unsere Thiere gut unterzubringen. Während dieser Arbeit war es mir, als ob ich aus der Ferne einen hier nicht gewöhnlichen Gesang vernähme; doch achtete ich nicht darauf. Wir wurden zunächst in die allgemeine Kaffeestube gewiesen, wo wir die angenehme Mittheilung empfingen, daß wir zufälliger Weise einen frischen Pillaw mit Huhn bekommen könnten. Das wurde acceptirt.
Es befand sich außer uns kein Gast in der Stube, und der junge Mensch, welcher uns bediente, schien das Sprechen für eine Sünde zu halten. So aßen wir schweigend und ungestört. Dann kam der Mürrische, welcher uns empfangen hatte, um uns nun unsere Stuben anzuweisen.
„Ihr habt die Koptscha," sagte er, „und ich möchte gerne mit Euch reden; aber ich habe jetzt keine Zeit, denn wir haben ein Türküjü sejrangiah im Garten."
„Wer singt denn?" fragte ich erstaunt.
„Ein fremder Türkü tschaghyrydschy, welcher heute hier angekommen ist."
„Wird er bezahlt?"
„Nein. Er kam, um über Nacht zu bleiben. Er setzte sich in den Garten und sang; da gingen alle Gäste hinaus. Er singt immer fort, und sie hören immer zu; also müssen wir ihnen den Tabak und den Kaffee in den Garten tragen. Das macht viel Arbeit."
„Weißt Du, woher der Sänger ist und wie er heißt?"
„Er ist aus dem Lande Austria und hat einen fremden Namen; er sagt, wir sollen ihn Madi Arnaud nennen. Wenn Ihr nicht zu sehr ermüdet seid, könnt Ihr auch in den Garten gehen; aber verstehen werdet Ihr nichts, denn er singt in einer fremden Sprache. Dennoch klingt es sehr schön, so schön, wie man es noch gar nicht gehört hat. Wir haben ihm die Kanun unserer Kerime gegeben, und er spielt die Stimmen aller Vögel auf den Saiten."

Er führte uns über den Hof hinüber und öffnete zwei neben einander befindliche Thüren des niedrigen Gebäudes. Man trat aus dem Hofe direkt in die Schlafstuben. Er hatte Stroh hineinschaffen lassen und Decken darüber gebreitet, eine Aufmerksamkeit, welche wir jedenfalls nur der Koptscha verdankten.
Omar und Osko erhielten die eine Stube, während Halef mit mir in der andern schlafen sollte. Unser Führer entfernte sich, und auch die beiden Erstgenannten gingen, um unsere Habseligkeiten aus dem Stalle zu holen.
Während wir Zwei uns mit dem Lager beschäftigten, hörten wir die Töne einer Zither erklingen. Unser Schlafgemach hatte der Thüre gegenüber eine Fensteröffnung, die mit einem Laden verschlossen war. Licht erhielten wir von einem mit Talg gefüllten Napf, in welchem ein Docht brannte.
Was wir hörten, war eine ganz richtige Einleitung von acht Takten, und dann vernahm ich zu meiner Überraschung in deutscher Sprache das Schnadahüpf'l:
„'s Diandl hat Zahnerl
So weiß wia Schnee,
Sand alle z'samm eing'setzt,
Drum thoan's ihr nöt weh.
's Diandl hat sö a goldene
Riegelhaub'n dahaust,
Tragt aba a Barrocka,
Pfui Teufi, mir graust!“
Ich horchte auf. Es kam mir eine Erinnerung. Sollte es möglich sein? Auch Halef horchte.
„Sihdi, weißt Du, wer so sang?“ fragte er.
„Nun – wer?“
„Der Mann in Dschiddah, welcher mit bei Malek, dem Scheik der Ateïbeh, war und bei Hanneh, meinem Weibe, der Krone der Töchter. Er trug einen mächtigen Säbel und hatte ein weißes Ding um den Hals, das Du Baba öldürüdschüjü nanntest.“
„Ja, Du hast Recht; dieser Mann sang genau so.“
„Mei Muatta hat's g'sagt
Zu mein lieab'n Papa,
Daß mein Ahndl ohne mi
Gar koa Großmuatta war.“
So erklang's von unten herauf, und dann fuhr der Sänger fort:
„Dö Köchina bringa
Dö Gäns so gern um,
Denn dö gar groß Verwandtschaft,
Dö war iahna z'dumm.“
Halef war förmlich elektrisirt. Er sagte:
„Sihdi, ich gehe hinaus. Ich muß sehen, ob es wirklich der Mann ist, der Hanneh gesehen hat.“

„Ja, gehen wir."
Gar nicht weit von unserer Thüre führte eine Pforte durch die Gartenmauer. Als wir sie passirt hatten, sahen wir auf einem Rasenplatz eine Anzahl gleicher Talglampen brennen, deren flackerndes Licht einen Halbkreis von Zuhörern beleuchtete. Diesen gegenüber saß – ja, ich erkannte ihn sogleich – Martin Albani, unser Bekannter aus Dschiddah. Er sah uns eintreten, warf uns nur einen kurzen Blick zu, beobachtete uns weiter nicht und sang:
„Und der Türk und der Ruß,
Die zwoa geh'n mi nix o',
Wann i no mit der Gretl
Koan Kriegshandel ho'!"
Ich schritt langsam weiter, bis ich hinter ihm stand. Ich wollte ihn ebenso überraschen, wie seine Anwesenheit mich überrascht hatte. Er begann, ohne zu bemerken, daß ich hinter ihm stand, die Strophe:
„Wenn drob'n auf dö Latschn
Der Auerhahn balzt,
Kriagt mein Diandl a Bussei,
Dös grad a so schnalzt."
Ich sah, daß er in F-dur griff. Ich bückte mich zu ihm, nahm ihm die Zither aus der Hand und sang in derselben Tonart:
„Dös Diandl is sauba
Vom Fuaß bis zum Kopf,
Nur am Hals hat's a Binkerl,
Dös hoast ma an Kropf."
Er war aufgesprungen und starrte mich an.
„Was?" fragte er. „Auch ein Deutscher?"
„Ja. Grüß Gott, Herr Albani!"
„Sie kennen mich? Wunder über Wunder!"
„Und Sie mich nicht? Wollen wir nicht wieder einen Kameelsritt machen? Wissen Sie!"
„Kameelsritt? Den habe ich nur ein allereinziges Mal riskirt, und da – Bomben und Granaten, jetzt kommt mir der Verstand! Sie sind es? Sie, Sie, Sie? Da möchte man vor Freude gleich den Ofen einreißen, wenn man einen da hätte nämlich! Wie kommen denn Sie hierher nach Ismilan?"
„Ich suche Sie."
„Mich?"
„Ja."
„Wie so? Wußten Sie denn, daß ich hier bin?"
„Ja. Sie kommen von Tschirmen und wollen nach Menlik." „Wahrhaftig, er weiß es! Von wem haben Sie das aber erfahren?"
„Zuerst sprach der Schmied Schimin in Koschikawak von Ihnen."

„Ja, bei dem bin ich gewesen."
„Das heißt, ich hatte keine Ahnung, daß Sie dieser Mann seien. Er sprach von einem Türkü tschaghyrydschy, der bei ihm eingekehrt sei."
„Türkü tscha – tschi – tscho – tschu – – wie war das Wort? Wie heißt es auf deutsch?"
„Sänger."
„Ah so! Der Kuckuck mag dieses Türkische pfeifen! Ich finde mich da schwer zurecht."
„Und doch reisen Sie hier!"
„Na, verständlich mache ich mich schon. Geht es nicht mit Worten, so geht es mit Pantomimen. Das Gesichterschneiden ist ja eine Universalsprache, die Jeder begreift. Aber setzen Sie sich und erzählen Sie mir, was – – –"
„Bitte, wollen Sie sich nicht umdrehen? Da steht Einer, der Ihnen auch einen guten Abend wünschen will."
„Wo? Da? Ah, das ist doch der Herr Hadschi Ha – Hi – Ho – – mit dem langen Namen!"
Halef merkte, daß die Rede von seinem Namen sei, er sagte in ernster Würde:
„Hadschi Halef Omar Ben Hadschi Abul Abbas Ibn Hadschi Dawud al Gossarah."
„Schon gut, schon gut! Diese Menge von Hadschis kann ich mir nicht merken. Lassen wir es bei dem einfachen Namen Halef. Also guten Abend, Herr Halef!"
Er streckte ihm die Hand entgegen, und Halef ergriff sie, ohne seine Worte verstanden zu haben.
„Bitte, erinnern Sie sich, daß der gute Hadschi kein Deutscher ist," sagte ich. „Er versteht Sie nicht."
„Ah so! Was spricht er denn?"
„Arabisch und Türkisch."
„Grad das sind meine Schattenseiten. Na, wir werden uns schon verständlich machen. Jetzt aber ist es aus mit der Singerei. Jetzt wird erzählt!"
Die Anwesenden hatten gemerkt, daß hier eine ganz unerwartete Begegnung Statt gefunden habe. Sie sahen mit sichtlichem Mißvergnügen, daß die Zither, welcher übrigens zwei Saiten fehlten, weggelegt wurde. Der Triester aber verzichtete auf das Glück, sich von ihnen bewundern zu lassen, und legte Beschlag auf mich. Er zog mich zu sich nieder und sagte:
„Jetzt erzählen Sie mir, was Sie seit damals erlebt haben!"
„Das würde mehrere Abende füllen. Lassen Sie zunächst hören, wie es Ihnen ergangen ist!"
„Gut und schlecht, Beides abwechselnd. Ich habe verschiedenes getrieben, theils mit Glück, theils mit Unglück. Jetzt bin ich Compagnon meines Compagnon und schlage mich hier herum, um zu sehen, welche geschäftlichen Vortheile dieses Land bietet."
„Wohin gehen Sie von hier aus?"
„Nach dem Jahrmarkt zu Menlik."
„Ich auch."
„Das ist herrlich. Wollen wir beisammen bleiben?"

„Ja, vorausgesetzt, daß Sie gut beritten sind. Ich habe nämlich Eile."
„O, ich bin außerordentlich gut beritten. In dieser Beziehung gibt es gar kein Bedenken gegen unser Beisammenbleiben."
„Ich hoffe, daß Sie besser reiten, als damals auf dem Kameele, welches wir für Sie in Dschiddah borgten."
„Keine Sorge! Ich reite wie ein Indianer, wie ein Renz!"
„Haben Sie ein eigenes Pferd?"
„Nein."
„O weh! Also geborgt?"
„Ja. Ich habe zwei Maulthiere, eins für mich und eins für die Waaren. Der Besitzer reitet auf einem dritten als Führer und Treiber."
„Wie viel zahlen Sie?"
„Ich zahle natürlich nur für die beiden Ersteren, und zwar zehn Piaster pro Stück und Tag."
„Ja, das ist hier der gewöhnliche Preis für Fremde, welche die Verhältnisse nicht kennen und also leicht zu übervortheilen sind."
„Wie so? Zahle ich zuviel?"
„Ja. Ein Einheimischer zahlt nur die Hälfte."
„Ah! Warte, Bursche! Von jetzt an wirst Du nur fünf Piaster pro Thier bekommen!"
„Seien Sie nicht vorschnell! Was für einen Paß haben Sie?"
„Ein Teskereh."
„Also keine Empfehlung für die Beamten? Da dürfen Sie nicht allzu kräftig auftreten. Wo haben Sie die Thiere und den Führer gemiethet?"
„In Mastanly."
„So zahlen Sie ihm den bisherigen Preis fort, bis Sie einen Andern miethen. Mit dem werde ich handeln."
„Schön! Bin Ihnen sehr verbunden! Wie weit haben wir von hier noch bis Menlik?"
„Ungefähr fünfundzwanzig türkische Aghatsch oder fünfzehn deutsche Meilen; ich meine in der Luftlinie."
„Das wären drei Tagreisen. Aber weil wir nicht fliegen können, so brauchen wir länger."
„Hm! Ich auf meinem Rappen würde in nicht ganz zwei Tagen dort sein. Maulthiere pflegen sehr störrisch zu sein. Wie betragen sich die Ihrigen?"
„O, sehr gut!"
Er sprach das so gedehnt aus, daß ich vermuthete, er sage mir eine kleine Unwahrheit, um mich nicht auf den Gedanken kommen zu lassen, von seiner Begleitung abzusehen.
„Hören Sie, lieber Albani, Sie flunkern wohl so ein Bischen?" fragte ich.
„O nein, gar nicht!"
„Sollten diese Maulthiere, diese Miethmaulthiere so ganz ohne Fehler sein?"
„Na, dasjenige, welches ich reite, hat einen ganz kleinen Klapps. Es hat die Angewohnheit, sich zuweilen auf die Vorderbeine zu stellen und mit den hintern Beinen

in der Luft herumzufuchteln. Und das Packthier läuft nicht immer so, wie man will. Es bleibt zuweilen stehen, um sich die Gegend mit Verständniß zu betrachten; auch legt es sich dann und wann nieder, um Denkübungen zu halten, und sonderbarer Weise allemal da, wo der tiefste Schlamm ist. Aber das schadet nichts, denn es holt das Versäumte stets wieder ein. Wenn es ihm nämlich dann wieder in den Sinn kommt, daß eine kleine Bewegung für die Gesundheit eigentlich von Vortheil sei, so rennt es wie eine Eilzugslokomotive. Und dann wiehert es vor Vergnügen, wenn es sieht, daß wir zurücklaufen müssen, um die Sachen aufzulesen, die es verloren hat. Es will eben jedes Thierchen seine Pläsirchen haben, und ich bin menschlich genug, es ihm zu gönnen."

„Danke bestens! Das größte Pläsirchen eines solchen Thierchens muß sein, seinem Herrn zu gehorchen."

„Na, urtheilen Sie nicht zu streng! Oppositionsgeist gibt es überall. Übrigens sind das die einzigen Fehler, welche die Maulthiere haben."

„So scheint es mir, als ob Ihr Führer für sich das beste Thier ausgewählt habe?"

„Das ist wahr; aber ich kann es ihm nicht verdenken. Ein Jeder ist sich selbst der Nächste."

„Das sind edle Grundsätze, nach denen aber Sie selbst sich auch der Nächste wären. Ich bin neugierig, wie Sie mit solchen Thieren über die schlimmen Strecken kommen werden, welche vor uns liegen. Wohin wollen Sie von Menlik aus?"

„Das ist noch unbestimmt. Entweder reise ich südwärts nach Salonichi – oder nach Westen bis an das Adriatische, um dort zur See nach Triest zurückzukehren."

„Ich rathe Ihnen das Erstere."

„Warum?"

„Weil es das weniger Gefährliche ist."

„Halten Sie denn die Menschheit hier für böse?"

„Für böse gerade nicht; aber die Leute, welche zwischen hier und der Adria wohnen, haben eigenthümliche Gewohnheiten. Sie lieben die Gütergemeinschaft, das heißt nur dann, wenn ein Anderer Etwas hat. Und sodann pflegen sie oftmals allerlei Schieß- und Stechübungen zu halten, und dann nehmen sie wunderbarer Weise am liebsten irgend ein lebendes Wesen als Ziel."

„Das ist freilich sehr unangenehm."

„Sie haben allerlei Waaren bei sich, vielleicht auch Geld. Das ist sehr verführerisch für Menschen von solchen Anschauungen. Es könnte leicht sein, daß man sich Ihre Sachen auf Lebenszeit von Ihnen borgt. Oder es könnte sich gar ereignen, daß Sie bei Ihrer Einschiffung bemerken, man habe Sie da oben in den Bergen erschossen und dann in irgend einer wilden Schlucht eingescharrt."

„Für solche Bemerkungen danke ich nun freilich. Ich habe mir die Sache gar nicht so vorgestellt. Bis jetzt ist mir weiter nichts passirt, als daß ich in Adatschaly auf eine ziemliche Weise ausgehauen worden bin, aber nicht in Marmor, und daß ich sodann eine Brieftasche verloren habe. Dieses Letztere kann ich natürlich nur meiner

Nachlässigkeit zuschreiben, nicht aber auf die Rechnung der hiesigen Bevölkerung bringen."
„Vielleicht doch."
„Kann ein Anderer Schuld sein, wenn ich Etwas verliere?"
„Nein, wenn Sie es wirklich verloren haben."
„Meinen Sie, daß man mir die Brieftasche gestohlen hat?"
„Möglich. Aber wenn nicht, so konnte der Finder sie Ihnen doch zurückgeben."
„Hm? Kannte er mich? Ich weiß gar nicht einmal, wo sie mir abhanden gekommen ist."
„Hoffentlich ist der Verlust nicht so bedeutend?"
„Nein. Es steckten achtzig österreichische Papiergulden drin. Das wäre nicht sehr schlimm; aber ich hatte auch einige sehr, sehr liebe Andenken drin, die ich schmerzlich vermisse."
„Was war das?"
„Verschiedenes, was Sie doch nicht interessirt."
„Ja – kein Tod kann uns trennen!"
„Wie? Was sagen Sie?"
„So schön bist Du!"
„Herr, ich verstehe Sie nicht!"
„Genaue Preisberechnung aller möglichen Skatspiele. Das ist jedenfalls ein höchst werthvolles Andenken an ein verspieltes Eichelsolo mit sieben Matadoren und drei blanken Zehnern."
„Was Sie da sagen! Ich glaube gar, Sie wissen, was in meiner Tasche war!"
„So ziemlich."
„Woher denn?"
„O, ich hatte das Vergnügen, mich mit einer sehr hübschen jungen Dame von Ihnen zu unterhalten."
„Hübsch? Jung? Wo denn?"
„Sie scheinen deren Viele zu kennen?"
„So ziemlich."
„Ja, Sie reisen ja, um sich eine Frau zu suchen."
„Alle Wetter! – Ach, jetzt weiß ich es, wen Sie meinen: die Magd der Wirthin mit dem sauren Milchkübel in –"
„Hat sie auch bei Ihnen saure Milch gerührt?"
„Von früh bis abends. Das scheint ihre Passion zu sein."
„Jeder hat seine Passionen. Ihr Mann, der Wirth, hatte ja auch eine."
„Welche? Die Grobheit?"
„Nein, das war nur Angewohnheit. Seine Passion ist, gefundene Gegenstände nicht zurückzugeben."
„Hat er Etwas gefunden?"
Ich zog die Brieftasche hervor und gab sie ihm.

„Mein Portefeuille!“ sagte er erstaunt. „Das hat dieser Mensch, der Wirth, gefunden?“
„Ja, und zwar noch während Ihrer Anwesenheit.“
„Der Spitzbube! Wie kommt es aber, daß er es Ihnen gegeben hat, nachdem er es mir gegenüber verheimlicht hatte?“
„Ich zwang ihn dazu. Die betreffende Donna verrieth mir, daß er es versteckt hatte.“
Ich erzählte ihm das Erlebniß ausführlich. Er öffnete die Tasche und fand, daß nichts von dem Inhalte fehlte.
„Sie haben sich da meinetwegen in eine wirkliche Gefahr begeben,“ sagte er. „Ich danke Ihnen sehr!“
„Ihretwegen? O nein! Als ich mich der Mißhandelten annahm, ahnte ich noch nicht, daß Sie dagewesen seien. Also haben Sie gar keine Verbindlichkeiten gegen mich.“
„Und dieses arme Mädchen! Eingesperrt also hatte er sie! Und ich habe in allen Winkeln nach ihr gesucht, ohne sie zu finden.“
„Sie wollten wohl von ihr Abschied nehmen?“
„Natürlich. Ich bin nämlich ein großer Freund vom Abschiednehmen und von rührenden Scenen überhaupt. Haben Sie sich nicht gewundert, als Sie in dem Buche deutsche Schrift fanden?“
„Ich war überrascht, zumal ich zunächst die Strophe „Wenn ich mich nach der Heimat sehn'„ aufschlug. Dieses Couplet habe ich nämlich bereits einmal in Damaskus bei einem Volksfeste singen hören. Es muß sehr verbreitet sein.“
„Ja; der Inhalt ist komisch. Soll ich es vorsingen?“
„Nein; ich danke. Ich will morgen sehr früh aufbrechen, und da möchte ich nun zur Ruhe gehen.“
„Schlafen gehen? Doch nicht. Sie sollen ja erzählen, wie es Ihnen während dieser langen Zeit ergangen ist.“
„Das ist zu viel für heute Abend. Übrigens reisen wir ja zusammen, und da haben wir Zeit zu derlei Erzählungen.“
„Wo schlafen Sie?“
„Da durch die Pforte hinter der ersten Thüre.“
„Und ich hinter der dritten.“
„Da sind wir Nachbarn, denn zwei von meinen Begleitern wohnen neben Ihnen. Ich sage Ihnen jetzt gute Nacht.“
„Gute Nacht!“
Ich ging mit Halef vorerst in den Stall, um nach den Pferden zu sehen. Sie waren wohl versorgt. Ich sagte Rih noch, wie gewöhnlich vor dem Schlafengehen, eine Sure in das Ohr und wollte mich dann nach der Lagerstätte begeben; doch wir trafen im Hofe auf den finsteren Mann, welcher uns empfangen hatte. Er blieb bei uns stehen und sagte:
„Herr, die Gäste sind fort, da der Gesang aufgehört hatte. Jetzt habe ich Zeit, mit Dir zu sprechen. Willst Du vielleicht mit mir kommen?“
„Gern. Mein Freund wird auch mitgehen.“

„Er hat die Koptscha und ist mir willkommen.“
Er führte uns in das vordere Haus und dann in eine kleine Stube, in welcher wir uns auf den an den Wänden liegenden Kissen niederließen. Er brachte Kaffee in zierlichen Fingans und Pfeifen von ungewöhnlicher Arbeit. Das machte den Eindruck von Wohlhabenheit. Als die Pfeifen in Brand gesteckt waren, ließ er sich bei uns nieder und sagte:
„Ihr habt das Zeichen, und ich habe Euch also nicht nach den Pässen gefragt; aber sagt mir die Namen, mit denen ich Euch nennen soll.“
„Mein Freund heißt Hadschi Halef Omar, und ich werde Kara Effendi genannt.“
„Woher kommt Ihr?“
„Aus Edreneh. Wir haben sehr nothwendig mit drei Männern zu sprechen, welche hier vielleicht eingekehrt sind.“
„Wer sind sie?“
„Du wirst Manach el Barscha kennen. Ihn und seine beiden Begleiter meine ich.“
Er fixirte uns mit scharfem Blick und meinte:
„Ich hoffe, daß Ihr Freunde seid!“
„Würden wir zu Dir kommen, wenn wir Feinde wären?“
„Du hast Recht.“
„Oder hätten wir die Koptscha?“
„Nein. Du hättest die Deine am allerwenigsten; ich kenne sie genau.“
Das klang gefährlich. Ich ließ mir aber keine Verlegenheit merken und antwortete:
„Woher kennst Du sie?“
„Sie ist ein klein wenig anders als die gewöhnlichen; es ist die Koptscha eines Anführers. Sie war das Eigenthum meines Bruders Deselim.“
„Ah, Du bist der Bruder des Wirthes hier?“
„Ja.“
„Das ist mir sehr lieb. Ich habe die Koptscha von ihm.“
„So bist auch Du ein Anführer und hast mit ihm getauscht. Freunde tauschen die Koptschas. Wo hast Du ihn getroffen?“
„Bei Kabatsch im Walde, in der Hütte des Bettlers Saban.“
„Er wollte doch eigentlich nicht dorthin!“
„Nein, er wollte zu dem Bäcker und Färber Boschak in Dschnibaschlü. Dort war ich als Gast eingekehrt.“
„Und wo ist mein Bruder jetzt?“
„Noch in Kabatsch.“
„Darf ich wissen, wer und was Du eigentlich bist? Es gibt viele und verschiedene Effendis.“
„Ich will Dir nur ein Wort sagen, und dann wirst Du wissen, wie Du mich zu beurtheilen hast, das Wort Usta.“

Es war das nur ein Versuch, den ich machte, er gelang vollständig. Der Mann machte eine Gebärde freudiger Überraschung und sagte:
„Ja, das genügt. Ich will weiter nichts wissen."
„Daran thust Du klug; ich bin nicht gewöhnt, mich ausfragen zu lassen."
„Womit kann ich Dir dienen?"
„Sage mir zunächst, ob Manach el Barscha hier bei Dir eingekehrt ist."
„Er war da mit Zweien."
„Wann?"
„Er blieb eine Nacht hier und ist gestern um die Mittagszeit wieder aufgebrochen."
„So ist er sehr scharf geritten. Er war auch bei Deinem Verwandten, dem Kiaja von Bukiöj, eingekehrt und hatte da ein Pferd umgetauscht."
„Warst Du bei dem Kiaja?"
„Ja. Nimm viele Grüße von ihm! Manach el Barscha ist nach Menlik. Weißt Du vielleicht, wo er dort zu finden ist?"
„Ja; er hat uns seine Adresse gegeben, weil mein Bruder auch nach Menlik will. Es wohnt dort ein reicher Mejwedschi, Namens Glawa. Bei ihm steigt er ab. Es wird Dir Jedermann sagen, wo er wohnt."
„Hat Manach el Barscha nach dem Schut gefragt?"
„Ja. Er will zu ihm."
„Und ich auch."
„So werdet Ihr mit einander reiten."
„Das denke ich; aber Allah's Wege sind wunderbar, und die Ereignisse kommen oft nicht so, wie wir es denken. Vielleicht reist Manach eher ab, als ich ihn erreiche. Da wäre es mir lieb, zu wissen, wo der Schut zu finden ist."
„Das will ich Dir sagen. Wenn Du von Menlik nach Istib reitest und auf dieser Straße Radowitsch erreichst, so mußt Du von diesem Orte aus grad nordwärts reiten und wirst nach dem Orte Sbiganzi kommen. Er liegt zwischen den Wassern der Bregalnitza und der Sletowska. Dort wohnt der Kassab Tschurak. Diesen fragst Du nach der Derekuliba; er wird Dir Antwort geben. Und kommst Du dann zu dieser Hütte, so kannst Du über den Schut Alles erfahren, was Du willst und was ich heute nicht weiß."
„Ich dachte, ich würde den Pferdehändler Mosklan in Palatza treffen, aber er war nicht dort."
„Wie, Du kennst Mosklan?"
„Ich kenne diese Leute alle. Er ist der Bote des Schut."
„Auch das weißt Du? Effendi, ich sehe, daß Du ein hervorragendes Mitglied des Bundes bist. Du gibst uns die große Ehre, bei uns einzukehren. Befiehl über mich nach Deinem Wohlgefallen; ich bin zu jedem Dienst bereit."
„Ich danke Dir! Ich brauche nichts als die Auskunft, welche ich von Dir erlangt habe, und nun laß uns zur Ruhe gehen."
„Wann wirst Du uns verlassen?"

„Morgen früh nach Anbruch des Tages. Du brauchst uns aber nicht zu wecken; wir erwachen zur rechten Zeit."
Nach einem freundlich herablassenden Gruße gingen wir.
„Sihdi," sagte Halef unterwegs leise, „da haben wir ja Alles erfahren, was wir wissen wollten. Er hielt Dich für einen großen Spitzbuben und mich für Deinen Freund und Verbündeten. Es gibt Menschen, welche anstatt des Gehirnes Borek jumürtaju im Kopfe haben. Wüßte er, daß sein Bruder den Hals gebrochen hat, und daß Du Mosklan die Zähne zerschlagen hast, so würde er es wohl unterlassen haben, uns eine so glückliche Nacht zu wünschen."
„O, lieber Halef, wir wollen nicht triumphiren. Ist es nicht möglich, daß auf irgend eine Weise die Kunde von dem Geschehenen noch während der Nacht hier anlangt?"
„Fi amahn Allah – Gott schütze uns! Dieser Mensch würde uns erwürgen."
„Wir haben also doch auf unserer Hut zu sein. Wir sind in das Loch der Hyäne gekrochen, um mit ihr zu schlafen. Wollen sehen, ob wir glücklich wieder herauskommen!"
Mein Schlaf war trotzdem gut und fest. Ich erwachte erst, als ich draußen die laute Stimme Albani's hörte, der Schnadahüpfln sang. Er war ein leichtlebiger, unvorsichtiger Mensch, und leider hat er nicht lange mehr gejodelt. Von dieser Reise ist er freilich glücklich zurückgekehrt, hat aber kurze Zeit darauf während des Badens im Meere seinen Tod gefunden.
Als ich hinaus in den Hof trat, verhandelte er eben mit dem Bruder des Wirthes wegen der Bezahlung. Die Zeche schien ihm viel zu hoch zu sein, doch mußte er das Geforderte zahlen. Es war wirklich zu viel, was man von ihm verlangte. Ich machte dem Wirth darüber Vorstellung, aber er erklärte mir leise:
„Was willst Du denn? Wenn ich mehr als gewöhnlich verlange, so kommt dies auch Dir zu gute. Er ist ein Ungläubiger und muß für diejenigen mitbezahlen, welche die Koptscha haben, denn von diesen fordere ich niemals Geld."
„Also von mir auch nicht?"
„Nein. Du und Deine Begleiter, Ihr seid meine Privatgäste und habt nichts zu bezahlen."
Das war mir in gewisser Beziehung nicht lieb, da man von Feinden doch nicht gerne Gastfreundschaft annimmt; aber ich mußte es aus Vorsicht geschehen lassen.
Ich ging mit Halef, Osko und Omar in die allgemeine Gaststube, wo wir Kaffee erhielten; dann wurde gesattelt und aufgebrochen, nachdem wir Abschied genommen hatten.

Im Taubenschlag

Wir ritten an der Arda hin. Der Führer Albani's hatte, wie ich gleich sah, das beste Maulthier für sich ausgesucht und saß in einem guten türkischen Sattel. Dem Deutschen hatte er ein obstinates Thier gegeben und einen Sattel, der mich zum Lachen brachte.

Wäre es noch ein Samar gewesen, so hätte es gehen mögen; aber dieses Ding war ein scharfkantiges Holzgestell und zwar so breit, daß die Füße des Reiters hüben und drüben über eine halbe Elle vom Maulthiere abstanden. Das mußte dem Reiter Schmerz verursachen, wenn er es nicht vorzog, die Kniee bis zum Sitz heraufzunehmen. Riemen und Steigbügel gab es nicht. An ihrer Stelle hing zu beiden Seiten des Martergestelles je ein Strick herab, welcher in mehrere Fußschlingen geknotet war, eine Vorrichtung, welche sich mehr durch ihre Billigkeit als durch ihre Zuverlässigkeit auszeichnete.
Wir hatten die Stadt nicht weit hinter uns, so kam uns ein Mann mit einem Hund entgegen. Der Köter bellte uns an, und sofort ging Albani's Thier mit den Hinterbeinen in die Luft, nicht schnell ausschlagend, sondern langsam. Man sah, das Thierchen hatte Übung in dieser Evolution und führte sie künstlerisch und geschmackvoll aus.
„Ah, eh, oh!" rief der Reiter. „Fängst Du schon jetzt wieder an! Bestie Du!"
Er versuchte, sich zu halten, vermochte es aber nicht. Er rutschte über den Kopf des Thieres herab und saß an der Erde, noch ehe die Hinterhufe den Boden wieder berührt hatten. Er sprang auf und schlug das Maulthier mit der Faust zwischen die Ohren. Da aber meinte der Besitzer desselben:
„Warum schlägst Du es? Gehört es mir oder Dir? Hast Du das Recht, ein fremdes Thier zu quälen?"
„Hat dieses Thier das Recht, einen fremden Menschen abzuwerfen?" antwortete Albani.
„Abzuwerfen? Hat es Dich etwa abgeworfen? Es hat Dich ganz langsam und säuberlich herabrutschen lassen, damit Du Dir keinen Schaden zuziehen mögest. Du bist ihm also Dank schuldig. Statt dessen aber schlägst Du es!"
„Ich habe es gemiethet, um zu reiten, nicht aber, um abgeworfen zu werden. Es hat zu gehorchen. Ich bezahle es, und es ist also mein. Wenn es nicht gehorcht, so züchtige ich es!"
„Oho! Wenn Du es noch einmal schlägst, so reite ich zurück und lasse Dich auf der Straße sitzen. Steig' wieder auf!"
Albani krabbelte wieder hinauf; aber nun wollte das liebe Viehzeug nicht laufen. Es wich nicht von der Stelle. Der Reiter schimpfte, er wetterte; das Thier schien Freude an dessen Zorn zu haben. Es drehte den Schwanz und wedelte mit den Ohren; aber es wich nicht von der Stelle. Albani getraute sich nicht, es wieder zu schlagen. Er forderte den Besitzer auf, sein Thier in Bewegung zu bringen; dieser aber antwortete:
„Laß ihm nur seinen Willen. Es will stehen bleiben, und so mag es stehen. Es wird schon selbst wieder an das Laufen denken. Wir reiten einstweilen weiter."
So geschah es. An einer Krümmung des Weges blickte ich mich um. Dort stand das halsstarrige Geschöpf immer noch und wedelte mit den Ohren. Kaum aber hatten wir diese Krümmung hinter uns, in Folge dessen es uns nicht mehr zu sehen vermochte, so setzte es sich in Bewegung, und zwar in einem solchen Galopp, daß das Sattelgestell, auf welchem Albani auf- und niederflog, in allen Fugen krachte. Und da es nun einmal im

Laufen war, so blieb es auch nicht wieder halten, sondern es rannte an uns vorüber und weiter, immer weiter fort.
Das wirkte ansteckend. Das Packthier, welches der Besitzer am Leitzügel führte, riß sich plötzlich los und lief hinter dem Ausreißer her; wir natürlich ihm nach. Doch mußten wir bald halten, um die Gegenstände aufzulesen, welche vom Packsattel herabgeschleudert worden waren. Als wir dann Albani erreichten, saß er wieder an der Erde und rieb sich diejenige Körpergegend, welche eigentlich in den Sattel, aber nicht auf den Erdboden gehörte. Die beiden Thiere standen dabei, schwangen die Schwänze, wirbelten die Ohren und fletschten die Zähne. Man hätte denken mögen, daß dies ein höhnisches, schadenfrohes Lächeln vorstellen solle.
Die abgeworfenen Sachen wurden wieder befestigt. Albani stieg auf, und es ging weiter. Aber noch keine halbe Stunde war vergangen, so blieb die liebe Kreatur wieder stehen und wollte nicht von der Stelle.
„Es wird nachkommen. Reiten wir weiter," meinte der Herr und Gebieter.
Ich hatte bisher geschwiegen; jetzt aber sagte ich zu ihm:
„Wünschest Du etwa, daß das Packthier wieder durchgehen soll? Wenn sich das wiederholt, so werden wir weit kommen. Er mag die Peitsche nehmen."
„Das dulde ich nicht."
„So, so! Was hat dieser Herr zu Dir gesagt, als er die Thiere miethete?"
„Er hat zwei Pferde oder Maulthiere verlangt, eins zum Reiten und das andere für das Gepäck."
„Schön, sehr schön! Er hat also nicht ausdrücklich dasjenige Thier verlangt, welches Du ihm gegeben hast?"
„Nein."
„Nun, so steige ab, und tausche mit ihm!"
Er machte ein höchst verwundertes Gesicht. Er schien meinen Vorschlag für ganz unbegreiflich, für unsinnig zu halten.
„Was meinst Du? Ich soll ihm hier dieses Thier geben? Das ist ja mein!"
„Das andere ist auch Dein, verstanden?"
„Aber ich reite nur auf diesem da, auf keinem andern."
„So wirst Du aber jetzt einmal eine Ausnahme machen. Dieser Herr hat ein Thier für das Gepäck und eins zum Reiten verlangt. Zum Reiten gehört auch ein Reitsattel. Es gibt aber bei Dir nur einen solchen, in diesem sitzest Du. Wer ein Reitthier bezahlt, muß es auch bekommen. Du wirst also mit ihm tauschen."
„Das fällt mir nicht ein!"
„Aber mir fällt es ein!" antwortete ich mit erhöhter Stimme. „Ich habe den Ferman des Großherrn; dieser Herr ist jetzt mein Begleiter; er steht unter meinem Schutz, also auch unter demjenigen des Padischah. Wenn ich Dir einen Befehl ertheile, so hast Du einfach zu gehorchen. Also heraus aus dem Sattel!"
Albani stieg wieder ab; der Andere aber sagte:

„Er hat zwei Thiere verlangt und er hat sie erhalten. Ich lasse mir nichts befehlen!“
„Halef!“
Der kleine Hadschi hatte schon längst, mit der Hand am Peitschenstiel, auf diese Aufforderung gewartet. Kaum war das Wort ausgesprochen, so sauste die Nilpferdpeitsche dem Ungehorsamen auf den Rücken nieder, und zwar so gewaltig, daß er, laut schreiend, aus dem Sattel sprang. Er erhielt noch einige Hiebe und hatte nun gar nichts mehr gegen den „Umzug“ zu bemerken. Man muß die Leute nach ihrer rechten Art zu behandeln wissen.
Natürlich war Albani ganz einverstanden mit der eingetretenen Veränderung; er hatte Vortheil davon, aber leider wir Anderen nicht, denn bis wir den nächsten Ort erreichten, war das eine Maulthier zweimal mit seinem Herrn und das andere noch einmal mit dem Gepäck durchgegangen. Zum Glück fanden wir dort einen Pferdebesitzer, welcher bereit war, uns aus der Verlegenheit zu ziehen. Der Andere wurde abgelohnt. Er rief uns, als wir fortritten, noch allerlei Drohungen nach, aus denen wir uns aber nichts machten.
Wollten wir die gerade Richtung nach Menlik einhalten, so hätte uns der Weg nach Boltischta geführt. Aber der gerade Weg ist nicht stets auch der kürzere. Es lagen uns da eine Menge Höhen und Querthäler im Wege. Um die unausbleiblichen Beschwerden und Zeitversäumnisse zu vermeiden, bogen wir nach Norden ab, damit wir über die Kruschemahöhe hinweg das Thal des Domus oder Karlyk erreichten.
Zur Mittags-Zeit machten wir in Nastan Halt und am Abend befanden wir uns in Kara-Bulak, wo wir übernachteten. Dann wendeten wir uns wieder westlich, in der Richtung auf Nevrekup.
Gegen Mittag befanden wir uns auf einer Hochebene, welche sich dann steil nach Dospad-Dere hinabsenkte. Es gab da keinen eigentlichen Weg, und es wurde uns schwer, uns durch die zahlreichen und dichten Buschgruppen zu winden, welche uns hinderten. Als wir an einer dieser Gruppen vorbeikamen, that Rih ganz plötzlich einen Seitensprung, was ich an ihm gar nicht gewohnt war. Ich ließ ihm den Willen, und er schnaubte ganz auffallend, indem er die Nase nach dem Gebüsch hinrichtete.
„Sihdi, es ist Jemand da drin,“ sagte Halef.
„Vielleicht. Jedenfalls liegt etwas Ungewöhnliches vor.“
Der Hadschi war bereits von seinem Pferde gestiegen und drang in das Gesträuch. Ich hörte einen lauten Ausruf. Er kehrte zurück und sagte:
„Komm herein! Da liegt eine Leiche.“
Natürlich folgte ich ihm mit den Anderen. Wir fanden ein kleines, freies Plätzchen, rings von dichten Sträuchern umgeben. Hier lag die Leiche einer Frau, und zwar in kniender Stellung, mit der Stirn an ein eigenthümliches Bauwerk geneigt.
Es waren nämlich Steine so über einander gelegt, daß sie eine Art Altar bildeten, auf dem sich eine Nische befand, in welcher wir ein kleines hölzernes Cruxifix erblickten.
„Eine Christin!“ sagte Halef.

Er hatte Recht. Es war ein verborgenes Heiligthum im Walde, vielleicht von dieser Frau unter vielen Mühen errichtet, denn ich hatte die Bemerkung gemacht, daß Steine hier selten waren. Sie hatte dieselben – wer weiß, wie weit und unter welchen Anstrengungen – herbei geschleppt, um ungestört ihrem Gott dienen zu können.
Ich fühlte mich tief ergriffen, und auch die Anderen, obgleich Muhammedaner, standen schweigend da. Der Ort, an welchem Gott eine Seele zu sich ruft, ist ein heiliger Ort.
Ich kniete nieder, um zu beten, und meine Begleiter thaten dasselbe. Dann untersuchte ich die Leiche.
Die Frau war vielleicht in der Mitte der Dreißig. Das edle, fein geschnittene Gesicht war hager. Die kleinen Hände, welche gefaltet in einander lagen und einen Rosenkranz hielten, hatten keine Spur von Fleisch. Am kleinen Finger der Rechten stack ein goldener Reif mit einem Amethyst, doch ohne irgend ein eingravirtes Zeichen. Sie war nicht nach bulgarischer Weise, sondern wie eine Türkin gekleidet. Sie hatte vor dem Bilde des Gekreuzigten ihr Haupt entblößt. Der Gesichtsschleier lag neben ihr. Sie war jedenfalls schön gewesen; sie war es selbst noch im Tode. Ihr Mund lächelte, und in ihren Zügen lag ein Frieden, welcher vermuthen ließ, daß der Todesengel sie mit sanfter Hand berührt habe.
„Was wirst Du thun?“ fragte Halef.
„Es gibt nur Eins zu thun: wir müssen die Angehörigen der Todten zu finden suchen. Diese wohnen in der Nähe, denn eine Frau pflegt sich nicht weit von ihrer Wohnung zu entfernen. Wir müssen in der Nähe von Barutin sein. Kommt! Wir lassen sie natürlich hier.“
Wir stiegen wieder auf und ritten weiter.
Die Höhe senkte sich jetzt steiler abwärts, und die Büsche traten weiter auseinander. Bald erblickten wir ein thurmartiges Gebäude, in dessen Nähe mehrere kleine Häuser standen. Da sagte der Pferdebesitzer:
„Das muß der Karaul des Jus Baschi sein.“
Karauls sind Wachtthürme, gewöhnlich mit Militär besetzt, zum Schutze der Straße und Gegend. Sie stammen aus früherer Zeit, haben aber ihren Zweck nicht verloren.
Der Thurm stand hoch, und wirklich führte tief unten so etwas Straßenartiges vorüber nach einem Orte, den wir in der Ferne erblickten.
„Das ist Barutin,“ sagte der Mann. „Ich bin hier, wo wir uns befinden, noch nie gewesen; aber ich habe von diesem Karaul gehört. Es wohnt ein Jus Baschi hier, welcher in Ungnade gefallen ist. Er läßt sich nicht viel sehen; er lebt wie ein Ehl ül wahdet. Er ist ein Menschenfeind; aber sein Weib soll eine Freundin der Armen und Unglücklichen sein.“
„Reiten wir hin!“
Als wir bei dem Thurme ankamen, trat uns aus der Thüre ein alter Mann entgegen, dem man es ansah, daß er Soldat gewesen sei. Einen so dichten langen Schnurrbart, wie er trug, hatte ich noch niemals gesehen.

„Zu wem wollt Ihr?“ fragte er in unfreundlichem Tone.
„Ich höre, daß hier ein Offizier wohnt?“
„Ja.“
„Ist er daheim?“
„Ja. Aber er spricht mit Niemand. Reitet weiter.“
„Das werden wir thun; doch sage uns vorher, ob vielleicht in der Gegend hier eine Frau gesucht wird.“
Sein Gesicht nahm sofort den Ausdruck der größten Spannung an. Er antwortete:
„Ja, ja. Die Herrin ist verschwunden. Wir haben sie bereits seit gestern früh gesucht, doch vergeblich.“
„Wir haben sie gefunden.“
„Wo? Wo ist sie? Warum kommt sie nicht mit?“
„Führe mich zu Deinem Herrn!“
„Komm, komm!“
Er war auf einmal freundlich geworden. Ich stieg ab und folgte ihm. Der Thurm war sehr massiv gebaut. Unten gab es keinen Wohnraum. Wir stiegen eine Treppe empor und gelangten in ein kleines Gemach, in welchem ich warten mußte. Ich hörte in der Nebenstube einige laute Ausrufe, dann wurde die Thüre aufgerissen, und der Hauptmann erschien auf der Schwelle.
Er war wohl noch nicht fünfzig Jahre alt und ein schöner Mann. Seine Augen waren sehr geröthet; er hatte geweint.
„Du hast sie gefunden? Wo ist sie?“ rief er hastig.
„Erlaube mir erst, Dich zu grüßen,“ antwortete ich. „Darf ich bei Dir eintreten?“
„Ja, komm herein!“
Der Raum, in welchen ich jetzt trat, war ziemlich groß. Er hatte drei hohe, schmale, schießschartenähnliche Fenster. An den Wänden lagen Kissen als einziges Meublement, und über ihnen hingen rundum viele Waffen und Tabakspfeifen. Zwei Knaben, die sich umschlungen hielten, saßen in der Ecke. Ich sah es ihnen an, daß auch sie geweint hatten. Der martialische Alte entfernte sich nicht. Er wollte hören, was ich zu sagen hatte.
„Sei willkommen!“ meinte der Jus Baschi. „Also, wo ist meine Frau?“
„Hier in der Nähe.“
„Das ist unmöglich. Wir haben sie gesucht allüberall, ohne sie zu finden. Noch jetzt sind alle meine Leute auf den Beinen, um nachzuforschen.“
Ich wollte natürlich mit der Todesnachricht nicht sogleich herausplatzen; darum fragte ich:
„War Dein Weib krank?“
„Ja, sie war schon längst krank. Warum fragst Du? Ist sie todt? Ich weiß, daß sie nicht mehr lange leben kann, denn der Arzt hat mir gesagt, daß sie weremli ist.“
„Du bist gefaßt, die Wahrheit zu hören?“

Er erblaßte und wendete sich ab, als ob ihn so die Nachricht weniger hart treffen könnte.
„Ich bin ein Mann," sagte er. „Sprich!"
„Sie ist todt."
Da weinten die beiden Knaben laut auf. Der Vater sagte nichts; aber er legte den Kopf gegen die Mauer. Ich sah seine Brust arbeiten; er kämpfte gegen ein Schluchzen, welches er nur mit großer Anstrengung zu unterdrücken vermochte. Erst nach längerer Zeit wendete er sich mir wieder zu und fragte:
„Wo hast Du sie gesehen?"
„In einem Gebüsch, zehn Minuten von hier."
„Willst Du uns hinführen?"
Ehe ich antworten konnte, erklang hinter mir ein Ton, als ob Einer erwürgt werden sollte. Ich drehte mich schnell um. Da stand der Alte. Er hatte die Ecke seiner Jacke in den Mund gestopft, um das Weinen nicht hören zu lassen; aber es gelang ihm nicht. Er zog die Jacke zurück und weinte laut – zum Erbarmen.
Jetzt konnte sich auch der Hauptmann nicht mehr halten; er weinte mit, und die Knaben stimmten ein. Mir wurde so weh. Ich trat zum Fenster und blickte hinaus. Ich sah nichts, denn auch ich hatte Thränen in den Augen.
Es dauerte lange, bis sich die beiden Männer beruhigten. Der Hauptmann entschuldigte sich:
„Du darfst nicht über uns lachen, Fremdling! Ich hatte die Mutter meiner Kinder sehr lieb. Und dieser war mein Tschausch, und als ich die Gnade des Großherrn verlor, hat er mich nicht verlassen, wie die Andern alle. Sie war mein Trost in der Einsamkeit. Wie lebe ich ohne sie?"
Was ich nun zu sagen hatte, durfte vielleicht der alte Feldwebel nicht hören; darum fragte ich ihn:
„Gibt es ein Tabut hier?"
„Ja, Herr," antwortete er.
„Mache es bereit und besorge Leute dazu!"
Er ging, und nun fragte ich den Hauptmann:
„Du bist natürlich ein Moslem?"
„Ja. Warum fragst Du?"
„War Deine Frau eine Christin?"
Er richtete hastig einen forschenden Blick auf mich und antwortete:
„Nein; aber – – hast Du vielleicht einen Grund, Dich danach zu erkundigen?"
„Ja. Ich glaube, daß sie eine Christin gewesen ist."
„Sie war eine Freundin der Ungläubigen. Als ich hierher zog, brauchte ich eine Dienerin. Ich nahm eine alte Frau zu mir. Ich wußte nicht, daß sie eine Christin war; aber später bemerkte ich es, und daß sie mein Weib verführen wollte. Ich jagte sie fort. Seit jener Zeit wurde Hara still und immer stiller; sie weinte zuweilen, und dann wurde sie krank. Sie hustete und verlor ihre Kräfte."

„So bist Du hart mit ihr gewesen?"
Er antwortete erst nach einer Weile:
„Durfte ich sie eine Giaurin werden lassen?"
„Sie ist es doch geworden und aus Gram über Deine Strenge erkrankt und gestorben. Sie hat sich draußen im Gebüsch einen Altar errichtet, um nach der Weise der Christen zu dem Allmächtigen beten zu können. Sie ist im Gebet gestorben. Laß jetzt Friede sein zwischen Dir und ihr!"
„Bist Du etwa ein Christ?"
„Ja."
Er blickte mir lange in die Augen. Er kämpfte mit sich; dann streckte er mir die Hand entgegen und sagte:
„Du kannst nicht dafür, daß Du ein Ungläubiger bist und daß auch sie Euren Lehren Glauben geschenkt hat. Führe mich zu ihr, mich und die Kinder!"
„Willst Du nicht die Knaben zurücklassen? Sie bekommen noch zeitig genug das Angesicht der Todten zu sehen."
„Du hast Recht. Laß uns allein gehen."
Meine Gefährten hielten noch immer unten an der Thüre. Als er sie erblickte, sagte er:
„Ich glaubte, Du seist allein, denn ich habe Euch nicht kommen sehen. Ihr seid meine Gäste. Da drüben ist der Stall, und dort ist das eigentliche Wohnhaus. Im Thurme wohne ich allein. Es ist zwar Niemand zu Hause, aber geht nur hin und denkt, Ihr seid daheim."
„Wo ist der Tschausch?" fragte ich.
„Er hat Niemand gefunden und ist wohl gegangen, um die Abwesenden zu suchen. Sie sind ja Alle fort, um nach der Verschwundenen zu forschen. Gehen wir allein."
Meine Begleiter ritten nach dem angewiesenen Gebäude hinüber. Halef hatte Rih am Zügel. Der Hauptmann sah den Rappen und war zu sehr Offizier, um nicht für einen Augenblick seine Trauer zu vergessen.
„Dieses Pferd gehört Dir?" fragte er.
„Ja."
„Ein Christ und ein solches Pferd? Du mußt ein vornehmer und reicher Herr sein! Verzeihe mir, wenn ich vergaß, Dir die gebührende Ehre zu erweisen!"
„Allah hat alle Menschen geschaffen und ihnen befohlen, Brüder zu sein. Ich habe Dir nichts zu verzeihen. Komm!"
Wir stiegen bergan. Als wir das Gebüsch erreichten und ich da stehen blieb, sah er sich suchend um und fragte:
„Ist es hier?"
„Ja. Da drinnen."
„In diesem Dickicht? Wer hätte das gedacht! Wie hast Du sie da finden können?"
„Mein Pferd hat sie entdeckt. Es blieb hier schnaubend stehen. Komm herein!"
Wir drangen durch das Strauchwerk bis zu dem offenen Plätzchen. Ich werde in meinem ganzen Leben den Auftritt nicht vergessen, der nun folgte. Als sein Blick auf die Leiche

fiel, stieß er einen lauten Schrei aus und warf sich neben sie hin. Er nahm sie in die Arme; er küßte ihre kalten Lippen; er streichelte ihr die Wangen und strich ihr liebkosend über das Haar. Er mußte sie sehr, sehr lieb gehabt haben – und war dennoch hart gegen sie gewesen.

Sie hatte ihren Glauben vor ihm heimlich gehalten. Wie oft mochte sie mit Seelenqualen gerungen haben!

Er schien dieselben Gedanken zu haben. Jetzt, da er die Todte in den Armen hatte, weinte er nicht. Sein Blick haftete starr auf ihren Zügen, als gelte es, da irgend ein Geheimniß zu ergründen. Dann sagte er:

„Sie ist vor Gram krank geworden und gestorben!"

Es wäre ein Fehler gewesen, ihn trösten zu wollen. Ich sagte also:

„Sie ist in dem Glauben gestorben, welcher selig macht. Das Christenthum läßt auch die Frauen Theil am Himmel nehmen, und Du hast ihr diesen Himmel rauben wollen."

„Sprich nicht so! Deine Worte zerreißen mir das Herz. Sie ist todt, und vielleicht trage ich die Schuld daran. Könnte sie doch nur noch einmal die Augen öffnen; könnte sie doch nur noch einmal sprechen! Einen Blick, ein Wort möchte ich haben. Aber sie ist fortgegangen ohne Abschied, und niemals werde ich wieder ihr Auge sehen und ihre Stimme hören! Und es ist mir, als ob ich ihr Mörder sei!"

Ich war still; ich sagte nichts.

Er betrachtete den Rosenkranz.

„Das ist nicht die Gebetschnur der Moslemim," sagte er nach einer Weile. „Sie müßte neunundneunzig Kugeln haben für die neunundneunzig Eigenschaften Allah's. Diese Schnur aber hat große und kleine Kugeln. Was mag dies bedeuten?"

Ich erklärte es ihm.

„Kannst Du mir diesen Gruß an Bikir Marrjam sagen und die Worte des Baba bizimki?"

Ich that es. Als ich geendet hatte, sagte er langsam:

„Vergib uns unsere Schuld! Glaubst Du, daß sie mir die meinige vergeben hat?"

„Ich glaube es, denn sie war eine Christin und hat Dich lieb gehabt."

„Das ist die Gebetsschnur der alten Dienerin, die ich fortjagte. Ich werde sie aufheben, denn sie hat sich in den Händen Hara's befunden, als sie starb. Und da oben ist auch das Kreuz der Alten. Sie hat beides zurückgelassen. Dieser Ort soll ganz so bleiben, wie er ist, und vielleicht werde ich ihn oft besuchen. Aber Niemand soll ihn sehen. Ich werde die Todte hinaustragen. Komm, Herr!"

Er legte die Leiche nicht gleich draußen nieder, sondern er trug sie noch eine ganze Strecke fort, damit die Stelle, an der sein Weib gestorben war, nicht so leicht errathen werden könnte. Er bedeckte das Antlitz der Todten mit dem Schleier und sagte:

„Du hast ihr Angesicht gesehen. Das ist eine Sünde; aber da sie als Christin gestorben ist, kann ich mich beruhigen. Ein Anderer aber soll sie nicht sehen."

Er saß noch lange da neben ihr und klagte sich an. Sein Schmerz war aufrichtig, wurde aber nach und nach ruhiger. Dann kam der Tschausch mit zwei Leuten, welche die Bahre trugen. Halef war dabei und hatte sie geführt. Die Leiche wurde nach Hause geschafft, hinauf in das Thurmzimmer, in welchem ich mit dem Hauptmanne gesprochen hatte. Die Knaben waren neun und elf Jahre alt; sie vermochten den Verlust, welcher sie getroffen hatte, zu begreifen. Ihr Weinen war herzerschütternd; ich mußte gehen, um nicht auch laut zu schluchzen.

Die Bewohner der um den Thurm liegenden Gebäude waren zurückgekehrt; sie standen in einem Abhängigkeitsverhältnisse zu dem Hauptmanne. Er war wohlhabend, und ihm gehörten diese Häuser.

Auf seinen Befehl wurde uns eine Mahlzeit zugerichtet; er selbst aber ließ sich nicht sehen.

In einer der Stuben fand ich einen Umschlag mit leeren Papierblättern. Auch Tinte war da. Das Erlebniß hatte mich angegriffen; ich fühlte die regste Theilnahme für diesen Mann, und so kam ich auf den Gedanken, ihm einige Zeilen zurückzulassen. Ich schrieb. Als ich fertig war, sandte ich ihm das Blatt hinüber und ließ ihm dabei sagen, daß wir jetzt aufbrechen würden. Nach einer Weile kam der alte Tschausch und meldete mir, daß sein Herr mich bitten ließe, zu ihm zu kommen.

„Herr," sagte er, „was Du aufgeschrieben hast, das hat eine unbegreifliche Wirkung hervorgebracht. Er hat es mir vorgelesen und sehr, sehr dabei geweint. Er hatte bereits fortgeschickt nach Kampher, um damit Stirn, Nase, Hände, Kniee und Füße der Todten einreiben zu lassen. Das muß sein, weil diese Körpertheile am Gebete Theil nehmen. Auch hatte er ihr bereits das Sterbezeug aus Mekka auf das Gesicht gelegt. Jetzt aber, nachdem er Deine Zeilen gelesen hat, will er es nicht verschweigen, daß sie als Christin gestorben ist. Das will er Dir jetzt sagen."

Als ich in das Thurmzimmer kam, saß der Hauptmann neben der Leiche. Er sah ganz verweint und ermattet aus; aber er lächelte, indem er mir die Hand entgegenstreckte, und sagte:

„Du willst mich verlassen?"

„Ja; ich muß meine Reise fortsetzen."

„Ist das so nothwendig? Kannst Du nicht heute bei mir bleiben? Wenn Hara jetzt noch lebte, müßte sie mir von dem Glauben der Christen erzählen; nun sie aber todt ist, gibt es Keinen als Dich, von dem ich es erfahren kann. Bleibe da; laß mich nicht allein mit den Gedanken, welche mich quälen."

Ich hatte keine Zeit zu versäumen; aber es war mir, als ob ich ihm seine Bitte nicht abschlagen dürfe, und darum sagte ich zu. Er antwortete erfreut:

„Ich danke Dir! Du bist ein Chajir; ich habe das nicht ahnen können. Dein Eschar hat mir das Herz geöffnet;es ist voll von Milde und Versöhnung; die Worte dringen wie Balsam in die Seele; ich möchte von Christus hören, und wenn Dein Glaube so ist, wie Dein Gedicht, so soll mein Weib nicht nach der Weise des Islam in den Sarg gelegt werden. Es soll deßhalb Niemand ihr Andenken besudeln."

Die Gefährten hatten nicht viel gegen unser Bleiben einzuwenden, und so saß ich bei dem Hauptmanne, bis es Abend wurde, und noch länger. Unsere Unterhaltung war ernst, recht ernst. Ich als Laie konnte freilich an ihm nicht zum Missionär werden; aber sein Herz war geöffnet, und ich versuchte es, das Samenkorn hineinzulegen, so gut ich es vermochte, in der Hoffnung, daß es aufgehen und Früchte bringen würde. – –

Beim Abschiede am nächsten Morgen weinte er und neben ihm der alte Tschausch auch. Sein letztes Wort war:

„Jokary, jokary tacht Allahija – hinauf, hinauf in Allah's Schooß!“

Ich war an diesem Morgen recht wortkarg. Wir ritten durch Barukin, am Nachmittag durch Dubnitza und kamen gegen Abend nach Nevrekup, das früher berühmt war wegen seiner Eisenminen. Am andern Tage ging es weiter. Wir befanden uns in einer berühmten Gegend, denn hier auf diesen Bergen war es, wo nach der griechischen Sage Orpheus durch die Macht seines Gesanges den Bäumen und Felsen Leben und Bewegung gab.

Um die Mittagszeit erreichten wir endlich Menlik.

Es versteht sich von selbst, daß wir nicht dahinritten, wo Manach el Barscha abgestiegen war. Wir suchten uns eine Herberge, fanden aber sämmtliche Häuser schon besetzt.

Der Jahrmarkt hatte begonnen, und der Zudrang der Fremden war ganz bedeutend. Da Albani den Pferdebesitzer ablohnte und er also nun allein war, fand er ein Unterkommen; wir Anderen aber mit unsern Pferden hatten es schwieriger.

Wir waren eben wieder vor einem Mekian abgewiesen worden, da trat ein Mann zu uns heran und fragte:

„Ihr sucht wohl einen Ort, an welchem Ihr übernachten könnt?“

„Ja,“ antwortete ich. „Weißt Du vielleicht einen?“

„Für Euch, ja; für Andere nicht.“

„Warum nur für uns?“

„Weil Ihr die Koptscha habt. Ihr seid also Brüder. Mein Herr wird Euch bei sich aufnehmen.“

„Wer ist Dein Herr?“

„Er ist Fuhrmann und wohnt nicht weit von hier. Wenn Ihr mir folgen wollt, will ich Euch führen.“

„Führe uns! Ich werde Dir dankbar sein.“

Er schritt voran, und wir folgten ihm.

„Den habe ich bereits gesehen,“ bemerkte mir Halef halblaut.

„Wo?“

„Am Eingange der Stadt. Da stand er und schien auf irgend Jemand zu warten.“

Jetzt erinnerte ich mich auch, an ihm vorüber geritten zu sein. Es fiel mir das nicht auf; das war jedenfalls nur ein Zufall. Später aber sah ich ein, daß er nur auf uns gewartet hatte.

Er führte uns an ein Haus, welches einen so breiten und hohen Eingang hatte, daß wir gleich in den Hof reiten konnten. Dort standen zwei Ochsenwagen, jedenfalls das Eigenthum des Fuhrherrn. Uns gegenüber, im hinteren Theile des Hofes, war ein Brettergebäude, welches unser Führer uns als den Stall bezeichnete. Er sagte, daß wir unsere Pferde hineinführen sollten.

„Meinst Du nicht, daß es für uns nöthig ist, erst mit Deinem Herrn zu sprechen?"

„Warum?"

„Noch wissen wir ja nicht, ob er überhaupt bereit ist, uns bei sich aufzunehmen."

„Er nimmt Euch auf. Er hat Platz, und Männer, welche die Koptscha besitzen, sind ihm stets willkommen."

„So ist er auch ein Bruder?"

„Ja. Da kommt er."

Es kam ein kleiner, dicker Kerl in den Hof, welcher nicht den allerbesten Eindruck auf mich machte. Er schielte. Zwar bin ich keineswegs gegen Leute, welche an diesem Naturfehler leiden, voreingenommen; aber der Mann hatte einen schleichenden, katzenartigen Gang und eckig gebogene Kinnbacken, und ich habe stets gefunden, daß solche Personen einen falschen Charakter besitzen.

„Wen bringst Du da?" fragte er den Knecht.

„Es sind Freunde; sie besitzen die Koptscha und fanden keinen Platz in den Hans. Du erlaubst doch, daß sie hier bleiben?"

„Sie sind mir willkommen. Wie lang bleibt Ihr hier?"

„Einige Tage vielleicht," antwortete ich. „Wir werden Dich gern ebenso bezahlen, wie wir im Han zahlen müßten."

„Sprich davon nicht. Meine Gäste haben nichts zu bezahlen. Schafft Eure Pferde in den Stall und kommt dann herein zu mir. Ihr werdet finden, was Ihr braucht."

Er ging wieder fort. Es war mir, als ob er einen sehr befriedigten Blick mit dem Knecht gewechselt habe.

Der Stall war lang und hatte zwei Abtheilungen. In der einen Abtheilung standen mehrere Ochsen; die andere war leer und wurde uns angewiesen. Der Knecht stieg eine schmale Stiege empor und sagte:

„Ich werde Euch Heu holen. Oder wünscht Ihr ein anderes Futter?"

„Bringe, was Du hast!"

Als er oben verschwunden war, blickte ich durch ein Astloch der hinteren Stallwand und sah einen ziemlich großen Hof. Dort stand ein langer, starker Mann in lauschender Stellung. Er schien nach uns herüber zu horchen. Da hustete der Knecht oben, und der Mann antwortete, indem er auch hustete. Dann verließ er den Hof.

Das fiel mir natürlich auf, doch ließ ich mir nichts merken, als der Knecht zurückkehrte. Wir versorgten unsere Thiere und begaben uns dann in die Stube, in welcher uns der Dicke erwartete. Er saß auf einem Polster vor einem Dreifuß, auf welchem eine Platte

mit Kaffeetassen stand. Er hieß uns abermals willkommen und klatschte in die Hände. Da erschien ein Knabe, welcher die Tassen füllte.
Das klappte so gut, als ob man uns erwartet hätte. Auch ein Gefäß mit Tabak stand da. Wir stopften unsere Pfeifen und erhielten glühende Kohlen zum Anbrennen.
„Du hast ein sehr gutes Pferd," sagte er. „Verkaufst Du es?"
„Nein."
„Das ist Schade! Ich hätte es sofort behalten."
„So bist Du ein reicher Mann. Es vermag nicht Jeder, ein solches Pferd zu bezahlen."
„Fuhrleute müssen Geld haben. Woher kommst Du heute?"
„Von Nevrekup."
„Und wohin wirst Du von hier reiten?"
„Nach Seres."
Es fiel mir nicht ein, ihm die Wahrheit zu sagen. Er machte ein Gesicht, wie Einer, der irgend eine Sache besser weiß, es aber nicht sagen will, und fragte:
„Welche Geschäfte machst Du hier?"
„Ich möchte Getreide und so Ähnliches kaufen. Gibt es hier Einen, bei dem man so Etwas bekommen kann, einen Fruchthändler?"
Es gelang ihm nicht, ein verschlagenes Lächeln zu unterdrücken. Er antwortete:
„Es gibt einen Mejwedschi hier. Er heißt Glawa und wird Dich gut bedienen, denn er ist auch ein Bruder."
Da hatte ich also das Gespräch auf diesen Glawa gebracht, bei welchem Manach el Barscha abgestiegen sein sollte.
„Wohnt er weit von hier?" erkundigte ich mich.
„In der anderen Straße. Ich kenne ihn gut. Ich war vor kaum einer Viertelstunde bei ihm."
„Ist er beschäftigt?"
„Ja. Heute wirst Du nicht bei ihm ankommen."
„Er hat wohl viel Gäste bei sich?"
„Noch keinen; aber er erwartet Gäste. Deselim aus Ismilan, der Kaffeewirth und Waffenschmied, will auch kommen. Kennst Du diesen Mann vielleicht?"
„Ja. Er ist auch ein Bruder."
„Wann hast Du ihn kennen gelernt?"
„Vor einigen Tagen. Auch ich bin in seinem Hause eingekehrt."
„Hast Du auch seinen Bruder gesehen?"
Er gab sich den Anschein der Unbefangenheit; es war jedoch ganz so, als ob er mit diesen Fragen einen gewissen Zweck verfolge. Er fragte mich nach meinen Personalien, und ich gab ihm die Auskunft, welche mir geboten schien. Als ich nach einiger Zeit bemerkte, daß ich jetzt ausgehen werde, um mir Menlik und den Jahrmarkt anzusehen, bot er mir so geflissentlich seine Begleitung an, daß ich ihn nicht zurückweisen konnte, obgleich ich viel lieber allein mit Halef gegangen wäre.

Es herrschte ein überaus reges Leben, aber zu vergleichen ist so ein Markt doch nicht mit einem deutschen Jahrmarkt. Der schweigsame Türke durchschreitet still die Budenreihen oder vielmehr die Reihen der Verkäuferstände, deren Inhaber ebenso wortlos bei ihren Waaren sitzen und es sich gar nicht einfallen lassen, irgend einen Käufer anzulocken. Und tritt einer heran, so geht die Sache so ruhig, fast heimlich ab, als gelte es, wichtige Geheimnisse einzutauschen.
Der Unterschied liegt ganz besonders in dem Mangel des weiblichen Elementes. Man sieht fast nur Männer, und nur hier und da taucht eine ballonartige Hülle auf, aus deren Guckloch ein schwarzes Auge funkelt. Die Frauen der Nichtmohammedaner sind zwar nicht zu einer solchen Zurückhaltung verpflichtet, aber auch bei ihnen gilt es nicht für schicklich, sich dem Gedränge eines Marktes preiszugeben.
Caroussels, Schau-, Spiel- und Würfelbuden gab es nicht. Der Würfel ist dem rechtgläubigen Moslem ein Gräuel, da der Kuran ihn verbietet. Leierkästen, Musikantenbanden, welche einen europäischen Markt beleben, durfte man hier nicht suchen. Doch ja, Eins gab es, und zwar Etwas, woran der Türke außerordentlich Geschmack findet, nämlich ein Zelt mit chinesischen Schattenspielen. Man nennt sie Kara göz ojunu.
Hier strömten die Menschen in Masse ein und aus: hinein mit dem Ausdruck größter Spannung in dem Gesicht, heraus mit lächelnden, hochbefriedigten Mienen.
„Habt Ihr schon einmal ein Kara göz gesehen?“ fragte uns der Fuhrmann.
„Nein.“
„Wie ist das möglich? Es gibt nichts Schöneres als so ein Schattenspiel. Laß uns hineingehen!“
Es schien unmöglich zu sein, Platz zu bekommen, aber mit Hülfe der Ellbogen, die ich ganz rücksichtslos in Thätigkeit setzte, gelangten wir doch bis an die Grenze der Möglichkeit; dann aber standen wir, eingekeilt in eine Menschenmenge, welche in lautloser Erwartung des ersehnten Genusses harrte.
Mir wurde bereits jetzt übel. Der Orientale schläft in seinen Kleidern, die er also äußerst selten ablegt. Von einem regelmäßigen Wechsel der Leibwäsche hat er gar keine Ahnung; darum ist es kein Wunder, daß seine Nähe nicht nur durch das Auge, sondern auch durch die Nase bemerklich ist. Und nun diese fürchterlich zusammengedrängten Menschen! Der Dichter des Inferno hat eine wunderbare Phantasie entwickelt, aber eine der entsetzlichsten Strafen hat er doch übersehen – eine arme Seele, zwischen Orientalen eingepreßt, um ein chinesisches Schattenspiel zu erwarten, unfähig, die Arme zu rühren und sich die Nase zuzuhalten. Ein Glück, daß ich damals von dem Dasein des Komma-Bacillus und anderer ähnlicher Ungeheuer noch keine Ahnung hatte! Welch ein Weltmeer von Bacillen mußte uns hier umfluthen!
Endlich gellte ein schriller Pfiff. Die Vorstellung begann. Was ich sah, war obscön im höchsten Grade und wurde mit einem schallenden Gelächter belohnt, während der Orientale das laute Lachen sonst für unanständig hält. Ich wollte sogleich gehen, aber

ich konnte nicht; ich stack so fest, daß ich kein Glied zu rühren vermochte, und so war ich gezwungen, auszuharren, bis ein zweiter Pfiff das Publikum belehrte, daß es für einen Viertelpiaster bereits mehr als zuviel gesehen habe.

Jetzt setzte sich das Menschen-Gelee in Bewegung und löste sich langsam in einzelne Personen auf. Draußen angelangt, holte ich zunächst tief Athem. Seekrankheit ist das reine Amusement gegen das, was ich nun glücklicherweise überstanden hatte.

„Gehen wir noch einmal hinein?“ fragte der Fuhrmann.

Halef streckte ihm alle zehn Finger abwehrend entgegen, und ich gab gar keine Antwort.

Während unserer übrigen Wanderung machte ich die Beobachtung, daß der Fuhrmann ganz übermäßig besorgt war, uns nicht zu verlieren; auch suchte er es ängstlich zu vermeiden, daß sich zwischen mir und Anderen ein Gespräch entspänne. Ich sprach einigemal zu uns Begegnenden; da aber war er sofort mit einer Unterbrechung da und versuchte, mich abzudrängen. Das machte ihn verdächtig. Ich begann, zu ahnen, daß er irgend eine Absicht verfolge.

„Kommen wir nicht an dem Hause des Mejwedschi Glawa vorüber?“ fragte ich ihn.

„Nein. Warum?“

„Weil ich gern wissen möchte, wo er wohnt, da ich ihn doch morgen aufsuchen werde. Willst Du es mir zeigen?“

„Ja.“

„Ist der Mejwedschi ein Serbe?“

„Warum denkst Du das?“

„Weil sein Name ein serbischer ist.“

„Du hast es errathen. Folge mir!“

Nach einiger Zeit zeigte er mir ein Haus als dasjenige des Fruchthändlers, und ich merkte es mir. Es war um die Abenddämmerung, als wir heimkehrten. Dort hörten wir, der Knecht sei gestürzt und habe sich so beschädigt, daß man nach dem Arzt geschickt habe. Der Fuhrmann suchte den Knecht auf, und ich ging über den Hof und in den Stall.

Als ich dort eintrat, sah ich die Pferde ohne Aufsicht. Osko und Omar waren auch fortgegangen. Rih drehte mir den Kopf zu, wieherte auf und schnaubte dann in einer Weise, wie ich es noch nie an ihm bemerkt hatte. Ich liebkosete seinen Kopf; er pflegte dann gewöhnlich die feine Nase an meiner Achsel zu reiben und mich auf die Wange zu küssen – denn ein Pferd küßt auch – jetzt aber unterließ er es. Er schnaubte fort und zeigte eine ganz ungewöhnliche Erregung. Ich betrachtete ihn. Es war bereits ziemlich dunkel in dem Stall, aber ich bemerkte doch, daß das Pferd nur auf dem rechten Hinterhufe stand. Ich hob den linken Huf empor und betastete ihn. Rih schnaubte und zuckte das Bein, als ob er Schmerzen empfände.

„Er lahmt,“ sagte Halef. „Das fehlt uns noch! Wo hat er sich Schaden gethan?“

„Das werden wir gleich sehen. Nehmen wir ihn hinaus in den Hof; da ist es noch hell.“

Der Rappe hinkte wirklich, und zwar bedeutend, so daß mir die Sache sehr verwunderlich vorkam. Es war, bis ich aus dem Sattel stieg, nicht das Geringste zu bemerken gewesen. Woher also plötzlich eine Verletzung?
Ich strich mit der Hand an dem kranken Bein hinab; da aber gab es keine Schmerzen. Das Übel saß am Hufe. Ich hob diesen empor und betrachtete ihn, konnte aber nicht das Geringste entdecken. Ich begann, mit der Fingerspitze zu tasten, lange vergeblich. Endlich zuckte das Pferd zusammen, und ich hatte unter dem Haare eine kleine Erhöhung gefühlt. Ich schob die Haare beiseite und sah – den Kopf einer Stecknadel, welche dem armen Thier am Hufrande in das Leben getrieben war.
„Hier, Halef, eine Nadel!"
„Allah! Wie ist das möglich? Wo hat er sich dieselbe eingetreten?"
„Eingetreten? An dieser Stelle ist von einem Eintreten gar keine Rede. Schau her!"
Er sah den Nadelkopf und hatte in demselben Augenblicke auch bereits die Peitsche aus dem Gürtel gerissen. Er wollte fort; aber ich hielt ihn zurück.
„Halt! Keine Dummheit!"
„Dummheit? Ist es etwa eine Dummheit, wenn ich den Menschen peitsche, welcher dieses Thier so quält und es zu Schanden machen will?"
„Warte nur noch! Zunächst muß die Nadel entfernt werden. Halte das Bein!"
Rih merkte, daß ich ihm Hülfe bringen wollte. Ich konnte mich nur des Messers bedienen, um die Nadel zu fassen. Der Rappe hatte sicherlich Schmerzen dabei, aber er hielt vollständig still. Als ich dann die Nadel herausgezogen hatte, sagte Halef, die Hand nach ihr ausstreckend:
„Gib sie mir! Ich werde den Bösewicht entdecken, der es gethan hat, und ihm steche ich sie dann in – in – sage mir, Sihdi, wo es ihn am meisten schmerzen wird!"
„Ihm die Nadel irgendwo in's Fleisch zu stechen, das wäre keine Strafe. Führen wir das Pferd wieder in den Stall."
Rih trat wieder auf. Ich war nicht weniger zornig als Halef, aber die Sache wollte überlegt sein. Zu welchem Zweck hatte man das Thier lahm gemacht?
„Ich weiß es," sagte Halef.
„Nun, weßhalb?"
„Um Dich zum Verkauf des Rappen zu bewegen."
„Das wohl nicht. Zigeuner pflegen zuweilen dieses Mittel anzuwenden. Findet man die Nadel nicht, so hält man das Pferd für unheilbar und verschleudert es. Hier ist aber wohl eine andere Absicht vorhanden."
„Er hat Dich doch gefragt, ob Du den Rappen verkaufst!"
„Aber er muß aus meiner Antwort gemerkt haben, daß mir dies nicht einfallen kann. Und wenn er wirklich geglaubt hat, mich durch einen so niederträchtigen Streich zum Verkauf zu bewegen, so hat er sich sehr geirrt. Ich kann mich eines Verdachtes nicht erwehren, welcher zwar noch unbestimmt ist, jedenfalls aber ganz am Platze sein dürfte. Warum blieb mir dieser Fuhrmann so auffällig an der Seite? Warum suchte er jede

Verständigung zwischen mir und Anderen zu verhüten? Dabei muß ich an das Wimmern denken, welches wir jetzt bei unserer Rückkehr hörten. Der Knecht soll verletzt sein, wie sein Herr sagte. Hm!"

„Hm!" brummte auch Halef nachdenklich. „Sihdi, da fällt mir Etwas ein!"

„Was denn?"

„Ich dachte darüber nach, aus welchem Grunde man ein Pferd lähmt, wenn es nicht in der Absicht geschieht, den Besitzer zum Verkauf zu verleiten."

„Hast Du einen Grund gefunden?"

„Ja. Es gibt nur einen: – das Pferd soll nicht laufen können; man will den Reiter verhindern, schnell vorwärts zu kommen."

„Ganz recht. Daran dachte ich auch. Und wenn Einer gezwungen werden soll, langsam zu reiten, welche Absicht hat dann unbedingt der Andere?"

„Ihn schneller einzuholen oder ihn zu überholen."

„Ja. Der Gedanke, daß man uns nach unserer Abreise verfolgen will, liegt sehr nahe."

„Was aber kann dieser Fuhrmann dabei bezwecken? Wir haben ihm nichts gethan. Er ist unser Gastfreund; er muß uns also schützen anstatt uns schaden."

„Seine Gastfreundschaft war uns willkommen, da wir nirgends Platz fanden; aber sein Verhalten befremdet mich – es kommt mir jetzt aufdringlich vor. Wenn uns der Knecht wirklich an der Straße erwartet hat, so muß man von unserm Kommen unterrichtet gewesen sein. Eine solche Benachrichtigung könnte nur von Ismilan aus geschehen sein. Wir haben von dort aus Zeit verloren, und es ist also recht gut möglich, daß uns irgend ein Bote zuvorgekommen ist. In diesem Falle – –"

„Schau, Sihdi!" unterbrach mich Halef.

Wir hatten Rih in den Stall zurückgeführt, in welchem wir uns noch befanden. Es war ziemlich dunkel darin. Auch draußen begann es zu dämmern, aber es war doch noch hell genug, um den ganzen Hof überblicken zu können. Vorn am Eingang stand eine alte Frau. Sie sah sich in einer Weise um, als ob sie irgend etwas Heimliches vorhabe; dann kam sie eilig über den Hof herüber und machte einen Schritt über die Stallthüre.

„Esgar, bist Du da?" fragte sie nun.

„Wer ist Esgar?" antwortete ich.

„Der Knecht."

„Der ist nicht da."

„Nicht? Es ist hier dunkel. Wer bist Du?"

„Ein Gast des Arabadschy."

Da trat sie weiter in den Stall herein und sagte hastig:

„Sprich, bist Du ein Christ?"

„Ja."

„Kommst Du von Ismilan?"

„Ja."

„Herr, fliehe! Verlaß dieses Haus und diese Stadt, aber sehr bald, noch heute Abend!"

„Warum?“
„Es droht Dir große Gefahr, Dir und den Deinen.“
„Von wem? Welche Gefahr meinst Du?“
„Von Glawa, dem Fruchthändler. Aber worin diese Gefahr besteht, das weiß ich noch nicht. Sie wollen es erst besprechen. Ich soll Deinem Wirthe sagen, daß er in einer Stunde, wenn es ganz dunkel ist, hinüberkommen möge.“
„Hinüber? Zu wem?“
„Zu Glawa, meinem Herrn.“
„Du sagst, „hinüber“? Der Fruchthändler wohnt ja gar nicht in der Nähe!“
„Hat man Dir seine Wohnung verschwiegen? Das ist ein Beweis, daß ich Recht habe, Dich zu warnen. Glawa wohnt doch hier nebenan. Sein Hof stößt an diesen Stall.“
„Ah, so! Hier hinter diesen Brettern ist Euer Hof?“
„Ja; fliehe! Ich habe keine Zeit. Ich habe mich zu Dir geschlichen und dachte, Einen von Euch im Stalle zu finden; aber erblicken darf mich hier Niemand. Ich muß sogleich zu dem Fuhrmann.“
Sie wollte sich entfernen. Ich ergriff sie am Arm und bat sie:
„Nur noch einen kleinen Augenblick! Daß wir uns in Gefahr befinden, haben wir bereits geahnt. Du machst diese Ahnung zur Gewißheit. Aus welchem Grunde aber begibst Du Dich in die Gefahr, uns zu warnen?“
„Ihr kommt vom Jahrmarkt. Ihr ginget am Hause vorüber. Sie sahen Euch, und da nannte Dich der Eine einen Giaur, einen Christenhund. Ich aber bin auch eine Christin, und da sagte mir mein Herz, daß ich Dich warnen müsse. Du hast meinen Glauben; Du betest zur heiligen Bikir Marryam, wie ich. Ich bin Deine Schwester; ich darf meinen Bruder nicht in der Gefahr umkommen lassen.“
„Das wird Dir der gute Gott vergelten. Aber sage: wer ist dieser Eine, von dem Du sprichst?“
„Es sind ihrer Zwei. Sie kamen heute am Vormittag von Ismilan. Ihre Namen kenne ich nicht. Den Älteren nennen sie Dilendschi, aber das ist doch kein Name. Er hat ein böses Gesicht; ich glaube, ihn bereits einmal gesehen zu haben. Er muß einmal bei meinem früheren Herrn eingekehrt sein, droben in dem alten Thurm bei Barukin.“
Sie wandte sich zum Gehen; aber ihre letzten Worte veranlaßten mich, sie noch festzuhalten.
„Halt!“ sagte ich. „Hast Du dort mit Deiner Herrin im Busch ein Mauerwerk gebaut mit dem Bilde des Gekreuzigten?“
„Ja. Woher weißt Du das?“
„Ich komme von dort. Ich war der Gast Deines vormaligen Herrn. Ich fand die Herrin vor dem Altare, wohin sie gegangen war, um dort zu sterben. Sie war todt.“
„Todt? Mein Herr und Gott! Ist das wahr?“
„Ja. Hättest Du Zeit, so könnte ich es Dir erzählen. Dein Herr sprach von Dir.“

„O," sagte sie dringlich, „Du mußt es mir erzählen. Ich darf keinen Augenblick länger hier bleiben; aber da es so ist, so wage ich Alles. Mögen sie mich tödten, wenn sie mich ertappen. Ich komme wieder, aber nicht hierher. Bleibst Du noch länger hier im Stall?"
„Wünschest Du es?"
„Ja. Ich werde dann an diese Bretterwand kommen; da können wir mit einander sprechen, Du hier und ich draußen."
„Du kannst hereinkommen. Diese Bretter sind kein großes Hinderniß. Ich kann leicht eins oder zwei entfernen, wenn ich nur die Nägel herausziehe."
„Das wird man später bemerken!"
„Nein; ich befestige sie wieder."
„Gut. Sage kein Wort, daß ich bei Dir gewesen bin. Ich gehe jetzt, und wenn es so dunkel ist, daß man mich nicht sehen kann, so komme ich."
Sie eilte davon.
„Hasa nassieb – das ist Gottes Schickung!" sagte Halef. Er hatte Recht. Eben diese alte Dienerin, diese treue, wenn auch heimliche Christin, mußte sich da drüben bei dem Fruchthändler befinden! Der Muhammedaner kennt zwar das Wort Wakaa, aber er bezeichnet damit Etwas, was Andersgläubige für möglich halten, er niemals. Die Worte Taktir, Kismet, Kader, welche das Entgegengesetzte bezeichnen, sind ihm heilig.
„Meinst Du, daß es Saban ist, der Bettler, von dem sie sprach?" fragte der kleine Hadschi.
„Sehr wahrscheinlich."
„Aber Du hast doch erzählt, daß der Schmied ihn mit sich genommen habe!"
„Er muß ihm auf irgend eine Weise entkommen sein. Er ist an jenem Abend nicht unverletzt geblieben; es ist jedenfalls keine gewöhnliche Leistung von ihm, nach Menlik zu reiten."
„Wer mag der Andere sein, Sihdi?"
„Mir ahnt, daß es unser Wirth aus Ismilan ist, der Bruder des Kawehdschi Deselim, welcher den Hals gebrochen hat. Der Bettler hat ihm Alles erzählt; nun verfolgen sie uns, um sich zu rächen."
„Das soll ihnen schwer werden!" knurrte der Kleine.
„Vor allen Dingen müssen wir zu erfahren suchen, was sie gegen uns beschließen. Dabei wird uns hoffentlich die Dienerin unterstützen."
„Diese alte, gute Düjün tschitscheji! Ich werde sie beschenken. Was soll ich ihr geben, Sihdi? Meinst Du vielleicht, einige von den Silberstücken, welche sich in dem Beutel hier für mich befanden?"
„Geld wird allerdings das beste Geschenk sein; sie ist jedenfalls arm. Aber behalte das Deinige, Halef. Ich werde es besorgen."
„Das wußte ich," kicherte er. „Ich habe nur Silber, Du aber hast Gold. Ich mache das Geschenk aus Deiner Tasche. Du bist ein Mükerrem jijit und bezahlst, was Dein Freund und Beschützer Anderen gibt. Aber schenke ihr nicht mehr als eins Deiner Goldstücke.

Unsere Reise ist noch weit, und wir können nicht wissen, welche Summe wir noch brauchen."
„Du bist heute ein sehr sparsamer Haushalter! Bedenke, daß dieses Weib unsere Retterin ist!"
„Das ist sie nicht. Sie hat uns gewarnt; aber wir wußten schon vorher, daß wir uns in Gefahr befanden. Wir wären vorsichtig gewesen. Aber sage, Sihdi: warum wollen wir abwarten, was sie gegen uns beschließen? Wir gehen jetzt hinein zu diesem verrätherischen Fuhrmann; ich will ihm einige Male meine Fäuste auf die Nase legen, und dann suchen wir uns einen anderen Wirth."
„Das geht nicht. Wir müssen Manach el Barscha und Baruch el Amasat haben, die sich hier befinden. Sie dürfen gar nicht ahnen, daß wir das Geringste wissen. Ich muß erfahren, weßhalb sie eigentlich nach Menlik gekommen sind. Willst Du Deine Fäuste gebrauchen, so wirst Du wohl später Gelegenheit dazu finden."
„Ja, Du willst warten, bis sie Dich hier als Mörder anzeigen! Dann wirst Du gehenkt, und ich stehe unter Deiner Leiche und weine Milch und Spiritus. Ich bin zwar Dein Beschützer, aber gar zu viel darfst Du doch nicht von mir verlangen!"
„Die große Gefahr, von welcher Du sprichst, würde nur verschlimmert werden, wenn wir uns an dem Fuhrmanne vergriffen. Übrigens ist es jetzt nicht Zeit zu unnützer Plauderei. Wir dürfen den Wirth nicht merken lassen, was wir wissen. Bleiben wir hier im Stall, so kann er leicht mißtrauisch werden. Und da ich hier mit der Dienerin zusammentreffen will, so muß ich wenigstens für kurze Zeit zu ihm gehen. Vorher aber laß uns einmal hier nach den Brettern sehen."
Der Moder hatte mir vorgearbeitet. Es bedurfte gar keiner Anstrengung, um einige Bretter locker zu machen; dann ging ich hinein in die Stube.
Der Fuhrmann stand da mit seiner Frau, die sich aber bei meinem Eintritte sofort entfernte. Beide hatten sich vermuthlich von etwas sehr Ernstem unterhalten; das konnte ich aus ihren Mienen schließen.
„Hat Allah Dir Sorgen gesandt?" fragte ich ihn. „Sie stehen in Deinem Gesicht geschrieben."
„Ja, Herr, ich habe Sorgen," sagte er. „Mein Knecht liegt im Blute, welches ihm aus Mund und Nase geflossen ist."
„Führe mich zu ihm!"
„Bist Du ein Arzt? Es war bereits ein solcher hier; der Kranke aber hat so große Schmerzen, daß ich auch noch den Elkimiadschi kommen ließ. Er ist soeben fort."
„Welche Meinung hatte er von der Krankheit?"
„Er erkannte sie sofort; er ist viel klüger als der Andere. Ihm sind alle Krankheiten und alle Heilungen und Arzneien offenbar. Er sagte, der Kranke habe ein Midely schisch, welches vom Genusse saurer Portukallar abstamme. Das Geschwür ist bis unter die Haut gedrungen. Daß der Knecht gestürzt ist oder sich gestoßen hat, dies hat nur dazu beigetragen, diese innere Krankheit ruchbar zu machen. Er will ihm ein Medije

kuwwet weridschi schicken und dann später beim Dscherrach ameli den Blutschwären aus dem Magen schneiden.“

„Wird das gelingen?“

„O, er hat Messer, mit denen er den dicksten Knochen auseinander bringt, und der Magen ist ja viel weicher.“

„Ja, er scheint ein großer Arzt zu sein; aber laß mich trotzdem den Kranken einmal sehen!“

Er willigte ein. Der Patient lag stöhnend auf einer alten Decke; er hatte viel Blut verloren. Da er Beinkleid und Jacke auf dem bloßen Leibe trug, so war sehr leicht zu der Verletzung zu gelangen. Er schrie laut auf, als ich sie berührte.

„Verstehst Du Dich auf Magengeschwüre?“ fragte der Wirth.

„Ja; aber ein solches ist hier gar nicht vorhanden.“

„Was denn? Woran leidet er?“

„Es ist eine sehr gefährliche Nal chastalyk.“

Er blickte mich sehr dumm an.

„Nal chastalyk?“ sagte er. „Von dieser Krankheit habe ich noch nichts gehört.“

„Schau her! Hier diese Geschwulst sieht genau so aus, als ob sie von einem ausschlagenden Pferd verursacht worden sei. Die blutrünstige Stelle zeigt ganz die Form eines Pferdehufes. Diese Krankheit hat das Eigenthümliche, daß sie die Rippen zerbricht, und sie überfällt nur solche Leute, welche nicht gelernt haben, mit einer Toplu ijne vorsichtig umzugehen.“

Er wußte nicht so recht, wie er meine Erklärung nehmen solle. Er half sich mit der Frage:

„Du meinst, daß Rippen zerbrochen sind?“

„Ja. Auch die Lunge ist verletzt, wie dieses Blut hier beweist. Dein Alchymist ist ein Dummkopf; der erste Arzt war klüger. Wenn Du nicht den besten Doktor rufst, den es in Menlik gibt, so wird dieser Mann sterben müssen. Kommt er aber mit dem Leben davon, so mag er sich in Zukunft mehr vor fremden Pferden in Acht nehmen.“

„Er hat ja kein fremdes Pferd angerührt!“

„So hat dieses aber ihn berührt, und zwar so, daß er sich meinen guten Rath wohl merken wird.“

„Weißt Du ein Mittel, ihn zu heilen?“

„Ja; aber zu dieser Heilung gehört eine lange Zeit. Hole den Arzt und lege ihm, bis dieser kommt, sehr nasse Tücher auf die Brust; das ist das beste Mittel.“

„Wir haben einen sehr klugen Tabib askeri hier; aber er wird wegen des Jahrmarkts keine Zeit haben. Soll ich dem Kranken nicht einstweilen einen Rawendi eingeben und ihm ein Melhem atschmaly auflegen?“

„Trinke Du selbst den Rawendi und quirle vorher das Melhem atschmaly hinein. Beides kann Dir nichts schaden; für ihn aber ist es zu stark.“

„Du redest sehr bitter, Herr! Ich werde gleich selbst gehen, um den Militärarzt zu suchen.“

„Wann kommst Du wieder?“
„Das weiß ich nicht genau. Ich muß vorerst zu einem Freunde gehen, welcher mich nicht gleich wieder von dannen lassen wird. Wenn ich wieder komme, werden wir zu Abend essen. Oder hast Du jetzt schon Hunger?“
„Nein. Deine Seele ist voll von Mildthätigkeit; aber ich kann bis zu Deiner Rückkehr warten.“
Er entfernte sich wirklich sogleich. Ich wußte nun, daß er zunächst zu dem Fruchthändler gehen würde. Das war mir lieb, da ich nun mit der Dienerin sprechen konnte, ohne befürchten zu müssen, von ihm gestört zu werden.
Also der Knecht hatte Rih die Nadel eingestochen und war von ihm geschlagen worden. Ich hatte nicht nöthig, den Menschen zu bestrafen. Er dauerte mich trotz meines Zornes über den boshaften Streich, zu welchem er sich hergegeben hatte.
Unten traf ich auf Osko und Omar, welche von ihrem Ausgange zurückkehrten. Der Erstere nahm mich beim Arme und sagte:
„Effendi, man betrügt uns. Dieser Fuhrmann ist ein Lügner, ein gefährlicher Mensch.“
„Wie so?“
„Der Fruchthändler wohnt gleich hinter uns; wir haben nach ihm gefragt. Und weißt Du, wer bei ihm ist?“
„Nun, wer?“
„Der, welcher uns in Ismilan bewirthet hat. Er stand unter der Thüre des Hauses.“
„Hat er Euch gesehen?“
„Ja. Aber er trat sofort zurück, um sich zu verbergen. Er glaubte vielleicht, wir hätten ihn noch nicht bemerkt. Was werden wir thun?“
„Vielleicht müssen wir die Stadt noch in der Nacht verlassen. Hier ist Geld. Kauft Früchte und einiges Geflügel ein, doch so, daß man es nicht bemerkt, und übergebt es Halef. Aber bleibt nicht lange fort!“
Sie gingen wieder, und ich begab mich in den Stall. Es war nun dunkel geworden, und ich hatte nicht lange zu warten, bis es draußen klopfte. Ich schob die unten los gemachten und nur noch oben an den Nägeln hängenden Bretter zur Seite und kroch hinaus auf den Nachbarhof.
„Allah, Allah! Du kommst heraus?“ sagte die Alte.
„Ja; es ist so besser. Werden wir gestört, so krieche ich schnell zurück. Es hat keine Gefahr. Ist der Fuhrmann schon bei Euch?“
„Nein; die Stunde ist ja noch nicht vorüber. Aber, Herr, Du wolltest mir von meiner guten Gebieterin erzählen!“
Eigentlich hatte ich viel Nöthigeres zu thun, aber sie verdiente es, daß ich ihren Wunsch erfüllte. Ich gab ihr einen so ausführlichen Bericht, wie die gegenwärtige Lage es erlaubte. Die Nachricht von dem Tode ihrer Herrin wollte ihr das Herz brechen. Sie weinte halb laut vor sich hin. Dann erzählte sie mir von ihrer Vergangenheit, wie sie von

ihrem damaligen Herrn fortgejagt worden und nach verschiedenen Schicksalen zu dem Fruchthändler in Menlik gekommen sei.

Das that ihr wohl, und darum hörte ich ihr willig zu, obgleich ich mit meiner Ungeduld zu kämpfen hatte. Leider mußte ich die gute Seele endlich doch unterbrechen und sie auf die Gegenwart aufmerksam machen.

„O Isa, Jossuf, Marryam!“ sagte sie da. „Ich denke nur an mich, aber nicht an Dich. Kann ich Dir einen Dienst erweisen? Ich will es gern thun.“

„Du kannst es. Hast Du vielleicht den Namen Manach el Barscha oder Barud el Amasat gehört?“

„Ja. Diese Beiden waren mit noch einem Dritten bis heute bei meinem Herrn.“

„Bis heute? Wo sind sie jetzt?“

„Fort.“

„Wohin?“

„Das weiß ich nicht. Es kamen die zwei Männer, von denen ich Dir gesagt habe. Es wurde heimlich gesprochen, und dann ritten die Drei fort. Darauf ward der Fuhrmann geholt. Sie wußten nicht genau, wann und woher Ihr kommen würdet. Sein Knecht mußte sich auf dem Wege nach Nevrekup, der unsrige aber auf dem Wege nach Vessme und Wlakawitza aufstellen. So konntet Ihr ihnen nicht entgehen. Ich hörte, daß Du ein Christ seist, und daß man sich an Dir rächen wolle. Du sollst bei dem Fuhrmann wohnen, und dann wollen sie bestimmen, was sie thun werden. Das erlauschte ich nur nach und nach und ich beschloß, Dich zu warnen. Jetzt bin ich ganz glücklich, dies gethan zu haben, und ich wollte, ich könnte noch viel mehr für Dich thun!“

„Ich danke Dir! Ich weiß nicht, wie lange ich hier bleibe und ob ich Dich noch einmal sehen werde. Erlaube mir, daß ich Dir ein Jadikiarly gebe an den fremden Mann, dem Du Dein Wohlwollen geschenkt hast!“

Ich gab ihr das für sie vorher hervorgesuchte Geschenk in die Hand. Sie sagte nichts dazu. Es war dunkel, und sie mochte wohl den Gegenstand erst betasten. Dann aber erklang es, fast zu laut:

„O Gott! Ein Tesbijeh! O Herr, wie bist Du doch so gütig! Das war der größte Wunsch meines Lebens. Einen Rosenkranz der Moslem mochte ich nicht, und ein christlicher ist so selten und so theuer. Ich werde bei jedem Gebet Deiner gedenken. Aber was soll ich heute für Dich thun?“

Das Geschenk hatte sie in eine Art von Begeisterung versetzt. Sie befand sich in der Stimmung, sich sogar in Gefahr zu begeben, wenn ich es verlangt hätte.

„Meinst Du, daß es unmöglich sei, zu erfahren, was sie beschließen?“ fragte ich.

„Das wird schwer sein. Ich habe Matten und Wein in die Tschykma schaffen müssen. Dort werden sie ihre Unterredung halten und da sind sie nicht zu belauschen.“

Mit dem Worte „Erker“ meinte sie wohl eine Giebelkammer. Die Schurken verfuhren mit großer Vorsicht.

„Trinken sie denn Wein, sie, die Anhänger des Propheten?“

„O, sie trinken oft, bis sie keinen Verstand mehr haben; nur darf es kein Anderer wissen. Die Kammer liegt ganz versteckt. Man muß auf einer alten Treppe hinauf gehen. Ich wollte wohl lauschen, aber da oben kann man nicht schnell entfliehen. Würde die Thüre geöffnet, so wäre ich verloren. Der Herr hat verboten, heute da hinaufzugehen."

„In eine solche Gefahr sollst Du Dich auch gar nicht begeben! Und doch möchte ich gerne wissen, was sie sprechen."

„Da fällt mir ein – – ich werde sie doch belauschen! Ich lege mich auf die Decke der Kammer"

„Wie meinst Du das?"

„Es gibt da oben ein Güwerdschinlik. Ich krieche hinein und werde Alles hören."

Das war lustig – ein Taubenschlag!

„Kann man denn da hinein?" fragte ich.

„Ja. Es sind seit vielen Jahren keine Tauben drin gewesen. Das Thürloch ist so groß, daß ein Mensch ganz gut hinein kriechen kann."

„Aus was besteht der Boden?"

„Aus hölzernen Sopalar, einer neben den andern gelegt."

„Liegen sie fest?"

„Sehr fest; aber es sind doch Lücken dazwischen, und man kann ganz gut in die Kammer hinabblicken und Alles hören. Da hinauf gehe ich, und dann komme ich wieder hierher, um Dich zu benachrichtigen."

„Hm! Ich möchte Dich nicht zu einem solchen Wagnisse veranlassen, und sodann ist es – –"

„Herr," fiel sie ein, „ich thue es; ich thue es gern!"

„Das glaube ich Dir; aber es könnte Vieles gesagt werden, was Du nicht recht zu deuten wüßtest. Dein Bericht würde mich dann vielleicht irre führen, anstatt mir zu nützen. Könnte ich selbst hinauf in den Taubenschlag, so wäre es viel besser."

„Es ist sehr schmutzig da oben!"

„Das darf mich nicht abhalten. Die Frage ist nur, ob ich hinauf gelangen könnte, ohne bemerkt zu werden."

„Das kannst Du ganz gut."

„Wie so?"

„Es ist dunkel, sonst würdest Du hier an diesem Binaew eine Leiter sehen. Steigt man da hinauf, so kommt man dahin, wo der Herr den Saman aufbewahrt, mit welchem er handelt. Noch eine kleine Leiter, und Du bist oben, wo sich das Otluk befindet. Gehst Du dann unter dem Dache hin, so gelangst Du unter das Dach des Hauptgebäudes und grad an die Thüre des Taubenschlages. Kriechst Du da hinein und ziehst die Thüre hinter Dir zu, so kann kein Mensch auf den Gedanken kommen, daß Jemand darin ist. Links von dieser Thüre geht ein Merdiban hinunter in das Hauptgebäude."

„Meinst Du, daß ich es versuchen könne?"

„Ja; aber ich muß Dich hinaufführen."

„Gut. Herunter finde ich dann von selbst wieder."
„Wenn die Männer wieder herabkommen, so weiß ich, daß Du auch fort bist. Dann werde ich wieder hierher kommen. Vielleicht kann ich Dir dann noch von Nutzen sein. Soll ich Dich jetzt hinaufführen? Die Stunde wird nun bald vorüber sein."
„Ja; aber warte vorher noch einen Augenblick!"
Ich kroch in den Stall zurück. Dort stieß ich auf Halef, welcher sich nicht entfernt hatte.
„Sihdi, ich habe Alles gehört," sagte er.
„Gut; so brauche ich Dir keine Erklärung zu machen. Sind Osko und Omar noch nicht da?"
„Nein."
„Ich habe sie nach Mundvorrath geschickt. Ich weiß nicht, wie das Abenteuer ausläuft. Halte die Pferde gesattelt, ganz so, als ob wir sofort aufbrechen wollten; doch muß es möglichst unbemerkt bleiben."
„Ahnst Du Gefahr?"
„Nein; aber man muß auf Alles vorbereitet sein."
„So gehe ich mit hinauf!"
„Das ist unmöglich."
„Sihdi, es gibt Gefahr, und ich bin Dein Beschützer!"
„Du beschützest mich am besten, wenn Du meine Aufträge erfüllst."
„So nimm wenigstens Deine Gewehre mit!"
„Gewehre in einem Taubenschlag? Unsinn!"
„Ich sehe, daß Du zu Grunde gehen willst. Aber ich werde über Dich wachen."
„Thue das; doch entferne Dich nicht von den Pferden. Ich habe das Messer und zwei Revolver; das ist genug."
Jetzt kroch ich wieder in den Hof hinaus. Die Dienerin nahm mich bei der Hand und führte mich zur Leiter. Ohne ein Wort zu sagen, stieg sie mir voran, und ich folgte ihr. Oben angekommen, fühlte ich aufgeschichtetes Stroh. Sie zog mich einige Schritte weiter bis zu einer zweiten Leiter, welche aber weniger hoch war. Als wir diese erstiegen hatten, befanden wir uns auf – wie es daheim genannt würde – auf dem Hahnebalkenboden des Nebengebäudes. Dort nahm sie mich abermals bei der Hand und zog mich weiter, immer unter dem Dachfirst hin. Wir wateten im Heu. Ich war länger als sie und stieß verschiedene Male mit dem Kopf an die Sparren und Balken. Sie sagte zwar immer: „Hier war ein Balken!" Aber sie sagte es stets erst dann, wenn ich die Bekanntschaft desselben bereits gemacht hatte.
Endlich – – brr, ging es plötzlich so jäh abwärts, daß wir beide den Halt verloren und mit einander mehrere Ellen tief abwärts rutschten. Das hatte nichts zu sagen. Die Schlittenbahn bestand aus Heu.
Meine Führerin hatte einen Schreckensruf ausgestoßen. Wir lauschten, ob dies gehört worden sei. Als aber Alles ruhig blieb, sagte sie leise zu mir:

„Hier grad vor uns ist der Taubenschlag und links die Stiege. Ich gehe aber nicht hinab, sondern kehre auf demselben Wege zurück, auf dem ich gekommen bin."
„Werden die Männer schon da sein?"
„Nein, sonst würden wir sie hören."
„Das ist gut, sonst hätten sie Deinen Schrei vernommen."
„Hier habe ich die Thüre geöffnet. Ich gehe; nimm Dich in Acht, damit Dir kein Leid geschehe!"
Ich hörte sie am Heu zurückklettern; dann war es still um mich her, still und schauerlich finster.
In einem amerikanischen Urwald, des Nachts, hätte ich mich gewiß nicht so beklemmt gefühlt, wie hier in diesem dunkeln, unbekannten und engen Raum. Rechts war Wand, links die Stiege. Ich befand mich auf einem nur wenige Quadratschuh großen Plätzchen. Hinter mir der Heuboden und vor mir eine dünne Holzwand mit einem offenen Thürchen genau so groß, daß ich mich mühsam hindurchzwängen konnte.
Diese Umgebung war außerordentlich feuergefährlich; aber es war nothwendig, auch zu sehen, wo ich mich befand. Darum zog ich ein Wachshölzchen hervor und brannte es an. Ich blickte mich schnell außerhalb des Taubenschlages um und leuchtete sodann hinein. Ah, die Alte hatte sehr Recht! Schmutz gab es da in Masse; aber das mußte ertragen werden. Glücklicher Weise war das Staatskabinet doch so geräumig, daß ich gut Platz fand. Da, rechts, schien ein Stück Boden zu fehlen; doch hatte die linke Hälfte ein ganz sicheres Aussehen. Ich kroch also hinein und zog die Thüre hinter mir zu. Ich hatte es mir aber noch nicht ganz bequem gemacht, so begann der hier herrschende Geruch seine Wirkung. Ich merkte, daß kein Mensch hier zwei Minuten bleiben könne, ohne eine ganze Sebastian Bach'sche Fuge herunter zu niesen. Das war höchst gefährlich. Ich suchte mit der Hand umher und fand eine Schnur. Ich zog an derselben – und wirklich, da öffneten sich zwei Fluglöcher, und es drang wenigstens so viel Luft herein, als ich unbedingt zum Athmen bedurfte.
Dieser Luxus machte mich anspruchsvoller. Ich kroch wieder hinaus und holte mir ein Quantum Heu herein, um wenigstens für die Ellbogen eine weichere Unterlage zu haben. Nun hatte ich es so gemächlich, wie ich es hier überhaupt nur haben konnte.
Jetzt wäre es mir lieb gewesen, wenn die Erwarteten gekommen wären; aber meine Geduld wurde leider auf eine harte Probe gestellt. Ich merkte dabei, daß es ohne gewisse Vorkehrungen hier auf die Dauer doch nicht auszuhalten sei. Die frische Luft reichte nicht aus. Ich schob die Thüre wieder auf. Der Duft des Heues war doch noch besser als das scharfe Aroma des Taubenguano, in welchem ich lag. Um das Niesen zu verhüten, nahm ich mein Taschentuch hervor und band es zusammengelegt über die Nase und hielt dann den Mund möglichst nahe an die beiden Fluglöcher.
Hier waren die Vögel des Ölzweiges aus- und eingeschlüpft. Ein Blick hinaus belehrte mich, daß ich mich unter dem Giebeldach befand. Der Lärm und die Lichter des Jahrmarktes drangen zu mir herauf. Dabei kamen und gingen allerlei Gedanken. Meines

kleinen Halef berühmter Emir Hadschi Kara Ben Nemsi Effendi im Taubenschlage! Ein Weltläufer in der Fremde hier im Taubenschlag? Ja, das war ja ganz wie in jenem berühmten Gedicht vom Schneider, der in die Fremde wandern soll, sich aber vor dieser so fürchtet, daß er unmöglich fortzubringen ist und seine Mutter ihn im Taubenschlag versteckt.

An diese romantische Heldenballade mußte ich denken. Ich lachte dabei fröhlich vor mich hin; das verursachte eine zitternde Bewegung meines Körpers, welche sich auch dem Boden mittheilte – er krachte.

Eigentlich hätte mich dies mißtrauisch machen sollen; aber die Hölzer hatten vorher meine viel kräftigere Bewegung ausgehalten, und so war also gar kein Grund zur Besorgniß vorhanden. Selbst wenn die Festigkeit des Taubenschlages nicht auf Jahrtausende berechnet sein sollte – ich lag ja still; es konnte nichts geschehen.

So hielt ich es fast bewegungslos wohl eine Stunde aus, und meine Lage wurde immer unbehaglicher. Da ich die Nase zugebunden hatte, so holte ich durch den Mund Athem. Der scharfe, ätzende Staub drang mir in die Kehle und reizte zum Husten. Ich konnte mir doch nicht auch noch den Mund verbinden!

Da – endlich – erschallten unter mir Schritte und Stimmen. Man öffnete die Thüre; es wurde Licht, und es traten ein – zwei, vier, fünf, sechs Männer, welche sich auf die auf dem Boden ausgebreiteten Strohdecken niederließen.

Jetzt, da das Licht von unten herauf durch meine Knüppel-Unterlage leuchtete, erschien mir dieselbe gar nicht mehr so recht zuverlässig. Es gab da ganz bedeutende und beängstigende Lücken. „Sehr fest“, hatte die Alte gesagt. Ich fand dies aber ganz und gar nicht.

Der Regen war durch das arg beschädigte Dach gedrungen, hatte den Guano durchnäßt und ihn zu einer ziemlich zusammenhängenden Kruste gemacht. Das mochte der Grund sein, daß er überhaupt noch vorhanden und nicht längst hinunter in die Kammer gefallen war.

Nun aber hatte ich mich auf der Kruste bewegt; die Wirkung konnte verhängnißvoll für mich werden. Ich erblickte zu meinem Schrecken den weißgrauen, stellenweise fingerhohen Überzug, welchen die Gegenstände da unten erhalten hatten, und dazu siebte ununterbrochen ein feiner Staubregen nach.

Das wurde dann erst deutlich bemerkt, als sich die Männer niedergesetzt hatten.

Derjenige, welcher das Licht in der Hand gehabt hatte, ein langer, spindeldürrer Mensch, jedenfalls der Wirth, blickte zornig nach oben und sagte:

„Dschehenneme gitme kedije; onu öldürim – Verdammniß über die Katze! Ich schlage sie todt.“

Man kann sich denken, daß ich mich nicht rührte; ich wagte kaum, zu athmen.

Neben dem Wirth saß mein liebenswürdiger Gastfreund, der Fuhrmann; dann folgten Saban, der Bettler, und der Bruder Deselim's aus Ismilan. Der Bettler hatte den einen Arm verbunden und eine tüchtige Beule an der Stirn. Es schien, daß er dem wackeren

Schmied nur nach einem Kampf entkommen war. Die beiden anderen Männer hatte ich noch nicht gesehen. Sie trugen die Koptscha, waren also auch Eingeweihte und hatten Physiognomien, welche man am besten mit dem Worte „Ohrfeigengesichter" bezeichnet. Der Eine hatte außer den gewöhnlichen Waffen noch Etwas an dem zerfetzten Gürtel hängen, welches ich für eine Schleuder zu halten geneigt war. Ich wußte damals nicht, daß diese Waffe noch heute in jenen Gegenden im Gebrauche ist. Diese beiden Männer verhielten sich schweigend; nur die Anderen sprachen.

Der Bettler erzählte das Ereigniß in der Waldhütte und berichtete dann von unserem nächtlichen Zusammentreffen und wie er in meine und des Schmiedes Hände gerathen sei. Als an das Pferd gefesselter Gefangener hatte er widerstandslos folgen müssen, bis sie am frühen Morgen ein Dorf erreicht hatten und da bei einem Bekannten des Schmieds eingekehrt waren. Dort aber hatte sich ein Freund des Bettlers auf Besuch befunden und ihn von seinen Fesseln frei gemacht, so daß es ihm geglückt war, auf dem Pferde davonzureiten. Der Schmied hatte ihn dann verfolgt und auch erreicht. Es war zu einem Handgemenge gekommen, bei welchem der Bettler zwar einige derbe Jagdhiebe erhalten hatte, aber doch noch entwischt war. Natürlich hatte er nun in höchster Eile seinen unterbrochenen Ritt nach Ismilan fortgesetzt und dort im Einkehrhause vernommen, ich sei da gewesen, aber bereits wieder aufgebrochen.

Als der Bruder Deselim's erfahren hatte, ich trüge die Schuld, daß sein Bruder den Hals gebrochen hatte, war er mit dem Schmied sofort zu Pferde gestiegen, um mir zu folgen. Er wußte ja, daß ich in Menlik bei dem Fruchthändler einkehren würde und da ganz sicher zu finden wäre.

Unterwegs waren sie dem abgelohnten Führer Albani's begegnet, welcher ihnen alles Weitere erzählt hatte. Sie erfuhren, daß wir einen Umweg eingeschlagen hatten, und beeilten sich, vor uns in Menlik anzukommen, was ihnen auch gelungen war, da sie das Pferd des Bettlers gegen ein besseres vertauscht hatten.

Sie hatten Barud el Amasat, Manach el Barscha und den mit diesen beiden davongelaufenen Gefangenwärter in Menlik bei dem Fruchthändler angetroffen und dieselben von Allem unterrichtet. Die Drei waren – also gewarnt – sofort aufgebrochen, um von uns nicht erwischt zu werden, hatten sich aber vorher das feste Versprechen geben lassen, daß man uns an einer weiteren Verfolgung hindern werde.

Man hatte an den beiden östlichen Ausgängen der Stadt auf uns gewartet, um uns bei dem Fuhrmann einzuquartiren. Das Weitere sollte nun besprochen werden.

„Es versteht sich ganz von selbst," sagte der Fruchthändler, „daß diese Hunde unsere Freunde nicht erreichen dürfen."

„Nicht erreichen?" meinte der Ismilaner. „Nur das willst Du verhindern? Weiter soll nichts geschehen? Hat dieser Fremde nicht meinen Bruder getödtet? Hat er mich nicht betrogen und mir unsere Geheimnisse entlockt? Hat er sich nicht in den Besitz der Koptscha gesetzt, so daß ich ihn nicht nur für einen der Unserigen, sondern sogar für

einen der Zikri gehalten habe? Er wird unserem Bund den größten Schaden bereiten, wenn wir ihn fortreiten lassen. Er muß bleiben!"
„Wie willst Du ihn dazu bewegen?"
„Wie? Das fragst Du noch?"
„Ja, ich frage es."
„Nun – durch schöne Worte und freundliche Vorspiegelungen bringen wir ihn nicht soweit. Wir müssen Zwang anwenden. Das können wir auf zweierlei Weise thun. Entweder klagen wir ihn an, so daß er hier gefangen genommen wird, oder wir selbst halten ihn fest."
„Wessen willst Du ihn anklagen?"
„Gibt es nicht der Gründe genug?"
„Es wird kein Grund etwas nützen. Du hast mir ja gesagt, daß er drei Papiere besitzt: das Teskereh, Buyuruldi und auch den Ferman. Er steht nicht nur unter dem Schutz der Behörde, sondern er ist sogar ein Empfohlener des Großherrn. Wenn man ihn festnehmen will, so wird er seine Pässe vorzeigen, und man wird ihm eine Verbeugung machen und ihn nach seinen Befehlen fragen. Ich kenne das. Und selbst wenn er arretirt würde, so könnte er darüber lachen. Er ist ein Franke und wird sich auf seinen Balios berufen. Und fürchtet sich ja der Konsolos wekili vor uns, so gibt es einen Basch konsolos, dem es gar nicht einfallen wird, auf uns zu hören."
„Du hast Recht. Wir werden also selbst handeln."
„Aber wie?"
Da machte der Bettler eine energische Handbewegung und sagte:
„Was verliert Ihr so viele Worte? Er ist ein Verräther und ein Mörder. Gebt ihm eine Messerklinge in den Leib; da wird er schweigen und kann nichts ausplaudern."
„Du hast Recht," stimmte der Ismilaner bei. „Mein Bruder ist todt. Blut um Blut! Ihr habt sein Pferd gelähmt, damit wir ihn schnell einholen. Warum soll er überhaupt von hier fort? Mein Messer ist scharf. Während er schläft, schleiche ich mich zu ihm und stoße ihm die Klinge in's Herz. Dann ist unsere Rechnung ausgeglichen."
Da entgegnete der Fuhrmann hastig:
„Das geht nicht! Ich bin Euer Freund und Helfer; ich bin bereit gewesen, ihn bei mir aufzunehmen, damit wir ihn genau beobachten können; ich will auch weiter das Meinige thun. Aber bei mir darf er nicht sterben. Ich will nicht vor dem Richter erscheinen, weil ein Schützling des Großherrn bei mir ermordet wurde."
„Feigling!" brummte der Ismilaner.
„Schweig! Du weißt, daß ich nicht feig bin. Ich habe des Schadens bereits genug, da mein Knecht schwer verletzt ist. Ich glaube sogar, dieser Fremdling ahnt, was wir gethan haben."
„Wie kann er es ahnen?"

„Er sprach von Stecknadeln. Vielleicht hat er gar die Nadel im Fuße des Pferdes entdeckt. Diese ungläubigen Frankenhunde haben die Augen des Teufels. Sie sehen Alles, was sie nicht sehen sollen."

Da legte der eine der beiden Männer, welche mir unbekannt waren, den Tschibuk weg und sagte:

„Macht es kurz! Worte sind für Kinder und Weiber; wir aber sind Männer und wollen Thaten verrichten. Manach el Barscha will in der Ruine von Ostromdscha auf uns warten, damit wir ihm sagen, wie wir diese Hunde unschädlich gemacht haben. Ich muß ihm mit meinem Bruder hier die Botschaft bringen und habe nicht Lust, eine Ewigkeit zu warten."

Diese Worte waren mir natürlich von größter Wichtigkeit, da sie mir sagten, wo ich die Flüchtlinge suchen mußte. Nun harrte ich in höchster Spannung des Entschlusses, welcher gefaßt werden sollte. Es verursacht Einem ein gar eigenthümliches Gefühl, zu hören, daß es Einem an den Kragen gehen soll.

Natürlich war ich bemüht, mir kein Wort entgehen zu lassen. Um so ärgerlicher war es, daß ich grad jetzt draußen ein Rascheln des Heues vernahm. Ich hob den Kopf empor. War das vielleicht die Katze, von welcher der Hausherr gesprochen hatte? Das Thier spazierte zu einer Zeit hier oben herum, welche mir gar nicht ungelegener sein konnte.

Unten erhoben sich laute Stimmen. Fast noch lauter aber wurde es in diesem Augenblick vor dem Taubenschlag. Es gab einen sehr geräuschvollen Rutsch – plumps – ein ärgerliches „Ah!" und dann war es draußen still, unter mir aber auch.

Ein Blick, den ich hinunter warf, zeigte mir, daß Alle horchten. Auch sie hatten das Geräusch vernommen. Es war ein Glück, daß sie eben jetzt lauter als vorher gesprochen hatten.

„Was war das?" fragte der Bettler.

„Wohl die Katze," antwortete der Fruchthändler.

„Hast Du so viele Mäuse da oben?"

„Mäuse und Ratten."

„Aber wenn es ein Mensch gewesen ist, der uns belauscht!"

„Wer sollte das wagen?"

„Sieh doch lieber einmal nach!"

„Es wird nicht nöthig sein; ich will es aber thun."

Er stand auf und verließ die Kammer. Jetzt befand ich mich in Gefahr. Ich zog die Beine möglichst an mich. Er hatte zwar kein Licht bei sich; aber wenn er fühlte, daß die Thüre zum Taubenschlag offen sei, schöpfte er wohl Verdacht und griff hinein. Ich hörte die Stiege knarren. Er kam wirklich herauf – zum Glück aber nicht ganz.

„Ist Jemand da?" fragte er.

Niemand antwortete; aber es raschelte leise im Heu, so daß auch er es sicher hörte.

„Wer ist da?" wiederholte er.

„Miau!" antwortete es jetzt.

Und darauf folgte ein zorniges Pfauchen. Es war wirklich die Katze, welcher er vorhin die Verdammniß angewünscht hatte. Er brummte unmuthig einige Worte in den Bart und kehrte dann in die Kammer zurück.

„Habt Ihr es gehört?“ fragte er. „Es war das Vieh.“

Ich hatte bereits die Hand am Messer gehabt; jetzt fühlte ich mich beruhigt – aber nicht für lange Zeit, denn als das Gespräch wieder begann, hörte ich ein leises, streichendes Geräusch hinter mir, als ob Jemand mit der tastenden Hand die Räumlichkeit untersuche. Ich horchte auf. Ah, da fühlte eine Hand an meinem Fuße.

„Sihdi!“ flüsterte es.

Jetzt kannte ich diese Katze.

„Halef?“ antwortete ich so leise wie möglich.

„Ja. Habe ich die Stimme der Katze nicht prächtig nachgeahmt?“

„Mensch, was fällt Dir ein! Du bringst Dich und mich in die allergrößte Gefahr!“

„Mußte ich nicht? Du bliebst so lange fort. Ich hatte Sorge um Dich. Wie leicht konnte man Dich erwischen!“

„Das hättest Du abwarten sollen!“

„So! Soll ich warten, bis man Dich getödtet hat? Nein, ich bin Dein Freund und Beschützer.“

„Der mich aber in Verlegenheit bringt. Verhalte Dich jetzt ganz ruhig!“

„Siehst Du sie?“

„Ja.“

„Und hörst Du sie?“

„Ja, ja doch!“ antwortete ich ungeduldig. „Aber ich werde sie nicht hören, wenn Du weiter plauderst.“

„Gut, ich schweige. Aber Zwei hören mehr als Einer. Ich lausche auch – ich komme hinein.“

Ich hörte, daß er Anstalt machte, in den Taubenschlag zu kriechen.

„Mensch, bist Du des Teufels?“ raunte ich ihm zu. „Ich kann Dich nicht brauchen. Bleibe draußen!“

Leider aber hatte eben jetzt der Ismilaner seine Stimme so erhoben, daß Halef meine Worte gar nicht verstehen konnte. Er kam zu mir hereingekrochen – wahrhaftig, er kam! Ich gab ihm zwar einen tüchtigen Tritt mit dem Fuß; aber der kleine Kerl meinte es gut – zu gut für die Verhältnisse. Er war ganz erpicht darauf, den Lauscher zu machen, und mochte glauben, daß der Fußtritt nur eine ganz zufällige Bewegung von mir gewesen sei. Jetzt war er da. Ich drückte mich so weit nach links, wie es mir möglich war.

„O Allah! Wie stinkt es hier!“ flüsterte er.

„Her zu mir! Hierher, hierher, ganz zu mir!“ gebot ich ihm. „Dort rechts brichst Du durch!“

Er machte eine hastige Bewegung zu mir herüber und hatte dabei ganz sicher eine ganze Menge von dem Guano aufgewühlt, denn unten fluchte der Fruchthändler:

„Zur Hölle mit dieser Katze! Da ist sie jetzt über uns und wirft allen Kot herab!“
„Puh! Ah – oh – – uh!“ pustete Halef, dem der scharfe Staub in die Nase und Lunge gerathen war.
Er hatte sich infolge meiner Aufforderung ganz nahe an mich geschmiegt; darum fühlte ich, daß sein Körper eine krampfhafte, wurmartige Bewegung machte.
„Atsch zözünü – nimm Dich in Acht!“ mahnte ich, denn trotz der verbundenen Nase empfand ich einen heftigen Niesreiz.
„Ja, Sihdi! Niemand soll hören – – oh – ih – – bchch – – gchchch – dchchchch – – hilf mir, Allah!“
Er kämpfte vergebens gegen den unüberwindlichen Reiz. Ich hörte ein ganz unbeschreibliches, vergebens nach innen gedrängtes Pusten und Keuchen und griff unwillkürlich hinüber, um ihm den Mund zuzuhalten.
„O Allah – Al – – ill – – ell – ah – ha – ha – ha – hab – – habziiih, habzuäuuuh!“
Da krachte es los, und zwar so kräftig, so nachhaltig, daß sein ganzer Körper bebte: aber es krachte auch unter uns. Ich fühlte, daß der ganze Taubenschlag wackelte und bebte.
„Si – – Sih – – Sihdi, o Muhammed, ich breche durch!“
Der Kleine wollte diese Worte leise sagen, aber da er bereits den Boden unter sich verlor, so stieß er sie in seinem Schreck laut wie einen Hilferuf aus. Er faßte mich am Arme. Ich erkannte, daß er auch mich mit hinunterreißen würde, und riß mich los. Im nächsten Augenblick prasselte es um mich her, als ob das ganze Gebäude zusammenstürze: – ein entsetzliches Gepolter, eine noch entsetzlichere, dicke Guanowolke – unter mir lautes Schreien, Fluchen, Husten und Niesen – der gute Hadschi war mit der Hälfte des Taubenschlages hinabgestürzt.
Auch ich hing halb in der Schwebe. Ein rascher Schwung brachte mich mit den Beinen zu dem Loch hinaus; nach einer zweiten, krampfhaften Anstrengung stand ich mit dem ganzen Körper draußen. Ich riß das Tuch von der Nase und hustete und nieste, als ob ich es bezahlt bekäme. Jetzt war es ganz gleich, wenn man mich auch hörte.
Unten entstand ein Höllenlärm. Halef befand sich jedenfalls in Gefahr. Das Licht war nicht verlöscht. Hatte man ihn ergriffen, oder war er so geistesgegenwärtig gewesen, hurtig zu entspringen? Ich rannte, so rasch es die Dunkelheit gestattete, die Stiege hinab. Der Heidenspektakel war mein Führer. Ich fühlte die Kammerthüre – ich tastete mit der Hand, daß sie von außen verriegelt werden konnte; man brauchte nur einen an einer Schnur hangenden Holzpflock vorzuschieben. Von innen war sie nicht verschlossen. Ich öffnete. Ein dicker Guanostaub, durch welchen das Licht der Lampe kaum zu dringen vermochte, wallte mir entgegen.
Ich erblickte, so weit ich die Augen zu öffnen vermochte, ein Chaos von Armen, Beinen und herabgefallenen Holzknüppeln, Alles in Bewegung – ein unbeschreiblicher Lärm von Hustenden, niesenden, fluchenden Menschen, dazu klatschendes Geräusch, als ob Jemand eine Peitsche aus Leibeskräften in Bewegung setze. Ich merkte, daß diese Leute

sich unter einander gepackt hielten, in der Meinung, den unerwarteten Eindringling ergriffen zu haben. Jetzt erschallte Halef's Stimme:
„Sihdi, wo bist Du? Bist Du auch herunter?“
„Ja, hier!“
„Hilf, hilf! Jetzt haben sie mich!“
Ich sprang nun – ohne weiteres Besinnen – sprang mitten in den Knäuel hinein. Ja, sie hatten ihn. Ich packte ihn mit der Linken, entriß ihn ihren Händen und schleuderte ihn zur offenen Thüre hinaus. Einige Faustschläge mit der Rechten – und sie wichen zurück. Sofort war auch ich draußen, warf die Thüre zu und steckte den Pflock vor.
„Halef!“
„Hier!“
„Bist Du verletzt?“
„Nein. Komm fort!“
„Ja, hier die Treppe hinab!“
Ich erfaßte seine Hand und zog ihn nach der Gegend, in welcher ich die Treppe vermuthete. Hierbei leiteten mich Stimmen, welche unten erschallten. Man hatte da den Lärm vernommen und kam, um nachzusehen, was es zu bedeuten habe.
Wir rutschten mehr die Treppe hinab, als daß wir liefen, rissen dabei einige Personen um, kamen glücklich unten an und sprangen über den Hof hinüber, nach der Stelle, wo ich die Bretter locker gemacht hatte. Als wir da hindurchgeschlüpft waren und stehen blieben, um auszuschnaufen, sagte der kleine Hadschi:
„Allah sei Dank! Mich bringt kein Mensch wieder in einen Taubenschlag!“
„Es hat Dich Niemand geheißen, hinaufzugehen!“
„Du hast Recht. Ich bin an Allem Schuld. Aber schön war es doch, denn ich habe meiner Kamdschy Arbeit gegeben, an welche diese Leute noch lange denken werden. Hörst Du sie rufen? Horch!“
„Ja. Man sucht uns. Wo ist Osko? Wo ist Omar?“
„Hier,“ antworteten die beiden Genannten.
„Sind die Pferde zum Aufbruch bereit?“
„Ja. Wir warteten schon lange.“
„Hinaus aus dem Stalle und fort aus der Stadt!“
Jeder ergriff sein Pferd. Meine Gewehre hingen am Sattel, wie ich tastete. Im Hofe stiegen wir auf. Das Thor des Hauses war offen; wir gelangten unangefochten auf die Gasse.
Halef ritt neben mir. Er sagte:
„Wohin geht es? Kennst Du den Weg? Wollen wir denn nicht Jemand fragen?“
„Nein. Es braucht Niemand zu erfahren, welche Richtung wir einschlagen. Wir reiten nach Westen. Nur erst zur Stadt hinaus! Dann werden wir wohl einen Weg finden.“
„Aber müssen wir denn fliehen? Ist das nothwendig?“

„Wir reiten fort; das ist auf alle Fälle gut. Willst Du das eine Flucht nennen, so thue es. Ich weiß, wo Barud el Amasat steckt. Er ist nicht hier, und wir werden ihn und seine Begleiter aufsuchen."

Bald lag Menlik hinter uns. Als wir heute von der entgegengesetzten Seite in die Stadt geritten waren, hatte ich nicht geahnt, daß wir sie so schnell wieder verlassen würden.

Es war ziemlich dunkel; aber wir bemerkten, daß wir auf einem gebahnten Wege ritten, dem man hier in der Nähe der Stadt den Namen Straße geben konnte.

Da vor uns lag der Strumafluß, der Strymon der Alten, im Norden sich im tief eingeschnittenen Thale wälzend, um nach Süden hin der reichen Ebene von Seres zuzufließen.

Ein Vampyr

Ich befand mich auf unbekanntem Boden. Ich wußte nur, daß ich nach Ostromdscha reiten mußte, welcher Ort auch den Namen Strumnitza führt, von dem gleich benannten Fluß, an welchem er liegt. Da hätten wir nun eigentlich die Richtung nach Petridasch einschlagen müssen; aber ich konnte mir denken, daß man dies vermuthen und uns dahin folgen werde. Darum wendete ich mich schon nach kurzer Zeit in einem rechten Winkel dem Norden zu.

„Wohin willst Du, Sihdi?" fragte Halef. „Du weichst ja vom Wege ab!"

„Mit gutem Grunde. Habt Acht! Ich suche einen Pfad, eine Straße, welche weiter nördlich nach dem Fluß führt, in derselben Richtung, wie derjenige, dem wir bis jetzt gefolgt sind. Ich will unsere Verfolger irre leiten."

„So müssen wir aufpassen. Es ist sehr dunkel."

Wir hatten so Etwas wie Brachfeld unter uns. Bald merkte ich, daß wir uns wieder auf einem Wege befanden. Links hörte ich das kreischende Räderknarren eines schweren Ochsenwagens. Diese Richtung schlugen wir nun ein. Bald hatten wir den Wagen erreicht. Zwei riesige Büffel schleppten ihn hinter sich her; der Fuhrmann schritt voran. Am riesigen, in der Mitte hoch geschweiften Joch hing eine Papierlaterne.

„Wohin?" fragte ich den Fuhrmann.

„Nach Lebnitza," antwortete er, mit der Hand vorwärts deutend.

In Folge dessen war ich orientirt. Also dieser Weg führte nach Lebnitza, welches am gleichnamigen, sich in die Struma ergießenden Flüßchen liegt.

„Wohin wollt Ihr?" fragte er.

„Nach Mikrova."

„So nehmt Euch in Acht. Der Weg ist schlecht. Bist Du ein Dejirmendschi?"

„Gute Nacht!" sagte ich, ohne seine Frage zu beantworten. Er hatte sehr wohl Recht, so zu fragen. Beim Scheine seiner Laterne hatte ich bemerkt, daß wir Beide, Halef und ich, grad so aussahen, als ob wir in einem Mehlsack gesteckt hätten. Wir hatten noch nicht

Zeit gefunden, uns zu reinigen. Wollten wir uns die Kleider nicht verderben, so mußten wir damit warten bis zum Morgen.
Nach einiger Zeit hörte ich Hufschlag vor uns. Wir holten einen einsamen Reiter ein, welcher uns höflich grüßte. Er erkundigte sich:
„Kommt Ihr auch von Menlik?“
Diese Frage ward bejaht.
„Ich will nach Lebnitza. Wohin reitet Ihr?“
„Auch dorthin,“ antwortete ich.
„Das ist gut. Der Mawunadschi würde mich nicht übersetzen. Eines einzelnen Mannes wegen thut er dies so spät nicht mehr. Da Ihr aber auch hinüber müßt, so wird er sich bereit finden lassen, weil er mehr verdient. Darf ich mich zu Euch halten?“
„Ja, wenn es Dir gefällt.“
Eigentlich war mir sein Antrag nicht sehr willkommen; da er uns aber als Führer diente, so schlug ich ihm seinen Wunsch nicht ab. Ich hätte ja von der Fähre gar nichts gewußt. Gesprochen wurde natürlich jetzt nichts mehr. Der Mann ritt seitwärts hinter mir und Halef her und beobachtete uns. Er mußte trotz der Dunkelheit unsere Gewehre bemerken, ebenso auch den hellen Schmutzüberzug, und er mochte wohl nicht wissen, für wen er uns zu halten habe. Da wir ihn nicht ansprachen, so schwieg er auch.
Am Flusse angelangt, bog er nach der Fähre ein, welche wir ohne ihn nicht so bald gefunden hätten. Drüben trennten wir uns nach kurzem Gruß.
Ich beabsichtigte keineswegs, in Lebnitza zu bleiben. Den Weg nach diesem Ort hatte ich eingeschlagen, um unsere Gegner irre zu führen und Petridasch zu vermeiden. Vom letzteren Ort führt der Weg immer an der Strumnitza entlang nach Ostromdscha. Dort lag die Ruine, in welcher Manach el Barscha warten wollte. Ich beabsichtigte, diesen Weg noch in der Nacht zu erreichen. Deßhalb ritten wir gleich weiter, nach Derbend zu, welches von Lebnitza südwestlich liegt.
Bald aber bemerkte ich, daß Rih nicht wohl auf dem Beine sei. Sollte der Nadelstich von üblen Folgen sein? Wenn das edle Thier erkrankte, war ich gebunden. Ich mußte es schonen und ihm Umschläge machen. Darum war es mir lieb, als ich nach einiger Zeit seitwärts vom Wege einen hellen Feuerschein bemerkte. Wir hielten auf denselben zu.
Mitten im freien Feld stand eine lange, niedrige Holzhütte, in welcher ich alsbald ein Sahan erkannte. Diese Sahana sind Gebäude, in denen man, oft in bedeutender Anzahl, Rinder schlachtet, um das Fett derselben auszukochen. Der Osmane liebt das Rindfleisch nicht. Er hat bis vor kurzer Zeit nicht verstanden, den Werth der Rinderheerden auszubeuten. Man sott in diesen Sahana das Fett, um es nach den größeren Städten zu verführen. Oft wurden da nur die Lendenstücke in Riemen ausgeschnitten und dann getrocknet als Nahrungsmittel verkauft.
Also vor einer dieser Hütten hielten wir jetzt an. Die größere Hälfte derselben diente als Schlacht- und Siederaum; die kleinere schien die Wohnung zu sein. Die erste Abtheilung hatte mehrere breite Thüren, welche offen standen. Da brannten etliche Feuer, über

denen riesige Kessel hingen. Dabei saßen die Fleischer – wilde, schmutzige, fetttriefende Gesellen. Die Feuer leuchteten weit hinaus in das Feld und ließen alle Gegenstände in grotesker Gestalt erscheinen. Die Männer hörten uns kommen und traten unter die Thüren. Wir grüßten, und ich fragte, ob wir hier einen Platz finden könnten, um auszuruhen. Der Eine von ihnen kam nahe zu mir heran, betrachtete mich und sagte lachend:

„Ein Un-kurtu, der aus dem Ambar kommt! Ist kein Saka kuschu da, welches ihn fressen kann?“

Die Anderen stimmten in sein Gelächter ein und kamen auch herbei. Das war ein allerliebster Empfang! Ich wollte eine scharfe Antwort geben, doch kam mir Halef zuvor:

„Was sagst Du, felwe kuschu? Lecke Dir den Talg aus dem Gesicht und reibe Dir dafür lieber den Verstand mit Unschlitt ein, ehe Du Dich über Andere lustig machst! Deine Schönheit wird nicht größer durch das Lachen, denn dabei zeigst Du die Zähne eines Timsah und die Schnauze eines Tschoban köpeji, der Bajyr turpu gefressen hat! Hast Du vielleicht einen Sohn?“

Das kam so schnell und unerwartet, das klang so kräftig und selbstbewußt, daß der Mann in die Falle ging.

„Ja,“ antwortete er, ganz verblüfft.

„Nun, so ist das arme Kind der Nachkomme eines Menschen, der kein Gehirn im Kopf hat, weil er zu dem Volk der Majmuni gehört. Ich bemitleide ihn!“

Jetzt erst kam der Fleischer zum Bewußtsein dessen, was ihm gesagt wurde. Er langte nach dem wollenen Fetzen, den er um den Leib trug und in welchem ein langes Schlachtmesser steckte, und antwortete zornig:

„Höre ich recht? Was hast Du gesagt?“

„Ich sehe, daß Dein Verstand nicht groß genug ist, um meine Worte zu fassen, die doch so deutlich waren! Soll ich sie Dir etwa wiederholen?“

„Sefil, dschüdsche – Knirps, elender! Soll ich Dir dieses Messer in den Leib rennen?“

Ich wollte mein Pferd zwischen ihn und Halef drängen; da aber ergriff ihn einer seiner Kameraden beim Arm und sagte hastig:

„Sökiut dur onlarin-war koptschaji – schweig, sie haben ja die Koptscha!“

Das gab der so gefährlich erscheinenden Scene eine augenblickliche Wendung zum Besseren. Der Mann betrachtete uns genauer und sagte dann im Tone der Entschuldigung:

„Afw sejr etmez-dim – Verzeihung, ich sah es nicht!“

„So öffne ein anderes Mal Deine holden Augen weiter,“ meinte Halef. „Es ist doch sehr leicht zu sehen, daß dieser Emir, welcher unser Freund und Gebieter ist, die Koptscha der Anführer trägt! Du hast uns mit Schimpfworten empfangen. Ich sollte Dir die Hand so in das Gesicht legen, daß Du eine Takla springst, bis hinein in den hintersten Fettkessel. Aber ich bin gnädig gestimmt, und so wollen wir Dir verzeihen. Gebt uns

einen Platz zur Ruhe, Futter für die Pferde und eine Fyrtscha für unsere Kleider, damit Ihr dann sehen könnt, ob wir wirklich Mehlwürmer sind!“
Halef war ein vollständig furchtloser Mensch. Dazu kam, daß er mit seinem selbstbewußten Auftreten bisher stets Glück gehabt hatte. War er durch dasselbe je einmal in eine augenblickliche Bedrängniß gerathen, so hatte ihn meine Einmischung stets wieder aus der Verlegenheit gerissen. Darum zeigte er auch jetzt keine Angst vor diesen Männern, obgleich ihr Äußeres durchaus kein Vertrauen erwecken konnte.
Der Fleischer, an welchen Halef seine Strafpredigt gerichtet hatte, betrachtete ihn mit einer Art bärbeißigen Wohlwollens, ungefähr so, wie ein amerikanischer Bluthund ein Schooßhündchen, das ihn ankläfft, betrachten würde. Auf seinem Gesicht war deutlich der Gedanke zu lesen: Armer Wurm! Ein Biß von mir und ein Schluck, so habe ich Dich gefressen; aber ich will es nicht thun, da Du mich dauerst!
Wir stiegen ab und erhielten geschrotenen Mais für die Pferde. Für uns gab es Fleisch in Menge. Ich nahm natürlich zunächst das Pferd vor und bat um einen alten Lappen, welchen ich zum nassen Umschlage brauchte. Als ich ihn dem Hengst umlegte, fragte mich einer der Fleischer, ob das Pferd am Fuß krank sei.
„Ja,“ antwortete ich. „Es hat einen Stich oberhalb des Hufes erhalten.“
„Da legst Du Wasser auf? Das kühlt zwar, aber ich weiß ein noch viel besseres Mittel.“
„Was denn?“
„Ich bin hier in der ganzen Gegend als At tabibi bekannt. Ich kenne ein Jaghlamy, welches die Hitze benimmt und alle Wunden auf das Schnellste heilt. Wenn Du dieses Mittel versuchen willst, wirst Du es nicht zu bereuen haben.“
„Gut; wollen einmal eine Probe machen.“
Das war keineswegs voreilig gehandelt. Ich hatte gehört, daß in manchem dieser Sahana Kuren vorgenommen wurden, deren sich der unterrichtetste Arzt nicht zu schämen brauchte. Ich sollte dieses Vertrauen auch nicht zu bereuen haben. Rih trug die Salbe drei Tage lang am Fuß, und von einer Wirkung des Nadelstiches war keine Spur mehr.
Halef und ich schliefen bei unseren Pferden im Freien. Osko und Omar zogen die Hütte vor. Kurz nach Anbruch des Tages wurden wir von Treibern geweckt, welche eine Menge meist gefesselter Büffeln brachten, die entweder wegen ihres Alters oder wegen ihrer Unbändigkeit an das Sahan verkauft worden waren. Da war von Schlafen keine Rede mehr, obgleich wir ungefähr nur zwei Stunden geruht hatten.
Die Thiere sollten sofort geschlachtet werden. Ich wollte sehen, welche Methode man dabei anwenden werde. Man schlang dem betreffenden Büffel zwei Seile um die Hörner und zog ihn an einem Pfeiler in die Höhe. Oben auf einem Querbalken stand ein Mann, welcher mit einem Beil so lange auf dem Schädel des armen Geschöpfes herumtrommelte, bis es verendete. Der Todeskampf war ein schrecklicher.
Ich bat um die Erlaubniß, die dem Tode Geweihten niederschießen zu dürfen. Man lachte. Man glaubte nicht, daß die Kugel einem dieser riesigen und starkknochigen Thiere in's Leben dringen werde. Ich bewies ihnen das Gegentheil.

Der erste Büffel, welcher den Schuß erhielt, blieb mit tief gesenktem Kopf noch eine ganze Weile bewegungslos stehen. Nicht einmal die Spitze des Schwanzes zuckte. Die Augen stier auf mich gerichtet haltend, stand er mit weit gespreizten Beinen wie eine aus Eisen gegossene Figur.

„Die Beile her! Die Beile und Stricke!“ schrie Einer. „Er wird gleich losbrechen!“

„Bleibt ruhig!“ antwortete ich. „Er wird nicht los-, sondern zusammenbrechen.“

Das geschah auch. Ganz plötzlich, wie erst in diesem Augenblick von der Kugel getroffen, stürzte das mächtige Thier zu Boden und bewegte sich nicht mehr.

So ging es auch mit den Andern. Es war keine ehrenvolle Arbeit, diese Thiere zu erschießen; aber ich hatte doch die Genugtuung, daß sie ohne Qual endeten.

Es wunderte mich, daß wir nicht nach dem Woher und Wohin gefragt wurden. Vielleicht war es infolge des Umstandes, daß ich die Koptscha des Anführers trug. Man getraute sich nicht, eine Frage zu thun. Bevor wir aufbrachen, versahen wir uns mit einem Vorrath von Postrama, das heißt gedörrte Streifen von Büffel-Lende. Dieses Fleisch hält sich sehr lange und ist außerordentlich schmack- und nahrhaft. Als ich nach unserer Schuldigkeit fragte, wurde ich gebeten, ja nicht an Bezahlung zu denken. Es ward nichts angenommen, und wir schieden sehr befriedigt von diesen Leuten, obgleich unser Empfang ein keineswegs friedlicher gewesen war.

In Zeit von einer Stunde hatten wir Derbend erreicht und zu Mittag befanden wir uns in Jenikoi, am linken Ufer der Strumnitza. Hier hielten wir eine kurze Rast und ritten dann weiter auf Tekirlik zu.

Die Pferde waren müde – kein Wunder, da sie ja von Adrianopel an keine wirklich ausgiebige Ruhe gehabt hatten. So ritten wir langsam und gemächlich dahin, links den Fluß und rechts die Höhen, welche zur Hochebene des Plaschkawitza-Planina aufsteigen. Während dieses Rittes ließ Halef den Kopf hängen. Er zeigte üble Laune, was bei ihm eine große Seltenheit war und mir also um so eher auffiel. Ich fragte ihn, und er theilte mir mit, daß ihm die Brust schmerze.

Das konnte seinen Grund in unserem gestrigen Erlebniß haben. Vielleicht war er, als er in die Kammer stürzte, auf Etwas gefallen. Freilich konnte er sich nicht besinnen; aber ich war um den lieben Kerl besorgt und beschloß, den heutigen Ritt abzukürzen.

In Tekirlik angekommen, fragte ich nach dem Han. Es wurde mir eine Hütte gezeigt, deren Äußeres nicht eben einladend war. Wir stiegen trotzdem ab, ließen die Pferde unter Omar's Aufsicht und traten ein. Da bot sich uns ein Anblick, der nicht sehr appetitlich war.

In dem kleinen, schwarz geräucherten Raum saßen mehrere Männer. Der Eine war sehr eifrig beschäftigt, sich mit einem Dolchmesser die Nägel seiner Zehen zu verschneiden. Neben ihm hockte ein Zweiter, welcher einen Gegenstand in der Hand hatte, der vor langen Jahren wahrscheinlich einmal eine Bürste gewesen war, und rieb sich damit dasjenige Kleidungsstück, welches wohl nur er eine Hose nannte. Dieses Beinkleid war so voll von Schmutz, und der Besitzer arbeitete mit solchem Nachdruck, daß er in eine

dichte Staubwolke gehüllt war. Ihnen gegenüber hatte ein Dritter einen Napf voll Milch zwischen den ausgestreckten Beinen und schabte an der Schneide seines Messers Knoblauch, den er in die Milch that. An der dritten Wand saß ein Vierter auf dem Boden und hatte den Kopf eines Fünften, den er rasirte, im Schooße liegen. Dieser Fünfte war ein bärtiger Arnaut. Er trug nur auf der Mitte des völlig eingeseiften Schädels einen Haarbüschel. Der Barbier strich Alles, was er von dem Hirnschädel des Genannten schabte, ganz gemächlich an die Wand und schnitt während seiner Arbeit Grimassen, wie ich sie selbst in den Vereinigten Staaten von keinem Negerbarbier gesehen habe. Und das will viel sagen, da diese schwarzen Barbers wegen ihren wunderbaren Gesichtsverzerrungen berühmt sind.
Als diese Herren uns eintreten sahen und unsern Gruß hörten, musterten sie uns zunächst. Dann fuhren der Fußzehen-Operateur und der Kleiderreiniger in ihren Beschäftigungen fort. Der Mann mit der Milch benützte die Unterbrechung dazu, eine wirklich lebensgefährliche Dosis Knoblauch in den Mund zu stecken. Der Barbier aber sprang auf, verbeugte sich tief und sagte:
„Chosch geldiniz; bendeniz el öpir – seien Sie willkommen; Ihr Diener küßt die Hand!“
Da wir nicht so schmutzig aussahen, wie der Hosenbürster, so hielt uns der Barbier wohl für vornehme Leute.
„Mehandschi nerde – wo ist der Wirth?“ fragte ich.
„Dyschar dadyr – er ist draußen.“
„Berber-sen – Du bist Barbier?“
„Hei hei; im hekim baschi – warum nicht gar; ich bin Oberarzt!“
Er sagte das in einem Tone, der gar nicht stolzer und selbstbewußter sein konnte, deutete auf den Arnauten und fügte mit wichtiger Miene hinzu:
„Onu-da schische komarim – ich werde ihn auch noch schröpfen!“
Ehe ich ihm sagen konnte, daß diese Mittheilung meine Hochachtung sogleich verzehnfacht habe, gab der Arnaut ihm einen kräftigen Tritt mit dem Fuß und rief:
„Hund, wen hast Du zu bedienen? Mich oder diesen dort? Meinst Du, daß ich hier so lange liegen kann, wie es Dir gefällt! Ich werde Dir zeigen, daß Du einen Beamten des Padischah vor Dir hast!“
Der „Oberarzt“ kauerte sich schnell wieder nieder, ergriff das eingeseifte Haupt und fuhr in seiner unterbrochenen Beschäftigung fort.
Ich hatte eigentlich gleich wieder umkehren wollen; aber das Wort „schröpfen“ bewog mich zum Bleiben. Ich wollte doch sehen, in welcher Weise dieser berühmte Heilkünstler die Operation vornehmen würde. Wir hockten uns also nieder, so eng wie möglich, um ja nicht mit den Andern in Berührung zu kommen.
Als der Wirth hereintrat und nach unseren Befehlen fragte, ließ ich einen Schluck Raki bringen als das Einzige, zu welchem man sich entschließen konnte.
Der Barbier war fertig geworden und rieb den glänzenden Schädel mit seinem Kaftan ab, bespuckte aber natürlich erst die Stelle des Gewandes, welche er zum Abreiben benutzte.

Dann entblößte der Arnaut seinen Oberkörper. Eine Ehre für uns war es jedenfalls, daß er sich zu der entschuldigenden Erklärung herbeiließ:
„Gidschischim war – ich habe Hautjucken."
Einige tüchtige Peitschenhiebe, wären da wohl nützlicher gewesen, als das Schröpfen!
Der „Oberarzt" holte einen Sack aus dem Winkel herbei und zog einige Gegenstände hervor, welche ich für alte, hohle Uhrgewichte hielt. Sie konnten je vier Zehntelliter Inhalt fassen. Dazu kam noch ein Instrument, welches einer unbrauchbaren Lichtputzschere so ähnlich sah, wie ein Ei dem andern. Nun wurde Raki angebrannt, und der Doktor hielt eins der Uhrgewichte über die Flamme. Als die Luft durch die Wärme verdünnt worden war, mußte der Arnaut sich auf den Bauch legen, und der Barbier versuchte, ihm den riesigen Schröpfkopf auf den Rücken zu setzen.
Der Rand des Gefäßes war heiß geworden; der Arnaut fühlte den Schmerz und langte dem Oberarzt eine so kräftige Ohrfeige hinauf, daß der Getroffene sich, so lang er war, neben den milden Spender hinlegte.
„Was fällt Dir ein?" zürnte der Patient. „Du sollst mich schröpfen, nicht aber verbrennen!"
„Kann ich dafür?" lautete die Entschuldigung. „Das Alet muß ja heiß sein, sonst zieht es nicht."
Er nahm sich aber nun mehr in Acht, und es gelang ihm, zwei der Schröpfköpfe zum Haften zu bringen. Er warf mir einen triumphirenden Blick zu, wurde aber aus seiner Verzückung durch den zornigen Ausruf des Arnauten gerissen:
„Mensch, willst Du mich umbringen! Wer soll denn solche Schmerzen aushalten?"
„Habe nur einen Augenblick Geduld! Juckt es Dich im Rücken noch?"
„Nein. Es brennt und sticht und beißt!"
„Siehst Du, daß ich Dir Hülfe bringe! Das Jucken ist bereits vorüber. Jetzt kommt der Bilema daran."
Er zog aus dem Sack ein langes Eisen und begann das Instrument, welches ich für eine Lichtschere hielt, zu wetzen. Er that dies mit einer so unternehmenden Miene, als ob es gelte, einem Nilpferd den Genickfang zu geben. Er prüfte die Schärfe des Instrumentes an einem Balken der Wand und kniete dann neben dem Patienten nieder.
Die Schröpfköpfe waren unterdessen erkaltet und also abgefallen, zwei rothe, geschwollene Stellen zurücklassend.
Der Heilkünstler setzte an und zählte:
„Bir – icki – ätsch – eins – zwei – drei! Allah 'l Allah! Was thust Du? Ist das der Dank dafür, daß ich Dir die Gesundheit wieder schenke?"
Nämlich in demselben Augenblick, in welchem der Arnaut den Stich erhielt, bekam der Arzt eine zweite Ohrfeige. Der Operirte war aufgesprungen und faßte den Wundermann beim Kragen.

„Hund, Du hast mich halb erstochen!“ brüllte er. „Wie kannst Du das Blut eines Dieners des Großherrn so unmäßig vergießen! Soll ich Dich aufspießen oder soll ich Dich erwürgen?“

Auch ich stand auf, aber nicht etwa dieses Vorkommnisses wegen, welches mich gar nichts anging, sondern aus einem anderen Grunde. Nämlich der Mann, welcher sich an den Zehen herumgeschnitzt hatte, war mit dieser Beschäftigung fertig geworden und hatte eine andere, leider nicht appetitlichere begonnen.

Er hatte nämlich das helle Tuch, welches er turbanartig um den Kopf trug, herabgenommen und vor sich ausgebreitet, dann einen aus Holz grob geschnitzten Turak aus der Tasche gezogen und sich ganz ungeniert und vor unsern Augen einer Beschäftigung hingegeben, welche zwar dem Orientalen nicht oft genug empfohlen werden kann, aber doch nicht gar so öffentlich und unbefangen vorgenommen werden sollte. Er schien nicht Muhammedaner zu sein, denn er trug sein volles Haar – und was für ein Haar! Und diesen Filz eggte er mit einer Vehemenz – – – doch genug davon!

Als nun die ärztliche Operation einen interessanten Schluß zu erhalten schien, wollte er sich das zarte Schauspiel nicht entgehen lassen. Er erhob sich also auch und schüttelte das Tuch ganz einfach aus und zwar grad dahin, wo wir uns befanden.

Ich stand natürlich im nächsten Augenblick draußen, und die Anderen waren auch bei mir. Halef meinte lachend:

„Afw, Effendi; tehammül etmez-di daha hajle wakyt – verzeihe ihm, Herr; er konnte es nicht länger mehr aushalten!“

Der Wirth erhielt seine Bezahlung, und wir verließen den nur für Insektensammler so interessanten Ort. Ein zweites Han, selbst wenn es eines gab, war wohl auch nicht einladender, und so waren die Gefährten mit mir einverstanden, als ich äußerte, die Nacht lieber im Freien zubringen zu wollen, als in einem solchen Hause.

Vor dem Ort draußen holten wir einen ärmlich gekleideten Mann ein, welcher neben einem zweiräderigen Karren einher ging, der von einem kleinen, magern Esel gezogen wurde. Ich grüßte ihn, den Mann, und fragte, wie weit es bis Radowa sei, und ob es unterwegs ein Einkehrhaus gebe. Zu reiten hatten wir zwei Stunden; ein Han gab es unterwegs nicht. Wir kamen in ein Gespräch; er benahm sich sehr demüthig. Es schien ihm Überwindung zu kosten, die Frage hervorzubringen:

„Du willst in Radowa bleiben, Herr?“

„Vielleicht halte ich bereits vorher an.“

„Da müßtest Du im Freien übernachten!“

„Das thut nichts. Der Himmel ist das gesündeste Dach.“

„Du hast Recht. Wäre ich nicht arm und ein Christ, so würde ich Dir mein Dach anbieten.“

„Wo wohnest Du?“

„Gar nicht weit von hier; einige Minuten am Bach aufwärts steht meine Hütte.“

„Und was bist Du?"
„Kerpitschi."
„Just weil Du arm bist und ein Christ, werde ich bei Dir bleiben. Ich bin auch ein Christ."
„Du, Herr?" fragte er, ebenso erstaunt als erfreut. „Ich habe Dich für einen Moslem gehalten."
„Warum?"
Er antwortete achselzuckend:
„Die Christen sind hier alle arm."
„Auch ich bin nicht reich. Du brauchst Dir keine Sorge zu machen. Fleisch haben wir bei uns. Wir werden von Dir nichts erbitten, als warmes Wasser zum Kaffee. Hast Du Familie?"
„Ja, eine Frau. Ich hatte auch eine Tochter; aber sie ist gestorben."
Sein Gesicht nahm dabei einen Ausdruck an, der mich verhinderte, weiter zu fragen.
Es könnte scheinen, als sei es unrecht von uns gewesen, dem armen Schlucker beschwerlich zu fallen; aber ich habe es so viele Male erlebt, daß grad der Arme ganz glücklich und stolz ist, wenn er an einem besser Gestellten Gastfreundschaft üben darf. Sehr arm allerdings war dieser Mann; das sah man seiner Kleidung an, welche nur aus einem Leinwandkittel und aus einer Hose desselben Stoffes bestand. Kopf und Füße waren bloß.
Schon nach kurzer Zeit gelangten wir an einen Bach, welcher sich in die Strumnitza ergoß, und folgten dem Thale desselben aufwärts bis zu der Hütte, die neben einer tiefen Lehmgrube stand. Sie hatte nur die Thür- und eine Fensteröffnung, aber einen richtigen Schornstein. Und neben der Thüre war eine Ziegelbank errichtet; hinter dem Häuschen befand sich ein kleiner Gemüsegarten, und an denselben schloß sich eine junge Baumpflanzung. Das machte einen guten, freundlichen Eindruck. Seitwärts waren lange Reihen von Ziegeln über einander geschichtet, um an der Luft zu trocknen, und eben jetzt kam die Frau aus der Lehmgrube. Sie hatte unser Kommen gehört, schien aber über die Anwesenheit so fremder Leute ganz erschrocken zu sein.
„Komm herbei!" sagte ihr Mann. „Diese Effendis werden heute bei uns bleiben."
„O Himmel! Du scherzest!" rief sie aus.
„Nein, ich scherze nicht. Dieser Effendi ist ein Christ. Du wirst ihn gern willkommen heißen."
Da erheiterte sich ihr Gesicht.
„Herr, erlaube, daß ich mich wasche!" sagte sie. „Ich habe in der Grube gearbeitet."
Sie trat an den Bach, wusch sich die Hände, trocknete sie an der Schürze und reichte mir die Rechte dann mit den Worten dar:
„Wir haben noch niemals so vornehme Gäste bei uns gesehen. Wir sind so arm, und ich weiß nicht, was ich Euch bieten soll."
„Wir haben, was wir brauchen," beruhigte ich sie. „Wir wären weiter geritten; aber da ich hörte, daß Ihr Christen seid, entschloß ich mich, bei Euch zu bleiben."

„So tretet ein in unsere Hütte! Wir wissen, welche Ehre uns heute widerfährt."
Das klang so offen, herzlich und wohlthuend. Auch sie war außerordentlich ärmlich gekleidet, doch sauber, trotz ihrer schmutzigen Arbeit. Rock, Jacke und Schürze, vielfach zerrissen, waren fleißig geflickt. Das sieht man so gern. Die Gesichter Beider waren mager und hatten einen Zug, der auch von seelischem Leide sprach. Ächt deutsch gesagt: ich war den beiden Leuten sogleich gut.
Man trat durch die Thüre in eine kleine Abtheilung, welche zur Aufbewahrung von Handwerkszeug und auch als Stall des Eselchens diente. Von da kam man links durch einen zweiten Eingang in die Wohnstube.
Dort stand – ja, wirklich – ein richtiger Ofen, aus Ziegelsteinen aufgeführt. Dann gab es einen Tisch, eine Bank und einige Schemel, Handarbeit des Mannes und blitzblank gescheuert. Auf etlichen, an die Wand befestigten Brettern standen mehrere Gefäße. In der hinteren Ecke befand sich das Bett, von harzigen, bis zur Decke reichenden Zweigen eingefaßt, und daneben war eine Nische angebracht mit dem Bild des heiligen Basilius und mit einem brennenden Lämpchen davor.
Das war arm, aber anheimelnd.
Die Frau blickte den Mann verlegen fragend an. Er gab ihr einen, nach außerhalb des Hauses gerichteten Wink und nickte dazu. Während wir ablegten, trat ich an das Fenster und sah, daß die Frau mit einer Hacke in der Hand quer durch den Bach schritt, was einige darin liegende Steine erleichterten, und dann jenseits in der Nähe eines Busches zu hacken begann. Ich ahnte sogleich, um was es sich handelte.
In jenen Gegenden nämlich und noch mehr nach Griechenland hinein ist es in gewissen, natürlich christlichen Kreisen gebräuchlich, fest verschlossene Krüge oder sonstige Gefäße, die mit Wein gefüllt sind, zu dem Zweck zu vergraben, daß sie erst bei der Hochzeit der Tochter wieder ausgegraben werden. Der Wein hat dann eine seltene Güte erlangt. Bei reichen Hochzeiten geht es hoch her; es darf kein Tropfen übrig bleiben.
„Laßt ihn drin," sagte ich zu dem Manne. „Ich ziehe das Wasser vor, und meine Begleiter sind nicht Christen, sondern Muhammedaner und dürfen keinen Wein trinken."
„Nicht Christen? Sie haben doch hier vor dem Heiligen die frommen Zeichen gemacht!"
„Weil sie es von mir gesehen haben. Sie verachten den Andersgläubigen nicht, doch halten sie ihre Gebote. Laß also den Wein in der Erde!"
„Woher weißt Du denn, daß ich Wein vergraben habe und ihn holen lassen will?"
„Ich errathe es."
„Ich habe nur ganz wenig, einen kleinen Krug voll. Meine Tochter bekam ihn von dem Jüngling geschenkt, welcher dann ihr Verlobter wurde. Wir vergruben den Wein, um bei der Hochzeit einen Ehrentrunk zu haben. Nun sie aber gestorben ist, wollte ich ihn Euch anbieten."
„Das gebe ich nicht zu. Das Herz würde mir wehe thun."
„Herr, nimm ihn doch! Wir geben ihn so gern!"

„Ich weiß es. Die Gabe des Armen hat hundertfachen Werth. Es ist so gut, als tränke ich ihn."
Ich ging hinaus und rief die Frau zurück. Sie gehorchte nur widerstrebend. Ich bat sie, heißes Wasser zu machen. Während dies geschah, führten wir die Pferde auf einen mit fettem Grase bewachsenen Plan und fesselten ihnen die Vorderfüße. Dann gab ich der Frau Kaffee, um ihn zu stoßen. Ich hatte dabei die große Freude, ein fröhliches Aufleuchten ihrer Augen zu bemerken. Wer weiß, seit wann diese armen Menschen keinen wirklich schmackhaften Kaffee gehabt hatten!
Als der Trank fertig war und die ganze Stube durchduftete, zogen wir diese Leute aus der Verlegenheit, indem wir unsere Trinkbecher hervorsuchten. Nun kamen unsere Fleischvorräthe an die Reihe. Als wir den Kaffee getrunken hatten, war es Nacht geworden, und der Braten lud zum Essen ein.
Die Beiden sollten sich mit uns an den Tisch setzen, waren aber nicht dazu zu bringen. Sie nahmen kein Stück von dem Fleisch an.
„Verzeihe, Herr!" sagte der Mann. „Wir dürfen heute nicht essen."
„Warum nicht? Es ist heute kein Fasttag."
„Wir essen Montags, Mittwochs und Freitags nichts."
„Ich weiß zwar, daß bei Euch die Mönche an diesen drei Tagen fasten; Ihr aber seid doch Laien!"
„Wir fasten dennoch. Wir haben es uns vorgenommen."
„Ist es eines Adak wegen?"
„Nein. Wir haben kein Gelübde gethan; wir haben es unter uns verabredet."
„So will ich Euch von meinem Mehle geben, damit Ihr Euch Etwas backt."
„Ich danke Dir! Wir essen nichts, gar nichts."
„Aber selbst Eure Priester essen während der Fasttage doch wenigstens Hülsenfrüchte, Wurzeln und Kräuter."
„Wir aber keinen Bissen. Nimm es nicht übel, Herr!"
Diese blutarmen Menschen, da saßen sie neben einander auf dem Schemel; aus ihren hagern Gesichtern blickte das Leiden, und trotz des besten Willens konnten sie die Augen nicht von den Essenden wenden. Es that mir wehe. Der Bissen quoll mir im Munde. Ich stand auf und ging hinaus. Ich kann bei keinem Kummer, bei keiner Entsagung den kalten, ruhigen Zuschauer machen.
Ich suchte nach einem Platz, der sich zum Lagern eignete, und fand sehr schnell einen ganz vortrefflichen. Es war heute sehr sternenhell, nicht so finster wie an den vergangenen Abenden. Hinter dem Hause stieg eine mit lichtem Buschwerk besetzte Anhöhe zum Wald empor. Oben, wo die Bäume begannen, gab es einen kleinen, lichten Platz; das hatte ich bei unserer Ankunft von unten gesehen. Diesen Platz suchte ich jetzt auf. Es war da ein weicher Rasen, auf welchem es sich gewiß ganz prächtig ruhen ließ. Schon wollte ich wieder fort, als ich unter einer Platane etwas Viereckiges, Dunkles

bemerkte. Ich trat näher. Es war ein Grab. Zu Häupten desselben war ein Kreuz an dem Stamme des Baumes befestigt.

Stand dieses Grab vielleicht in Beziehung zu der so sichtbaren Trauer unserer Wirthsleute? Zu ihrem Fasten? Jedenfalls.

Meine Theilnahme vermehrte sich, doch nahm ich mir vor, nicht zu fragen. Es ist nicht gut, blutende Wunden zu vergrößern oder verharrschte aufzureißen.

Ich stieg von der Höhe hinab und traf unten in der Nähe des Hauses den Wirth, welcher sich wohl nach mir umgesehen hatte.

„Herr, Du gingst fort," sagte er. „Ist das aus Zorn gegen mich geschehen?"

„Nein. Weßhalb sollte ich Dir zürnen?"

„Weil ich Deine Gaben zurückwies. Du kommst von da oben herab. Hast Du ein Grab gesehen?"

„Ja."

„Es ist dasjenige meiner Tochter. Ich möchte Dich um etwas sehr Wichtiges fragen. Darf ich?"

„Ja. Ich habe Zeit."

„Ich bitte, komm mit da hinüber, wo die Pferde sind. Es braucht kein Anderer zu hören, was ich sage."

Wir gingen nach der Weide. Dort setzten wir uns neben einander nieder. Es dauerte einige Zeit, ehe er sprach. Es mochte ihm schwer werden, einen passenden Anfang zu finden. Endlich sagte er:

„Als Du hinausgegangen warst, sprachen wir von Dir. Ich hörte, daß Du ein Müellif bist und Bücher schreibst, daß Du alle Muderrislikler, die es nur gibt, gelernt hast, und daß es keine Frage gibt, die Du nicht beantworten kannst."

Da hatte der Luftikus, der kleine Hadschi, wieder einmal den Mund voll genommen! Natürlich, je heller er mich malte, desto mehr Licht konnte er auch auf sich fallen lassen. Ich antwortete daher:

„Das ist nicht wahr. Es gibt nur eine einzige Gelehrsamkeit; eine andere kenne ich nicht."

„Welche meinst Du?"

„Sie liegt in dem Gebote der heiligen Schrift: Trachtet am Ersten nach dem Reiche Gottes; das andere Alles wird Euch dann von selbst zufallen."

„Da hast Du wohl Recht. Kennst Du die heilige Schrift und ihre Lehren?"

„Ich habe gesucht und geforscht in ihr, denn es ist das ewige Leben darin; aber der Geist des Menschen ist zu schwach, das göttliche Licht zu ertragen. Ich habe sehr oft wochenlang über ein einziges Wort der Bibel nachgedacht und dabei erkannt, daß ich vermessen handelte. Dann las ich mit dem Herzen und fand das Richtige gleich."

„Mit dem Herzen? Wer da auch lesen könnte! Hast Du gefunden, was die Bibel von dem Tode und von dem ewigen Leben sagt?"

„Ja."

„Glaubst Du an ein Leben nach dem Tode?"

„Hätte ich diesen Glauben nicht, so wäre es besser, ich wäre nicht geschaffen. Der Glaube an die ewige Seligkeit ist bereits der Anfang der Seligkeit."
„So lebt der Geist nach dem Tode fort?"
„Ganz gewiß."
„Und es gibt ein Fegefeuer?"
„Ja."
„Wir sagen, daß es keins gebe. Gibt es Chajjalar?"
„Nein."
„O, wer das glauben könnte! Es gibt Seelen, die keine Ruhe finden und als Gespenster wiederkommen. Ich weiß es. Darum bin ich so unglücklich, und darum faste ich mit meinem Weibe. Wir denken, daß wir sie dadurch vielleicht erlösen können."
„Sie? Wen meinst Du?"
„Die, an deren Grab Du warst. Meine Tochter."
„Willst Du etwa sagen, daß sie als Gespenst umgehe?"
„Ja."
„Unglücklicher! Wer ist so boshaft gewesen, einem Vater glauben zu machen, daß seine Tochter als Gespenst spuke?"
„Ich weiß es genau!"
„Hast Du sie denn gesehen?"
„Ich nicht, sondern Andere."
„Glaube ihnen nicht!"
„Aber gehört habe ich sie."
„Du bist toll! In welcher Gestalt erscheint sie denn?"
„Als Jarassa ist sie erschienen," antwortete er ganz leise, indem er den Mund nahe an mein Ohr brachte. „Man soll nicht davon reden, wenigstens nicht laut. Ich gräme mich zu Tode. Da ich hörte, Du seist ein so großer Gelehrter, dachte ich, Du könntest mir ein Mittel sagen, ihr die Ruhe zu geben."
„Kein Gelehrter kennt ein Mittel, wie Du es meinst. Aber glaube nur fest, daß es keine Gespenster gibt, so bist Du auf einmal befreit von Deinem Kummer!"
„Das kann ich nicht; das kann ich nicht. Ich höre sie ja! Und stets grad um ihre Todesstunde."
„Wann ist das?"
„Zwei Stunden vor Mitternacht. Dann kommt sie durch die Luft gesaust und klopft an unsern Laden."
„Als Fledermaus? Da klopft sie?"
„Das weiß ich nicht. Ich habe sie nur gehört, aber nie gesehen. Doch Andere haben sie als Fledermaus gesehen, und nun liegt ihr Verlobter todkrank und muß sterben."
Da stieg mir eine Ahnung auf. Ich fragte:
„Meinst Du etwa, daß sie ein Vampyr sei?"
„Ja, das ist sie!"

„Mein Gott! Das ist ja noch schrecklicher, als ich dachte!“
„Nicht wahr? Ich sterbe noch vor Kummer!“
„Ja, stirb vor Kummer! Aber vor Kummer über Deine Dummheit! Verstanden?“
Das war hart; aber nicht jede Medizin schmeckt süß. Er saß weinend neben mir; ich hatte das herzlichste Mitleid mit ihm. Der Aberglaube ist in jenen Provinzen so tief eingedrungen, daß man starke Mittel braucht, wenn man gegen ihn kämpfen will. Übrigens wollte ich nur wenige Stunden hier bleiben und hatte also gar keine Zeit zu breiten Auseinandersetzungen.
„Herr, ich hatte Trost von Dir erwartet,“ sagte er, „nicht aber solchen Spott!“
„Ich spotte Deiner nicht, sondern ich bin entrüstet über Deinen schlimmen Aberglauben. Geh zu Deinem Popen und frage ihn. Er wird Dir sagen, welch eine Sünde es ist, zu glauben, daß Deine Tochter ein Vampyr sei.“
„O, ich war ja bei ihm!“
„Nun, was sagte er denn?“
„Dasselbe, was er zu Wlastan gesagt hat, der auch bei ihm gewesen ist.“
„Wer ist denn dieser Wlastan?“
„Mein bester Freund früher, jetzt aber mein ärgster Feind. Sein Sohn war der Verlobte meiner Tochter. Jetzt steht sie aus ihrem Grabe auf und saugt ihm das Blut aus dem Leibe, so daß er langsam hinsiecht und sterben muß.“
„Hm! Also er ist bei dem Popen gewesen! Was hat dieser zu ihm gesagt?“
„Er hat zugegeben, daß meine Tochter ein Vampyr sei.“
„Unmöglich! Ist sie denn ohne Beichte und Absolution gestorben? Man sagt, daß dies bei einem Vampyr immer der Fall sei.“
„Leider war es so. Der Pope wohnt weit von hier und konnte nicht kommen. Und in Tekirlik durfte ich die Leiche nicht begraben – der Tschitschek wegen.“
„Ist Deine Tochter an dieser Krankheit gestorben?“
„Ja. Es gab damals hier mehrere Blatternkranke. Meine Tochter war unwohl; sie hatte Kopfschmerz und konnte nicht essen. Sie ging hinauf zu Wlastan, um dessen Frau, die ihre Schwiegermutter werden sollte und die Pocken hatte, zu pflegen. Sie kam bald wieder nach Hause. Sie hatte Fieber; es mußte ihr Etwas geschehen sein; sie that so entsetzt, so erschrocken; ich habe aber den Grund nicht erfahren können. Sie sagte im Phantasiren nur immer, daß der Sohn Wlastan's, ihr Bräutigam, sterben müsse. Dann brachen die Pocken aus, und sie starb; aber noch vor ihrem Tode sagte sie, daß er sterben müsse. Nun ist sie ein Vampyr und holt ihn zu sich, wenn man nicht das Mittel des Popen in Anwendung bringt.“
„Welches Mittel ist es?“
„Man muß ihr Grab öffnen und ihr einen spitzen, geweihten Pfahl, welcher mit dem Fett eines acht Tage vor Weihnacht geschlachteten Schweines bestrichen ist, in das Herz stoßen.“
„Schrecklich, schrecklich! Auch daran glaubst Du, daß das Mittel hilft?“

„Ja. Aber ich gebe die Erlaubniß nicht dazu. Der Pope mag kommen und bei dem Kranken wachen; dann kann ihr Gespenst nicht zu ihm. Geschieht dies zwölf Nächte lang, so kommt sie nicht wieder und ist erlöst. Wird sie aber im Grabe gespießt, so fällt sie dem Teufel anheim. Es soll entsetzlich sein, wie so ein Vampyr schreit und gute Worte gibt, wenn er gespießt werden soll. Das geschieht stets um Mitternacht. Der Leib des Vampyrs verwest nämlich nicht. Er liegt im Grabe so warm und roth, als ob er am Leben sei. Weil ich das Grab meiner Tochter nicht öffnen lassen will, ist Wlastan mein Todfeind geworden."

„Was ist dieser Mann?" fragte ich.

„Er ist Tughladschi und Keremitschi, während ich nur Kerpitschi bin. Wir stammen beide aus der Gegend von Drenowa und kamen hierher, um die Lehmgruben zu pachten. Er war wohlhabend, und ich bin arm; aber er war nicht stolz, und sein Sohn wollte mein Eidam werden. Nun ist das Alles aus."

„Wohnt er weit von hier?"

„Eine Viertelstunde am Bach hinauf."

„Ich werde ihn morgen früh aufsuchen und ihm meine Meinung sagen. Ihr seid alle Beide unglaublich dumm!"

„Dann wäre der Pope ja auch dumm?"

„Vielleicht ist er noch mehr als das. Aber sag': kommt Deine Tochter denn an bestimmten Tagen durch die Luft geflogen, um an Deinen Laden zu klopfen?"

„Sie kommt nicht regelmäßig."

„Bist Du nicht hinausgeeilt?"

„Nein. Wie könnte ich das thun! Der Anblick eines Vampyrs kostet das Leben."

„Nun, so wollte ich, sie käme heute!"

„Heute ist Mittwoch, und Mittwochs ist sie meist gekommen."

„Schön! Ich werde sie fragen, warum sie Dich nicht schlafen läßt."

„Herr, das wäre toll! Ich würde noch eine Leiche zu begraben haben."

„Das ist möglich."

„Nämlich Dich!"

„Schwerlich! Doch schließen wir jetzt unsere Unterredung. Ich höre meine Gefährten sprechen. Sie haben nun gegessen und suchen mich."

„Du wirst ihnen doch nichts erzählen?"

„Nur dem kleinen Hadschi werde ich es erzählen. Er wird mir helfen, den Vampyr zu kuriren."

„Herr, ich bitte Dich auf das Innigste, sei nicht unbesonnen! Du opferst thöricht Dein Leben!"

„Ich werde im Gegentheile sehr besonnen sein. Ich habe mich bereits viele Jahre lang gesehnt, ein Gespenst zu sehen, und würde mich sehr freuen, wenn dieser Wunsch heute in Erfüllung ginge."

„Ich höre, daß Du keine Angst hast, und ich errathe den Grund davon. Wirst Du vielleicht die Güte haben, mir den Sihri zu zeigen, den Du besitzest?“
„Ja, gern. Hier ist er.“
Ich hielt ihm die geballte Faust vor das Auge.
„Mache die Hand auf, daß ich ihn sehe!“
„Siehe her! Es befindet sich nichts in der Hand. Die Faust ist der Talisman; das meine ich.“
Wir sprachen nicht weiter, denn wir waren mit den Andern zusammengetroffen. Wir führten vor dem Hause noch eine kurze Unterhaltung, während welcher ich dem darüber ganz glücklichen Kerpitschi meinen Tabak zu kosten gab, und dann sagten wir ihm und seinem Weib gute Nacht. Beide waren nicht wenig erstaunt, als sie hörten, daß wir uns oben am Grabe zur Ruhe legen wollten. Sie protestirten auf das Eifrigste dagegen, hatten aber keinen Erfolg. Wo ein müdes Menschenkind für immer schläft, darf man sich ohne Sorge für eine kurze Nacht zur Ruhe legen.
Osko und Omar stiegen hinauf; ich aber blieb mit Halef noch unter dem Vorwande, nach den Pferden sehen zu wollen.
„Sihdi, Du hast etwas Geheimes, was diese Beiden nicht wissen sollen?“ meinte der Kleine.
„Ja. Hast Du einmal ein Gespenst gesehen, Halef?“
„Es soll allerlei Dschinns geben, in der Wüste und in den Wäldern, auf den Bergen und in den Thälern; aber gesehen habe ich noch keinen Geist.“
„Du irrst. Du hast einen gesehen.“
„Wo?“
„Im Lande der Kurden, den Höhlengeist.“
„Du meinst Marah Durimeh? Die war ein gutes Weib, aber kein böser Dschinn. Einen richtigen Dschinn möchte ich jedoch gern einmal sehen.“
„Ich weiß einen.“
„Wo?“
„Hier. Es kommt des Abends ein Gespenst durch die Luft gefahren und klopft da an den Laden.“
„O Wunder! Denkst Du, daß es auch heute kommt?“
„Ich weiß es nicht, aber ich wünsche es.“
„Ich auch. Wir könnten diesen Geist fragen, ob er einen Paß des Großherrn bei sich hat. Wollen wir?“
„Ja. In einer halben Stunde ist die Zeit, in welcher er zu kommen pflegt. Kommt er nicht, so versäumen wir nur diese wenigen Minuten.“
„Wo erwarten wir ihn?“
„Hier am Bach, hinter den Büschen da liegen wir bequem im Grase und haben das Haus so nahe, daß wir es mit fünf Schritten erreichen können. Wir warten, bis er gehen will, und fassen ihn dann von zwei Seiten her.“

„Gebrauchen wir die Waffe, wenn er sich wehrt?"
„Das wollen wir vermeiden. Wir Zwei werden doch wohl ein einziges Gespenst festhalten können!"
„Ganz richtig! Eigentlich brauche ich Dich gar nicht dazu. Ich bin Dein Freund und Beschützer. Du könntest Dich ganz ruhig schlafen legen."
Bei diesen Worten kroch er hinter den einen Busch. Ich legte mich nur eine kurze Strecke davon hinter den andern. Eigentlich that ich das nur so pour passer le temps. Ich war fest überzeugt, daß der Vampyr nicht kommen werde. Daher dachte ich auch gar nicht an die nöthige Vorsicht und fragte auf die Entfernung von mehreren Metern den Hadschi nach seinem Brustschmerz und bat ihn, sich zu schonen, falls es zum Handgemenge käme.
„Sei still, Sihdi!" antwortete er. „Wer einen Dschinn fangen will, der darf ihn nicht durch lautes Sprechen warnen. Das sollst Du jetzt hier von mir lernen."
Natürlich leistete ich diesem Befehle Gehorsam. Der Kleine hatte Recht. Lagen wir einmal da, so mußten wir die Sache auch ernst nehmen. Und ernst war sie ja auf alle Fälle. Ich hatte von diesem Vampyr-Aberglauben viel gehört und viel gelesen. Jetzt galt es günstigen Falls eine That, so einem gespensterhaften Blutsauger hinter die Flughäute zu schauen und die beiden braven Wirthsleute von ihrer Angst und ihrem Kummer zu heilen. Es lag ja jedenfalls eine Täuschung vor.
So warteten wir weit über eine halbe Stunde. Schon wollte ich fortgehen, da kam es geschlichen, schnell und völlig geräuschlos, von der Seite her, an welcher ich mich befand. Es war eine dunkle, männliche Gestalt, die mit gewandten Bewegungen hin an den Laden glitt und da einen Augenblick horchte. Dann brachte der Kerl jenes sausende Geräusch hervor, welches ich einmal im Wiener Wurstelprater gehört hatte, als im Kasperltheater der Teufel den Doktor Faust holte. Man pfeift nämlich laut, läßt den Ton schwellen und wieder sinken und summt dabei nach Kräften. Das klingt grad so, als ob ein hohler Wind um eine scharfe Felsenecke pfeife. Dann that der Mensch zwei, drei kräftige Schläge gegen den Laden und wollte dann schleunigst fort. Da aber erklang Halef's Stimme:
„Dur, gizli jürümdschi, schimdi seni bizim-war – halt, Schleicher, jetzt haben wir Dich!"
Er sprang auf ihn ein, um ihn festzunehmen. Der Geist war als Geist sehr geistesgegenwärtig. Er versetzte dem Kleinen einen Hieb in's Gesicht und rief:
„Eredj a tatárba!"
Damit sprang er davon.
Hätte der Kleine den Mund gehalten und nicht vor der Zeit gerufen, so wäre es anders gekommen. Der Mensch floh nach der mir entgegen gesetzten Seite, so daß er also mehr als die ganze Hausesbreite Vorsprung vor mir hatte. Dennoch aber rannte ich ihm nach und herrschte dem Hadschi im Vorüberspringen ein zorniges Budala achmak zu. Der auf diese Weise Bestrafte kam mir eiligst nach.

Der Fliehende war ein guter Läufer. Hier galt es, sich gleich in den ersten Augenblicken tüchtig anzustrengen. Ich hatte bei den Indianern gelernt, mehr mich fort zu schnellen, anstatt zu springen, und kam ihm rasch so nahe, daß ich schon die Hand nach ihm ausstreckte. Aber auch jetzt verließ ihn die Geistesgegenwart nicht. Er schoß mit einer raschen Bewegung vom Wege ab und ich an ihm vorüber, da ich mich eben mit beiden Beinen in der Luft befand. Natürlich wendete ich mich augenblicklich um. Er eilte quer über den Bach hinüber; fast hatte er den Rand erreicht. Ich holte aus, um mit einem mächtigen Satz hinüber zu kommen. Es gelang. Ich faßte gleich hinter ihm Fuß und griff zu gleicher Zeit nach ihm. Ich hatte ihn am Gürtel erwischt und stemmte mich mit dem einen Fuße ein, um ihn niederzureißen.
„Az istenért!“ entfuhr es ihm.
Hatte er den Gürtel blitzschnell gelockert, oder war derselbe nicht fest gebunden, ich hielt den Fetzen in der Hand und taumelte infolge meiner eigenen Kraftanstrengung zurück; der Geist aber schoß in die Büsche hinein, wohin ich ihm nun gar nicht zu folgen brauchte.
„Hast Du ihn?“ fragte hinter mir Halef, der sich eben auch zum Sprunge anschickte.
„Nein; aber Dich werde ich sogleich haben, und zwar bei den Ohren! Gestern brichst Du mir durch den Taubenschlag, und heute jagst Du mir diesen Menschen durch Dein unzeitiges Schreien fort!“
„Sihdi, das war die reine Begeisterung! Der Kerl ist wirklich nur aus Angst davon gelaufen!“
Das war so drollig, daß ich trotz des Ärgers lachen mußte.
„Natürlich aus Angst und nicht aus Verwegenheit! Nun kannst Du Dir ihn suchen, wenn Du ihn nach dem Passe des Großherrn fragen willst!“
„Wir werden beim Anbruch des Tages seine Spur finden.“
„Ja, grad dann, wenn wir von hier aufbrechen müssen.“
„Du hast doch wenigstens Etwas von ihm. Was ist es?“
„Ein alter Lappen, wie es scheint, den er als Gürtel umgebunden hatte.“
„Hast Du verstanden, was er sagte?“
„Ja; es war ungarisch. Ich werde den Ziegelstreicher fragen, ob er hier Einen weiß, der diese Sprache spricht. Hier in dem Gürtel steckt Etwas. Wollen einmal sehen, was es ist.“
Ich hatte nämlich in dem Stückchen Lappen Etwas gefühlt, welches ein runder Gegenstand mit einem Stiele zu sein schien. Ich zog dieses Ding hervor und wollte es gegen den Himmel empor halten, um sehen zu können, was es sei. Aber der durchdringende Geruch, welcher mir von ihm entgegenströmte, bewies mir auch ohne allen Augenschein, daß ich eine alte, ganz und gar von Tabakssaft durchtränkte Stummelpfeife in der Hand hatte.
„Was ist es?“ fragte Halef.
„Eine Tabakspfeife.“
„Allah 'l Allah! Rauchen die Gespenster Tabak?“

„Zuweilen, wie es scheint, und zwar nicht die beste Sorte.“
„Zeig' her!“
Er nahm den Stummel, roch daran und rief:
„O wehe mir! Wer daran riechen will, darf keine Nase haben.“
Er erhob den Arm, um die Pfeife von sich zu schleudern; ich aber verhinderte ihn daran.
„Halt! Was fällt Dir ein? Ich brauche die Pfeife.“
„Allah behüte Dich! Willst Du aus ihr rauchen?“
„Nein. Sie soll mir dazu dienen, zu erfahren, wer das Gespenst gewesen ist.“
„Du hast Recht. Ich hätte sie weggeworfen und damit einen sehr dummen Streich begangen.“
„Komm nun zurück zu dem Ziegelstreicher!“
Dieser hatte Halef's lauten Ruf, ebenso die Worte des unbekannten Gespenst-Darstellers und sodann unsere Schritte gehört. Es war ihm himmelangst geworden. Als wir bei ihm eintraten, war sein Gesicht kreideweiß, dasjenige seiner Frau ebenso.
„Du hast den Vampyr gesehen, Herr?“ fragte er, sich hastig von seinem Sitze erhebend.
„Ja.“
„So mußt Du sterben. Wer einen Vampyr erblickt, der kann nicht leben bleiben.“
„So werde ich sehr schnell sterben, da ich ihn nicht nur gesehen, sondern sogar angegriffen habe.“
„Heiliger Himmel!“
„Ich hätte ihn sehr gern fest gehalten! Leider aber ist er mir entflohen.“
„Durch die Lüfte?“
„Nein, sondern ganz regelrecht auf dem Wege und sodann über den Bach hinüber. Dabei hat er sogar einige Worte gesprochen.“
„Welche?“
„Eredj a tatárba und az istenért.“
„Das kann kein Mensch verstehen. Es ist jedenfalls die Sprache der Geister.“
„O nein! Es ist die Sprache der Magyaren, wie ich ganz genau weiß. Der Geist war sehr erschrocken. Die Worte, welche er ausrief, stößt man nur im Schreck aus. Gibt es vielleicht hier in der Nähe einen Menschen, welcher aus Ungarn stammt?“
„Ja.“
„Wer ist er?“
„Der Knecht Wlastan's.“
„Ah, das ist sehr eigenthümlich! Kennst Du ihn genau?“
„Sehr.“
„Kennst Du auch diese beiden Gegenstände?“
Ich zeigte ihm den Gürtel und die Pfeife hin.
„Sie gehören dem Knecht,“ antwortete er. „Besonders die Pfeife kenne ich ganz genau. Er raucht aus diesem Tonkopf mit Schilfrohr. Ist das Rohr von dem Tabaksaft recht durchzogen und er hat keinen Tabak zum Rauchen, so beißt er sich immer ein Stück des

Rohres ab, um es zu kauen. Er sagt, dies sei erst die richtige Feinschmeckerei. Er ist mein Feind, denn er hatte ein Auge auf meine Tochter geworfen, und wir zeigten ihm die Thüre. War er denn jetzt auch draußen?"

„Ich weiß es nicht genau. Ich denke, der Vampyr wird nicht wieder kommen. Morgen früh werde ich ihn Dir zeigen. Ich hatte mir vorgenommen, mit Tagesanbruch von hier wegzureiten; ich werde aber einige Stunden länger bleiben, um mit Dir zu Wlastan zu gehen."

„Wo denkst Du hin, Herr!" sagte er erschrocken. „Er würde uns zur Thüre hinauswerfen!"

„Ich gebe Dir mein Wort, daß er uns zwar sehr unfreundlich empfangen, aber auch sehr freundlich entlassen wird. Du wirst vollständig mit ihm ausgesöhnt sein."

„Wie wolltest Du dieses zu Stande bringen?"

„Darüber will ich jetzt nachdenken und darum will ich mich zur Ruhe legen."

Das wollte er nicht zugeben. Unser Erlebniß vor dem Hause war ihm ein Räthsel, und das, was ich ihm darüber gesagt hatte, konnte er sich nicht deuten. Er bat um Erklärung; ich aber hielt es für besser, ihn warten zu lassen, bis er sich durch die Thatsache überzeugen könne, daß es keine Vampyre und Gespenster gebe. Darum ging ich, alle Fragen zurückweisend, mit Halef hinaus und stieg zu der erwähnten Anhöhe empor. Osko und Omar schliefen nun auch da oben. Gesprochen wurde nicht.

Ich war überzeugt, daß jener Knecht aus Rache für die Abweisung, welche er erfahren hatte, auf den Gedanken gekommen war, sich dadurch zu rächen, daß er die verstorbene Tochter des Kerpitschi für einen Vampyr ausgebe. Morgen früh wollte ich den sauberen Vogel vornehmen und zum Geständniß zwingen.

Da wir Alle ermüdet waren, senkte sich der Schlaf recht bald auf unsere Augenlider, doch war wenigstens mein Schlummer außerordentlich leise. Ich hatte das Gefühl, als ob uns noch irgend Etwas begegnen werde.

Hatte mir es geträumt oder war es Wirklichkeit, ich hatte ein Rollen vernommen, wie wenn ein Stein aus seiner festen Lage gebracht wird und dann, von der Höhe hinunterfallend, durch das Buschwerk schlägt. Ich richtete mich auf und horchte. Ja, wirklich, es nahten Schritte, nicht eines Einzelnen, sondern mehrerer Menschen.

Schnell weckte ich meine drei Gefährten. Einige kurze, leise Worte genügten, sie zu verständigen, und wir huschten nach der den Schritten entgegengesetzten Richtung hinter die Büsche.

Kaum hatten wir uns dort niedergekauert, so erschienen drüben die Leute, welche uns so unliebsam um den Schlaf brachten. Es war unter der Platane natürlich dunkler als unter dem freien, sternenhellen Himmel, trotzdem aber konnte ich mit ziemlicher Deutlichkeit vier Personen erkennen. Die Vordere von ihnen schien mehrere Werkzeuge zu tragen, welche sie vor dem Grab in das Gras warf; hinter ihr führten Zwei eine dritte Person, welche sie dann sorgsam auf die Erde niedersitzen ließen. Eine von diesen Zweien war ein Weib.

„Fangen wir gleich an, Herr?" fragte der Erste.

„Ja. Wir müssen rasch machen. Mitternacht ist schon nahe. Die Teufelshexe soll nicht wieder aus dem Grabe steigen können."
„Wird es uns nichts schaden?" fragte die Frau ängstlich.
„Nein. Ich habe Dir schon hundertmal gesagt, daß wir ein gutes Werk thun. Nimm die Hacke, András!"
András, zu deutsch Andreas, ist ungarisch. Ich wußte sofort, wen wir vor uns hatten, nämlich den alten Wlastan mit Frau, Sohn und Knecht.
Nichts konnte mir willkommener sein. Ich beschloß, diese Leute gar nicht so weit kommen zu lassen, das Grab zu berühren, sondern ganz kurzen Prozeß zu machen. Einige an die Gefährten gerichtete Worte genügten. Wir sprangen hervor – ein vierfacher Schrei, und Jeder von uns hatte eine der vier Personen beim Kragen, ich den Knecht.
„Nagy Isten – großer Gott!" brüllte er auf.
Ich riß ihn nieder und hielt ihn am Boden fest, zog das Messer und setzte ihm die Spitze desselben an die Gurgel.
„Oh én szerencsétlen, vége mindennek – o ich Unglücklicher, es ist Alles verloren!" stöhnte er.
Es ist eigenthümlich, daß man, selbst wenn man vieler Sprachen mächtig ist, in einem solchen Augenblick sich unwillkürlich der Muttersprache bedient; so auch der Ungar jetzt. Ich durfte ihn gar nicht zum Nachdenken kommen lassen.
„Du warst der Vampyr!" rief ich ihn an.
„Ja," antwortete er entsetzt.
„Aus Rache dafür, daß die Tochter des Ziegelstreichers Dich nicht leiden konnte?"
„Ja."
„Du hast allabendlich hier unten an den Laden geklopft und den Geist gespielt?"
„Ja."
Dieses Geständniß war eigentlich hinreichend, die drei Anderen zu überzeugen; aber ich dachte daran, daß der Sohn Wlastan's hinsiechte. Das konnte zwar auch nur aus Angst vor dem Vampyr geschehen, aber doch kam mir die Frage auf die Zunge:
„Und Deinem jungen Herrn hast Du heimlich Etwas eingegeben?"
„Gnade!" stöhnte er.
„Was?"
„Sytschan otu, aber alle Tage nur wenig."
„Er sollte also langsam zu Grunde gehen?"
„Ja."
„Warum? Sage die Wahrheit, sonst stoße ich Dir das Messer in die Kehle!"
„Ich wollte Sohn werden," stammelte er.
Jetzt war mir Alles klar. Die Tochter des Ziegelmachers war so erschrocken, so entsetzt nach Hause gekommen, und sie hatte noch vor ihrem Tode gesagt, daß ihr Verlobter sterben werde; aber sie hatte verschwiegen, woher sie das wußte. Ich legte dem Kerl die Hand noch fester um den Hals und fragte:

„Die Braut Deines jungen Herrn hat Dich ertappt, als Du ihm das Rattengift gabst, und Du hast sie durch Drohung zum Schweigen gebracht?“
War es die Angst vor meinem Messer, oder mochte er – hier in der Nähe des Grabes und infolge der beabsichtigten Leichenschänderei – meinen, es mit nicht menschlichen Wesen zu thun zu haben, kurz, er gestand:
„Ich drohte ihr, daß ich auch ihre Eltern tödten würde, wenn sie auf den Gedanken käme, mich zu verrathen.“
„Das ist genug. Kommt alle mit hinab zu dem Ziegelstreicher.“
Ich zog den Knecht empor und zwang ihn, vor mir her den Abhang hinab zu steigen. Die Andern folgten. Keiner sprach ein Wort. Der brave Besitzer des Häuschens schlief noch nicht. Er war natürlich im höchsten Grade erstaunt, uns mit seinen Todfeinden eintreten zu sehen.
„Hier,“ sagte ich, den Knecht in die Ecke schleudernd, „hier ist der Vampyr. Betrachte ihn genau. Er lebt von alten Tabakspfeifenrohren und gräbt zum Vergnügen Leichen aus.“
Der gute Mann sah uns an, Einen nach dem Andern. Er brachte kein Wort hervor. Wlastan hatte die Sprache wieder gefunden. Er streckte ihm die Hände entgegen und sagte:
„Verzeihe! Wir sind betrogen worden.“
„Wie kommt Ihr hierher?“
„Wir wollten das Grab da droben öffnen. Wir hatten den geweihten Pfahl mitgebracht, um ihn Deiner Tochter in das Herz zu stoßen. Ich weiß selbst nicht, wie – wie – –“
Mehr hörte ich nicht. Ich fühlte mich nicht befugt, mich als Zeugen der sicher nun zu erwartenden Versöhnungsszene aufzudrängen, und ging hinaus. Halef, Omar und Osko folgten mir.
Der kleine Hadschi machte allerlei Glossen über den eingefangenen Vampyr. Dazwischen hörten wir die Stimmen der laut in der Stube Sprechenden erst zornig und drohend – wohl gegen den Knecht – dann aber beruhigter und endlich gar fröhlich erschallen. Dann wurden wir hineingerufen.
„Herr,“ sagte der Kerpitschi, vor Freude weinend, „das haben wir Euch zu danken. Ihr habt die Schande und den Gram von uns genommen. Wie kann ich Euch das doch vergelten?“
Auch seine Frau bot uns Allen schluchzend die Hand. Ich aber meinte:
„Nur Euch selbst habt Ihr diese Freude zu verdanken. Ihr habt die Fremden gastfrei bei Euch aufgenommen, trotz Eurer Armuth. Jetzt kommt die Belohnung: Ihr braucht nicht mehr zu fasten aus Betrübniß über die üble, wahnwitzige Nachrede, durch welche man Euer Leben verbitterte. Hättest Du mir nicht Dein Leid geklagt, so wäre die Hülfe wohl nicht so schnell gekommen.“
„Ja, ich hörte es, daß Du in allen Wissenschaften erfahren bist. Kennst Du auch die Gifte?“

Ich blickte auf Wlastan's Sohn, welcher bleichen Antlitzes und mit eingefallenen Wangen da saß. Dabei aber leuchteten doch seine Augen jetzt vor Freude und Hoffnung.

„Ich verstehe grad so viel von den Giften, von ihren Wirkungen und von den Gegenmitteln, daß ich Euch die Versicherung geben kann, dieser brave, junge Mann wird sehr bald gesund werden, wenn Ihr Euch an einen richtigen Arzt und nicht an einen Quacksalber wendet. Den Menschen dort, welcher in der Ecke kauert, übergebt dem Richter. Er mag seine Strafe finden."

Mein als Laie abgegebenes ärztliches Gutachten erregte die größte Freude, auch bei ihm selbst, oder vielmehr es wirkte bereits kräftig auf ihn ein, denn er kam ganz munter herbei gesprungen und drückte mir ebenso kräftig wie seine Eltern die Hände.

Ohne jetzt ein Wort zu sagen, nahm Wlastan eine Schnur, band dem Knechte die Hände zusammen und führte ihn fort. Ein Wink von ihm gebot seiner Frau, ihm zu folgen.

Als sie nach ungefähr einer Stunde zurückkehrten, trug sie einen großen, mit Eßwaaren gefüllten Korb; er aber schleppte einen mächtigen Krug zur Thüre herein.

„Herr," sagte er, „Du hast den Hochzeitswein meines armen Feindes, der nun wieder und auf immer mein Freund ist, eben wegen seiner Armuth nicht trinken wollen; ich aber bin reich; von mir könnt Ihr den trinken, welchen ich soeben für Euch ausgegraben habe."

„Gut, das soll geschehen. Wenn er uns aber munden soll, so mußt Du uns versprechen, daß Du in Deinem Reichthum Dich des armen Freundes annehmen werdest, damit er nicht, wie bisher, sich über seine Kräfte anstrengen muß, um die Noth und den Mangel von sich abzuwenden."

„Das verspreche ich mit Freuden. Hier gebe ich Dir meine Hand darauf. So oft wir beisammen sitzen, werden wir Eurer und dieses Abends mit Freuden gedenken."

Jetzt begann das Freudenmahl. Meine drei muhammedanischen Begleiter sahen, wie gut uns der alte Wein schmeckte. Das Wasser mochte ihnen im Munde zusammenlaufen. Da flüsterte Halef mir zu:

„Sihdi, er sieht so ganz dick roth und war in die Erde gegraben; es ist kein Wein mehr."

„Was sonst?"

„Es ist jetzt Dem el Ard. Dieses darf man doch wohl trinken?"

„Natürlich !"

„So erlaube, daß auch wir uns einschenken. Wir wollen fröhlich sein, wie Ihr!"

Und er schenkte sich ein – viele, viele Male.

Es ist nur noch zu sagen, daß vom Schlafe keine Rede war. Und als wir am Morgen wieder nach der Straße lenkten und das kleine Thal hinter uns hatten, meinte der kleine Hadschi:

„Wenn ich heimgekehrt bin zu Hanneh, der Schönsten unter den Schönen, so werde ich sie lehren, aus dem Weine Dem el Ard zu machen, denn ein Tropfen desselben überwindet alles Herzeleid der Welt. Allah ist groß, und Muhammed ist sein Prophet!"

Im Konak von Dabila

Durch das Land der Skipetaren.
Reise-Erinnerungen aus dem Türkenreich.

Die unter dem Scepter des Sultans befindlichen Länder gehören zu denjenigen, in welchen der Reisende zu seinem Leidwesen und vielleicht auch zu seinem Schaden sehr oft erfährt, daß die Karten, deren er sich nothwendigerweise bedienen muß, nicht mit der Wirklichkeit übereinstimmen.

Zu einem guten Kartenleser gehört schon Etwas; aber selbst ein solcher findet sich gar oft in größter Verlegenheit, wenn er den Fehler begeht, sich der wahrheitswidrigen Zeichnung anzuvertrauen.

Da ist zum Beispiel auf vielen Karten eine Doppellinie verzeichnet, welche von dem alten, berühmten Seres nordwärts nach Demir-Hissa und Petrowitsch und von da gegen Nordwesten über Ostromdscha und Istib nach Köprili und Uskub führt. Man schließt aus dieser doppelten Linie, daß da eine gut gepflegte, breite Land- oder gar Heerstraße vorhanden sei – aber wie sieht es in Wirklichkeit aus!

Von einer Straße in unserem Sinn ist keine Spur. Als wir aus der Seitenschlucht in das Thal der Strumnitza einbogen, wußte ich gar wohl, daß nach den Karten sich eine wohlangelegte Straße am Ufer dieses Flusses hinziehen sollte; aber was wir fanden, war auf keinen Fall mit einem deutschen Vicinalweg zu vergleichen. Die Wege, auf denen unsere deutschen Bauern auf ihre Felder fahren, sind besser angelegt und unterhalten, als diese Heerstraße es war.

Von da an, wo wir auf diese sogenannte Heerstraße einbogen, mußte man ungefähr fünf Stunden reiten, um Ostromdscha zu erreichen, wenn man die Thiere nicht stark anstrengen wollte. Dieser Ort war das Ziel unseres Rittes an diesem Tag.

Ich hatte einmal ein altes geographisches Werk über die Türkei in den Händen gehabt. Es war Seiner Königlichen Hoheit Karl, dem Fürst-Primas des Rheinischen Bundes, Großherzog von Frankfurt, Erzbischof von Regensburg u.s.w., dem „hochherzigen deutschen Fürsten, Kenner und Freunde der Wissenschaften und großmüthigen Beschützer der Gelehrten“ gewidmet gewesen. Indem ich mit meinen Begleitern Osco, Omar Ben Sadek und selbstverständlich mit meinem wackern Halef nun gen Ostromdscha ritt, fiel mir ein, daß laut des erwähnten Werkes dieser Ort an dem Rand eines Hügels liege, auf dessen Höhe ein altes, verwüstetes Schloß stehe. In der Nachbarschaft wurde früher ein berühmter Markt abgehalten, und am Fuß des Berges sollten heiße Quellen zu finden sein. Aber wer kann einem „Panorama der europäischen Türkei“ trauen, welches im Jahre 1812 das Licht der Welt erblickte!

Aus neueren Aufzeichnungen wußte ich, daß die Stadt etwa sieben oder acht tausend Einwohner, meist Türken und Bulgaren, haben solle, welche viel Baumwolle und Tabak bauen. Ich war neugierig, wie sich diese Stadt uns präsentiren werde.

Leider fühlte Halef noch immer Schmerzen in der Brust. Von dem letzten Abenteuer im Taubenschlag schien er doch eine, wenn auch nicht gefährliche, innere Verletzung davongetragen zu haben. Er klagte zwar nicht, aber ich ließ dennoch die Pferde nur im langsamen Schritt gehen, damit er sich nicht anstrengen solle.

Links vom Flusse breitete sich die Ebene aus, welche sich dann langsam zu den Welitza-Bergen erhebt, und rechts fielen die Höhen der Plaschkawitza-Planina steil zur Tiefe.

Wir erreichten Radowa, ein trauriges Nest, dessen Bewohner sich bereits dem Bau der edlen Tabakspflanze hinzugeben schienen, und dann führte die sogenannte Straße mittelst einer alten Brücke auf das jenseitige Ufer des Flusses über. Da wir langsam ritten, erreichten wir erst nach der Mittagszeit das Dorf Dabila, welches unsere letzte Station vor Ostromdscha war.

Ich hatte gar wohl bemerkt, daß Halef zuweilen die Lippen schmerzlich zusammenkniff. Darum sah ich mich, als wir durch das Dorf ritten, nach einem zum Ausruhen geeigneten Ort um. Ich bemerkte eine lange, ziemlich hohe, aber sich in sehr schlechtem Zustand befindliche Mauer, hinter welcher Gebäude standen. Ein breites, alterthümliches Thor führte in den Hof. Der obere Theil dieses Thores war weiß übertüncht, und darauf sah ich zu meinem Erstaunen in türkischer Schrift die Worte „Mekian rahatün ile eminlikün ile huzurun“ geschrieben.

Diese Inschrift muthete mich fast heimatlich an. Eine Inschrift, eine Firma an einem türkischen Chan ist eine Seltenheit. Diese Worte bedeuten auf Deutsch: „Herberge zur Ruhe, Sicherheit und Bequemlichkeit.“ Ob man ihnen wohl trauen konnte?

„Wollen wir hier einmal einkehren?“ fragte ich Halef.

„Wenn Du willst, Sihdi,“ antwortete er; „ich thue, was Dir gefällt.“

„So kommt herein!“

Wir lenkten durch das Thor in den Hof, welcher von drei niedrigen Gebäuden und von der erwähnten Mauer eingeschlossen wurde.

In der Mitte desselben lag das, was man als die „Goldgrube des Landwirthes“ zu bezeichnen pflegt, nämlich die Düngerstelle. Nach ihrer Höhe und nach ihrem Umfang war anzunehmen, daß der Besitzer reich an dem erwähnten edlen Metall sein müsse, zumal eigentlich der ganze Hof auf die Bezeichnung als Goldgrube Anspruch erheben konnte; denn kaum waren wir durch das Thor gelangt, so wadeten unsere Pferde bereits in den tiefen vegetabilischen und animalischen Resten, welche ihre Gegenwart den Geruchsorganen in nicht gerade lieblicher Weise bemerkbar machten.

„Ej gözel koku, ej nimet burundan – o Wohlgeruch, o Wohlthat der Nase!“ rief Halef. „Ja, das ist eine Herberge der Bequemlichkeit. Wer sich hier niederlegt, der liegt sehr weich. Sihdi, willst Du es versuchen?“

„Du bist mein Freund und Beschützer; ich werde thun, was Du mir vormachst,“ antwortete ich.

Damit war unser Gedankenaustausch zu Ende, denn eine ganze Meute borstiger Hunde kam heulend auf uns zugestürzt. Es sah aus, als ob die Bestien uns zerreißen wollten. Ich gab meinem Rappen die Sporen und schnellte mitten unter sie hinein. Da stoben sie aus einander und flohen davon.

Nach Menschen sahen wir uns vergebens um. Die Gebäude rechts und links von uns schienen landwirthschaftlichen Zwecken zu dienen, während das uns gegenüber liegende Gebäude das Wohnhaus zu sein schien; aber auch nur schien, denn es war nichts zu sehen, was diese Vermuthung zur Gewißheit hätte erheben können. Löcher mit Läden gab es, aber keine Fenster. Auch einen Schornstein sah ich nicht. Die Thüre war eng und niedrig. Dennoch ritten wir hin und stiegen vor derselben ab.
Erst jetzt ließ sich ein menschliches Wesen am Eingang erblicken. Ich wußte nicht zu sagen, ob diese Person eine männliche oder eine weibliche sei. Die Gestalt trug außerordentlich weite, krapprothe Beinkleider, welche oberhalb der Knöchel zusammengebunden waren. Ob die Füße in Schuhen steckten oder ob sie unbekleidet waren, das konnte ich nicht unterscheiden. Schwarz aber waren sie; das war sicher. Von dem Halse ging ein Hemd bis zu den Knieen herab. Es wurde über den Hüften mit einem Riemen zusammen gehalten, und ich vermuthete, daß es einmal eine weiße Fustanella gewesen sei. Jetzt aber sah es aus, als ob es zehn Generationen hindurch den Ahnen und Urahnen eines Stubenmalers als Arbeitskittel gedient habe und dann noch extra durch den Schlamm eines Teiches gezogen worden sei. Hals und Gesicht waren unendlich hager und waren wohl kaum jemals mit Seife und Wasser in Berührung gekommen. Der Kopf wackelte hin und her, wie bei einer chinesischen Pagode. Unter den Tuchfetzen, welche ihn bedeckten, hingen einige graue, wirre Haarsträhnen hervor.
„Güniz chajir ola – guten Tag!“ grüßte ich. „Wer bist Du?“
„Im basch dscharije – ich bin die Obermagd,“ wurde mir in würdevollem Ton geantwortet.
„Wo ist der Herr?“
„Drinnen.“
Bei diesem Wort deutete die Schaffnerin des gastlichen Hauses mit dem Daumen über ihre Achsel in das Innere des Gebäudes hinein.
„Selamlariz onu – so werden wir ihn begrüßen.“
„Pek ei sultanum – sehr wohl, mein Herr!“
Sie trat heraus, um uns Platz zu machen. Ich mußte mich bücken, um nicht oben anzustoßen. Einen Hausflur gab es nicht, wie ich jetzt bemerkte. Das Gebäude bestand nur aus den vier Umfassungsmauern und aus dem darüber liegenden Strohdach. Das Innere war, wie es in dieser Gegend oft vorkommt, durch Weidengeflechte in mehrere Abtheilungen gesondert.
„Sol tarafda – links!“ rief uns die Obermagd nach.
Wir folgten dieser Weisung und traten also in die uns von ihr bezeichnete Abtheilung, in welcher wir aber den Wirth nicht fanden.
Der Raum wurde von zwei Maueröffnungen erhellt, vor welchen die Läden zurückgeschlagen waren. Ein Fenster gab es nicht, wie bereits erwähnt. In der Mitte stand ein Tisch mit vier Bänken rund herum. Er war weiß gescheuert und hatte ein so sauberes Aussehen, daß ich mich schier verwunderte. Nach dem Aussehen der

Obermagd hätte ich diese Reinlichkeit nicht erwartet. Auch die Bänke waren rein und fleckenlos. Da ich kein Heiligenbild erblickte, vermuthete ich, daß der Besitzer dieser Herberge ein Moslem sei.
In den Maueröffnungen standen einige blühende Blumenstöcke, welche dem Gemach ein trauliches Aussehen gaben, und der hölzerne, gefüllte Wasserständer in der Ecke war so blank gescheuert, daß man mit Appetit von seinem kühlen Inhalte schöpfen konnte.
Ich klopfte mit dem Knopf der Reitpeitsche auf den Tisch. Sogleich wurde die eine Zwischenwand ein wenig zur Seite geschoben, und es erschien ein Mann, der nach unserem Begehr fragte.
Er war türkisch gekleidet und trug einen rothen Fez auf dem Kopf. Seine Gestalt war kräftig, und der lange, dunkle Vollbart, welcher ihm fast bis auf die Brust wallte, gab ihm ein imponirendes Aussehen.
„Bist Du der Konakdschy?“ fragte ich ihn.
„Ja, aber ich beherberge Niemand mehr,“ antwortete er.
„So mußt Du die Inschrift Deines Thores entfernen.“
„Das werde ich noch heute thun. Ich lasse sie übertünchen.“
Er sagte das in einem grimmigen Ton, aus welchem zu vermuthen war, daß er als Wirth böse Erfahrungen gemacht habe.
„Wir sind auch nicht gekommen, um hier bei Dir zu bleiben,“ erklärte ich ihm. „Wir wollen uns nur ausruhen und Etwas trinken.“
„Das will ich gelten lassen. Auch einen Imbiß könnt Ihr haben.“
„Was hast Du zu trinken?“
„Einen Raki und ein sehr gutes Arpa suju, welches ich Euch empfehlen kann.“
Also Bier hatte er! Hm! Das war ja überraschend.
„Wer hat es gebraut?“ fragte ich.
„Ich selbst.“
„Wie bewahrst Du es auf?“
„In großen Krügen. Es wird täglich neues gekocht, da ich es meinen Leuten zu trinken gebe.“
Das war nun freilich keine Empfehlung. Er mochte dies meinem Gesicht ansehen, denn er sagte:
„Du kannst es getrost versuchen. Es ist ganz neu, erst heute früh fertig geworden.“
Er war also wohl der Ansicht, daß das Bier um so besser munde, je jünger es sei. Ich hegte eine ganz andere Meinung, bestellte aber doch von dem Trank; denn ich war neugierig, welch' ein Gebräu man hier mit dem Namen Bier bezeichne.
Er brachte einen großen, gefüllten Krug und setzte denselben auf den Tisch.
„Trink!“ munterte er mich auf. „Es gibt Kraft und verscheucht die Sorgen.“
Ich nahm allen meinen Muth zusammen, ergriff den Krug mit beiden Händen und führte ihn zum Mund. Das Zeug roch nicht übel; ich that einen kühnen Zug, noch einen und – trank weiter. Dünn war es, außerordentlich dünn, Münchener Gebräu, mit dem

fünffachen Volumen Wasser vermischt, aber es schmeckte doch nicht übel. Es war ein Mittel gegen den Durst, weiter aber nichts.
Auch die Andern tranken und gaben dann ein befriedigendes Gutachten ab, vielleicht nur, weil ich kein abfälliges Urtheil ausgesprochen hatte. Das freute den Wirth sichtlich. Sein finsteres Gesicht heiterte sich für einige Augenblicke auf, und er meinte in selbstbewußtem Ton:
„Ja, ich bin selbst Piwachanedschy. Das thut mir hier Niemand nach."
„Wo hast Du das gelernt?"
„Von einem Fremden, welcher aus dem Piwamemleketi gebürtig war. Er hatte längere Zeit in Stambul gearbeitet und war eigentlich ein Kunduradschy. Aber in jenem Lande brauen alle Leute Bier, und darum verstand auch er es gut. Er war sehr arm und wanderte in seine Heimat zurück. Ich hatte Mitleid mit ihm und gab ihm für einige Zeit Herberge nebst Speise und Trank. Dafür hat er mir aus Dankbarkeit das Tertib des Bieres gegeben."
„Wie heißt das Land, aus welchem er stammte?"
„Ich habe mir den Namen ganz genau gemerkt. Es heißt Elanka."
„Du hast, wie es scheint, Dir den Namen doch nicht ganz genau gemerkt."
„O doch! Er lautete wirklich Elanka."
„Oder wohl Erlangen?"
„Erla – – – Herr, Du hast Recht. So wie Du sagst, so heißt das Land. Ich besinne mich. Das Wort ist nicht leicht auszusprechen. Kennst Du es denn?"
„Ja, aber Erlangen ist nicht ein Land, sondern eine Stadt in Bawaria."
„Ja, ja, Du weißt es ganz genau. Er war ein Bawarialy. Jetzt fällt es mir ein. Bawaria ist ein Theil von Alemanja, wo alle Leute Bier trinken. Sogar die Säuglinge schreien schon danach."
„Hat Dir das dieser Schuster gesagt?"
„Ja, er that es."
„Nun, ich kenne ihn nicht und weiß also auch nicht, ob er bereits in so früher Jugend Bier getrunken hat. Jedenfalls aber hat er Dir bewiesen, daß dieser Trank den Menschen nicht undankbar macht. Können wir auch Etwas zu essen bekommen?"
„Ja, Herr; sage nur, was Dein Herz begehrt!"
„Ich weiß doch nicht, was Du hast."
„Verlange nur - Brod, Fleisch, Geflügel; es ist Alles da, Alles."
„Hm! Könnten wir nicht ein Jumurta taami bekommen?"
„Ja, das kannst Du haben."
„Aber wer wird es bereiten?"
„Meine Frau."
„Nicht die Basch dscharije, die uns draußen empfangen hat?"
„O nein, Herr! Ich weiß, warum Du fragst. Sie ist die Oberste und Fleißigste im Stall, aber mit der Zubereitung der Speisen hat sie gar nichts zu thun."

„Nun, so wollen wir's versuchen."
Er ging hinaus, um das Verlangte zu bestellen. Meine Kameraden gaben ihre Befriedigung zu erkennen, daß die wackere Schaffnerin nicht auch zugleich das Amt einer Küchenfee bekleidete.
Als der Wirth zurückkehrte, setzte er sich zu uns, und es schien, daß er uns genauer musterte, als vorher.
„Ich habe Euch nicht sehr freundlich empfangen," sagte er dann. „Ihr dürft mir das nicht übel nehmen. Es gibt Gäste, welche einem die Lust am Herbergen verleiden."
„Hast Du schon schlimme Erfahrungen gemacht?"
„Sehr schlimme."
„Erst kürzlich wohl?"
„Ja, heute Nacht. Ich bin bestohlen worden."
„Von Gästen? Wie ist das zugegangen?"
„Du mußt wissen, daß ich viel Tabak baue. Zu gewissen Zeiten kommt ein Tütünschü aus Salonik zu mir, um zu kaufen. Gestern war er da und zahlte mir die letzte Rate für die vorjährige Ernte. Es waren grad hundert Pfund. Eben als er sie mir hier auf den Tisch legte, lauter goldene Pfundstücke, kamen drei Fremde, welche mich fragten, ob sie bei mir schlafen könnten. Ich hieß sie willkommen und trug das Geld hinaus, hinüber in mein Jatak odassy. Von dort haben sie es mir gestohlen."
„Wie haben sie das angefangen? Ist es denn so leicht, in Deine Schlafstube zu gelangen? Hat sie auch nur solche Rutenwände, wie diese Stube hier?"
„O nein. Sie liegt in der hinteren, linken Ecke des Hauses und besteht aus den beiden Umfassungsmauern und aus zwei starken Backsteinwänden, welche bis unter das Dach hinaufgehen. Die Thüre ist stark und sogar mit Eisen beschlagen. Ich habe diese Sicherheitsmaßregel getroffen, weil ich dort Alles aufbewahre, was mir werthvoll ist."
„Wie sind die Diebe da hineingekommen? Wie haben sie überhaupt wissen können, daß Du das Geld dort aufbewahrst?"
„Du mußt eben bedenken, daß hier alle Wände nur aus Geflecht bestehen und daß sie leicht verschiebbar sind. Dadurch ist es ermöglicht worden, daß mir Einer von den Dreien nachschleichen und da beobachten konnte, wohin ich das Geld trug. Dann ist er schnell hinausgegangen, hinter das Haus, um durch das Fenster zu sehen, wohin ich es stecken werde. Als ich es eingeschlossen hatte, war es mir, als ob ich von draußen her ein Geräusch vernähme. Ich eilte an den offenen Laden und horchte hinaus. Da vernahm ich Schritte, welche sich entfernten. Als ich dann zurückkehrte, fehlte Einer von den Dreien. Er trat nach einigen Augenblicken ein."
„Ist Dir denn das nicht aufgefallen?"
„Sogleich nicht. Die Schritte, welche ich gehört hatte, konnten ja von einem meiner Knechte herrühren, welche um die betreffende Zeit gewöhnlich hinter dem Hause zu thun haben. Erst später, als ich den Verlust des Geldes bemerkte, fiel mir dieser Umstand ein, und als ich da die Dienstboten befragte, erfuhr ich von einem meiner Taglöhner, daß

er genau um die angegebene Zeit nach dem Pferch der Schafe, welcher hinter dem Hause liegt, sich begeben habe und dort dem Fremden begegnet sei, der aus der Richtung meiner Schlafstube gekommen ist."
„Und weißt Du vielleicht, in welcher Weise der Diebstahl ausgeführt worden ist?"
„Das ist mir noch jetzt ein Räthsel. Als ich schlafen ging, war es sehr spät, einige Stunden nach Mitternacht. Ich hatte Geld gewonnen und wollte es zu dem übrigen thun. Als ich das Schränkchen öffnete, war es leer."
„Hm! Es war vorher verschlossen? Ich meine, mit einem Schlüssel?"
„So war es."
„Und die Schlafstube auch?"
„Nein, diese nicht. Sie steht fast immer offen, weil mein Weib und meine Kinder oft hineingehen und ich dann die Mühe hätte, allemal aufzuschließen."
„Du sagst, daß Du gewonnen habest. Habt Ihr denn gespielt?"
„Ja, ich mit den drei Männern."
„Nicht auch mit dem Tabakhändler?"
„Nein. Der war noch vor Einbruch der Nacht fortgeritten. Die Gäste waren noch nicht müd und frugen mich, ob ich wohl ein Ojun kiadschady mit ihnen machen wolle. Ich ging darauf ein und gewann beinahe ein Pfund. Ich mußte dabei mit ihnen Raki trinken, und da sie mir sehr fleißig zutranken, so bekam ich nach und nach ein Machmurlutschyk und wurde so müd, daß ich endlich das Spiel aufgeben mußte."
„Und dann bist Du sogleich in Deine Schlafstube gegangen, um den Gewinn in den Schrank zu thun?"
„Nein. Vorher mußte ich den Dreien das Thor öffnen. Sie meinten, es sei zu spät, um noch schlafen zu gehen. Der Morgen war nahe, und sie zogen vor, sogleich aufzubrechen. Sie bezahlten für das, was sie verzehrt hatten, mehr als ich verlangte, und dann ritten sie fort."
„Wohin? Haben sie Dir das gesagt?"
„Ja. Sie wollten nach Doiran."
„Hm, also nach Süden, über Furkoi und Oliwetza. Und woher waren sie gekommen?"
„Von Menlik her."
„Ah, von Menlik! Und Drei waren es? Hast Du sie genau angesehen?"
„Natürlich! Ich habe ja fast sechs Stunden lang mit ihnen gespielt."
Es stieg nämlich die Ahnung in mir auf, daß die drei Diebe mit den Männern, welche wir suchten, identisch seien. Darum fragte ich weiter:
„So hast Du auch ihre Pferde in Augenschein genommen?"
„Ja. Es waren drei Schimmel."
„Peh ne güzel – wie schön, wie schön!" entfuhr es dem kleinen Halef. „Sihdi, ich habe es sofort geahnt, sofort!"
„Ja, Du bist ein scharfsinniger Freund und Beschützer Deines Herrn."
„Was hat er geahnt, was?" fragte der Wirth schnell.

„Etwas, was Dich später wohl auch noch interessiren wird," antwortete ich ihm. „Zunächst bitte ich Dich, mir weitere Auskunft zu ertheilen."
„Betrifft es die Leute, welche mich bestohlen haben?"
„Du hast es errathen."
„So frage mich nur! Ich werde Dir sehr gern Alles sagen, was Du wissen willst."
Sein Gesicht nahm einen ganz anderen Ausdruck an. Die Worte des kleinen Hadschi hatten ihn auf die Vermuthung gebracht, daß wir in irgend welcher Beziehung zu den Dieben stünden, und er war nun sehr gespannt, das Weitere zu hören. Man sah es ihm an, daß ihn jetzt eine, wenn auch nur unbestimmte Hoffnung zu erfüllen begann.
„So waren sie also schon fort, als Du den Verlust des Geldes entdecktest," meinte ich. „Fiel denn Dein Verdacht sofort auf sie?"
„Nein. Ich weckte natürlich sogleich alle meine Leute auf und frug sie aus. Sie Alle sind ehrliche Menschen, und es gibt Keinen unter ihnen, dem ich eine solche That zutraue. Ich suchte bei Allen nach, ohne Etwas zu finden, was nur den geringsten Verdacht erwecken konnte. Dann erst dachte ich an die drei Fremden. Ich fragte nach ihnen und erfuhr nun von dem Taglöhner, daß der Eine grad zu der Zeit, in welcher ich das viele Geld in meine Schlafstube getragen hatte, hinter dem Hause gewesen sei."
„Aber der Diebstahl kann doch nicht zu dieser Zeit, sondern er muß später ausgeführt worden sein!"
„Natürlich. Das sage ich mir auch."
„Und mir scheint, daß auch nicht ein einzelner Mann genügt hat, sich des Geldes zu bemächtigen. Es haben wenigstens Zwei dazu gehört. Kannst Du Dich denn nicht besinnen, ob sich einmal Zwei zugleich entfernt haben?"
„Sehr genau sogar. Zunächst ist mir das gar nicht aufgefallen; erst später dachte ich daran."
„Ist das früh oder spät geschehen?"
„Noch bevor die Meinen schlafen gingen."
„Deine Familie schläft bei Dir im Zimmer?"
„Natürlich, Alle."
„So mußte der Diebstahl allerdings ausgeführt werden, bevor sie sich zur Ruhe legten. Die Diebe haben sich das sehr wohl überlegt. Wie aber haben sie es angefangen, Euch Alle abzuhalten, sie zu erwischen?"
„Der Eine von ihnen begann, uns Kiadschady hileleri zu zeigen. Da mir dieselben so wohl gefielen, erlaubte er mir, alle meine Leute herbeizuholen. Während er uns so prächtig unterhielt, entfernten sich die beiden Andern, was mir aber gar nicht aufgefallen ist. Erst als sie zurück kamen, sagte er, daß er uns nun Alles gezeigt habe, was er könne. Dann gingen die Leute wieder fort, und wir spielten weiter."
Es darf keineswegs Wunder nehmen, daß hier in dem entlegenen türkischen Dorf gespielt worden war. Ich hatte schon oft in der Türkei Karten spielen sehen. Ja, ich war Zuschauer von Kartenkünstlern gewesen, welche sich vor keinem der unserigen zu

schämen brauchten. Das waren fast stets Griechen oder Armenier gewesen. Der eigentliche Türke hat nicht die Geduld, welche dazu gehört, sich durch lange Übung die nöthige Gewandtheit anzueignen. Also erstaunt war ich nicht im Mindesten über die Thatsache, daß hier in der Herberge von Dabila dergleichen Kartenkunststücke ausgeführt worden seien; aber neugierig war ich, zu erfahren, welcher von den Dreien sich als Künstler hatte sehen lassen.

Ich ließ mir den Mann von dem Wirth beschreiben und gelangte zu der Ansicht, daß der mitentflohene Gefängnißschließer es gewesen sei. Folglich mußten Manach el Barscha und Barud el Amasat den Diebstahl mit einander ausgeführt haben, und es war natürlich anzunehmen, daß der Schließer von ihrem Vorhaben unterrichtet gewesen sei.

„Also nach Untersuchung und Verhörung der Deinen bist Du zu der Überzeugung gelangt, daß die Fremden die Diebe gewesen seien?“ fragte ich weiter. „Was hast Du dann gethan?“

„Ich habe ihnen meine sämtlichen Knechte beritten nachgeschickt.“

„So! Warum bist Du nicht selbst mitgeritten?“

„Ich jagte eiligst nach Ostromdscha zu dem Zabtieh Muschiri, um ihm die Anzeige zu machen und um Khawassen zu bitten. Er gewährte mir die Erfüllung dieses Wunsches erst nach langer Verhandlung und nachdem ich fünfhundert Piaster bezahlt hatte. Ich mußte mich verpflichten, alle Kosten, welche bei Verfolgung der Diebe entstehen würden, zu erstatten und ihm, falls sie erwischt würden, ein Mükiafat von zehn Pfund auszuzahlen.“

„Dieser ehrenwerthe Mann ist ein kluger Verwalter seines eigenen Beutels. Allah erhalte ihn Euch noch lange Zeit!“

„Der Teufel mag ihn zu sich nehmen!“ entgegnete der Wirth auf meinen Segensspruch. „Der Prophet will, daß Gerechtigkeit auf Erden herrschen soll. Die Beamten des Großherrn müssen und sollen uns dienen, ohne Geschenke zu fordern, und wenn Du diesem Chordawa ein langes Leben wünschest, so kann ich Dich nicht für einen guten Jünger des Propheten halten.“

„Der bin ich auch nicht.“

„Ah, bist Du etwa Schiit, ein Anhänger der verfälschten Lehre?“

Er rückte ein Stück von mir weg.

„Nein,“ antwortete ich. „Ich bin ein Christ.“

„Ein Christ! Das ist viel besser als so ein Schiit, der jedenfalls nach seinem Tod in die Hölle fährt. Ihr Christen könnt, wenn Ihr an Isa Ben Marryam (Jesus) glaubt, doch wenigstens auch in den Himmel kommen, wenn auch nur bis in den dritten; die andern – der vierte bis siebente – sind nur den rechtgläubigen Moslemim vorbehalten. Gegen Euch Christen habe ich nichts, denn der Mann, welcher mich lehrte, Bier zu kochen, war ja auch ein Katolika. Desto mehr aber wundert es mich, daß Du diesem Beamten ein langes Leben wünschest!“

Er rückte langsam wieder näher. Ich antwortete:

„Ich habe das gethan, weil ich wünsche, daß er nicht sterbe, bevor er die Strafe für seine Erpressung erhalten hat. Weißt Du denn, welche Maßregeln er ergreifen will?“

„Ja. Er will alle seine Khawassen aussenden, um auf die Spitzbuben zu fahnden. In allen zwischen hier und Doiran gelegenen Ortschaften soll eine große Jagd nach ihnen veranstaltet werden, und er selbst will sich an die Spitze seiner Häscher stellen.“

„Ich vermuthe sehr, daß er jetzt daheim auf seinem Polster sitzt, um den lieben Tschibuk zu rauchen und Kaffee dazu zu trinken.“

„Wenn ich das wüßte, so sollte es ihm wohl nicht gut bekommen!“

„Du wirst es erfahren, denn Du wirst jetzt mit uns nach Ostromdscha reiten, um ihn aufzusuchen.“

„Ich? Warum?“ fragte er erstaunt.

„Davon nachher. Hast Du Dich denn überzeugt, ob er sein Versprechen gehalten und alle seine Khawassen ausgesandt hat?“

„Ich hatte keine Zeit dazu, denn ich mußte wieder heim, um bei der Rückkehr meiner Knechte zugegen zu sein.“

„Sind sie wieder da?“

„Ja. Sie haben sich vertheilt gehabt und sind bis Furkoi und Welitza geritten, ohne eine Spur der Diebe zu entdecken. Da haben sie es für gerathen gehalten, wieder umzukehren. Ich habe sie natürlich tüchtig ausgezankt. Sie sind Söldlinge, welche das Wohl ihres Herrn vernachlässigen.“

„O nein; sie haben recht gehandelt.“

„Meinst Du? Warum?“

„Und wenn sie bis Doiran und noch weiter geritten wären, sie hätten doch Niemanden gefunden.“

„Das sagst Du in einem so bestimmten Ton?“

„Weil ich vollständig überzeugt davon bin. Die Diebe wollen ja gar nicht nach Doiran.“

„Sie sagten es aber doch!“

„Sie haben Dich belogen, um Dich irre zu führen. Meinst Du denn, daß ein Dieb so unvorsichtig ist, die Polizei auf seine Fährte zu lenken?“

„Als sie es sagten, hatten sie mich noch nicht bestohlen!“

„Aber sie beabsichtigten bereits, es zu thun. Auch hatten sie noch einen andern Grund, Dir das wirkliche Ziel ihres Rittes zu verschweigen.“

„Welcher wäre das?“

„Sie werden bereits wegen früherer Thaten verfolgt. Sie haben sich gedacht, daß ihre Verfolger, wenn sie ja nach Dabila kommen sollten, hier bei Dir einkehren würden. Darum gaben sie eine falsche Richtung an. Und – was Du auch noch in Berechnung ziehen mußt – sie haben gesagt, daß sie von Menlik kommen und nach Doiran wollen. Der grade Weg von dem einen Ort zum andern führt südwestlich über die Sultanitza-Berge. Sie aber sind erst grad nach Westen geritten, um nun hier genau nach Süden abzubiegen. Sie haben also einen Umweg gemacht, den ich auf fünf türkische Aghatsch schätze. Wenn man aber flüchtig ist und seine Pferde zu schonen hat, reitet man nicht sechs volle Stunden um."

Der Wirth musterte mich mit prüfendem Blick.

„Effendi," fragte er, „bist Du wirklich ein Christ?"

„Ja. Warum fragst Du?"

„Wenn Du nicht ein Christ wärest, so würde ich meinen, Du seist ein Beamter der Polizei."

„Es gibt genug Khawassen, welche nicht Moslemim sind."

„Ein gewöhnlicher Khawaß würdest Du nicht sein, sondern einer von den hohen Zabtieh. Und bei denselben werden, so viel ich weiß, keine Christen angestellt."

„Warum hast Du denn eine so große Lust, mich für einen Polizisten zu halten?"

„Deine Person paßt dazu, und Du sprichst wie Einer, welcher Alles ganz genau weiß, bevor er es gesagt bekommt. Auch Deine Begleiter passen sehr genau zu dieser meiner Vorstellung. Siehe nur diese Beiden an!" – Er zeigte dabei auf Osco und Omar Ben Sadek. – „Wie ernst und gewichtig sie dreinschauen! Ihnen steht die Würde ihres Berufes im Gesicht geschrieben. Und hier der Kleine!" – Er deutete auf Hadschi Halef Omar. – „Sieht er nicht aus, wie die verkörperte Zabtieh? Diese listigen Augen und dieses pfiffige Lächeln! Thut er nicht ganz so, als ob er die ganze Welt arretiren könne, wenn er nur wolle?"

Die drei Genannten lachten laut auf. Ich aber antwortete ernst:

„Du irrst. Wir sind einfache Reisende, welche, wie jeder Andere, auf den Schutz der Polizei angewiesen sind. Aber wir sind durch viele Länder und Gegenden gekommen und haben mehr gesehen und erfahren, als tausend Andere. Darum fällt es uns nicht schwer, uns in Deine Angelegenheit hinein zu denken. Wer stets daheim sitzen bleibt, dessen Sinn bleibt gar leicht ein beschränkter, und passirt ihm einmal etwas Ungewöhnliches, so weiß er sich nur schwer zurecht zu finden."

„Das mag richtig sein, und – – aber da bringt man Euch Euer Essen. Das sollt Ihr ohne Störung genießen. Wir können dann, wenn Ihr fertig seid, über meine Angelegenheit weiter sprechen. Wünscht Ihr vielleicht, daß ich Euren Pferden Wasser und Futter gebe? Ich habe schönen Mysr budschdajy, welcher gut geschroten ist."

„Ja, gib ihnen von demselben und sage einem Knecht, er solle ihnen die Sattelung abnehmen und sie sodann mit Wasser begießen. Das wird sie erfrischen. Sie haben uns von Edreneh bis hierher getragen, ohne nur einmal recht ausruhen zu können."

„Ich habe nicht weit hinter dem Hause einen schönen Balyk gölü, dessen Wasser hell und sauber ist. Wünschest Du, daß die Knechte Eure Pferde hineintreiben?"

„Ich lasse sie bitten, es zu thun."

Der Mann schien trotz des Schmutzes, welcher fußhoch seinen Hof bedeckte, ein unternehmender und für die hiesigen Verhältnisse auch tüchtiger Landwirth zu sein. Die ihm gestohlenen 100 Pfund, nach deutschem Geld 1850 Mark, waren der Preis für nur einen Theil seiner vorjährigen Tabaksernte. Er war jedenfalls recht wohlhabend. Und

daß er sogar einen Fischteich angelegt hatte, dies bewies, daß er den ihm gehörigen Grund und Boden trefflich auszunutzen verstand.
Außerdem wußte er auch anders als der große Haufen der dortigen Einwohner zu leben. Davon sollte ich sogleich einen Beweis erhalten, aus welchem ich zugleich ersah, daß er uns nicht für ganz gewöhnlich Reisende hielt.
Das Essen wurde uns von zwei recht sauber gekleideten Burschen herein gebracht. Es bestand aus mehreren großen, dampfenden und appetitlich duftenden Eierkuchen, zu welchen in Essig gelegte und mit Pfeffer gewürzte Melonen und frische andere Früchte gegeben wurden. Die Speisen lagen, wie ich zu meiner Verwunderung sah, auf reinlichen, weißen Steinguttellern, und nur die große Melonenschüssel war aus braunem Ton gebrannt.
Der Wirth beobachtete, ob uns Alles auch bequem servirt werde, und befahl dann, als uns sogar ein Körbchen vorgesetzt worden war, welches Messer, Gabeln und Löffel enthielt:
„Geht zur Tscheleba, und sagt ihr, sie solle Euch vier Petschetalar und ebenso viele Peschkiriler geben. Die Männer, welche hier speisen, sind weit gereiste und vornehme Herren. Sie sollen nicht sagen, daß sie beim Konakdschy Ibarek schlecht bedient worden seien."
Also Ibarek hieß der aufmerksame Mann, welcher sogar Servietten besaß! Ich war überzeugt, daß es uns Allen hier recht gut munden werde. Er entfernte sich, um den Knechten die erwähnten Befehle zu ertheilen. Dann wurden uns die Servietten und Handtücher gebracht, welch letztere mir allerdings überflüssig zu sein schienen; Handtücher zu den Servietten werden selbst in einem abendländischen Gasthof ersten Ranges wohl kaum gereicht.
Als ich nun die Servietten nahm und jedem meiner Gefährten eine reichte, machte es mir heimlich Freude, die Blicke zu sehen, welche fragend auf mich gerichtet waren. Sie wußten nicht, was mit den weißen, reinlichen Dingern anzufangen sei. Der kleine Hadschi war der Einzige, welcher es riskirte, von mir ausgelacht zu werden. Er fragte:
„Sihdi, was sollen wir mit diesen Tüchern? Es ist doch bereits ein großes Sofrajy kurmak über den Tisch gebreitet."
„Es sind auch keine Tafeltücher."
„Maschallah, Gottes Wunder! Sollen es etwa Mendiler sein? Es ist doch Keiner von uns mit einem Zükkiam behaftet!"
„Auch das ist's nicht. Diese Tücher werden so vorgebunden, wie ich es Euch zeige, damit man sich nicht mit den Speisen die Kleider beschmutzt."
„Allah akbar, Gott ist groß! Aber die vornehmen Leute müssen doch rechte Budala achmaklar sein, wenn sie besondere Vorhänge brauchen, um die Speisen in den Mund zu bringen und sie nicht auf die Kleider zu schütten. Ich habe gelernt, anständig zu speisen, und meine Jacke wird vergebens lüstern sein, diesen wohlschmeckenden Saft der Melone zu trinken."

Ich band mir die Serviette absichtlich möglichst ungeschickt vor, und da die Anderen es genau so nachmachten, wie ich es ihnen vorgemacht hatte, so saßen wir nun da, wie Kinder, welche von der vortrefflichen Mama den dicken Milchbrei eingestopft bekommen. Das machte mir im Stillen großen Spaß.
Während des Essens bemerkte ich, daß die Pferde hinter das Haus geführt wurden. Der Wirth schien es als echter Muselmann für höflich zu halten, uns ohne Zeugen speisen zu lassen. Er trat erst wieder ein, als wir fertig waren, und gab den beiden Burschen den Befehl, abzutragen und uns ein Tekre kurna zu bringen. Auch dieses war von weißem Steingut, und nun kamen auch die Handtücher zu Ehren.
Während wir uns die Hände reinigten, flüsterte mir Halef zu:
„Sihdi, hast Du keine Angst?"
„Wovor?"
„Welch ein Ödejisch wird das geben! Dieses gute Essen, das kühle Bier, Messer, Gabeln und Löffel, ein Tafeltuch, ein Waschbecken, Handtücher und gar noch Brustvorhänge von weißem Bez! Dazu hat die Tscheleba Alles selbst gekocht! Ich glaube, dieser brave Wirth wird grad so viel von uns verlangen, wie die Rechnung des Polizeipräfekten betragen hat."
„Mache Dir keine Sorge; ich bin überzeugt, daß wir hier gar nichts zu bezahlen brauchen."
„Meinst Du, daß der Wirth auf diesen prächtigen, menschenfreundlichen Gedanken kommen wird?"
„Ganz gewiß. Wir werden nur den Knechten ein Bakschisch zu geben haben."
„Wenn er so verständig ist, so will ich auch von ganzem Herzen heute, morgen und auch übermorgen vor dem Einschlafen den Propheten bitten, sich bei dem Engel des Todes für diesen guten Wirth zu verwenden."
„Warum nur bis übermorgen?"
„Dreimal ist genug. Bis dahin lernen wir wohl wieder andere Leute kennen, welche uns gut bewirthen und also meiner Fürbitte würdig sind."
Der kleine Hadschi lächelte still und listig vor sich hin, wie es so seine Art und Weise war, wenn er sich einmal als Pfiffikus gezeigt hatte.
Nach der Reinigung lud der Wirth uns ein, uns wieder an den Tisch zu setzen. Er wollte den ziemlich geleerten Bierkrug abermals füllen und bat uns, vorher auszutrinken. Ich aber lehnte es ab und erwiederte:
„Du würdest mich und wohl auch Dich erfreuen, wenn Du mir einmal das Schränkchen zeigtest, aus welchem Dir das Geld gestohlen ward. Wirst Du mir das zu Gefallen thun?"
„Ja. Komm, und folge mir!"
Halef ging mit. Der ihm angeborene Spürsinn erlaubte es ihm nicht, so wie die beiden Andern zurück zu bleiben.
Der Wirth brauchte nur zwei der dünnen, geflochtenen Zwischenwände ein wenig zurückzuschieben, so standen wir schon vor der Thüre seiner Schlafstube. Sie war

unverschlossen. Ich überzeugte mich sogleich, daß ein Riegel vorhanden war, mit dessen Hülfe man von innen einem unwillkommenen Öffnen vorbeugen konnte.
Betten gab es nicht. Rund um die Wände lief ein sogenanntes Serir, ein niedriges Lattengestell, auf welchem Polster lagen. Auf diesen schliefen die Hausbewohner, im Sommer gar nicht und im Winter von ihren Decken oder Pelzen zugedeckt. Die Kleider abzulegen, fiel ihnen natürlich gar nicht ein.
Diese Unsitte des Morgenländers, dieser Mangel aller Betttücher und dieses sehr seltene Wechseln der Leibwäsche disponiren nicht nur zu vielen Krankheiten, sondern sind auch der Grund von dem massenhaften Vorhandensein jener zwei Arten blutgieriger Insekten, welche einst ein ungarischer Magnat, dem zwar die lateinischen Namen Pulex und Pediculus, nicht aber die beiden betreffenden deutschen Wörter geläufig waren, mit den sonderbaren Hauptwörtern „Hopphopp“ und „Krappele“ bezeichnete.
Die Wände waren weiß getüncht. Die einzige Zierde derselben bildete der in arabischer Schrift hart unter dem Strohdach herumlaufende Spruch:
„Der Schlaf des Gerechten wird von Engeln bewacht; am Lager des Ungerechten aber stöhnen die Vorwürfe ihre ängstlichen Klagen.“
Das Gemach hatte nur eine einzige Fensteröffnung. Dieser gegenüber hing das betreffende Schränkchen an der Wand.
„Da drin hat das Geld gelegen,“ sagte der Wirth, indem er auf das Schränkchen zeigte. „Ich habe es wieder so zugeschlossen, wie es war, als der Diebstahl geschah.“
„Schließe einmal auf!“ begann ich.
Er zog den kleinen Schlüssel aus der Tasche und öffnete. Das Schränkchen war vollständig leer. Ich untersuchte Schlüssel und Schloß. Es war keine der gewöhnlichen, leichten Fabrikwaaren. Auf meine Erkundigung erfuhr ich, daß ein Schlosser in Ostromdscha der Verfertiger sei, und meiner Meinung nach war es nicht durch einen Haken oder Stift zu öffnen gewesen.
Desto unerklärlicher aber war es, wie der Diebstahl hatte vorgenommen werden können.
„Weißt Du denn gewiß, daß Du das Schränkchen wirklich verschlossen hattest?“ fragte ich.
„Ja, ganz gewiß.“
„Hm! War nur das Geld darin?“
„Nein, auch der Schmuck meiner Frau und noch einige goldene oder silberne Kleinigkeiten.“
„Sind diese auch mitgestohlen?“
„Ja, Alles ist fort.“
„Das zeigt, daß die Diebe keine Zeit hatten, eine Auswahl zu treffen. Auch wurde der Diebstahl im Dunkel vorgenommen; da konnten die Spitzbuben natürlich nicht sehen, was Werth für sie hatte oder nicht.“
„O, der Kopfschmuck und die Kette meines Weibes bestanden meist aus großen und kleinen Gold- und werthvollen Silber-Münzen. Das werden die Diebe trotz der

Dunkelheit gar wohl bemerkt haben. Das Andere waren einige Spangen, Brust-Nadeln und Ringe, was Alles doch einen Werth hat.“

„Aber auch zur Entdeckung führen kann. Der vorsichtige Dieb nimmt solche Sachen nicht mit. Wenn die beiden Männer diese Gegenstände mitgenommen haben, so beweisen sie, daß sie keine vorsichtigen und auch keine zünftigen Einbrecher sind. Aber wir müssen doch unbedingt herausbekommen, auf welche Weise sie das Schränkchen öffneten.“

Ich wollte mir dasselbe genauer betrachten, aber der kleine Hadschi hatte dies bereits gethan.

„Ich hab's, Sihdi,“ sagte er. „Da ist's!“

Er deutete in das Innere. Als ich hinblickte, sah ich freilich sehr leicht, daß die Hinterwand nicht genau anhaftete. Jetzt untersuchte ich, in welcher Weise das Schränkchen an die Wand befestigt war. Das war nicht etwa mit Hilfe eines mehr Sicherheit bietenden Bankeisens geschehen, sondern das Behältniß hing ganz einfach an einem Nagel, von welchem es sehr leicht abgenommen werden konnte.

Ich nahm es herab, und nun zeigte es sich viel deutlicher als vorher, daß es durch die Entfernung der Hinterwand geöffnet worden war. Man bemerkte die Spuren, welche wohl durch eine starke, widerstandsfähige Messerklinge hervorgebracht worden.

Die Theile des Schränkchens waren nicht etwa durch Nägel, sondern durch die künstliche, sogenannte Verzinkung vereinigt. Das Lossprengen der Hinterwand hatte also unbedingt ein ganz bedeutendes Geräusch verursachen müssen.

„Habt Ihr denn nichts gehört?“ fragte ich.

„Gar nichts.“

„Es hat doch sehr laut krachen müssen. Vielleicht habt Ihr großen Lärm gemacht?“

„O gar nicht. Wir waren auf die Kunststücke so gespannt, daß wir uns im Gegentheil sehr ruhig und still verhalten haben. Vielleicht hatten die Diebe die Thüre nicht offen.“

„Sie werden sich freilich gehütet haben, sie offen zu halten. Jedenfalls haben sie sogar den Thürriegel vorgeschoben, um nicht plötzlich überrascht zu werden.“

„Nun, dann haben wir doch nichts hören können?“

„Doch! Es gibt keine Scheidemauern, sondern nur Weidengeflechte im Haus. Das Lossprengen der Hinterwand hättet Ihr hören müssen. Ich möchte vermuthen, daß – – – hm!“

Ich trat an das Fenster. Es war gerade groß genug, daß ein nicht allzu starker Mann sich hindurchzwängen konnte. Auch das Schränkchen war klein genug, um ganz leicht durch das Fenster gegeben oder genommen zu werden.

„Kommt einmal mit hinaus!“ sagte ich, indem ich die Stube verließ.

Sie folgten mir um das Haus herum.

„Hast Du schon außen am Fenster gesucht?“ fragte ich den Wirth.

„Nein. Wie hätte ich auf diesen Gedanken kommen sollen! Der Schrank hat im Zimmer gehangen. Dort ist der Diebstahl geschehen; was soll da hier zu finden sein?“

„Vielleicht sucht man doch nicht so vergebens, wie Du denken magst. Wir wollen sehen! Aber überlaßt das mir; kommt dem Fenster nicht zu nahe. Ihr könntet mir die Spuren verderben.“

Als ich den Platz vor dem Fenster erreichte, blieben die beiden Andern ein wenig rückwärts stehen. Hart an der Mauer wucherte ein üppiges Brennesselgestrüpp. Grad unter dem Fenster war es niedergetreten.

„Schau!“ sagte ich. „Da siehst Du, daß Jemand aus dem Fenster gestiegen ist.“

„Oder wohl schon vor längerer Zeit. Vielleicht ist's einer meiner Knaben gewesen.“

„Nein. Ein Knabe war es nicht, denn ich sehe hier die Spur eines großen Männerstiefels in dem weichen Boden. Und vor längerer Zeit war es auch nicht. Die geknickten Nesseln sind nicht verwelkt; sie hängen nur matt ihre Blätter. Ich schätze, daß sie erst gestern Abend geknickt wurden. Auch die Fußspuren sind frisch. Die hohen dünnen Kanten der Eindrücke müßten trocken sein, wenn die Spuren alt wären.“

„Wie Du das so wissen kannst!“ meinte der Wirth ganz erstaunt.

„Um das zu wissen, braucht man nichts als ein offenes Auge und ein wenig Nachdenken. Schau her! Hier erblickst Du die Stelle, an welcher das Schränkchen gestanden hat. Es ist jedenfalls von dem feuchten Boden beschmutzt, von den klugen Dieben aber trotz der Dunkelheit wieder hübsch abgewischt worden.“

„Woher weißt Du denn auch dieses?“

„Daher, daß ich keine Spur von Schmutz an dem Schränkchen gesehen habe; das ist doch sehr einfach. Wollen weiter sehen!“

Ich suchte am Boden. Vergebens. Jetzt zog ich mein Messer und hieb die Brennesseln hart an der Erde ab. Nachdem ich sie entfernt hatte, betrachtete ich mir nun die leere Stelle. Zwischen den Stoppeln konnte Etwas liegen. Ich hatte ganz richtig vermuthet. Von zwei Punkten glänzte es mir goldig entgegen. Ich hob die beiden Gegenstände auf. Es war ein dünner Fingerreif mit einem Türkis und ein starker, goldener Ohrring von fast anderthalb Zoll Durchmesser; so groß werden sie in der dortigen Gegend von den Frauen getragen.

„Nun, schau,“ sagte ich zu dem Wirth. „Hier ist den Spitzbuben doch Etwas entfallen. Kennst Du diese Ringe?“

„Ah! Sie gehören meiner Frau. Ob nicht das andere Ohrgehänge auch da ist?“

„Hilf suchen!“

Aber alle Mühe war vergeblich. Es fand sich weiter nichts. Wir wußten nun, wie der Diebstahl ausgeführt worden war. Die Spitzbuben hatten befürchtet, daß der Lärm gehört würde. Darum war der Eine von ihnen aus dem Fenster gestiegen, um das Schränkchen, welches der Andere ihm nachgereicht hatte, draußen zu öffnen.

Was nun noch zu verhandeln war, konnten wir drinnen besprechen; darum wollten wir uns jetzt wieder hinein in das Zimmer begeben. Vorher aber gingen wir für einige Augenblicke zu unsern Pferden.

Sie waren bereits aus dem Teich heraus geführt und wieder gesattelt. Sie standen mit vorgebundenen Maulsäcken am Ufer und fraßen den für sie delicaten geschrotenen Mais. Ich sagte den Knechten, daß sie die Thiere hier lassen könnten, wo trotz der Nähe des Teiches nicht so viele Fliegen und Mücken waren, wie auf dem schmutzigen Hof. Und es war ein Glück, daß ich auf diesen Einfall kam, wie sich sehr bald zeigen sollte.

Wir waren nämlich kaum in die Stube getreten und schickten uns eben an, wieder an dem Tisch Platz zu nehmen, so sahen wir zwei Reiter in den Hof kommen. Sie sahen nicht eben reputirlich aus. Die Pferde taugten nichts und waren außerdem sichtlich abgetrieben, alte Mähren, für welche ich nicht fünfzig Mark geboten hätte. Und die beiden Männer paßten genau zu ihren Thieren, so zerlumpt und herabgekommen sahen sie aus.

„Du bekommst neue Gäste,“ bemerkte Halef dem Wirth.

„An dieser Sorte liegt mir nichts,“ antwortete dieser. „Ich werde sie fortweisen.“

„Darfst Du denn das, da Du ein Einkehrhaus besitzest?“

„Wer will mir verwehren, Jemand fort zu weisen, der mir nicht willkommen ist?“

Er wollte hinausgehen, um seinen Vorsatz auszuführen. Ich aber hielt ihn am Arm zurück.

„Halt!“ sagte ich. „Laß sie herein!“

„Warum?“

„Ich muß wissen, was diese Leute reden.“

„Kennst Du sie denn?“

„Ja. Aber sie dürfen auf keinen Fall wissen, daß wir uns hier befinden. Darum sollen sie weder uns, noch unsere Pferde sehen.“

„Das kann sehr leicht vermieden werden. Ihr braucht nur in meine Schlafstube zu gehen, bis sie wieder fort sind.“

„Meine Gefährten mögen das thun. Ich aber will sie belauschen.“

„Ich weiß zwar nicht, was Du damit bezweckst, aber das Horchen wird Dir nicht schwer werden. Komm her; ich werde Dich verstecken.“

Er führte mich hinter die eine Scheidewand. An derselben lehnten mehrere große Bündel geschälter Weiden, das Material, aus welchem die Wandgeflechte hergestellt wurden.

„Stecke Dich hinter diese Bündel,“ sagte er. „Da kannst Du durch die Zwischenräume des Geflechtes in die Stube sehen. Die Fremden werden Dir so nahe sitzen, daß Du ihre Worte hören kannst, selbst wenn sie nicht allzulaut sprechen.“

„Aber wenn sie nachsehen sollten, ob sie nicht beobachtet werden?“

„Ich werde den Bündeln eine solche Stellung geben, daß Du gar nicht bemerkt werden kannst.“

„Gut! Noch aber muß ich Dir sagen, daß ich eher aufbrechen muß, als die beiden Reiter, welche nach Ostromdscha wollen. Und Du mußt mit!“

„Ich? Warum?“

„Um den Dieben Dein Geld wieder abzunehmen.“

„Sind diese denn in Ostromdscha?“
„Ich habe allen Grund, es zu vermuthen. Laß also sofort satteln und Dein Pferd mit den unserigen an einen Ort schaffen, wo sie nicht von diesen Menschen bemerkt werden können. Sobald ich hier genug gehört habe, schleiche ich mich in Dein Schlafzimmer. Einer Deiner Knechte muß dort bereit sein, uns zu den Pferden zu führen, bei denen Du Dich dann auch schnell einfindest. Jetzt gehe fort, bevor sie kommen.“
Diese Mittheilung war uns nur dadurch ermöglicht worden, daß ich bemerkt hatte, die beiden Reiter schienen sich gar nicht zu beeilen, in die Gaststube zu kommen. Sie waren langsam abgestiegen und dann nach einem der Seitengebäude gegangen, wohl „um zu sehen, ob sie dort nicht Etwas fänden, was sie heimlich mitgehen lassen könnten“, wie der Wirth sich ausdrückte.
Dieser entfernte sich, und ich setzte mich nun zwischen der Flechtwand und den Weidenbündeln bequem auf den Boden nieder. Die Zwischenräume der Wand erlaubten mir, die ganze Stube zu überblicken.
Da hörte ich einen nahenden Schritt.
„Sihdi, wo bist Du?“ fragte die Stimme des kleinen Hadschi jenseits der Bündel.
„Hier stecke ich. Was willst Du denn? Wie unvorsichtig von Dir!“
„Pah! Die Kerle kommen noch nicht – sie stehen im Stall des Wirthes, um dessen Pferde zu betrachten. Du sagtest, daß Du sie kennst. Ist das wahr?“
„Ja, freilich.“
„Nun, wer sind sie denn?“
„Hast Du sie denn nicht auch erkannt?“
„Nein, Sihdi.“
„Du hast doch sonst ein so gutes Auge! Hast Du nicht die Sapan bemerkt, welche dem Einen von ihnen im Gürtel hängt?“
„Allerdings.“
„Nun, wer trug eine solche?“
„Weiß ich es?“
„Du solltest es wissen. Denk' doch einmal an den Taubenschlag!“
„O, Sihdi, an den mag ich gar nicht denken. Wenn ich mich an diesen traurigen Ort erinnere, möchte ich Dich bitten, mir einige Ohrfeigen zu verleihen.“
„Du hast Dir doch die Männer angesehen, welche unter uns in der Kammer saßen?“
„Auf welche dann die Katze mit sammt den Knüppeln herabkrachte, und die Katze war aber ich? Ja, diese Leute habe ich mir genau betrachtet.“
„Auch die beiden zerlumpten Menschen, welche links an der Mauer saßen? Sie waren Brüder?“
„Ah, Sihdi, jetzt besinne ich mich. Der Eine hatte eine Schleuder. Denkst Du, daß sie es sind?“
„Ja, sie sind es. Ich habe mir ihre Gesichter ganz genau gemerkt.“

„O Allah! Sie sagten, daß sie nach Ostromdscha gehen müßten, um den drei Halunken zu melden, was mit uns geschehen sei, vielleicht gar, daß man uns in das Paradies befördert habe."
„Das wollten sie. Diesen Auftrag haben sie von Manach el Barscha und Barud el Amasat erhalten."
„So sind sie also noch nicht nach Ostromdscha gelangt, und die drei Kerle, welche wir suchen und die auch unsern jetzigen Wirth bestohlen haben, denken noch jetzt, daß wir uns nicht mehr auf ihrer Spur befinden. Sihdi, erlaube mir, Dir einen sehr guten und sehr gescheiten Vorschlag zu machen!"
„Welchen?"
„Wollen wir nicht die beiden Kerle, welche Du zu belauschen beabsichtigst, unschädlich machen?"
„Natürlich werden wir das thun."
„Aber wie?"
„Das werden wir uns überlegen."
„O, es ist schon überlegt!"
„Deinerseits? Was gedenkst Du zu thun?"
„Ich werde sie ein wenig tödten."
„Das laß Dir ja nicht einfallen, Halef!"
„O, Sihdi, nur ein wenig! Sie wachen ja sogleich dann in der Hölle wieder auf. Das ist doch wohl kein Todtschlag zu nennen!"
„Laß mich mit solchen Vorschlägen in Ruhe!"
„Ja, ich vergesse zuweilen, daß Du ein Christ bist. Wenn es auf Dich ankäme, so würdest Du Dein Leben für Deinen ärgsten Feind wagen. Diese beiden Halunken stehen ja eben im Begriff, uns in die größte Gefahr zu bringen. Wenn sie die drei Andern in Ostromdscha treffen, so kannst Du sicher sein, daß sie uns auflauern und Jedem von uns eine Kugel geben, bevor wir daran denken können, daß so Etwas unter Umständen wohl schädlich sein kann."
„Wir werden eben dafür sorgen, daß diese Zwei jene Drei nicht treffen. Oder noch besser, wir werden dafür sorgen, daß sie dieselben treffen können."
„Bist Du toll?"
„Durchaus nicht."
„Was denn?"
„Nicht toll, sondern klug, denke ich. Wir wissen nicht, wie die Drei zu finden sind. Wir haben im Taubenschlag nur erlauscht, daß sie sich in der alten Ruine aufhalten. Aber wir kennen diese Ruine nicht. Es kann sehr schwer, vielleicht unmöglich sein, jemanden, der sich dort verborgen hält, aufzufinden."
„O, ich bin Dein Freund und Beschützer Hadschi Halef Omar. Meine Augen reichen von hier bis nach Ägypten, und meine Nase ist noch viel, viel länger. Mir wird es ein Leichtes sein, diese Menschen anzutreffen."

„Ebenso leicht oder vielmehr noch wahrscheinlicher ist es, daß Du von ihnen angetroffen wirst, und dann allerdings werden sie Dir keine Zeit lassen, die Sure des Todes zu beten. Nein, wir werden diesen Beiden jetzt nichts thun; wir werden uns gar nicht von ihnen erblicken lassen, damit wir ihnen heimlich folgen und sie beobachten können. Sie, die unser Verderben wollen, müssen grad unsere Führer sein, durch welche uns die andern Drei in die Hand gegeben werden."
„Allah! Dieser Gedanke ist auch nicht schlecht!"
„Es freut mich, daß Du dieses erkennst! Nun aber entferne Dich, damit Du nicht etwa noch bemerkt wirst. Sage aber dem Wirth, er solle dafür sorgen, daß diese beiden Gäste so lange wie möglich hier zurückgehalten werden, wenn er mit uns hier fortgeritten ist. Man soll sie so verpflegen, daß sie recht lange hier verweilen. Ich will auch gern bezahlen, was es kostet. Sage es ihm, und nun geh!"
„Ja, Sihdi, ich verschwinde! Es scheint Jemand zu kommen."
Diese letzten Worte sprach er nur noch leise flüsternd. Dann schlich er sich von dannen. Und nun kamen die beiden Erwarteten endlich in die Stube.
Sie fanden dieselbe natürlich leer. Auch Osco und Omar hatten sich längst entfernt, und der Wirth war da gewesen, um den Bierkrug wegzunehmen.
Jetzt konnte ich diese Menschen besser betrachten, als vorgestern Abend. Sie hatten wahre Galgengesichter. Es gibt Menschen, denen man es sofort ansieht, was man von ihnen zu halten hat. Zu diesem Schlag gehörten sie. Ihre Kleidung war die der ärmsten Leute, überdies bis zum Ekel schmutzig und zerrissen; aber ihre Waffen waren desto besser und schienen sehr gut gehalten zu sein.
Während der Eine eine Schleuder an dem zerrissenen Gürtel hangen hatte, trug der Andere die einst so sehr gefürchtete Waffe der vor den Türken in die Wälder geflüchteten Serbier und Walachen, einen Haiduckenczakan, dessen gewundener Schaft mit der perligen Haut des Haifisches überzogen war. Ich kannte diese Waffe nur vom Hörensagen, hatte auch hier und da in Sammlungen Exemplare derselben gesehen, aber Zeuge ihres Gebrauches war ich noch nicht gewesen. Ich dachte nicht, daß ich in kürzester Zeit sogar ein Ziel derselben bilden werde.
Sie schauten sich in dem Raume um.
„Kein Mensch ist da," knurrte der Schleuderer. „Glaubt man etwa, daß wir den Raki, den wir trinken wollen, nicht bezahlen können?"
„Müssen wir ihn bezahlen?" lachte der Andere. „Sind wir nicht in die Wälder geflüchtet? Besitzen wir nicht die Koptscha, vor der sich Alle fürchten? Wenn wir nicht freiwillig bezahlen wollen, so möchte ich doch sehen, wer es sich einfallen ließe, uns zu zwingen!"
„Schweig' davon! Wir sind nur zu Zweien, und dieser Ibarek hier ist ein reicher Mann, welcher viele Knechte und Arbeiter hat, gegen die wir nicht aufkommen könnten. Wegen einiger Schlücke Raki begebe ich mich nicht in Gefahr. Aber ärgerlich ist es, daß man sich gar nicht nach uns umsieht. Sollten sie es sich etwa einfallen lassen, uns für Vagabunden zu halten?"

„Sind wir etwas Anderes?"
„Gar wohl sind wir etwas Anderes. Wir sind die Helden der Berge und Wälder, welche die Aufgabe haben, das an ihnen begangene Unrecht zu rächen."
„Gewöhnliche Leute aber sagen Räuber anstatt Helden, was mir jedoch höchst gleichgültig ist. Vielleicht ist nur deßhalb Niemand in der Stube, weil diese guten Leute draußen an den Wänden stehen, um uns durch die Ritzen derselben anzustarren. Das sollte ihnen aber schlecht bekommen. Schauen wir einmal nach!"
Sie traten heraus und schritten an den Weiden-Scheidewänden hin. Als sie an die Wand kamen, hinter welcher ich hockte, meinte der Eine:
„Hier hinter diesen Bündeln kann leicht Jemand sein. Wollen einmal nachfühlen. Mein Messer ist spitz genug."
Die Art und Weise, in welcher diese Menschen hier auftraten, zeigte deutlich, von welch' rohem Schlag sie waren. Und ebenso, wie sie, sind weitaus die meisten jener Leute, welche sich einen Nimbus damit geben, daß sie, wie der landläufige Ausdruck lautet, „hinaus in die Wälder gehen". Es mag wohl einige Wenige geben, welche, von der Ungerechtigkeit, von dem Haß und der Verfolgung gezwungen, sich in die Berge flüchten, aber ihre Anzahl ist verschwindend klein gegen die Menge derjenigen, die nur aus roher Brutalität die heiligen Bande zerreißen, welche das Gesetz, das göttliche und das menschliche, geheiligt hat.
Der Urian zog sein Messer und stach zwischen den einzelnen Bündeln hindurch, doch glücklicherweise zu hoch. Wäre ich nicht auf den Gedanken gekommen, mich zu setzen, hätte er mich sicherlich getroffen.
Freilich, ob es mir auch wirklich eingefallen wäre, als Zielscheibe dieses Messerhelden ruhig stehen zu bleiben, das war eine andere Frage. Jedenfalls hätte ich den Stoß nicht abgewartet; aber – mochte ich mich nun gegen die Männer verhalten, wie ich wollte – eine Schande wäre es doch für mich auf alle Fälle gewesen, mich von ihnen aufstöbern zu lassen. Es gibt eben Dinge, welche man, unbeschadet seiner Ehre und seines Selbstgefühles, ganz wohl thun kann, aber – wissen lassen darf man es nicht. Zu diesen Dingen gehört jedenfalls auch das Lauschen.
Horchen ist eine Schande, sagt man allgemein; aber es gibt Lagen, in denen es geradezu eine Pflicht sein kann. Wem sich die gute Gelegenheit bietet, Verbrecher zu belauschen und dadurch eine böse That zu verhüten, der macht sich, wenn er aus falschem Scham- und Ehrgefühl diese Gelegenheit unbenutzt vorübergehen läßt, zum Mitschuldigen dieser That. Und bei mir trat noch die Pflicht der Selbsterhaltung dazu.
„Es ist Niemand da," meinte der Mann befriedigt. „Wollte es auch Keinem gerathen haben! Komm' herein!"
Sie begaben sich in die Stube zurück und riefen nun laut nach Bedienung. Der Wirth kam herein, begrüßte sie und entschuldigte sich in höflichen Worten, daß er nicht sogleich habe erscheinen können.
„Ich bereitete mich eben zur Reise vor," erklärte er ihnen. „Da mußtet Ihr leider warten."

„Wohin willst Du?“ fragte derjenige, welcher die Schleuder trug.
„Nach Tekirlik.“
Er war also so klug, grad die entgegengesetzte Richtung anzugeben. Dennoch erkundigte sich der Kerl:
„Was willst Du dort? Willst Du in Geschäften hin?“
„Nein, sondern zu meinem Privatvergnügen. Was befehlt Ihr, daß ich Euch bringen soll?“
„Raki. Bringe aber genug! Wir haben Durst und werden gern bezahlen.“
Wenn diese Menschen den Branntwein gegen den Durst tranken, so hätte ich ihre Gurgeln sehen mögen!
„Bezahlen?“ erwiederte der Wirth lächelnd. „Ihr seid heut' meine ersten Gäste, und ich habe die alte Gewohnheit, denjenigen, welche bei mir an dem heutigen Tage die Ersten sind, das, was sie verzehren, umsonst zu geben.“
„So? Was für ein Tag ist denn heute?“
„Mein Wiladet günü.“
„Dann gratuliren wir Dir und wünschen Dir ein Leben von tausend Jahren. Also, was wir essen und trinken, brauchen wir nicht zu bezahlen?“
„Nein.“
„So bringe nur gleich einen Krug voll Raki. Du sollst mit uns trinken.“
„Das kann ich nicht, da ich sofort aufbrechen werde. Ich will den heutigen Tag mit meinen Verwandten verbringen, welche in Tekirlik wohnen. Aber Bescheid werde ich Euch thun.“
Er entfernte sich, um den Schnaps herbei zu holen.
„Du,“ meinte derjenige mit dem Haiduckenbeil. „Das haben wir gut getroffen. Nicht?“
„Ja“, nickte der Andere, vor Vergnügen grinsend. „Wir werden uns eine Güte thun.“
„Der Mann soll, wenn er bei seiner Rückkehr erfährt, was wir verzehrt haben, nicht sagen, daß wir seinen Geburtstag nicht zu feiern verstanden.“
Mich freute es, daß der Wirth so kluger Weise auf diesen Vorwand, die Beiden hier fest zu halten, gekommen war. Er brachte einen Krug, welcher nach meiner Ansicht groß genug war, mit seinem Inhalt zehn Männer betrunken zu machen. Dazu setzte er ein Glas auf den Tisch und wollte eingießen.
„Halt!“ gebot der Schleuderer. „Dieses Gefäßchen ist ja nur für Kinder. Wir aber sind Männer und trinken gleich aus dem Krug. Was Allah gibt, das soll man voll genießen. Ich trinke auf Dein Wohl und wünsche Dir dabei Alles, was Du Dir selbst wünschen magst.“
Er that zwei lange Züge, setzte ab, that noch einen Zug und machte dann ein Gesicht, als ob er Nektar getrunken habe. Sein Kamerad folgte seinem Beispiel, trank auch nicht weniger, schnalzte mit der Zunge und meinte, dem Wirth nun den Krug entgegen haltend:
„Trink', Freundchen! Dieses Labsal findet seines Gleichen nicht auf der ganzen Erde. Trink' aber nicht so sehr viel, damit wir als Deine Gäste nicht zu kurz kommen.“

Der Wirth nippte nur und antwortete dann:
„Ihr werdet nicht zu kurz kommen und könnt Euch den Krug wieder füllen lassen."
„Wird dies auch geschehen, wenn Du Dich nicht mehr hier befindest?"
„Ja. Ich habe dem Knecht, der Euch bedienen wird, den Befehl gegeben, Euch zu geben, was Ihr verlangt, wenn es nämlich vorhanden ist."
„So wünsche ich Dir zehntausend Jahre anstatt eines einzigen Tausends. Du bist ein sehr frommer und würdiger Sohn des Propheten und führst ein verdienstliches Leben, für welches Dich der Engel des Todes einst in Abraham's Schooß betten wird."
„Ich danke Euch! Jetzt aber werde ich gehen. Also wendet Euch an den Knecht, wenn ich nicht mehr da bin."
„Wo befindet er sich denn?"
„Draußen auf dem Hof. Es ist kein Mensch hier im Hause. Die Leute sind alle auf dem Feld, werden aber bald zurückkommen."
Der Schlaue sagte das, um sie in Sicherheit zu wiegen. Sie sollten nicht argwöhnen, daß sie belauscht würden, sondern vollständig überzeugt sein, daß sie sich ganz gemüthlich und laut unterhalten konnten.
„So wünschen wir Dir gute Reise," sagte der Besitzer des Beiles. „Vorher aber möchte ich mich bei Dir nach Etwas erkundigen."
„Was ist das?"
„Sind vielleicht vor einiger Zeit drei Männer eingekehrt, weißt Du, nicht gewöhnliche Männer, sondern vornehme Herren?"
„Hm! Bei mir kehren sehr viele Leute ein. Ihr müßt mir also diese Drei beschreiben."
„Das ist nicht nothwendig. Wir brauchen Dir nur zu sagen, was für Pferde sie ritten. Es waren drei Schimmel."
„Ah, richtig! Die sind gestern Abend hier gewesen. Es waren sehr vornehme Männer."
„Haben sie hier geschlafen?"
„Nein. Sie wollten es zwar thun, aber wir machten ein Spielchen, welches fast bis zum Morgen währte, und da meinten sie dann, daß es besser wäre, sogleich weiter zu reiten."
„Haben sie Dir gesagt, welches ihr Reiseziel wäre?"
„Ja."
„Etwa Ostromdscha?"
„O nein! Sie wollten nach Doiran."
„Ah so! Sind sie denn auch dorthin geritten?"
„Natürlich! Sie haben es ja gesagt. Warum sollten sie denn auf einen andern Gedanken kommen?"
„Ganz richtig! Du hast wohl gesehen, daß sie nach Süden davonritten?"
„Ich? Gesehen?" fragte er erstaunt. „Um das zu sehen, hätte ich ihnen doch durch das ganze Dorf nachlaufen müssen. Welchen Grund sollte ich haben, dies zu thun?"
„Ich frug das nur so nebenbei. Aber weiter! Sind nicht dann auch noch Andere bei Dir eingekehrt, welche aus derselben Richtung kamen?"

Diese Frage galt natürlich mir und meinen Begleitern. Wie ich sie beantwortet hätte, das wußte ich; aber daß sie der Wirth anders beantworten werde, davon war ich vollständig überzeugt. Jedenfalls war es am leichtesten, uns ganz zu verleugnen. Daß wir gar nicht hier durchgekommen seien, war nicht zu behaupten; denn wir waren ganz offen durch die rückwärts liegenden Orte geritten und von vielen Leuten gesehen worden. Die Beiden hatten sich da jedenfalls auch nach uns erkundigt und wußten also, daß wir ihnen voraus waren.

Am allerbesten war es jedenfalls, wenn der Wirth eingestand, daß wir hier gewesen seien. Und war er sehr pfiffig, so konnte er sagen, daß wir den Dreien, die vor uns hier eingekehrt, in der Richtung nach Doiran nachgeritten seien. Auf diese Weise erweckte er in den Fragern die Überzeugung, daß von uns einstweilen, und zwar für die Zeit von mehreren Tagen, keinerlei Gefahr zu erwarten sei. Aber, wie gesagt, ich traute ihm diese Klugheit nicht zu. Darum war ich sehr angenehm von dem weiteren Verlauf des Gespräches überrascht. Der Wirth bewies ganz gegen meine Erwartung, daß er wohl auch scharfsinnig sein könne. Er antwortete:

„Es kehrten bei mir seit gestern Abend keine Gäste mehr ein. Ich habe Euch ja bereits gesagt, daß Ihr die Ersten seid."

„Hm! Aber diejenigen, welche wir meinen, sind ganz gewiß nach Dabila gekommen."

„So sind sie vielleicht durch den Ort geritten, ohne sich hier aufzuhalten."

„Jedenfalls. Und das ist uns sehr angenehm, denn wir wollten sie gern einholen. Wir hatten sehr nothwendig mit ihnen zu reden."

„Waren es Bekannte von Euch?"

„Sogar sehr gute Freunde."

„So müßt Ihr ihnen nacheilen und dürft Euch hier nicht lange Zeit aufhalten."

„Leider! Wir möchten aber so gern Deine Gastfreundschaft ehren, indem wir uns Deine Gaben schmecken lassen. Vielleicht treffen wir diese vier Männer noch in Ostromdscha."

„Vier waren es?"

„Ja."

„War vielleicht Einer dabei, der einen Rappen von echter Abstammung ritt?"

„Ja, ja! Hast Du ihn gesehen?"

„Gewiß. Er hatte sogar zwei Gewehre anstatt nur eines einzigen?"

„Das stimmt, das stimmt!"

„Unter den drei Anderen befand sich ein kleiner Kerl, dem statt des Bartes zehn oder elf lange, dünne Fäden von dem Gesicht herabhingen."

„Ganz richtig! Du hast sie gesehen. Aber wo denn, da sie nicht bei Dir eingekehrt sind?"

„Draußen vor dem Thore. Ich stand mit dem Nachbar dort, als sie kamen. Sie wollten freilich bei mir einkehren. Als ich ihnen sagte, daß ich der Wirth sei, fragte mich der Dunkelbärtige, welcher auf dem Araber saß, ob vielleicht drei Männer, die lauter Schimmel ritten, bei mir eingekehrt seien."

„Scheïtan! Was hast Du geantwortet?"

„Natürlich die Wahrheit.“
„O wehe!“
„Warum denn?“
„Wegen nichts. Es entfuhr mir nur so. Sprich weiter!“
„Der Mann fragte mich, wann die Drei da gewesen, wie lange sie geblieben und wohin sie dann geritten seien.“
„Ah, vortrefflich! Was hast Du ihm geantwortet?“
„Alles, was ich wußte. Ich sagte ihm, daß diejenigen, nach denen er fragte, gen Süden nach Doiran geritten seien. Hätte ich das etwa nicht thun sollen?“
„O doch, o doch! Es war ganz recht von Dir. Was thaten sie dann?“
„Der Reiter sagte, er müsse den Andern schnell folgen und könne deßhalb nicht bei mir absteigen. Er fragte mich sehr genau nach dem Weg, welcher von hier nach Doiran führt.“
„Ist er auf ihm fortgeritten?“
„Ja. Ich habe ihn und seine Begleiter bis vor das Dorf hinaus geführt und ihnen Alles sehr ausführlich erklärt. Dann jagten sie im Galopp davon, gegen Furkoi zu. Sie mußten es außerordentlich eilig haben.“
„Also weißt Du ganz genau, daß sie gegen Süden geritten sind?“
„So genau, wie ich Dich vor mir sehe.“
„Nicht aber gegen Westen, nach Ostromdscha?“
„Ist ihnen nicht eingefallen. Ich habe noch lange dort gestanden und ihnen nachgeschaut, bis sie jenseits des Berges verschwanden. Der Rappe entzückte mich so, daß ich ihn nicht aus den Augen lassen konnte.“
„Ja, er ist ein prachtvolles Pferd; das ist wahr.“
„Nun müßt Ihr jedenfalls auch nach Doiran reiten, da Ihr mit diesen vier Männern reden wollt?“
„Allerdings; doch haben wir nun keine Eile mehr. Da sie dorthin sind, so wissen wir, daß sie auf uns warten werden.“
„So freue ich mich, sie gesehen und mit ihnen gesprochen zu haben, sonst hätte ich Euch gar keine Auskunft geben können. Nun aber muß ich fort. Ihr dürft es mir nicht übel nehmen, daß ich nicht länger bei Euch bleiben kann.“
Ganz im Gegentheil zu ihrem früheren Benehmen versicherten sie ihn in der freundlichsten Weise ihrer Dankbarkeit und verabschiedeten sich von ihm, als ob sie ihm ihre ganze Liebe geschenkt hätten. Als er fort war, schlug der Schleuderer mit der Faust auf den Tisch und rief:
„Welch ein Glück! Jetzt sind wir diese Sorge los. Sie sind nicht nach Ostromdscha.“
„Ja, darüber können wir uns freuen. Wie klug von Manach el Barscha und Barud el Amasat, daß sie den albernen Kerl von Wirth beschwatzt haben, sie wollten nach Doiran! Nun sind die Hunde, welche uns belauschten, auch dorthin und werden vergeblich suchen.“

„Ich war noch nie in Doiran und weiß also nicht, wie weit es bis dorthin ist."
„Ich glaube, daß man gut sieben Stunden zu reiten hat. Die Kerle werden erst am Abend dort ankommen. Morgen erkundigen sie sich. Dann erfahren sie freilich, daß sie am Narrenseil geführt wurden. Aber vor übermorgen Mittag haben wir sie nicht in Ostromdscha zu erwarten. Wir können also hier essen und trinken so viel und so lange, als es uns beliebt."
„Das freut mich so, als ob ich selbst heute meinen Geburtstag hätte. Ob aber der Wirth wohl heute wieder zurückkommt?"
„Wird ihm nicht einfallen!"
„Wir hätten ihn doch fragen sollen."
„Warum?"
„Wüßte ich, daß er erst morgen zurückkehrt, so würde ich vorschlagen, den ganzen Tag hier zu bleiben. Wir sind ja Gäste und bekommen Alles, was wir verlangen, ohne daß wir einen einzigen Para zu zahlen brauchen. So Etwas muß man nach Kräften ausnützen."
„Was diese Sorge betrifft, so ist sie überflüssig. Der Wirth bleibt jedenfalls bis morgen dort."
„Meinst Du?"
„Wenn man seinen Geburtstag begeht, so fällt die Hauptfeier doch allemal auf den Abend."
„Das ist wahr."
„Wenn sie zu Ende ist, dann ist Mitternacht jedenfalls vorüber. Denkst Du etwa, daß er dann noch sich auf das Pferd setzt, um vier lange Stunden bis nach Hause zu reiten?"
„Dazu wird er wohl keine Lust haben."
„Vielleicht nicht bloß keine Lust. Man ißt und man trinkt dazu, und das Trinken am Geburtstag ist ein böses Ding. Man trinkt sich da sehr leicht einen Rausch an, in Folge dessen man gern bis in den Tag hinein schläft."
Das klang grad so, als ob ich mich im lieben deutschen Reich befände, wo sich ganz dieselben Anschauungen vorfinden sollen.
„Du hast Recht," stimmte der Andere bei, indem er einen gewaltigen Zug aus dem Krug that. „Der Wirth wird trinken und morgen lange schlafen. Es steht zu erwarten, daß er vor Mittag nicht nach Hause kommt. Wir können uns also hier gütlich thun und die Nacht hier bleiben. Die verwünschten vier Kerle sind ja jetzt nicht mehr zu fürchten, und nach Ostromdscha zu kommen, das hat folglich für uns gar keine Eile."
„Gut! Also bleiben wir! Wenn ich an die vorgestrige Nacht denke, so könnte ich über mich selbst zornig werden. Dieser Mensch, welcher den Rappen reitet, der noch dazu ein Christenhund, ein Ungläubiger sein soll, befand sich in unseren Händen, und wir haben ihn entkommen lassen!"
„Ja, es war unverantwortlich. Ein einziger Messerstich, und der Mensch wäre unschädlich gemacht gewesen!"

„Es kam Alles so plötzlich! Man konnte sich gar nicht besinnen. Kaum waren die Kerle zwischen uns, so waren sie auch schon wieder fort."
„Wie aber sind sie nur hinauf in den Taubenschlag gekommen?"
„Jedenfalls durch den Raum, in welchem sich das Heu befindet."
„Aber wie haben sie wissen können, daß es von da aus möglich war, uns zu belauschen? Wer hat ihnen überhaupt gesagt, daß wir eine Versammlung hatten und daß wir uns ihretwegen in der Kammer befanden?"
„Der Teufel hat es ihnen erzählt. Diese Giaurs werden alle vom Teufel geholt. Darum hält er bereits bei Lebzeiten mit ihnen Freundschaft. Kein Anderer hat es ihnen verrathen. Aber wehe ihnen, wenn sie nach Ostromdscha kommen! Sie sollen in die Hölle fahren, alle Vier!"
„Hm! Uns Beide geht die Sache eigentlich gar nichts an. Wir sind nur die Boten und werden dafür bezahlt."
„Aber wer mich bezahlt, dessen Freund bin ich, und dem stehe ich bei."
„Auch mit einem Mord?"
„Warum denn nicht, wenn es Geld einbringt? Ist es etwa eine Sünde, einen Giaur zu tödten?"
„Nein, es ist sogar ein sehr verdienstliches Werk. Wer einen Christen tödtet, der steigt dadurch um eine ganze Stufe zum siebenten Himmel höher. Das ist die alte Lehre, auf welche leider die Leute nicht mehr hören wollen. Es juckt mich in den Fingern, diesem Fremden, wenn er nach Ostromdscha kommt, eine Kugel zu geben."
„Ich bin dabei."
„Bedenke, welchen Vortheil wir davon hätten! Es würde uns sehr gut bezahlt, und sodann gehörte uns Alles, was er bei sich hat. Sein Pferd allein wäre ein wahres Vermögen für uns. Der Minachor des Padischah würde, wenn wir es zu ihm nach Stambul brächten, uns eine große Summe dafür zahlen."
„Oder auch gar nichts!"
„Oho!"
„Er würde uns fragen, woher wir es haben."
„Geerbt natürlich."
„Wo wäre aber der Stammbaum des Pferdes, den doch jeder Käufer sehen und haben wollte?"
„Den wird der Mensch schon bei sich tragen. Er fiele uns also in die Hände. Ich befürchte nur, daß nicht wir diejenigen sein werden, welche den herrlichen Rappen bekommen."
„Warum nicht?"
„Manach el Barscha und Barud el Amasat werden ebenso klug sein, wie wir."
„Hm! Das ist richtig. Aber wir können sie ja leicht betrügen."
„Wie so denn?"
„Indem wir ihnen verschweigen, daß der Fremde nach Doiran geritten ist. Wir sagen ihnen nur, daß er entkommen sei und sich wahrscheinlich nach – nach – nach irgend

einem Ort gewendet habe, dessen Namen wir uns noch aussinnen können. Dann reiten wir übermorgen gegen Doiran und lauern den vier Kerlen auf."
„Dieser Gedanke ist prächtig. Ich vermuthe nur, daß Manach und Barud sich nicht täuschen lassen werden."
„Wir müßten es dann sehr dumm anfangen!"
„Wer weiß auch überhaupt, wie lange es dauert, ehe wir sie finden!"
„Keine einzige Stunde."
„Ich bin vom Gegentheil überzeugt. Wir wissen nur, daß wir zu der Ruine kommen sollen. Aber da können wir lange suchen."
„Hast Du vergessen, daß wir uns an den alten Mübarek wenden sollen?"
„Das weiß ich sehr wohl. Aber erstens fragt es sich, ob sie ihm ihren Aufenthaltsort wirklich genau mitgetheilt haben, und zweitens kennen wir den Alten nicht. Wer weiß, was für ein Kerl er ist!"
„Er soll ja auch die Koptscha haben, das geheime Zeichen unseres Bundes."
„Das ist noch kein Grund, uns jedes Geheimniß mitzutheilen."
„So haben wir das heimliche Wort, welches Barud el Amasat uns sagte und welches er auch dem alten Mübarek geben wird. Es ist das Zeichen, daß er uns den Aufenthaltsort der Verborgenen nennen oder zeigen soll. Also finden werden wir sie sofort. Das macht mir keinen Kummer. Nur fragt es sich, ob sie noch weitere Dienste von uns verlangen werden."
„Das schlage ich ihnen ab. Wir würden dadurch verhindert werden, den vier Fremden aufzulauern."
„Abschlagen? Das geht nicht. Wir müssen gehorchen. Du weißt doch, daß Widersetzlichkeit mit dem Tod bestraft wird."
„Wenn sie erwiesen ist. Aber wenn ich krank bin, so kann ich nicht gehorchen."
„Ah, Du willst Dich krank stellen? – Das müßte ich dann auch thun, und das würde sehr auffällig sein. Warum sollten wir zufällig alle Beide krank geworden sein?"
„Auch da gibt es eine gute Ausrede. Wir sind unterwegs mit den vier Fremden zusammengetroffen und von ihnen angegriffen worden."
„Hm! Verwundet also?"
„Ja. Ich verbinde mir den Kopf, und Du thust das Gleiche mit Deinem Arm. Wir sind so matt und angegriffen, daß man zunächst unmöglich einen weiteren Dienst von uns verlangen kann – schau, da reitet der Wirth zum Thore hinaus! Trink', damit wir erfahren können, ob der Knecht uns den Krug auch wirklich wieder füllen wird."
Sie tranken und tranken und brachten den Krug zu meinem Erstaunen, ich möchte fast sagen zu meinem Entsetzen, wirklich leer. Dann trat der eine an das Fenster und rief hinaus, worauf ein Knecht hereinkam, welcher natürlich von seinem Herrn die nöthige Weisung erhalten hatte.
Die beiden Gäste erfuhren von ihm, daß er ihnen bringen werde, was sie verlangten, und sie gaben ihm den Befehl, zunächst den Krug wieder zu füllen.

Von zwei Krügen solchen Raki's hätte ein Rhinozeros betrunken werden müssen, und so war ich überzeugt, daß sie sehr bald in einen Zustand verfallen würden, welcher meiner Absicht, sie zu belauschen, nicht günstig sein konnte.
Sie saßen, als der volle Krug gebracht wurde, auch wirklich einsilbig bei einander, blickten stier vor sich hin und tranken in kurzen Zwischenräumen. Ich sah ein, daß von ihnen nichts mehr zu erfahren sei, und beschloß, mich jetzt zu entfernen.
Ich war nicht recht befriedigt von meinem Erfolg. Was hatte ich erfahren? Daß der Schut, der geheimnißvolle Anführer derjenigen, die in „die Berge gegangen waren", seine Unterthanen in einer sehr strengen Zucht hielt, daß er sogar Widersetzlichkeit mit dem Tode bestrafte.
Ferner wußte ich nun genau, daß Barud el Amasat, Manach el Barscha und der mit ihnen aus Adrianopel entflohene Gefängnißschließer in der Ruine von Ostromdscha zu suchen seien. Aber diese Ruine konnte sehr weitläufig sein. Vielleicht befanden sich die Betreffenden auch nur des Nachts oder überhaupt nur zu gewissen Zeiten dort.
Sodann hatte ich erfahren, daß es einen alten Mübarek gebe, einen sogenannten Heiligen, bei welchem die Eingeweihten mit Hilfe eines heimlichen Wortes erfahren konnten, wo sich die drei erwähnten Männer befanden. Aber wer war dieser „Heilige", welcher trotz seiner Heiligkeit in dem verbrecherischen Bund der Ausgestoßenen eine Stelle einnahm? Wo war er zu finden? Auch in der Ruine? Und welches war das Wort, mit dem man sich bei ihm legitimiren konnte? –
Den „Heiligen" getraute ich mir leicht zu finden. Aber das Wort zu erfahren, dies war jedenfalls außerordentlich schwierig, wenn nicht gar unmöglich. Vielleicht gelang es, den Alten zu überrumpeln und ihm dadurch sein Geheimniß zu entreißen.
Jedenfalls aber war ich jetzt überzeugt, daß die beiden Trinker da drin in der Stube für mich bis morgen ganz unschädlich seien. In ganz kurzer Zeit waren sie gewiß so betrunken, daß sie den Verstand verloren hatten. Sie kamen wohl gar nicht dazu, sich Essen geben zu lassen, und wurden in irgend einem Winkel untergebracht, um dort ihren gewaltigen Rausch auszuschlafen.
Das war natürlich von großem Vortheil für mich, denn auf diese Weise blieben die Gesuchten ungewarnt vor uns, und ich konnte die Zeit von heute Nachmittag bis morgen Mittag – denn eher waren die Betrunkenen wohl nicht in Ostromdscha zu erwarten – dazu verwenden, nach den drei Entflohenen zu forschen.
Jetzt nun, da nichts Weiteres mehr zu erlauschen war, schob ich mich, am Boden kriechend, unhörbar hinter den Weidenbündeln hervor und schlich dann nach der Schlafstube. Sie war von innen verriegelt. Als ich leise klopfte, öffnete Halef. Er befand sich mit den beiden Gefährten und einem Knecht darinnen.
„Wir mußten natürlich zuriegeln, Sihdi," erklärte er leise. „Die Halunken hätten ja auf den Gedanken kommen können, nachzusehen, ob sich Jemand hier befinde."
„Ganz recht. Wo sind die Bewohner des Hauses?"

„Sie haben sich versteckt, weil der Wirth erzählt hat, daß Alle sich auf dem Felde befänden."
„So wollen wir aufbrechen. Geh Du voran und sorge dafür, daß wir nicht entdeckt werden."
Der Knecht, an welchen diese Aufforderung gerichtet war, ließ uns heraustreten, schloß dann die Thüre zu, zog den Schlüssel ab und huschte uns voran.
Der andere Knecht, welcher die Gäste bediente, stand auch bereit. Er ging zu ihnen hinein, um, laut mit ihnen sprechend, ihre Aufmerksamkeit auf sich zu lenken, und so wurde es für uns sehr leicht, aus dem Hause hinaus und auf den Hof zu gelangen.
Von hier aus kamen wir dann schnell nach der hinteren Seite des Gebäudes und wurden von dem Knecht eine Strecke weit auf das Feld geführt, wo der Wirth mit einigen Knechten und mit unsern Pferden auf uns wartete.
„Endlich!" sagte er. „Dir ist die Zeit wohl nicht so lang geworden, als mir. Nun aber wollen wir aufbrechen. Steigt auf!"
„Vorher will ich bezahlen. Sage uns, was wir Dir schuldig sind!"
„Ihr mir schuldig?" lachte er. „Nichts, gar nichts!"
„Das dürfen wir nicht annehmen!"
„Doch! Ihr waret meine Gäste."
„Nein. Wir sind ungeladen zu Dir gekommen und haben sogar Alles, was wir aßen und tranken, von Dir verlangt."
„Effendi, sprich nicht weiter! Thu mir die Schande nicht an, meine Gastfreundschaft von Dir zu weisen. Wenn ich zwei solchen Halunken, wie jenen in der Stube, gebe, was ihr Herz begehrt, so kann ich wohl Euch bitten, so zu thun, als ob Ihr bezahlt hättet."
„Aber grad das, was diese Beiden erhielten, habe auch ich bestellt. Ich habe sogar versprochen, es zu bezahlen."
„Herr, willst Du mich erzürnen? Du willst mir mein Geld wieder verschaffen, und ich soll einige lumpige Piaster von Dir für Bier und zwei Eier verlangen? Das thue ich auf keinen Fall!"
Ich hätte mich gleich beim ersten Wort nicht geweigert und hatte mich nur Halef's wegen nicht sofort beruhigt. Ich wollte sein Gesicht sehen, über welches es unaufhörlich zuckte und zerrte. Er mochte befürchten, daß ich doch bezahlen werde. Darum sagte er jetzt hastig:
„Sihdi, Du kennst den Kuran und alle seine Auslegungen. Warum handelst Du gegen diese vom Engel Gabriel diktirten Lehren? Siehst Du nicht ein, daß es gottlos ist, eine offene und mildthätige Hand von sich zu weisen? Wer ein Almosen gibt, der gibt es Allah, und wer eine Gabe zurückweist, der beleidigt Allah. Ich hoffe, daß Du die Härte Deines Herzens bereuest und dem Propheten die Ehre gibst. Steig' also auf, und bekümmere Dich nicht um die Piaster, welche kein Mensch haben will!"
Das war so ernst und eifrig hervorgebracht, als ob es sich um Tod und Leben, um Verdammniß und Seligkeit handelte. Ich gab lachend nach und reichte nur den

Knechten ein Bakschisch, eine Kleinigkeit, von welcher sie aber so entzückt waren, daß sie der Reihe nach mir die Hand küßten, was ich trotz aller Anstrengung nicht verhindern konnte. Dann ritten wir davon, zunächst ein Stück hinter dem Dorf hin, und dann bogen wir zu der nach Ostromdscha führenden Straße ein, welche aber keine Straße war.

Nur sehr kurze Zeit ritten wir auf derselben hin; dann aber, als wir das Dorf hinter uns hatten, fragte ich unseren Wirth:

„Ist diese sogenannte Straße der einzige Weg, welcher nach Ostromdscha führt?"

„Der gradeste ist sie. Es gibt aber noch andere Wege, welche freilich längere Zeit erfordern."

„Suchen wir uns einen solchen Weg aus! Ich möchte gern diese Straße vermeiden."

„Warum?"

„Weil morgen, wenn uns die beiden Kerle nachkommen – –"

„Morgen?" unterbrach er mich.

„Ja, sie wollen so lange bei Dir bleiben, weil sie nichts bezahlen dürfen. Sie erwarten Dich nicht vor morgen zurück, weil Du zu Deinem Geburtstag ihrer Ansicht nach heute Abend tüchtig trinken wirst."

„Diese Schurken! Ich werde sie überraschen und ihnen mittheilen, daß ich heute meinen Geburtstag gar nicht habe."

„Das wirst Du wohl nicht thun."

„So? Warum nicht?"

„Weil es auch in Deinem Interesse liegt, daß sie nicht vor morgen Mittag nach Ostromdscha kommen. Du wirst das noch erfahren. Wenn sie uns dann nachkommen, könnten sie zufällig inne werden, daß wir doch nach Ostromdscha ritten und nicht nach Doiran. Dies könnte alle meine Pläne zu Nichte machen."

„Gut! Wenn Du es wünschest, so reiten wir anders. Gleich hier führt ein Weg links ab in die Felder und Wiesen. Wir werden so reiten, daß wir auf die Straße von Kusturlu gelangen. Dort kennt uns kein Mensch."

Wir bogen also seitwärts ein. Doch war das Ding, welches er einen Weg genannt hatte, alles Andere, aber kein Weg. Man sah es dem Boden an, daß hier zuweilen Menschen gegangen waren, aber eine Bahn gab es nicht.

Rechts und links waren Felder zu sehen, meist mit Tabak bebaut. Auch einige kleine, kümmerliche Baumwollenpflanzungen erblickte ich. Dann gab es wieder braches Land und endlich Wald, durch welchen wir ritten, ohne einen Pfad zu sehen.

Bisher waren wir schweigsam gewesen, nun aber konnte der „Herbergsvater" seine Neugierde nicht länger zügeln. Er fragte:

„Hast Du gehört, was ich mit den Rakitrinkern gesprochen habe?"

„Alles."

„Ihre Fragen und meine Antworten?"

„Es ist mir nichts entgangen."

„Nun, wie bist Du mit mir zufrieden?“
„Du hast Deine Sache ganz vortrefflich gemacht. Ich muß Dich wirklich loben.“
„Das freut mich sehr. Es war gar nicht so leicht für mich, das Richtige zu treffen.“
„Das weiß ich sehr wohl, und darum habe ich mich doppelt über Deinen Scharfsinn gefreut. Du hast bewiesen, daß Du ein tüchtiger Kachpodschludschy bist.“
„Herr, ich bin entzückt, das aus Deinem Mund zu hören, denn ein Lob von Dir ist zehnfach mehr werth, als aus einem andern Mund.“
„So? Warum?“
„Weil Du ein Gelehrter bist, der Alles weiß, von der Sonne herab bis auf das Körnchen im Sand, und ein Held, den noch Niemand hat besiegen können. Du kennst Kaiser und Könige, welche Dich verehren, und reitest unter dem Schatten des Großherrn, mit welchem Du von einem Teller gegessen hast.“
„Wer hat Dir das gesagt?“
„Einer, der es weiß.“
Ich ahnte sogleich, daß mein kleiner, sonst so braver Hadschi hier wieder einmal eine seiner Aufschneidereien losgelassen habe. Er nannte sich meinen Freund und Beschützer, und je höher er mich herausstrich, desto bedeutender war der Abglanz, der von mir auf ihn fallen mußte. Ein Blick nach ihm zeigte mir, daß er, wohl eine Art von Gewitter ahnend, gleich bei Beginn der Rede des Wirthes ein Stück zurückgeblieben war. Daß der Wirth meine Frage nicht direkt beantwortete, war mir ein Beweis, daß Halef ihm verboten hatte, ihn zu nennen.
„Wer ist es denn also, der Etwas weiß, wovon nicht einmal ich selbst eine Ahnung habe?“ fragte ich weiter.
„Ich soll ihn nicht nennen.“
„Gut! So werde ich ihn nennen. Hat er Dir seinen Namen gesagt?“
„Ja, Effendi.“
„Es ist ein sehr langer. Heißt der kleine Halunke etwa Hadschi Halef Omar – – und so weiter?“
„Effendi, frage mich nicht!“
„Und doch muß ich Dich fragen.“
„Aber ich habe ihm versprechen müssen, seinen Namen nicht zu nennen.“
„Dieses Versprechen mußt Du halten. Den Namen brauchst Du nicht zu nennen. Sage nur ja oder nein! War es der Hadschi?“
Er zögerte noch verlegen, aber als ich ihm einen strengen, zornigen Blick zuwarf, antwortete er:
„Ja, er hat es gesagt.“
„Nun, so will ich Dir mittheilen, daß er ein ganz gewaltiger Lügner ist.“
„Herr, das sagst Du aus Bescheidenheit!“

„Nein. Laß Dir das nicht einfallen. Ich bin ganz und gar nicht bescheiden; das kannst Du schon daraus ersehen, daß ich Deine prächtige Eierspeise gegessen habe, ohne sie zu bezahlen –"
„Herr, sei still!" fiel er mir in die Rede.
„Nein, ich muß sprechen, um den Fehler dieses Hadschi Halef Omar wieder gut zu machen. Er hat gradezu gelogen. Ich habe den Padischah gesehen, aber nicht mit ihm von einem Teller gegessen. Ich kenne Kaiser und Könige, ja, nämlich dem Namen nach, habe auch wohl Einen oder den Andern von ihnen erblickt, aber sie verehren mich ganz und gar nicht; sie kennen nicht einmal meinen Namen. Ich bin für sie gar nicht vorhanden."
Er sah mir mit einem Ausdruck ins Gesicht, aus dem ich erkannte, daß er der Aufschneiderei des Kleinen weit mehr Glauben schenkte, als meinem offenen Geständniß.
„Und was meine Gelehrsamkeit betrifft," fuhr ich fort, „so ist sie gar nicht weit her. Ich soll Alles wissen, von der Sonne bis zum Sandkorn herab? Nun ja, das Sandkorn kenne ich, wie jeder Andere; aber von der Sonne weiß ich weiter nichts, als daß die Erde sich um sie dreht, wie weit wir von ihr entfernt sind, welchen Umfang, welch' ein muthmaßliches Gewicht, welchen Durchmesser sie hat, wie – – –"
„Maschallah! Maschallah!" schrie der Mann laut auf, indem er mich ganz ängstlich anblickte und sein Pferd von dem meinigen wegrückte.
„Was schreist Du denn?" fragte ich.
„Das weißt Du? Was Du jetzt gesagt hast?"
„Ja."
„Wie weit die Sonne von uns entfernt ist?"
„Ungefähr zwanzig Millionen Meilen."
„Daß wir uns um sie drehen?"
„Natürlich!"
„Wie stark und wie dick sie ist, das weißt Du auch?"
„Ja."
„Und sogar wie schwer sie wiegt?"
„Ungefähr. Auf eine Million Zentner kommt es dabei gar nicht an."
Er machte jetzt ein völlig entsetztes Gesicht und hielt sein Pferd an.
„Herr," sagte er, „ich bin einmal in Istambul gewesen und habe dort mit einem gelehrten Derwisch gesprochen, welcher wieder mit vielen gelehrten Männern anderer Länder zusammengetroffen war. Der hat mir bei dem Propheten und dessen Bart zugeschworen, daß die Sonne und die Sterne nicht so klein sind, wie es scheint, sondern viel, viel größer als die Erde. Sie scheinen so klein zu sein, weil sie so gar unendlich weit von uns entfernt sind. Ich war ganz erschrocken darüber. Du aber willst diese Entfernungen wissen und auch alles Andere dazu! Kennst Du denn auch den Mond?"
„Das versteht sich!"

„Wie weit er von uns entfernt ist?"
„Sechsundachtzigtausend türkische Aghatsch."
„O Allah, wallah, tallah! Effendi, mir graut vor Dir!"
Er starrte mich förmlich an. Da kam Halef herbei, hielt bei uns an und sagte:
„O, mein Sihdi weiß noch mehr, noch viel, viel mehr. Er weiß, daß es Sterne gibt, die wir noch gar nicht sehen, und daß es Sterne nicht mehr gibt, die wir noch alle Nächte erblicken. Er hat es mir selbst gesagt und es mir auch erklärt. Ich aber habe es wieder vergessen, denn mein Kopf ist viel zu klein für eine solche Menge von Sonnen und Sternen."
„Ist das wirklich wahr?" schrie der Türke laut auf.
„Ja. Frage ihn selbst!"
Da ließ der Mann die Zügel auf die Kniee fallen, hob die Hände bis zum Gesicht empor und hielt sie so, daß alle zehn Fingerspitzen nach mir wiesen. Das thut man in der Levante, wenn man sich gegen den bösen Blick und Zauberei vertheidigen will.
„Nein!" rief er dazu. „Ich frage ihn nicht. Ich will nichts wissen. Ich will ganz und gar nichts mehr erfahren. Allah behüte meinen Kopf vor solchen Dingen und solchen Zahlen. Er würde zerplatzen, wie ein alter Mörser, in den man zu viel Pulver gesteckt hat. Laßt uns lieber weiter reiten!"
Er nahm die Zügel wieder auf und setzte sein Pferd in Bewegung. Dabei murmelte er:
„Und da nennst Du den Hadschi einen Lügner? Er hat noch viel zu wenig von Dir gesagt!"
„Ibarek, was Du jetzt von mir gehört hast, das weiß in meinem Vaterland jedes Kind."
„Maschallah! Ich danke für so ein Land, in welchem schon die Kinder die Sterne wiegen und messen müssen. Welch ein Glück, daß ich nicht in Alemannia geboren bin! Der Schuster, von welchem ich das Bier kochen lernte, hat mir davon nichts gesagt, und das war sehr klug von ihm. Laß uns von etwas Anderem reden. – Ich sagte, daß Dein Lob mich doppelt erfreue, eben weil es aus Deinem Munde kommt. Du bist mit mir zufrieden gewesen, und das gibt mir die Hoffnung, daß ich mein Geld wieder erlangen werde."
„Wenn mich meine Hoffnung nicht betrügt, so bekommst Du es wieder."
„Hoffnung? Du hoffst es bloß?"
„Ja. Was sonst?"
„Du hoffst es nicht, sondern Du weißt es genau."
„Da irrst Du Dich."
„Nein. Ich kann darauf schwören, daß Du es genau weißt."
„Du würdest einen falschen Eid schwören."
„Nein, Effendi! Wer in der Wüste, im Wald und auf dem Feld die Spuren von Leuten lesen kann, welche längst verschwunden sind, der weiß auch ganz genau, wo sich mein gestohlenes Geld befindet."
Jetzt wurde ich ernstlich zornig. Der kleine Hadschi konnte mich leicht einmal durch seine unbedachten Lobeserhebungen in die übelste Lage bringen.
„Das hat Dir natürlich Halef auch gesagt?" fragte ich.

Er nickte zustimmend.
Jetzt wandte ich mich zu dem Kleinen:
„Halef, warum bleibst Du zurück? Komm doch einmal her!“
„Was soll ich, Sihdi?“ fragte er freundlich, wie ein Hund, welcher weiß, daß er gerufen wird, um Prügel zu bekommen, und dabei doch mit dem Schwanze wedelt.
„Die Kurbatsch solltest Du bekommen, die Nilhautpeitsche! Weiß Du, warum?“
„Sihdi, Deinen treuen Halef schlägst Du niemals. Das weiß ich genau!“
„Das ist eben das Unglück, daß Du meinst, ich könne Dich nicht bestrafen. Es gibt aber noch ganz andere Strafen als das Peitschen. Kostentziehung sollst Du haben! Nichts zu essen bekommst Du, während wir gebratene Hühner speisen!“
Ich sagte das sehr drohend und im Ton des Zornes. Gebratenes Huhn war sein ganzes Leben! Er aber antwortete lächelnd:
„Sihdi, lieber äßest Du selber nichts, mir aber gäbst Du die ganze Henne.“
„Schweig! Wenn nichts Anderes hilft, so jage ich Dich fort!“
„Effendi, Du weißt, daß ich Dir doch nachlaufen würde. Ich bin Dein Diener. Wir haben zusammen gehungert und gedürstet, geschwitzt und gefroren, geweint und gelacht – Sihdi, zwei solche Leute sind nur schwer zu trennen.“
Der gute Kerl hatte freilich Recht. Er wußte ganz genau, was erfolgte, wenn er diese Saite anschlug. Mein Zorn legte sich sofort.
„Aber, Halef, Du sollst nicht so flunkern!“
„Sihdi, war es geflunkert? Das habe ich wirklich nicht gewußt. Wie kannst Du doch so zornig werden, wenn ich sage, Du habest mit dem Sultan von einem Teller gegessen?“
„Es ist ja eine Lüge!“
„Das kannst Du nicht behaupten!“
„Nun, hast Du nicht in Stambul beim Kasi Askeri gespeist?“
„Was hat das aber mit Deiner Aufschneiderei zu thun?“
„Gar viel. Speist der Sultan denn nicht einmal auch beim Kasi Askeri?“
„Offiziell nicht.“
„Also heimlich. Nun, so habe ich ganz und gar nicht Unrecht. Wie leicht kann der Sultan einmal grad den Teller, auf welchem auch Du gegessen hast, schon bekommen haben! Du siehst, Sihdi, daß Dein treuer Halef ganz genau weiß, was er sagt. Aber Du bist wie die Trafula, ganz genau so. Sie ist eine große Delicatesse und wird theuer bezahlt, aber sie versteckt sich unter die Erde, weil man ja nicht von ihr reden soll. Ich allein kenne Dich, und da ich Dein Angesicht wieder freundlich leuchten sehe, so ist mein Herz wieder leicht und froh. Allah gibt Wolken, und Allah gibt Sonnenschein. Der Mensch muß nehmen, was Allah gibt.“
Natürlich leuchtete mein Gesicht. Der Kuckuck mag ernst bleiben, wenn man auf eine so geistreiche Weise mit einer Trüffel verglichen wird. Ich mußte natürlich lachen, und der kleine Hadschi lachte mit. Das war das jedesmalige sichere Ende, wenn ich einmal begann, ein Ungewitter über ihn loszulassen.

Wir ritten weiter. Ich bemerkte aus den Blicken, welche mir der Türke zuwarf, und aus dem Umstand, daß er sein Pferd stets ein wenig zurückhielt, daß er einen gewaltigen Respekt vor mir hatte. Er schien große Lust zu haben, mich für ein Weltwunder zu halten.

Der Wald ging bald zu Ende, und wir trabten nun über eine weite, ebene Brache, die unseren Pferden freien Spielraum bot. Da regte sich die Neugierde des Wirthes wieder.

„Effendi," hob er an, „ich werde doch heute wieder zurückkehren können?"

„Ich glaube es schwerlich."

„Warum?"

„Nun, Du willst doch Dein Geld mitnehmen?"

„Natürlich."

„So wirst Du wohl länger bleiben müssen. Wir müssen doch die Spitzbuben haben, ehe wir es ihnen abnehmen können."

„Aber Du weißt ja, wo sie sind!"

„Nein."

„Der Hadschi sagte es!"

„Laß Dir von ihm nichts aufbinden. Ich weiß, daß sie sich in Ostromdscha versteckt halten, weiter nichts. Ich werde sie suchen müssen."

„So fragen wir nach ihnen!"

„Das wäre vergeblich. Sie werden sich wohl von Niemand sehen lassen."

„Waih! So finden auch wir sie nicht!"

„Vielleicht doch. Ich habe eine Spur von ihnen."

„Hier auf der Erde?"

Der gute Mann hatte von Halef gehört, daß ich geschickt im Lesen der Fährten sei. Nun glaubte er, ich müsse so ein Ding hier vor mir auf dem Boden haben.

„Nein," antwortete ich und deutete dabei auf meine Stirn. „Hier liegt die Spur, welche wir verfolgen werden. Bist Du vielleicht in Ostromdscha gut bekannt?"

„Ja. Es ist doch die nächste Stadt bei meinem Dorf."

„Gibt es einen Berg daselbst?"

„Einen hohen."

„Und eine Ruine darauf?"

„Einen ganzen Haufen von Trümmern."

„Woher stammen sie?"

„Das weiß man nicht genau. Die Bulgaren sagen, sie hätten einst ein großes Reich hier gehabt und einer ihrer berühmten Fürsten habe in dieser Burg gewohnt. Dann sind die Feinde gekommen, welche die Burg eroberten und dann zerstörten."

„Wohl die Türken?"

„So meinen Einige. Andere aber sagen, die Griechen seien es gewesen."

„Das ist uns gleich. Kann man leicht hinauf zur Ruine?"

„Ja, sehr leicht."

„Und es ist nicht verboten, hinauf zu steigen?“
„O nein. Jedermann darf hinauf, aber dennoch sind es nur Wenige, welche dies thun.“
„Warum?“
„Weil böse Geister oben wohnen.“
„Ah so! Nun, die werden wir uns wohl einmal ansehen!“
„Effendi, bist Du toll?“
„Ganz und gar nicht. Ich habe mich schon längst gesehnt, einmal einen solchen Geist zu erblicken. Jetzt freue ich mich, daß dieser Wunsch mir in Erfüllung gehen soll.“
„Herr, laß das bleiben!“
„Pah! Ich werde es versuchen.“
„Bedenke, daß am Tage kein Geist zu finden ist!“
„Ich suche ihn ja auch nicht am Tage.“
„O Allah! Du willst des Nachts hinauf?“
„Wahrscheinlich.“
„So wirst Du nie wieder herunterkommen. Die Geister werden Dich vernichten!“
„Ich bin neugierig, wie sie das anfangen werden.“
„Spotte nicht, Effendi! Die bösen Geister fragen leider nicht darnach, ob Du den Mond und die Sterne messen kannst, auch nicht, von welchem großherrlichen Teller Du gegessen hast. Sie fragen überhaupt gar nicht, sondern sie packen Dich beim Schopf und drehen Dir das Gesicht auf den Rücken.“
„Oho!“
„Ja, ja!“ nickte er.
„Hat es denn bereits solche Fälle gegeben?“
„Mehrere!“
„Oben in der Ruine?“
„Ja. Man hat am Morgen Leute zwischen den Trümmern gefunden, denen das Gesicht auf dem Rücken stand.“
„Lebten sie denn noch?“
„Wie Du so fragen kannst! Wem das Gesicht auf dem Rücken steht, dem ist doch der Hals gebrochen. Sie sind also todt gewesen.“
„Ah so! Du sprachst von Leuten, aber nicht von Leichen. Kannte man diese Menschen?“
„Nein. Es waren stets Fremde. Nur einmal war es Einer aus Ostromdscha. Er war ein neuer Khawaß und sagte, er glaube nicht an Geister. Er steckte sein Messer und seine Pistolen zu sich und stieg in der Dämmerung hinauf. Am andern Tage lag er ebenso oben, wie die Anderen. Sein Gesicht war blauroth angelaufen, und die Zunge hing ihm weit aus dem Hals heraus.“
„Ist das lange her?“
„Noch nicht zwei volle Jahre. Ich selbst habe diesen tollkühnen Mann gesehen.“
„Als er noch lebte?“
„Ja, dann aber auch seine Leiche. Das wollte ich Dir sagen.“

„Freut mich unendlich! Beschreibe mir doch einmal seine Leiche!“
„Sie sah schrecklich aus!“
„Ist das die ganze Beschreibung, welche ich von Dir zu erwarten habe?“
„Nein. Man hatte sie in einen alten Kaftan gewickelt, als man sie von dem Berg herabbrachte. Ich war früh nach der Stadt geritten, um mir Tabakssamen zu kaufen, und kam grad recht, den Leichnam zu sehen.“
„Ich wünsche ganz besonders zu wissen, wie sein Hals aussah.“
„Entsetzlich!“
„Beschreibe es doch! Waren Wunden daran?“
„Nein. Aber man konnte ganz deutlich sehen, wie die Geister ihn mit ihren Krallen gepackt hatten.“
„Hm! Waren diese Krallen etwa in den Hals eingedrungen gewesen?“
„Was denkst Du! Die Geister können kein Blut ersehen. Sie verursachen niemals eine Wunde. Sie verletzen nicht einmal die Haut. Aber man erblickte ganz deutlich die Spuren der Krallen. Mir schauderte vor der Leiche; aber ich habe sie dennoch ganz genau betrachtet, und viele Andere thaten es.“
„Wie sahen denn diese Krallenspuren aus?“
„Wie lange, schmale, rothunterlaufene Eindrücke, hinten zwei und vorn acht.“
„Habe es mir gedacht.“
„Hast Du denn auch einmal Einen gesehen, der von den Geistern umgebracht worden ist?“
„Nein, niemals. Die Geister meines Vaterlandes bringen keinen Menschen um. Sie sind sehr friedfertiger Natur. Es gibt ihrer drei Arten. Man nennt sie Plagegeister, Schöngeister und Salmiakgeister. Nur die erstere Sorte kann unbequem werden. Die Andern thun nichts.“
„Wie glücklich ist Dein Vaterland, Effendi, daß es nur solche Geister hat! Die Unserigen sind böser, viel böser. Sie drehen Einem gleich den Hals um. Dann ist man todt.“
„Ja, ich glaube selbst, daß man dann todt ist.“
„Natürlich! Darum bitte ich Dich um Allah's willen, ja nicht des Nachts auf diesen bösen Berg zu steigen. Du müßtest sonst auch als Leiche herabgeholt werden.“
„Nun, ich werde es mir überlegen.“
„Da gibt es gar nichts zu überlegen. Wenn Jemand mich fragt, ob ich leben bleiben oder ob ich sterben will, so habe ich gar nichts zu überlegen. Ich bleibe leben.“
„Gut! Auch ich werde leben bleiben!“
„So ist es recht! Nun wird mir das Herz wieder leicht. Du hast mir große Angst gemacht.“
„So wollen wir gar nicht mehr von der Ruine reden. Sage mir lieber, ob es in Ostromdscha einen Menschen gibt, den man den alten Mübarek nennt!“
„Freilich gibt es ihn.“
„Kennst Du ihn?“
„Sehr genau.“

„Ist es auch für mich möglich, ihn zu sehen?“
„Wenn er daheim ist, ja. Jeder darf zu ihm.“
„So warst auch Du bei ihm?“
„Oft. Ich habe ihm manchen Piaster hingetragen.“
„Wofür?“
„Für seine Heilmittel.“
„Ah, er ist ein Hekim?“
„Nein.“
„Oder ein Apotheker?“
„Auch nicht. Er ist ein Heiliger.“
„Aber ein Heiliger handelt doch nicht etwa mit Heilmitteln?“
„Warum nicht? Wer sollte es ihm verbieten? Niemand. Alle Leute sind im Gegentheil froh, daß der alte Mübarek da ist. Wo kein Hekim und kein Ezadschi helfen kann, da hilft er gewiß.“
„Also hat er auch Dir geholfen?“
„Sogar sehr, sehr oft, mir, den Meinen und auch meinem Vieh.“
„So ist er also Arzt für Thiere und für Menschen. Das ist höchst interessant.“
„O, er selbst ist noch viel interessanter.“
„Wie so?“
„Er ist über fünfhundert Jahre alt.“
„Soll ich erschrecken?“
„Nein, Du brauchst nicht zu erschrecken. Es ist sehr wahr.“
„Aber ich glaube es nicht.“
„Sage ihm das nicht, sonst bist Du verloren!“
„Ist es denn so gefährlich, von ihm zu reden?“
„Ja. Er hat einen Geist, welcher überall umher fliegt, um zu hören, was man von dem alten Mübarek redet.“
„Wunderbar! Höchst wunderbar! Weißt Du nicht, ob man diesen Geist sehen kann?“
„Natürlich! Er hat ihn ja bei sich. Es ist ein sehr großer Karga, schwarz wie die Nacht.“
„Hm! Hat er nicht auch eine große, schwarze Katze bei sich?“
„Allerdings! Woher weißt Du das?“
„Ich vermuthe es. Warst Du auch in seinem Gemach, in welchem er seine Mittel bereitet?“
„Ja. Aber woher weißt Du denn, daß er ein besonderes Gemach dazu hat?“
„Auch das vermuthe ich. Hast Du dort nicht die ausgestopften Vögel gesehen?“
„Ja.“
„Die Schlangen?“
„Auch.“
„Die Unken in den Gläsern? Die Fledermäuse, welche an der Decke hängen?“
„Allah w'Allah! Ja, ja!“

„Sodann die Todtenköpfe und Todtenknochen?“
Bei einer jeden Frage, welche ich stellte, wurde sein Gesicht erstaunter.
„Herr,“ rief er jetzt, „kennst Du den Mübarek?“
„Nein.“
„Aber Du weißt ja ganz genau, wie es in seinem Gemach aussieht.“
„Das kommt daher, weil ich andere Mübareks kennen gelernt habe.“
„Hat denn jeder Mübarek ein solches Gemach?“
„Die Meisten haben ein solches. Ja, es hat auch Viele gegeben, welche mehrere hundert Jahre alt waren.“
„Und bei diesem glaubst Du es nicht?“
„Nein, gewiß nicht.“
„So begreife ich es nicht.“
„Ist dieser Mann schon lange bei Euch?“
„Nein. Erst seit sechs Jahren.“
„So, so! Seit wann hat es denn so böse Geister in der Ruine gegeben?“
„O, zu allen Zeiten.“
„Haben sie auch immer den Leuten den Hals umgedreht?“
„Nein. Das hat erst seit einigen Jahren angefangen.“
„Sonderbar! Weißt Du vielleicht die Zahl der Jahre? Es wäre mir das sehr lieb.“
„Der Erste, welchem das Gesicht auf den Rücken gedreht wurde, war ein Grieche, der am Tag vorher auch bei mir hausirte. Am andern Morgen lag er todt unterhalb der Ruine. Ferner weiß ich, daß seitdem fünf oder sechs Jahre verflossen sind.“
„Also grad so lange, wie der Mübarek in Ostromdscha wohnt. Hat dieser alte Heilige vielleicht sonst noch besondere Eigenschaften?“
„Nein, außer daß er niemals ißt oder trinkt.“
„Und dennoch lebt er?“
„Er sagt: eben weil er gar nichts esse und trinke, sei er über fünfhundert Jahre alt geworden. Allah esse nie Etwas und sei deßhalb ewig. Der Mübarek hat auch niemals Zähne gehabt, eben weil er niemals gegessen hat.“
„Vielleicht hat er sie verloren?“
„Nein, nein! Wer ihn darum bittet, dem zeigt er seinen Mund. Das Zahnfleisch hat gar keine Lücke, und keine Spur von einem Zahn ist vorhanden.“
„So beginne ich jetzt, zu glauben, daß er ein sehr großer Heiliger sei.“
„Das ist er ganz gewiß. Allah liebt ihn und hat ihm darum die Gabe verliehen, sich unsichtbar zu machen.“
„Wirklich! Nun, das ist ja eine ganz besondere Eigenschaft! Und vorhin sagtest Du, daß er keine weiteren Eigenschaften besitze.“
„Ja, wenn Du mit diesem Wort solche Gaben meinst, so hat er freilich noch mehrere ganz besondere Eigenschaften.“
„Willst Du mir nichts darüber mittheilen?“

„Sie fallen mir nicht sogleich ein. Es gibt so sehr viel von ihm zu sagen, daß man ganz irre wird."

„Bist Du vielleicht auch einmal Zeuge gewesen, daß er sich unsichtbar machen kann?"

„Das will ich meinen!"

„Erzähle es mir!"

„Ich wußte, daß der Sohn meines mir gegenüber wohnenden Nachbars krank war und daß der alte Mübarek zu ihm kommen würde. Mein Weib hatte böse Schmerzen im Kopf und sie wollte sich von dem Alten ein Amulet schreiben lassen. Darum stellte ich mich zur Zeit, als der Mübarek kommen sollte, vor die Thüre meines Hofes. Er kam. Ich rief ihn bei seinem Namen. Er aber antwortete nicht. Ich rief ihn abermals, und als er auch dann nicht antwortete, so ging ich über den Weg zu ihm hin, grüßte ihn und sagte ihm, daß meine Frau seiner Hülfe bedürfe. Er blickte mich sehr grimmig an und fragte mich, für wen ich ihn halte. Als ich ihm nun antwortete, daß er der berühmte Heilige sei, lachte er mich aus, gab aber keine Antwort und ging in den Hof des Nachbars. Ich wartete lange, lange Zeit, aber er kam nicht wieder heraus. Nur Busra, der Krüppel, den ich aber gar nicht hatte hineintreten sehen, kam auf seinen beiden Krücken heraus gehinkt. Als ich dann den Nachbar aufsuchte, um nach dem Heiligen zu fragen, sagte er, derselbe sei gar nicht dagewesen. Ich schwor, daß ich ihn hatte hinein gehen sehen, und er schwor, daß nur der Krüppel bei ihm gewesen sei. Der alte Mübarek aber war verschwunden. Was sagst Du dazu, Effendi?"

„Zunächst gar nichts."

„Warum zunächst?"

„Um ein Urtheil haben zu können, müßte man den Heiligen längere Zeit beobachtet haben. Aber die Sache läßt sich vielleicht auf das Allereinfachste erklären."

„Wie denn, Effendi?"

„Der Heilige ist bei Deinem Nachbar vorn hinein und hinten wieder hinaus gegangen."

„Das kann er nicht. Der Hof liegt vorn, und hinter dem Hause gibt es gar keinen Garten und keinen Ausgang. Das Thor, durch welches ich ihn hineingehen sah, ist der einzige Weg, auf welchem er wieder herauskommen kann."

„Vielleicht hatte er sich versteckt."

„Wo denn? Das Häuschen des Nachbars ist ja so klein, daß man einen Jeden, der sich verstecken wollte, sofort sehen würde."

„Dann ist die Sache allerdings höchst geheimnißvoll. Ich kann sie nicht erklären."

„Es ist zu erklären, und zwar so, wie ich bereits sagte. Der Mübarek kann sich unsichtbar machen. Glaubst Du es nicht?"

Die ganze Geschichte war natürlich Schwindel. Aber sollte ich mich mit dem Wirth streiten, der zwar geistig sehr gut veranlagt zu sein schien, aber doch von dem Wahnglauben des Orientes befangen war? Vielleicht war es auch im Interesse der Sache selbst besser, wenn ich ihn bei seiner Meinung ließ. Darum antwortete ich:

„Wer über solche Sachen noch nicht nachgedacht und auch nichts Ähnliches gesehen hat, der kann da weder Ja noch Nein sagen."
„Aber ich sage Ja!" meinte Halef, der Alles mit angehört hatte, wobei mir aus seinen Augen gar manch ein pfiffiger Blick zugekommen war.
„Du? Also Du glaubst es?"
„Steif und fest."
„Das wundert mich."
„Warum, Sihdi?"
„Weil Du meines Wissens auch noch Niemanden kennen gelernt hast, welcher die Macht gehabt hätte, sich unsichtbar zu machen."
„Ich? Niemanden kennen gelernt? O, Sihdi, wie befindest Du Dich da im Irrthum!"
„Nun, wann hast Du eine solche Bekanntschaft gemacht?"
„Sehr oft, und zuletzt erst heute wieder."
Ich ahnte, daß er wieder im Begriff stehe, eine seiner Schelmereien loszulassen. Darum schwieg ich. Der Türke aber fing sofort Feuer. Er glaubte, einen Beleg zu seinem Aberglauben erlangen zu können, und fragte schnell:
„Heute? Etwa unterwegs?"
„O nein!"
„Dann wohl bei mir?"
„Du hast es errathen."
„Allah! Bei mir hätte es Einen gegeben, der auch so schnell unsichtbar geworden wäre?"
„Ja, bei Dir."
„Habe auch ich ihn gesehen?"
„Natürlich."
„Etwa einer von den beiden Strolchen?"
„Fällt keinem von ihnen ein."
„Nun, wer denn?"
„Der Eierkuchen. Du sahst ihn ganz deutlich bei mir eintreten; dann aber war er verschwunden."
Der Wirth machte zunächst ein sehr verblüfftes, dann ein enttäuschtes und endlich gar ein zorniges Gesicht und rief dem Kleinen zu:
„Hadschi, Du willst in Mekka, der Stadt des Propheten gewesen sein?"
„So ist es wirklich."
„Das glaube ich nicht."
„Willst Du mich beleidigen?"
„Nein; aber dennoch sage ich, daß ich es nicht glaube."
„Frage meinen Sihdi! Er weiß es sehr genau, denn er war – –"
Ich warf ihm einen warnenden Blick zu, so daß er mitten in seiner Rede inne hielt. Der Wirth war ein Moslem und brauchte nicht zu erfahren, was für ein Abenteuer wir damals bei dem Heiligthum der Muhamedaner erlebt hatten.

„Und wenn der Effendi es zehnmal beweisen kann," antwortete der Türke, „so glaube ich es dennoch nicht."
„Warum aber nicht?"
„Weil ein frommer Hadschi es verschmäht, einem Gläubigen eine solche Nase zu drehen. Ich habe Dich für einen aufrichtigen, guten Menschen gehalten; aber Du bist ein Nichtsnutz, welcher nur auf Spässe sinnt."
„Höre, Du Sohn dieses schönen Flußtales, weißt Du, wie ich heiße?"
„Ich habe es ja gehört!"
„Nun, wie denn?"
„Halef."
„Das ist der Name, bei welchem mich nur meine ganz vertrauten Freunde rufen dürfen. Für Andere aber heiße ich Hadschi Halef Omar Ben Hadschi Abul Abbas Ibn Hadschi Dawud al Gossarah. Merke Dir das!"
„So einen langen Namen kann sich Niemand merken, wenigstens ich nicht."
„Das beweist nur, daß Dein Verstand ein sehr kurzer ist. Aber wenn Du hörst, welch' einen berühmten Namen ich habe, so wirst Du wohl anders von mir denken lernen. Ich bin ein frommer Sohn des Propheten; aber ich weiß, daß das Leben nicht aus lauter Gebetsübungen bestehen kann. Allah will, daß seine Kinder sich freuen. Es ist also keine Sünde, sich einen Spaß zu machen, welcher Keinem einen Schaden bringt. Wenn Du mich aber wegen eines solchen kleinen Scherzes sogleich einen Nichtsnutz nennst, so ist das für mich eine Beleidigung, welche eigentlich nur mit Blut abzuwaschen ist. Da Du aber unser Wirth bist und wir Dir dankbar sein müssen, so will ich einmal meinen Grimm hinunterschlucken und Dir verzeihen."
Er brachte das in so drolliger Weise vor, daß der Wirth lachen mußte. Die Versöhnung ließ nicht auf sich warten.
„Hältst auch Du meinen Glauben für lächerlich?" fragte mich der zuletzt Genannte.
„O nein! Mag der Mensch das Richtige oder das Falsche glauben, so ist mir Beides sehr ernst. Vielleicht sehe ich den alten Mübarek, und dann ist es wohl möglich, daß ich mir eine Meinung bilde. Wo wohnt er denn eigentlich?"
„Auf dem Berg."
„Ah! Etwa bei der Ruine?"
„Nicht bei, sondern in derselben."
„Das ist – ja, das ist mir freilich höchst interessant. Warum ist er denn da hinauf gezogen?"
„Um die bösen Geister zu bannen."
„Das ist ihm aber leider nicht gelungen."
„O doch!"
„Sie erscheinen ja immer wieder und drehen den Leuten das Gesicht auf den Rücken."

„Nur einige von ihnen. Diese Geister sind sehr mächtig. Niemand, selbst nicht der Mübarek, kann sie gleich alle auf einmal zum Verschwinden bringen, zumal es nur eine einzige Nacht im Jahre gibt, in welcher man den Geistern beikommen kann."
„Welche Nacht ist es?"
„Ich weiß es nicht. In jeder solchen Nacht ist es dem Alten gelungen, einen der Geister zu bezwingen; also jährlich einen."
„Das sind in Summa sechs?"
„Ja. Wenn Du sie sehen willst, wird man sie Dir zeigen."
„Ah, man sieht sie noch?"
„Natürlich ihre Leichen."
„So haben diese Geister auch Leiber gehabt?"
„Ja, sonst könnten sie doch keinem Sterblichen erscheinen! Gewöhnlich haben sie keinen Leib, aber dann, wenn sie sich sichtbar machen wollen, dann brauchen sie einen, und grad in diesem Körper kann man sie fangen, indem man alle Öffnungen verstopft, so daß sie nicht wieder heraus können."
„Das ist mir neu. Ich werde mir die Leichen dieser sechs Geister ganz gewiß ansehen."
„Ich werde Dich hinführen. Auch auf den Berg und in die Ruine gehe ich mit, wenn Du es verlangst, aber nur am Tage. Bei Nacht bringt mich kein Mensch hinauf."
„Vielleicht verlangt auch Niemand eine solche Heldenthat von Dir. Aber ich habe Dich auch noch etwas Anderes zu fragen. Bist Du schon einmal in Radowitsch gewesen?"
„Ja, sehr oft sogar, und auch weiter."
„Kennst Du den Ort Sbiganzi?"
„Ich war nur einmal dort, für eine kurze, einzige Stunde. Es ist ein kleines Nest und liegt zwischen zwei Flüssen."
„Ich kenne diese beiden kleinen Wasser. Es sind die Bregalnitza und die Sletowska. Kennst Du vielleicht einige Leute dort?"
„Wenige."
„Vielleicht den Kassab Tschurak?"
„Den kenne ich nicht."
„Das ist sehr Schade!"
„Warum, Effendi?"
„Ich wollte mich bei Dir nach ihm erkundigen."
„So wollen wir in Ostromdscha nach ihm fragen. Ich werde wohl Jemanden finden, der ihn kennt."
„Das überlaß lieber mir. Diese Erkundigung muß sehr vorsichtig geschehen. Niemand darf wissen, daß ich mich für ihn interessire. Dort oben in der Gegend von Sbiganzi muß es einen Ort geben, welcher Derekuliba genannt wird. Hast Du vielleicht diesen Namen schon gehört?"
„Es ist mir so; aber ich kann mich nicht besinnen."
„So mag es so sein, als ob ich Dich gar nicht darnach gefragt hätte."

„Ist denn ein Geheimniß damit verbunden?"
„Allerdings."
„Sieh, also auch Du hast Geheimnisse! Du bist aber zurückhaltend und sagst nichts von ihnen. Wenn ich jedoch von den meinigen erzähle, so werde ich ausgelacht, zum Beispiel vorhin, als ich von dem alten Mübarek sprach."
„Da handelte es sich um kein Geheimniß, sondern um ein reines Wunder."
„O, deren sind noch mehrere an ihm zu bemerken. Er ist zum Beispiel so dürr, daß man seine Knochen klappern hört, wenn er geht."
„Unmöglich!"
„Ich sage die Wahrheit. Jedermann hat es gehört!"
„Auch Du?"
„Auch ich, mit eigenen Ohren."
„So bin ich neugierig, ob auch ich das Klappern seiner Knochen höre."
„Ganz gewiß, wenn Du genau aufpassest."
„Wie kleidet er sich denn?"
„Er hat nur drei Kleidungsstücke, nämlich einen alten Shawl als Gürtel um den nackten Leib, einen alten weiten Kaftan, in welchem sich aber viele, viele Taschen befinden, und ein altes Tuch um den Kopf."
„Trägt er keine Schuhe oder Sandalen?"
„Niemals, selbst im Winter nicht."
„So scheint er kein Freund von Luxus irgend welcher Art zu sein. – – Was ist das? Hier muß sich irgend Jemand befinden."
Wir waren in eine von lichten Büschen bestandene Gegend gekommen. Mein Rappe hatte jenes Schnauben hören lassen, welches ein sicheres Zeichen war, daß ein fremder Mensch in der Nähe sei.
Ich hielt an und sah mich um. Es war Niemand zu erblicken. Auch die Andern waren halten geblieben.
„Reiten wir weiter!" meinte der Türke. „Was geht es uns an, ob Jemand hier steckt?"
„Vielleicht nichts, vielleicht doch etwas. Ich bin gewohnt, gern zu wissen, wen ich hinter mir habe."
„So willst Du wohl gar suchen?"
„Nein. Mein Pferd wird es mir sagen."
„Allah! Willst Du es fragen?"
„Auf jeden Fall."
„Und es antwortet?"
„Klar und deutlich."
„Grad wie die Eselin von Baalim! Welch' ein Wunder! Und an meine Wunder wollt Ihr nicht glauben!"
„Hier ist's kein Wunder, denn der Rappe antwortet mir nicht in meiner, sondern in seiner Sprache, wie Du sogleich sehen wirst. Paß auf!"

Das hatten wir natürlich leise gesprochen. Ich trieb mein Pferd einige Schritte vorwärts, und es gehorchte, ohne ein Zeichen des Widerstrebens zu geben. Auch nach links folgte es willig. Aber als ich es dann nach rechts leitete, schnaubte es abermals, spielte mit den Ohren und warf den Schwanz im Kreise.
„Siehst Du!“ sagte ich zu dem Wirth. „Da rechts ist Jemand. Das hat der Rappe mir gesagt. Ich werde einmal nachsehen.“
In der sicheren Erwartung, einen Strolch zu erblicken, trieb ich den Rappen zwischen die Büsche hinein. Nach wenigen Schritten bereits sah ich den Mann, welchen mein Pferd gewittert hatte. Er trug die Kleidung und Bewaffnung eines Khawassen und lag ganz gemüthlich im weichen Gras und rauchte seinen Tschibuk. Seiner selbstzufriedenen Miene war es anzusehen, daß er mit Gott, mit der Welt und wohl auch mit sich selbst in der allerschönsten Freundschaft lebe. Selbst das so unerwartete Erscheinen von fünf berittenen Männern schien ihn nicht aus der Fassung zu bringen. Wir hatten ihn jedenfalls in einem sehr tiefen Kef gestört.
„Allah sei mit Dir!“ grüßte ich ihn.
„Und mit Euch!“ antwortete er.
Er sah nämlich auch die Andern, welche mir bis zu ihm gefolgt waren.
„Wer bist Du, Freund?“ fragte ich.
„Siehst Du das nicht?“
„Ein Khawaß?“
„Ja, ein Polizist des Großherrn, dem die ganze Welt unterthan ist. Allah segne ihn!“
„Recht so! Dann fällt auch auf Dich ein Theil des Segens.“
„Aber spärlich! Und dieses Theilchen wird nicht einmal pünktlich ausgezahlt.“
„Wo bist Du angestellt?“
„In Ostromdscha.“
„Wie viele Kameraden hast Du dort?“
„Noch neun.“
„So seid Ihr zehn Khawassen. Habt Ihr viel zu thun?“
„Sehr viel. Die Menschheit ist schlecht. Die Thaten der Ungerechten lassen uns nie zur Ruhe und zum Schlaf kommen. Wir laufen Tag und Nacht, um das Verbrechen zu erreichen.“
„Ja, wir haben Dich eben während eines solchen Dauerlaufes überrascht.“
Er ließ sich durch diese Ironie nicht aus der Fassung bringen, sondern antwortete:
„Ich lief, daß ich schwitzte; allerdings nur in Gedanken. Die Gedanken sind schneller als die Füße des Menschen. Darum soll man lieber mit ihnen gehen, als mit den Beinen. Dann kann kein Verbrecher entkommen.“
„Das ist eine höchst vortreffliche Anschauung von Deinen Obliegenheiten.“
„Ja, ich nehme es stets ernst, denn das ist meine Pflicht.“
„Du liefst also soeben Jemandem nach?“
„Das that ich.“

„Wem denn?“
„Geht Dich das etwas an?“
„Nein.“
„Warum aber fragst Du?“
„Weil Du mir gefällst und weil Du ein Philosoph bist, von dem man lernen kann.“
„Ich weiß nicht genau, wer dieser Feïlessuf ist, aber ich muß ihn schon einmal gesehen haben. Aus Deinen Worten ist leicht zu errathen, daß er ein kluger und vortrefflicher Mensch ist, denn Du sagst, daß man von ihm lernen kann. Darum freut es mich, daß Du mir die Ehre erweisest, mich mit ihm zu vergleichen. Du hast feine Sitten und eine ganz vorzügliche Art des Lebens. Bist Du von hier?“
„Nein.“
„Woher denn?“
„Aus einem fernen Lande, welches weit im Westen von hier liegt.“
„Ah, ich kenne es! Es heißt India.“
„Du bist ein ausgezeichneter Geograph; aber ich habe geglaubt, daß Westen nach einer anderen Richtung liege.“
„Nein, Westen liegt in India. Das ist das einzige Land, wo Westen liegen kann; sonst gibt es nirgends Platz dafür. Aber wenn Du nicht von hier bist, so erfordert es meine Pflicht, Dich nach Deinem Paß zu fragen. Hast Du einen?“
„In der Tasche.“
„Zeige ihn mir!“
Da der Mann bei dieser Aufforderung ruhig liegen blieb und seine Pfeife weiter rauchte, so antwortete ich:
„Willst Du nicht herkommen, um ihn zu sehen?“
„Nein, das schickt sich nicht.“
„Warum nicht?“
„Ich darf meine Würde nicht beleidigen.“
„Richtig! Ich die meinige aber auch nicht.“
„So fragt es sich, welche von beiden die größere ist. Jedenfalls die meinige.“
„Wie so?“
„Erstens bin ich Polizist, Du aber bist ein Fremder. Zweitens liegt Deine Heimat in einem ganz falschen Westen; also muß ich annehmen, daß bei Euch Alles falsch ist, auch die Pässe. Um mir aber einen falschen Paß anzusehen, erhebe ich keinen Finger, viel weniger mich selbst.“
Ich mußte laut auflachen.
„Du bist ein unvergleichlicher Beamter,“ antwortete ich. „Deine Ansichten über Deine Obliegenheiten sind so vortrefflich, daß man meinen sollte, der Prophet habe sie Dir selbst diktirt.“
„Wenn Du das denkst, so steige also ab, und legitimiere Dich!“
Ich stieg auch wirklich ab, zog ein Silberstück hervor, reichte es ihm und sagte:

„Das ist mein Paß."
Er betrachtete das Geldstück, machte ein freudig erstauntes Gesicht, nahm zum ersten Male die Pfeife aus dem Mund und rief:
„Ein Iki Tscheirek! Ist das wahr?"
„Du siehst es ja!"
„Das ist mir in meinem ganzen Leben noch nicht passirt, selbst in Stambul nicht. Herr, Deine Sitten sind noch viel feiner, als ich dachte. Du hast die höchste Stufe der Bildung erreicht, und alle Paradiese stehen Dir einst offen."
„So meinst Du, daß dieser Paß gut sei?"
„Er ist sehr gut. Er ist nicht falsch, wie ich Anfangs befürchtete. Wollen sich Deine Gefährten nicht auch legitimiren?"
„Das ist doch nicht nöthig."
„In wie fern denn?"
„Sieh Dir nur meinen Paß genauer an! Er ist für uns Alle ausgestellt."
„Das ist nicht gut. Der Padischah sollte den Befehl ertheilen, daß ein jeder einzelne Fremde sich mit solchen Pässen zu legitimiren habe."
„Vielleicht thut er es später. Du bist also in Istambul gewesen?"
„Mehrere Jahre."
„Seit wann bist Du hier?"
„Seit zwei Wochen erst."
„So ist es erklärlich, daß Du diesen meinen Begleiter nicht kennst, der aus der Umgegend ist." Ich deutete dabei auf den Wirth. „Du siehst also, daß wir nicht Alle hier fremd sind. Willst Du uns nun erlauben, weiter zu reisen?"
Ganz entgegen meiner Frage hatte ich vielmehr die Absicht, noch zu bleiben. Er antwortete, wie ich erwartet hatte:
„Sehr gern. Aber wenn es Dir beliebt, kannst Du auch noch ein wenig bleiben. Ich unterhalte mich gern mit Leuten, deren Benehmen mich entzückt."
„Ich bin über das Deinige nicht weniger erfreut. Darf ich vielleicht wissen, wer derjenige war, dem Du vorhin in Gedanken so eilfertig nachliefst?"
„Ich möchte Dir wohl den Gefallen thun, aber das Sprechen fällt mir sehr schwer."
„Das bemerke ich nicht."
„O doch! Wenn man in Gedanken so rennt, so geräth man in Schweiß, und die Lunge verliert den Athem. Hast Du nichts, was meine heiße Zunge kühlen könnte?"
Ich verstand ihn sehr wohl, fragte aber doch:
„Was wendest Du am liebsten an?"
„Kaltes Metall, zum Beispiel ein wenig Silber. Das kühlt ausgezeichnet."
„Wie groß müßte es sein?"
„Ein Beschlik nur."
„Da kann ich Dir leicht helfen. Hier ist eins!"

Ich zog ein Fünfpiasterstück hervor und gab es ihm. Er steckte es in die Tasche, anstatt es auf seine heiße Zunge zu legen, und sagte:
„Nun kann ich leichter reden, als vorher. Es ist das ein ganz eigenes Ding. Wer es nicht weiß, der kann es nicht verstehen. Wenn man Monate lang warten muß, ehe man seinen Sold erhält, so fällt einem das Leben und auch das Reden schwer, zumal wenn man solche Sprünge machen muß, wie ich. Ich habe nämlich nicht nur einen, sondern drei Verbrecher zu fangen."
„Das ist viel verlangt!"
„So sehr viel, daß ich nun bereits seit heute früh hier liege und darüber nachdenke, wie ich es anfangen soll, um die Schurken zu bekommen. Ist das nicht schlimm?"
„Sehr!"
„Ich hoffe jedoch, daß mir dieser Tage ein guter Gedanke kommt."
„Wird man aber nicht vermuthen, daß Du hinter den Verbrechern her seist?"
„Das bin ich doch auch!"
„Ja, in Gedanken! Aber man wird meinen, daß Du sie auch mit den Beinen verfolgst."
„Nein, das denkt kein vernünftiger Mensch. Wenn ich nun seit heute früh ohne Rast gelaufen wäre, so wäre ich ermattet und abgehetzt und hätte die Verbrecher doch nicht erwischt. Lieber habe ich mich hierher gelegt und dann darüber nachgedacht, wie weit sie wohl bereits gekommen sein werden."
„Weißt Du denn nicht, wohin sie geflohen sind?"
„Wer soll das wissen?"
„Nicht einmal die Richtung?"
„Es wurde gesagt, daß sie sich nach Doiran gewendet hätten. Wer aber klug genug ist, der sagt sich, daß sie es nicht verrathen werden, wohin sie sich nach vollbrachter That wenden werden."
„Da hast Du vollkommen recht. Hat man Dir denn keine Anhaltspunkte gegeben?"
„O doch! Sie reiten auf Schimmeln und haben hundert Pfund nebst einigen Goldsachen gestohlen. Nun sinne ich eben darüber nach, wie ich mit Hülfe dieser Schimmel und dieser hundert Pfund zu den Spitzbuben kommen kann."
Er sagte das mit so drolliger Selbstironie, daß ich beinahe laut aufgelacht hätte. Ich fragte weiter:
„So sind wohl alle Deine Kameraden ebenso wie Du beschäftigt, über diese Schimmel nachzudenken?"
„Das fällt ihnen nicht ein, denn sie wissen gar nichts davon."
„Hat der Polizeipräfekt es ihnen nicht gesagt?"
„Nein."
„Also hat er sie auch nicht den Dieben nachgeschickt?"
„Nein."
„Das hätte er aber doch thun sollen!"

„Meinst Du? Er ist da ganz anderer Meinung. Er ließ mich kommen, weil ich nämlich sein bester und scharfsinnigster Spürer bin, und gab mir sechs Tage Zeit, über diese Angelegenheit nachzudenken. Ich aber hoffe, es eher fertig zu bringen. Darum habe ich mich in die Einsamkeit zurückgezogen und gehe nun ernstlich mit mir zu Rathe. Meine Kameraden haben nichts erfahren, weil überhaupt gar nichts davon verlauten soll. Wenn die Diebe erfahren, daß wir hinter ihnen her sind, so reißen sie immer weiter aus, und wir haben dann das Nachsehen."

„Wenn sie aber bis dahin das Geld verbrauchen?"

„So ist es Allahs Wille gewesen, und kein kluger Mensch wird dagegen Einwendungen erheben."

Ich hatte während meiner ganzen Unterredung mit ihm bemerkt, daß unser Wirth innerlich aufgeregt war. Er hatte die feste Überzeugung gehegt, der ganze vorhandene lebendige Polizeiapparat befinde sich auf den Beinen, um ihm wieder zu dem verlorenen Geld zu verhelfen. Nun aber mußte er zu seinem Erstaunen hier sehen und erfahren, daß nur ein einziger Khawaß unterrichtet worden war. Und dieser Einzige hatte sogar eine Frist von mehreren Tagen erhalten, nicht etwa um die Diebe herbei zu schaffen, sondern um über die Angelegenheit – nachzudenken.

Nun hatte dieser Eine sich in die Einsamkeit begeben und führte ein durch seinen Tschibuk versüßtes idyllisches Dasein. Er rannte, wie er sich behaglich ausdrückte, in Gedanken hinter den Dieben her.

Das war dem Bestohlenen zu viel. Er hatte sich mehrere Male an dem Gespräch betheiligen wollen, war aber durch meine bittenden Blicke und Winke daran verhindert worden. Jetzt konnte er jedoch seinen Zorn nicht länger meistern. Er sprang vom Pferd, trat zu dem noch immer am Boden liegenden und an seiner Pfeife saugenden Khawassen und rief:

„Was sagst Du? Allah hat es gewollt?"

„Ja," antwortete der Gefragte ahnungslos.

„Daß das Geld verbraucht werde?"

„Wenn es verschwindet, so hat er es gewollt."

„So! Schön! Prächtig! Das ist ja herrlich! Weißt Du denn, wo es gestohlen wurde?"

„In Dabila, glaube ich."

„Das glaube ich auch. Und bei wem?"

„Bei einem Mann, welcher Ibarek heißt."

„Kennst Du ihn?"

„Nein."

„So sollst Du ihn kennen lernen!"

„Natürlich! Wenn ich ihm die Diebe bringe."

„Nein! Gleich sofort sollst Du ihn kennen lernen! Schau mich an! Wer mag ich sein?"

„Das ist mir ganz gleichgültig. Und was geht Dich denn diese Sache an?"

„Viel, sogar sehr viel! Ich heiße Ibarek. Ich bin der Mann, welcher bestohlen worden ist!"

„Du?“ fragte der Khawaß erstaunt, ohne sich nur um einen Zoll vom Platz zu rühren.
„Ja, ich!“
„Das ist gut! Das freut mich! Ich habe Dir etwas sehr Wichtiges zu sagen.“
„Was denn?“
„Thue in Zukunft Dein Geld niemals dahin, wo Diebe es finden können.“
„Maschallah! Welch' ein Mann! Welch ein Mensch! Effendi, was sagst Du dazu? Was soll ich thun?“
Diese zornige Frage wurde an mich gerichtet. Aber ich kam gar nicht zu einer Antwort. Mein kleiner Halef hatte sich nicht wenig über das Betragen und den Gleichmuth des Polizisten geärgert. So wenig ihn die Sache persönlich anging, so war er doch ein zu cholerischer Mensch, als daß er hätte ruhig zusehen können. Er war schon lange im Sattel hin und her gerückt. Jetzt aber schwang er sich heraus und herab und antwortete statt meiner:
„Was Du thun sollst? Das werde ich Dir gleich zeigen!“
Und hart an den Khawaß herantretend, schrie er ihn wüthend an:
„Weißt Du, wie man sich gegen einen fremden, vornehmen Effendi und seine Begleiter benimmt?“
„Das weiß ich ganz genau. Warum brüllst Du mich so an?“
„Weil Du es eben nicht weißt, und weil ich es Dir zeigen will. Augenblicklich stehst Du auf!“
Er sagte das in gebieterischem Ton. Das Sicherheitsorgan lächelte ihm verächtlich entgegen, schüttelte den Kopf und antwortete:
„Was sagst Du, kleiner Mann?“
Das war nun freilich die schlimmste Beleidigung für den kleinen Hadschi. Klein hatte er sich noch niemals ungestraft nennen lassen.
„Was bin ich?“ fragte er wüthend. „Ein kleiner Mann? Ich werde Dir zeigen, wie hoch und lang ich bin, wenn meine Peitsche dazu gemessen wird. Steh auf, oder ich helfe nach!“
Er riß die Nilhautpeitsche aus dem Gürtel.
Jetzt wurde endlich der Gleichmuth des Khawassen in's Wanken gebracht. Er setzte sich auf, erhob drohend den Arm und warnte:
„Thu' die Peitsche weg! Das kann ich nicht vertragen, Zwerg!“
„Was? Auch ein Zwerg bin ich? O, der Zwerg wird Dir gleich beweisen, daß Du die Peitsche sehr gut vertragen kannst. Da – da – da – da – da – da – da – – –!“
Er hatte ausgeholt, und bei jedem „da“ sauste die Peitsche auf den Rücken des Mannes nieder.
Dieser blieb noch einige Augenblicke sitzen, ganz erstarrt vor Erstaunen über die Kühnheit des Hadschi. Dann sprang er plötzlich auf, brüllte vor Wuth, wie ein Stier, und warf sich mit geballten Fäusten auf Halef.

Ich stand ganz ruhig dabei, mit dem Arm auf den Sattel meines Pferdes gelehnt. Der Khawaß war ein starker Mensch; aber es fiel mir gar nicht ein, meinem Hadschi zu Hülfe zu eilen. Ich kannte ihn zu genau. Nun er einmal die Angelegenheit in seine Hand oder vielmehr auf seine Peitsche genommen hatte, brachte er sie auch zu Ende. Jede Einmischung eines Andern, auch die meinige, hätte ihn beleidigt. Und daß er trotz seiner Kleinheit mehr Körperkraft und bedeutend mehr Gewandtheit als der Khawaß besaß, davon war ich überzeugt.

Dieser hatte sich zwar auf ihn werfen wollen, war aber bereits nach dem ersten Schritt zurückgetaumelt, denn der Kleine empfing ihn mit Kreuzhieben, welche sich so gedankenschnell folgten, daß die Peitsche, so zu sagen, eine Mauer bildete, durch welche der Feind unmöglich dringen konnte. Die Hiebe sausten hageldicht auf ihn herab: auf den Rücken, auf die Achseln, auf die Arme, an die Seiten und Hüften und Schenkel. Der Mann wurde förmlich von Hieben umsponnen. Und dabei hütete sich der Kleine weislich, das Gesicht, überhaupt den Kopf zu treffen.

Je weniger der Khawaß sich zu wehren vermochte, desto lauter wurde sein Geheul. Er stand endlich ganz still, nahm die Schläge bewegungslos hin und brüllte dabei, wie ein Tiger.

„So!“ rief endlich Halef, indem er die Peitsche sinken ließ. „Jetzt hast Du die Bezahlung für den guten Rath, welchen Du vorhin dem Bestohlenen gegeben hast. Besitzest Du noch mehr Weisheit in Deinem Hirn, so laß sie getrost hören; der Lohn wird sofort folgen. Und willst Du mich noch einmal einen Zwerg nennen, so thue es nur bald. Ich habe grad noch übrige Zeit, die Auszahlung fortzusetzen!“

Der Khawaß antwortete nicht. Er wand sich unter den Schmerzen, welche er fühlte. Seine Blicke hingen voller Wuth an dem Kleinen. Nur einige unartikulirte Laute ließ er hören. Dann schien er sich plötzlich auf die vorhin von ihm erwähnte Würde seines Amtes und Standes zu besinnen. Er richtete sich hoch auf und rief:

„Mensch, Du mußt verrückt sein! Wie kannst Du einen Khawassen des Großherrn schlagen?“

„Sei still! Ich würde selbst den Großherrn durchprügeln, wenn er es wagte, sich so gegen uns zu benehmen, wie Du. Was bist Du denn eigentlich? Ein Soldat, ein Polizist, ein Diener jedes Unterthanen! Weiter bist Du nichts, gar nichts!“

Es hatte den Anschein, als ob er große Lust spüre, die Peitsche wieder in Bewegung zu setzen. Dazu wollte der Gezüchtigte es nicht kommen lassen und erwiederte:

„Immer Schimpf! Mich kannst Du nicht beleidigen. Unsere Instruktion gebietet uns, Nachsicht mit dem Volk zu haben, wenn – –“

„Mit welchem Volk?“ unterbrach ihn der Hadschi. „Sind wir etwa Volk?“

„Was denn?“

„Was denn? Bist Du blind? Schau mich an! Ist es mir etwa nicht anzusehen, wer ich bin?“

„Ich sehe nichts!“

„So bist Du wirklich blind und dumm. Ich will Dir sagen, wer ich bin. Ich bin nämlich Hadschi Halef Omar Ben Hadschi Abul Abbas Ibn Hadschi Dawud al Gossarah! Wie aber ist Dein Name?“
„Ich heiße Selim.“
„Selim! Weiter nicht?“
„Wie soll ich sonst noch heißen? Selim genügt.“
„Selim genügt! Ja, Dir mag es genügen, Dir, der Du ein Khawaß bist und weiter nichts!“
Der Polizist wußte wohl schwerlich, daß die freien Araber die Gewohnheit haben, ihrem eigenen Namen die Namen ihrer Vorfahren beizufügen. Je länger dann so ein Name wird, desto größer ist der Stolz, mit welchem er von dem Betreffenden getragen wird.
„Meinst Du denn, daß ein Khawaß so ganz und gar nichts ist?“ rief er nun.
„Schweig!“ antwortete der Kleine. „Ein Khawaß, der nur Selim heißt, darf gar nichts sagen. Schau her, was für andere Leute hier stehen!“
Er deutete auf Omar und fuhr fort:
„Dieser ist Omar Saban If el Habadschi, Ben Abu Musa Dschafar es Sofi Otalan Ibn Avizenna Ali Nafis Abu Merwan el Hegali!“
Dann zeigte er auf Osco und sagte:
„Und dieser berühmte Krieger heißt Osco Obd el Latif Mefari Ben Mohammed Hassan el Dschaseris Ibn Wahab Alfirat Biruni el Seirafi! – Weißt Du es nun?“
Ich mußte mir Gewalt anthun, um ein schallendes Gelächter zu unterdrücken. Die Beiden hießen gar nicht so; aber um dem Khawassen zu imponiren, nannte der kleine Hadschi eine Menge von Namen und Ahnen her, von denen Osco und Omar während ihres ganzen Lebens keine Ahnung gehabt hatten.
Und das that er mit solchem Ernst, und die arabischen Namen schossen mit solcher Schnelligkeit und Geläufigkeit aus seinem Mund, daß der Polizist ganz starr da stand, als sei ein jeder Name eine Kugel, die ihn getroffen habe.
„So antworte doch!“ rief Halef ganz erregt. „Hast Du die Sprache verloren, Du Menschenkind, das mit seinem einzigen Selim zufrieden ist? Hast Du denn keine weiteren Namen und hast Du keine Ahnen? Wie hieß Dein Vater und der Großvater Deines Vatersvaters? Haben sie keine Thaten gethan, oder sind sie Verbrecher und Feiglinge gewesen, daß Du Dich schämst, uns ihre Namen zu nennen? Oder wurdest Du vielleicht gar nicht geboren, sondern bist an einem trüben Tag aus einem Sytschan kapany geschlüpft. Blicke nur auf uns! Hier stehen Leute!“
Der Khawaß wußte noch immer nicht, was er eigentlich antworten sollte. Die Vorwürfe des Kleinen krachten nur so auf ihn nieder.
„Siehe Dir auch diesen an!“ sagte Halef, auf seinen Wirth deutend. „Er ist kein Araber, sondern ein Türke, und doch heißt er nicht bloß Selim, sondern Ibarek el konakdschy, Ibarek, der Herbergsvater. Ihm sind hundert Pfund gestohlen worden. Was aber könnte denn Dir gestohlen werden, Dir, der Du gar nichts weiter besitzest, als den Namen Selim?“

„Oho!“ antwortete endlich der mit solcher Verachtung behandelte Khawaß. „Ich bin auch kein Bettler. Ich habe mein Amt und – –“

„Amt! Sei still von Deinem Amt! Was das zu bedeuten hat, das haben wir gesehen. Dein Amt scheint zu sein, im Gras zu liegen und Allah die Tage und Wochen zu stehlen. Aber ich werde Bewegung in Euch Faullenzer bringen. Ich werde zum Präfekten gehen und ihn solch ein Quecksilber trinken lassen, daß er mit allen Fingern und Zehen zappeln soll! Ich befehle Dir, Dich sofort aufzumachen und nach der Stadt zu gehen. Wenn Du in einer halben Stunde nicht bei dem Präfekten bist, lasse ich Dich im tiefsten Wasser ersäufen und sodann noch obendrein mit einer Kanone erschießen. Wir brechen jetzt auf. Denke nicht, daß ich Dir den Befehl zum Spaß gegeben habe! Ich meine es ernst. Das wirst Du erfahren!“

Dem Khawassen blieb vor Erstaunen der Mund offen stehen.

„Was?“ stieß er hervor. „Einen Befehl willst Du mir ertheilen, Du?“

„Ja! Hast Du es denn nicht gehört?“

„Hast Du mir denn irgend Etwas zu befehlen?“

„Welch' eine Frage! Natürlich hast Du mir zu gehorchen. Du bist ja nur Selim der Namenlose, ich aber bin Hadschi Halef Omar Ben Hadschi Abul Abbas Ibn –“

„Halt ein, halt ein!“ unterbrach ihn der Khawaß, indem er sich beide Hände auf die Ohren legte. „Dein Name ist ja eine so lange Schlange, daß man befürchten muß, von ihr erdrückt zu werden. Ja, ich werde nach der Stadt gehen, sofort. Aber nicht, weil Du es mir befohlen hast, sondern um Dich bei dem Präfekten anzuzeigen. Du hast einen Diener des Großherrn geschlagen. Dafür sollst Du eine Strafe erleiden, wie hier noch Niemand bestraft worden ist.“

Er raffte seine Sachen von der Erde auf und verschwand hinter den Büschen. Fürchtete er einen neuen Ausbruch der Thatkraft meines kleinen Hadschi, oder dürstete er wirklich nach Rache für die empfangene Züchtigung? Wohl Beides.

„Da rennt er hin!“ meinte Halef befriedigt. „Wie habe ich meine Sache gemacht, Sihdi?“

Er blickte mich an, als ob er eine Belobung erwartete. Statt deren aber empfing er eine sehr empfindliche Zurechtweisung.

„Schlecht, sehr schlecht hast Du sie gemacht. Du hast schon manche Dummheit begangen, noch niemals eine so große wie jetzt.“

„Sihdi, ist das Dein Ernst?“

„Ganz und gar.“

„Aber dieser Mensch hatte die Züchtigung gewiß verdient!“

„War es denn Deines Amtes, sie ihm zu geben?“

„Von wem sollte er sie sonst erhalten?“

„Von seinem Vorgesetzten.“

„O Allah! Wenn der ihn hätte prügeln sollen, so wären Beide ganz sicher dabei eingeschlafen. Nein, wer handeln will, der handle schnell! Dieser Mensch blieb vor uns

liegen, als ob er der Urgroßvater des Großherrn sei, den alle gläubigen und ungläubigen Unterthanen ehren müssen. Dieses Vergnügen habe ich ihm nun gestört."
„Ohne jedoch an die Folgen zu denken."
„Welche Folgen sollen kommen? Wenn er uns bei dem Präfekten verklagt, so kann es sehr leicht geschehen, daß auch dieser meine Peitsche zu kosten bekommt."
„Halef, nun ist's genug! Der Mann hatte eine Züchtigung verdient; das ist wahr. Du aber mußtest warten, was ich thun würde. Wir wissen nicht, welchen Gefahren wir überhaupt entgegen gehen, und da war es eine ganz unbegreifliche Unklugheit, uns noch überdies mit der Polizei zu verfeinden. Ich habe den Mann mit Spott behandelt. Das hättest auch Du thun sollen. Statt dessen hast Du ihn geschlagen. Ich habe es Dir nicht befohlen, darum werden mich die Folgen wenig kümmern. Mich geht die Sache gar nichts an. Sieh Du zu, wie Du den Kopf aus dem Wasser bringst!"
Ich stieg auf und ritt davon. Die Andern folgten kleinlaut. Am tiefsten ließ Halef den Kopf hängen. Es dämmerte immer heller in ihm die Ahnung, daß er uns einen sehr großen Schaden angestiftet haben könne.
Der Türke, welcher die meiste Ursache hatte, zornig zu sein, ritt schweigend an meiner Seite. Erst nach einer Weile erkundigte er sich:
„Effendi, können die Folgen wirklich schlimm für den Hadschi werden?"
„Natürlich!"
„Aber Du wirst ihm beistehen?"
„Nicht im Mindesten!" antwortete ich, da Halef hörte, was ich sagte. „Er hat sich des Widerstandes gegen die Staatsgewalt und der Körperverletzung gegen einen kaiserlichen Polizei-Beamten schuldig gemacht. Ich kann ihn nicht retten, wenn sie ihn ergreifen."
„So mag er fliehen!"
„Er mag thun oder lassen, was ihm beliebt. Er hat ohne meine Einwilligung gehandelt, wie ein kleiner Knabe, der unfähig ist, sich die Folgen seiner That zu überlegen. Sie mögen nun über ihn kommen. Ich kann ihm nicht helfen."
Es wurde mir nicht leicht, diese harten Worte auszusprechen. Sie thaten mir vielleicht noch weher als dem kleinen Hadschi selbst; aber ich hielt es für nothwendig, ihm einmal einen solchen Verweis zu ertheilen.
Er war mir treu durch alle Gefahren gefolgt, und durch welche Gefahren! Wie oft hatte er sein Leben mit mir gewagt! Er hatte die Heimat verlassen, und was noch mehr war, auch Hanneh, die Blume der Frauen. Mein ganzes Herz war voll von Dankbarkeit gegen ihn. Aber er begann jetzt, unvorsichtig zu werden.
Daß uns so manches schlimme Wagniß gelungen war; daß wir das Glück gehabt hatten, uns stets selbst aus den bösesten Klemmen heraus zu arbeiten, das hatte sein Selbstvertrauen aufgebläht. Er glich einem kleinen, tapfern Hündchen, welches den Muth hat, selbst dem stärksten Leonberger an den Hals zu springen. Ein einziger Biß des Riesen aber würde es tödten. Und grad jetzt näherten wir uns dem gefährlichen Bereich der Skipetaren. Da war Vorsicht doppelt nöthig.

Im Stillen freute ich mich darüber, daß er den faulen Polizisten so wacker durchgebläut hatte, und ich war, was sich von selbst verstand, entschlossen, die Folgen von ihm abzulenken. Aber ich hielt es für gerathen, seiner Thatenlust und Thaten-Eiligkeit einen kleinen Dämpfer aufzusetzen.

Ein Heiliger

Nach einiger Zeit erreichten wir die Straße von Kusturlu und lenkten nun wieder nach rechts ein. Wir näherten uns der Strumnitza und ritten zwischen Tabaks- und Baumwollenfeldern hin.

Bald sahen wir einen Berg vor uns aufsteigen, an dessen Seite die Häuser der Stadt zu erkennen waren. Oben auf seiner Kuppe erblickten wir dunkles Grün, unter welchem das Gemäuer der Ruine hervorlugte.

„Das ist Ostromdscha," erklärte der Türke.

„Auch Strumnitza genannt, nach dem Fluß, der nahe an der Stadt vorüberfließt," fügte ich bei, meine ganze Geographie-Kenntniß erschöpfend.

Da kam Halef an meine Seite. Der Anblick der Stadt ließ ihn an die Folgen seiner voreiligen Handlung denken.

„Sihdi!" begann er.

Ich that, als ob ich es nicht hörte.

„Sihdi!"

Ich blickte unverwandten Auges nach der Stadt.

„Hörst Du mich nicht – oder willst Du mich nicht hören?"

„Ich höre Dich."

„Meinst Du etwa, daß ich fliehen soll?"

„Nein."

„Ich thäte es auch nicht. Lieber würde ich mir eine Kugel durch den Kopf jagen. Oder meinst Du, daß ich mich von einem Präfekten hier einsperren lassen soll?"

„Ganz nach Deinem Belieben!"

„Lieber möchte ich ihm eine Kugel durch den Kopf jagen!"

„Und würdest dann erst recht eingesperrt."

„Was denkst Du, was geschehen wird?"

„Ich weiß es nicht. Man muß es abwarten."

„Ja, warten wir es ab! Aber wirst Du mich unter Deinen Schutz nehmen?"

„Ich denke, ich stehe unter dem Deinigen. Du nennst Dich ja meinen Freund und Beschützer!"

„Sihdi, vergib das mir. Du allein bist doch der Beschützer gewesen."

„Nein, Halef. Ich habe sehr oft unter Deinem Schutz gestanden, aber nicht Menschen gegenüber. Das werde ich Dir nicht vergessen, und so wollen wir sehen, ob die Leute hier es wagen werden, sich an dem berühmten Hadschi Halef Omar zu vergreifen."
„Hamdulillah! Allah sei Dank! Jetzt fällt mir ein Stein vom Herzen, der so groß und so schwer war, wie der Berg da vorn, an welchem die Stadt liegt. Alles kann ich ertragen, nur das nicht, daß mein Effendi böse auf mich ist. Zürnst Du noch?"
„Nein."
„So gib mir Deine Hand."
„Hier hast Du sie."
Der Blick voll inniger Liebe und Treue, fast möchte ich sagen Hundetreue, welchen er mir dabei zaghaft zuwarf, drang mir tief zu Herzen. Was für ein herrliches Gut ist es doch um das Glück, einen solchen treuen Freund zu besitzen!
Wir näherten uns der Stadt immer mehr. Kurz bevor wir die ersten Häuser – richtiger Hütten – erreichten, saß auf einem Stein ein Bettler am Wege, ein Jammerbild des Elendes und der Verkommenheit.
Eigentlich ist es falsch, zu sagen, er saß am Wege, denn er saß nicht. Er schien gar nicht richtig sitzen zu können. Er lag mit zusammengekrümmtem Rücken halb auf der Seite, neben sich die beiden Krücken. Um seine nackten Füße waren Lumpen gewickelt und mit Fäden festgebunden. Seine einzige Hülle bestand in einem alten Ding, halb Tuch und halb Mantel, welches er sich um die Hüften gewunden hatte. In dieses Tuch schien er die Gaben zu stecken, welche ihm gereicht wurden: Brod, Früchte und Anderes, denn es bildete eine übermäßig dicke Wulst um seinen Leib. Dieser Leib war hager und schmutzig braungelb. Man sah die Rippen deutlich liegen, und die Schlüsselbeine traten hervor, wie bei einem Skelett. Der Kopf war bedeckt von wirren, struppigen Haaren, welche wohl jahrelang keinen Kamm gefühlt hatten. Das Gesicht war aufgedunsen, die Züge besaßen aber dennoch einen scharfen Schnitt. Die Haut hatte eine bläulichrothe Farbe, als ob sie erfroren sei. Die Augen lagen tief in ihren Höhlen.
Das Gesicht befremdete mich. Es lag ein Widerspruch in demselben, der mir gleich beim ersten Blick auffiel; doch vermochte ich nicht zu sagen, worin dieser Widerspruch bestehe. Der Ausdruck desselben war derjenige des Blödsinnes, der Gefühllosigkeit.
Das Alles sah ich aber nicht gleich jetzt, sondern ich bemerkte es erst später, als wir vor dem Bettler halten blieben, um ihm eine Gabe zu reichen. Ich betrachtete ihn sehr genau, weil ich von dem Türken erfahren hatte, wer er sei.
Als wir uns nämlich noch fern befanden und ihn sitzen sahen, sagte der Wirth:
„Das ist Busra, der Sakat, von dem ich Dir erzählt habe."
„Derjenige, welcher bei Deinem Nachbar war, als Du glaubtest, der Heilige sei zu ihm gegangen?"
„Ja, Effendi."
„Ist er denn der Gabe bedürftig?"
„Ja. Er kann nicht arbeiten, denn er hat kein Rückenmark mehr."

„So könnte er wohl gar nicht leben?"
„Davon verstehe ich nichts. Man sagt so. Er geht an zwei Krücken und zieht die Beine hinterher. Er kann sie nicht bewegen. Dazu ist er ein Budala, der nur wenige Worte zu reden versteht. Jeder gibt ihm Etwas. Wenn Du mehrere Tage hier bleibst, wirst Du ihn öfter sehen."
„Hat er Verwandte?"
„Nein."
„Wo wohnt er?"
„Nirgends. Er ißt da, wo er Etwas erhält, und schläft da, wo er vor Müdigkeit niedersinkt. Er ist ein elender Mensch, dem Allah in jenem Leben zulegen wird, was er ihm hier versagt hat."
Der Krüppel saß mit dem Rücken gegen uns. Als er den Huftritt unserer Pferde hörte, richtete er sich mühsam mittelst seiner Krücken empor und wendete sich uns zu. Jetzt sah ich sein ausdrucksloses, blödes Gesicht. Sein Auge schien gar keinen Blick zu haben. Es war todt und nichtssagend. Der Mann mochte vielleicht vierzig Jahre alt sein, doch war es schwer, ihm ein bestimmtes Alter zuzusprechen.
Ich fühlte Mitleid mit dem Elenden und hatte keine Ahnung, welch' eine hervorragende und feindselige Rolle er mir gegenüber noch spielen sollte. Wir hielten bei ihm an. Er streckte uns die Hand entgegen und stammelte dabei tonlos nur immer das eine Wort:
„Ejlik, ejlik, ejlik – Wohlthat, Wohlthat, Wohlthat!"
Die Andern gaben ihm, und auch ich reichte ihm ein Zweipiasterstück. Fast aber erschrack ich, denn als ich vom Pferd herab ihm die Münze in die Hand legte, ging ein Zucken durch seinen Körper, als hätte er aufspringen wollen, und aus seinen vorher so glanz- und leblosen Augen blitzte ein Blick auf mich, ein Blick voll Haß und Grimm, wie ich ihn noch nie im Auge eines Feindes beobachtet hatte. Im nächsten Moment aber senkten sich die Lider, und das Gesicht nahm den Ausdruck der Stupidität wieder an.
„Schükür, schükür – Dank, Dank!" stammelte er.
Das war so seltsam, fast unglaublich, wenn ich es nicht so außerordentlich deutlich gesehen hätte.
Was hatte er mit mir? Warum diese grundlose Feindseligkeit gegen einen völlig Fremden? Und wenn aus diesen Augen ein so intensiver Blick des Hasses leuchten konnte, war der Mensch wirklich blödsinnig? –
Dabei empfand ich ein unbestimmtes Gefühl, als ob ich dieses Gesicht bereits einmal gesehen hätte. Aber wann und wo? Täuschte ich mich nicht? Schien es denn nicht, als ob auch er mich kenne? –
Wir ritten weiter, ich hinter den Anderen; ganz unwillkürlich wendete ich mich zurück, um noch einmal einen Blick auf ihn zu richten.
Was war denn das? Er hockte gar nicht mehr so hülflos auf dem Stein. Er saß kraftvoll da, ich möchte beinahe sagen stramm, und hatte den rechten Arm mit der Krücke erhoben und schwang sie drohend uns nach. Uns? Vielleicht nur mir!

Es wurde mir fast unheimlich zu Muth. Der Mensch sah in diesem Augenblick wie ein wahrer Satan aus. Ja, satanisch verzerrt waren die Züge seines Gesichtes. Es dämmerte in mir, wo ich ihn bereits gesehen hatte. Eine orientalische Stadt – fürchterliches Menschengedränge – entsetzliches Schreien und Brüllen – tausend Hände langten nach mir – sollte es in Mekka – das phantasmatische Bild sank wieder in mein Inneres zurück, und ich wußte ebenso wenig wie vorher.
„Kann dieser Bettler wirklich nicht gehen?“ fragte ich den Türken.
„Nur mit der Krücke,“ antwortete er. „Die Beine hängen ihm wie Lappen an dem Leib.“
„Auch nicht aufrecht sitzen?“
„Nein. Er hat kein Rückenmark mehr.“
Kein Rückenmark! Welch' ein Unsinn! Daß ich ihn soeben in einer sehr energischen Stellung gesehen hatte, verschwieg ich, denn ich hielt es nicht für gerathen, den Moslem zum Mitwisser eines Geheimnisses zu machen, welches ich freilich selbst nicht wußte, ja kaum nur ahnte.
Nach kurzer Zeit erreichten wir die Stadt. Ich hatte den Türken nach den bereits erwähnten heißen Quellen befragt und von ihm erfahren, daß dieselben allerdings vorhanden seien, aber nicht in der Weise, wie ich es erwartet hatte. Es hatte Zeiten gegeben, in denen das Wasser derselben sehr reichlich geflossen war, um aber dann wieder fast zu versiechen. Zuweilen war heißes Wasser in Menge vorhanden, und dann wieder stockte der Ausfluß gänzlich. Jetzt sollte es nur sehr karg vorhanden sein.
Als wir die ersten Häuschen oder vielmehr Hütten der Stadt vor uns hatten, sagte der Herbergsvater:
„Effendi, hast Du vielleicht Lust, Dir die heißen Quellen gleich jetzt anzusehen?“
„Liegen sie am Wege?“
„Nein. Aber wir haben nur wenige Schritte zu reiten, um zu ihnen zu gelangen.“
„So führe uns hin!“
Er lenkte zur Seite ab, und wir ritten um einige der Hütten und um die zu ihnen gehörigen Gärtchen, welche aber diesen Namen keineswegs verdienten, herum.
Ein lautes Kreischen einer weiblichen Stimme drang zu uns.
„Da ist die Quelle,“ nickte unser Führer.
„An welcher man sich so zankt?“
„Ja. Du mußt nämlich wissen, daß man glaubt, das Wasser sei sehr gut gegen gewisse Krankheiten. Wenn nun wenig fließt, so streiten sich die Frauen mit einander, welche gekommen sind, es zu holen.“
Wir bogen um ein Oleandergebüsch und hielten nun vor der Therme.
Der Lauf des Wassers war durch ein Rinnsal bezeichnet, dessen ockerfarbiger Grund darauf schließen ließ, daß die Quelle eisenhaltig sei. Heute war nur wenig Wasser in demselben zu sehen. Es kam aus einer kreisrunden Vertiefung des Erdbodens, welche mit demselben rothen Niederschlag belegt war. Der rundum zusammen getretene Erdboden bewies, daß dieser Ort sehr fleißig besucht ward.

Am Rand der Vertiefung lagen Steine, welche wohl herbeigeschafft worden waren, um als Sitze zu dienen.

Jetzt, in diesem Augenblick, waren nur drei Personen anwesend, und zwar weibliche: zwei Frauen und ein kleines Mädchen von ungefähr acht Jahren.

Die eine der Frauen war ziemlich gut, wenn auch unsauber gekleidet und besaß eine ansehnliche Körperfülle. Sie war es, deren keifende Fistelstimme wir gehört hatten. Sie stand mit dem Rücken gegen uns gerichtet, und da sie noch immer laut schrie, so bemerkte sie unser Kommen nicht.

Zu ihren Füßen lagen einige alte Lappen und ein alter Topf, dessen Henkel abgebrochen war. Der Topf war umgestürzt, und ihm entquoll langsam eine dicke, graubraune Masse, deren Aussehen keineswegs appetitlich war.

Die andere Frau saß auf einem der Steine. Sie war nur mit einem sehr ärmlichen dunklen Rock bekleidet und hatte ein vorsündfluthliches Tuch um den Oberkörper geschlungen, welches auch die Arme und Hände bedeckte. Sie sah aber sonst leidlich sauber aus, sauberer noch als die Andere, welche sich ihrer Kleidung nach in besseren Verhältnissen zu befinden schien. Ihr Gesicht war hager. Die Noth hatte demselben ihre traurigen Runen eingeritzt.

Das Kind an ihrer Seite war nur in ein baumwollenes Hemd gehüllt, welches gut gewaschen und sogar gebleicht zu sein schien.

Die keifende Dicke sprudelte ihre Zornesworte so schnell heraus, daß man ihnen gar nicht zu folgen vermochte. Nur die doppelt stark betonten Hauptausdrücke waren deutlich zu unterscheiden. Kein Lastträger hätte sich kräftigerer Schimpfreden zu bedienen vermocht. Dabei schlug sie mit den Fäusten bald auf die andere Frau, bald auf das weinende Kind ein.

Diese andere Frau machte bei unserem Anblick eine Bewegung, durch welche die Xantippe veranlaßt wurde, sich nach uns umzudrehen.

O Himmel! Welch' ein Antlitz erblickte ich! Die Visage eines tätowirten Südseeinsulaners ist das reine Schönheitsideal dagegen. Der Grund davon war, daß sich das Weib das Gesicht mit einer dicken, rothen Masse eingerieben hatte. Sie sah schrecklich aus.

Als sie uns erblickte, trat sie von der Anderen zurück und hemmte den rauschenden Strom ihrer Rede.

„Friede sei mit Euch!“ grüßte ich.

„In Ewigkeit, Amen!“ antwortete sie.

Diese Worte ließen mich vermuthen, daß sie eine Bulgarin griechischen Bekenntnisses sei.

„Ist das die Quelle, an welcher man Heilung findet?“

„Ja, Herr, diese Quelle ist berühmt im ganzen Land und noch weit darüber hinaus.“

An diese Auskunft knüpfte sie eine Aufzählung von hundert Krankheiten, gegen welche man hier Hülfe finden könne, und von ebenso vielen Wundern, die an diesem Ort geschehen sein sollten.

Sie entwickelte dabei ein Rednertalent, welches mich geradezu verblüffte. Die Worte sprühten ihr nur so vom Mund, und ich fand auch nicht eine einzige Lücke von dem tausendsten Theil einer Sekunde, welche ich hätte benutzen können, um mit einer Frage in diese Bresche einzudringen. Es blieb mir nichts Anderes übrig, als sie einfach aussprechen zu lassen, was aber erst nach längerer Zeit geschah, da sie mich nach unzähligen Krankheiten, Gebrechen und Fehlern fragte, welche mich hergetrieben haben konnten. Eine Antwort aber wartete sie durchaus nicht ab.

„O Allah! Maschallah! Allah w' Allah!“ rief Hadschi Halef Omar einmal über das andere Mal, wobei er die Hände zusammenschlug.

Die Frau schien anzunehmen, daß diese Interjectionen nicht dem Fluß ihrer Rede, sondern den aufgezählten Vorzügen der heißen Quelle gewidmet seien, und fühlte sich dadurch nur veranlaßt, diese Aufzählung in wahrhaft überwältigender Sprachfertigkeit fortzusetzen.

Um sie zum Schweigen zu bringen, berührte ich die Weichen meines Rappen leise mit den Sporen. Er war das nicht gewohnt und ging mit allen Vieren in die Luft.

Die Rednerin hielt inne, sprang zurück und stieß einen Angstschrei aus. Das benützte ich, um nun auch zu Wort zu kommen.

„Wie heißest Du?“ fragte ich sie.

„Nohuda. Ich bin in Debrinitz geboren, wie mein Vater ebenso geboren war. Meine Mutter starb kurz nach meiner Geburt. Die Großeltern waren drüben über dem Fluß – – “

Ich ließ den Rappen abermals steigen, denn ich befürchtete nicht ohne Grund, daß sie mit mir die Stufenleiter ihrer Verwandtschaft bis jenseits des alten Methusalem hinaufsteigen werde. Sie hielt glücklicher Weise inne, und ich besaß die ungeheure Geistesgegenwart, dies zu der Erklärung zu benutzen:

„Liebe Nohuda, ich muß Dir sagen, daß ich wegen eines Kopfleidens hierher gekommen bin. Ich fühle nämlich – –“

„Kopfleiden?“ fiel sie mir schnell in die Rede. „Herr, das ist recht, das ist gut, daß Du gekommen bist! Wenn Du wüßtest, wie viele verschiedene Köpfe, tausend und aber tausend an Zahl, hier Heilung von – –“

Der Rappe drang jetzt auf sie ein, so daß sie wieder eine Pause machte. Ich erklärte:

„Mein Kopfleiden ist so arg, daß mir sogar das Anhören der menschlichen Stimme große Qualen bereitet. Habe daher die Güte und sprich nur dann, wenn ich Dich frage. Ich sehe es Deinem Gesicht an, daß eine zarte, mitleidsvolle Seele in Deiner Brust wohnt; darum denke ich, daß Du mir diese Bitte erfüllen wirst.“

Ich mußte das Richtige getroffen haben, denn sie legte die beiden Hände auf das Herz und antwortete mit gedämpfter Stimme:

„Herr, das ist wahr; Du hast Recht. Ich werde schweigen, als ob ich bereits im Grabe läge. Nur Deine Fragen werde ich beantworten. Du hast mein zartes, gutes Herz erkannt. Dein armer Kopf soll meinetwegen keine Schmerzen erleiden."
Der kleine Hadschi machte ein unendlich grimmiges Gesicht, was bei ihm nur dann der Fall war, wenn er alle seine Kraft zusammennehmen mußte, um das Lachen zu bekämpfen. Auch den Andern sah man es an, daß sie es nur mit Mühe zurückhielten.
„Zunächst muß ich Dich bitten, mir zu verzeihen, daß ich Euch gestört habe, liebe Nohuda. Ihr befandet Euch in einem sehr angelegentlichen Gespräch. Was war denn der Gegenstand desselben?"
Ihre Augen blitzten von Neuem zornig auf. Sie schien von Neuem losplatzen zu wollen; darum griff ich mit schmerzlicher Pantomime nach meinem Kopf.
„Keine Angst, Herr!" sagte sie leise. „Ich beginne den Zank nicht von Neuem und will Dir nur sagen, daß wir uns von diesem da unterhielten."
Sie deutete auf den Topf.
„Was ist das?"
„Meine Tschinischa."
„Brauchst Du diesen Topf denn hier an der Quelle?"
„Sogar sehr nothwendig!"
„Warum besuchst Du das heiße Wasser?"
„Warum? Wardur gendschlenme – es macht wieder jung."
„Ah so! Du willst Dich verjüngen? Das hast Du ja gar nicht nöthig."
„Meinst Du? Du bist sehr gütig. Wenn doch mein Mann auch dieser Meinung wäre! Du weißt jetzt, daß ich Nohuda heiße. Er nennt mich aber bereits seit langer Zeit nur seine alte Kabuka. Ist das nicht kränkend?"
„Vielleicht meint er es gar nicht schlimm. Er wird das Wort für einen Kosenamen halten."
„O nein! Da kenne ich ihn viel zu gut. Er ist ein Barbar, ein rücksichtsloser Mensch, ein unaufmerksamer Tyrann, ein – –"
Ich griff an meinen Kopf.
„Du hast Recht," meinte sie. „Ich darf ja nicht laut sprechen. Aber ich will ihm zeigen und beweisen, daß ich keine alte Kabuka bin. Darum gehe ich täglich hierher und bestreiche mir mit dem Dilberlyk tschammuri das Gesicht."
Es war kein Leichtes, ernst zu bleiben. Ich antwortete:
„Das ist sehr weise von Dir. Aber wie wird dieser Schlamm bereitet?"
„Man stößt Rosenblätter klar und kocht sie mit Mehl und Wasser zu einem Brei. Den nimmt man mit hieher, vermischt ihn zu gleichen Theilen mit dem rothen Bodensatz dieser Quelle und bestreicht dann damit das Gesicht. Es hilft, es hilft sicherlich!"
„Wirklich?"
„Gewiß! Keine Warze, kein Mal, keine Runzel, keine Falte hält Stand vor diesem Kleister. Er ist berühmt im ganzen Land. Darum war ich erzürnt, daß dieses Mädchen mir den

Topf umstieß. Aber ich bin ein zartes Gemüth, wie Du ganz richtig erkannt hast, und darum habe ich geschwiegen und will die Unvorsichtigkeit verzeihen."

„Daran thust Du recht. Sanftmuth ist die größte Zierde des Weibes, und Schweigsamkeit erhöht den Zauber desselben."

„Das sage ich auch!" behauptete sie.

„Ja, liebe Nohuda, die Schweigsamkeit ist das allerbeste Mittel, bis in das hohe Alter schön zu bleiben. Wenn keine Leidenschaften das Antlitz entstellen, so kann die Schönheit in den Zügen sitzen bleiben. Was aber der weise Bahuwi von einem Weibe sagt, welches immer zankt und keift, das wirst Du wissen."

„Nein, Herr, denn ich habe mit diesem weisen Mann noch niemals gesprochen."

„Er sagt, daß ein von dem Zorn bewegtes Frauenantlitz einem schmutzigen Sack gleiche, welcher mit Fröschen und Kröten gefüllt ist. Der Sack befindet sich in steter Bewegung, weil diese häßlichen Thiere niemals Ruhe halten."

„Er hat Recht! Auch ich habe stets dasselbe gedacht, und darum befleißige ich mich einer steten Ruhe meines tiefen Gemüthes. Aber mein Mann ist keineswegs damit einverstanden. Er wünscht im Gegentheil, daß ich lebhafter sein solle."

„So erkläre ihm nur die Geschichte von dem Sack, und er wird Dir sofort beistimmen. Aber ich sehe, daß die Salbe Deines Gesichtes trocken geworden ist. Du wirst eiligst neue auflegen müssen."

„Gleich, sogleich! Ich danke Dir!"

„Aber sprich nicht dabei! Das Antlitz darf sich nicht bewegen."

„Kein Wort werde ich sagen."

Sie ergriff den Topf und schöpfte zu dem Kleisterrest, welcher sich noch in demselben befand, den gelbrothen Niederschlag der Quelle. Nachdem sie beides durch eifriges Rühren mit der bloßen Hand auf das Innigste vermischt hatte, kratzte sie sich die dürre Schminke aus dem Gesicht und bestrich sich dasselbe mit der neuen Auflage des „Schlammes der Schönheit".

Das war ein Gaudium für meine Begleiter. Am drolligsten aber war der Umstand gewesen, daß wir beide zuletzt nur in leisem Ton mit einander gesprochen hatten, natürlich um meinen armen Kopf zu schonen.

Erst jetzt fand ich Zeit, die andere Frau genauer zu betrachten. Bei dem Anblick ihrer eingefallenen Wangen und tief liegenden Augen entfuhr mir die Frage:

„Adsch semin – hast Du Hunger?"

Sie antwortete nicht. Aber in ihren Augen war zu lesen, daß ich das Richtige getroffen hatte.

„Chasta sen – und Du bist krank?"

Jetzt nickte sie.

„Woran leidest Du denn?"

„Herr, ich habe das Reißen in den Armen."

„Hilft diese Quelle dagegen?"

„Ja, sie hilft ja gegen Alles.“
„Wie hast Du Dir dieses Übel zugezogen?“
„Dadurch, daß ich Nebatja bin. Ich ernähre mich und meine Kinder damit, Kräuter zu sammeln, welche ich an den Ezadschi verkaufe. Da bin ich bei jeder Witterung im Wald und auf dem Feld, oft vom frühesten Morgen bis in die späteste Nacht hinein. Da habe ich mich oft erkältet, und nun liegt es mir in den Armen, daß ich sie nur unter großen Schmerzen bewegen kann.“
„Hast Du keinen Arzt gefragt?“
„Ich werde überall abgewiesen, weil ich arm bin.“
„Aber der Apotheker, welchem Du die Pflanzen verkauftest, konnte Dir doch vielleicht ein Mittel geben?“
„Er hat es gethan. Aber es half nichts. Darüber ist er so zornig geworden, daß ich ihm nicht wieder kommen darf.“
„Das ist schlimm. Aber es gibt ja noch Einen hier, welcher die verschiedensten Krankheiten heilt, den alten Mübarek. Bist Du denn nicht zu ihm gegangen?“
„Auch das habe ich gethan; aber er hat mich im höchsten Zorn abgewiesen, weil er mich haßt.“
„Er haßt Dich? Hast Du ihn beleidigt?“
„Niemals.“
„So hat er doch gar keinen Grund, Dir so unfreundlich gesinnt zu sein.“
„Er meint aber, einen Grund zu haben, da ich zuweilen – – seht, da kommt er!“
Sie deutete nach der Richtung, aus welcher wir gekommen waren.
Von der Stelle aus, an welcher wir uns befanden, konnte man den ganzen Weg übersehen, der uns nach der Stadt geführt hatte. Ich hatte bereits während des Gespräches denselben überblickt und auch nach dem Stein geschaut, auf welchem der gelähmte Bettler gesessen hatte. Dieser aber war verschwunden, während ich dafür eine lange Gestalt bemerkte, welche aus der Richtung dieses Steines langsam und in sehr würdevoller Haltung herbeigeschritten kam.
Wo war der Bettler hin? Die ganze Gegend lag frei vor uns. Man mußte ihn unbedingt sehen, mochte er sich nun hingewendet haben, wohin er wollte, nach rechts oder links oder gradaus in die Ebene. Und im Fall er nach der Stadt gegangen wäre, hätten wir ihn erst recht bemerken müssen, zumal ein Krüppel mit zwei Krücken nur langsam vorwärts kommen kann. Aber er war fort, spurlos verschwunden.
Unweit des Steines, auf welchem er gesessen hatte, war eine Baumwollenpflanzung angelegt. Die Pflanzen waren kaum vier Fuß hoch. Hinter ihnen konnte der Bettler nicht stecken, außer wenn er sich niedergelegt hätte. Das aber durfte er nicht thun, weil er nicht im Stande war, sich allein wieder aufzurichten. Dieses plötzliche Verschwinden war mir unbegreiflich.
Indessen war der erwähnte Mann langsam näher gekommen. Er hielt den Kopf gesenkt, als ob er seine Augen nur an der Erde haften habe. Als er sich unweit der ersten Häuser

befand, folgte er dem Weg nicht so wie wir, bis zu den Hütten, sondern er bog gleich zur Seite ein, grad auf uns zu. Da ich nicht annahm, daß er nur von dem Weg abkomme, weil er so tief in Gedanken versunken sei, mußte ich annehmen, daß er mit Absicht sich uns nähere.

Jetzt war es, daß die Frau uns auf ihn aufmerksam machte. Meinetwegen hätte sie das nicht zu thun gebraucht, denn ich stand so, daß ich ihn bereits von Weitem sehen konnte, und hatte auch während des Gespräches den Blick nur wenig von ihm gelassen. Die Andern drehten sich nach ihm um.

„Ja, der Mübarek!“ sagte der Türke. „Effendi, das ist er. Siehe Dir ihn genau an.“

„Ich habe es bereits gethan.“

„Nun kannst Du seine Gebeine klappern hören!“

„Wollen sehen. Vielleicht thut er uns auch den Gefallen, zu verschwinden.“

„Wenn er will, so kann er es.“

„Sage es ihm, daß er es thun soll!“

„Das wage ich nicht.“

„Warum nicht?“

„Er könnte es mir übel nehmen.“

„Pah! Er kennt Dich ja!“

„Das trägt nichts dazu bei.“

„Und hat bei Dir viel Geld verdient.“

„Dafür hat er uns geheilt. Er ist uns keine Gefälligkeit schuldig.“

Jetzt war der alte „Heilige“ herbeigekommen. Er ging sehr, sehr langsam an uns vorüber, ohne den Blick von der Erde zu erheben. Die beiden Frauen standen ehrfurchtsvoll da. Der Türke erhob die Hände zum Gruß. Wir Andern aber kümmerten uns scheinbar nicht um ihn. Ich that ganz so, als ob ich ihn gar nicht bemerkte, hatte mich halb abgewendet, behielt ihn aber scharf im Auge.

Dabei bemerkte ich, daß er den Blick unter den gesenkten Wimpern hervor auf uns gerichtet hielt. Seine Insichversunkenheit war also nur Maske.

That er das stets so, oder mußte ich dieses Verhalten, dieses heimliche Schielen auf mich allein beziehen? –

Ich horchte sehr gespannt, und wirklich, indem er vorüberging, ließ sich bei jedem Schritt, den er that, ein leises Klappern hören, grad als wenn Knochen sich berühren. Einen nicht ganz unbefangenen oder gar von Vorurtheilen befangenen Menschen konnte das allerdings mit einem gelinden Schauder erfüllen.

Er ging so gekleidet, wie der Türke es gesagt hatte: barfuß, mit einem Tuch auf dem Kopf und den Leib in einen alten Kaftan gehüllt. Von dem Shawl war nichts zu sehen, da der Kaftan vorn über einander ging.

Er war außerordentlich hager, mit tief eingesunkenen Augen, wie der Bettler, an welchem wir vorübergekommen waren. Sein knochiges Gesicht war erdfarben. Die Backenknochen standen weit vor, und der Mund war eingefallen. Der Alte konnte

allerdings keine Zähne mehr haben. Die Mundgegend glich einer tief in das Gesicht eingeschnittenen Bucht, unter welcher das spitze Kinn sich weit nach vorn schob und die Nase in doppelter Schärfe hervortrat.
Das also war der berühmte „Heilige", welchen Allah mit so vielen geheimen und wunderbaren Gaben gesegnet hatte!
Er ging vorüber, wie ein Dalai-Lama, für welchen andere Menschen so verächtliche Geschöpfe sind, daß sein Blick sie gar nicht zu bemerken vermag.
Auch ihn – eigenthümlicher Weise kam es mir so vor – mußte ich bereits gesehen haben, und zwar unter Umständen, welche für mich nicht angenehm gewesen sein konnten. Dieses Gefühl regte sich in mir.
Wenn ich der Ansicht gewesen war, daß er uns seine Beachtung ganz und gar entziehen würde, so hatte ich mich geirrt. Schon war er einige Schritte vorüber, da drehte er sich plötzlich um und ließ seinen stechenden Blick über unsere Gruppe schweifen; dann erschallte seine schnarrende Stimme:
„Nebatja!"
Die Pflanzensucherin zuckte zusammen.
„Nebatja! Hierher!"
Er deutete mit dem Zeigefinger vor sich zur Erde nieder, ungefähr wie man einen Hund heranruft, der geprügelt werden soll.
Die Frau schritt langsam und ängstlich zu ihm hin. Sein Blick richtete sich drohend auf sie, so scharf, als hätte er sie durchbohren wollen.
„Wie lange ist Dein Mann nun todt?" fragte er sie.
„Drei Jahre."
„Hast Du für seine Seele gebetet?"
„Täglich."
„Er war kein Anhänger des ruhmreichen Propheten, dessen Namen zu heilig ist, als daß ich ihn vor Deinen Ohren nennen möchte; er war ein Nusrani, der Bekenner einer anderen Lehre. Er gehörte zu den Christen, welche selbst nicht wissen, was sie glauben sollen, weßhalb sie sich in viele Sekten spalten und sich unter einander befehden. Doch Allah hat in seiner Barmherzigkeit beschlossen, daß auch sie in die untersten Abtheilungen des Himmels gelangen dürfen. Dein Mann aber wird in dem Feuer der Hölle gebraten!"
Er schien eine Antwort zu erwarten; die Frau aber schwieg.
„Hast Du es gehört?" fragte er.
„Ja," antwortete sie leise.
„Und glaubst Du es?"
Sie schwieg.
„Du mußt es glauben, denn ich selbst habe ihn gesehen. Heute Nacht entführte mich der Engel Allah's der Erde und erhob mich zu den Seligkeiten. Tief unter mir lag die Hölle mit ihren glühenden Abgründen. Drin sah ich unter Vielen auch Deinen Mann. Er war

an einen Felsen gefesselt. Höllisches Ungeziefer nagte an seinem Leib, und spitze Flammen leckten in sein Gesicht. Ich hörte ihn vor Schmerz brüllen. Er sah mich hoch über sich schweben und bat mich, Dir zu sagen, daß die Pfähle, welche in seiner Nähe in den Fels geschlagen waren, für Dich und Deine Brut bestimmt seien."
Er hielt inne. Die Frau weinte.
Am liebsten hätte ich den Kerl mit der Faust zu Boden geschlagen, doch verhielt ich mich ruhig. Halef's Hand lag am Griff seiner Peitsche, und sein Blick flog zwischen mir und dem Heiligen hin und her. Ich hätte nur leise zu nicken gebraucht, so hätte der kleine Hadschi den berühmten Mann nach Noten durchgewalkt.
„Und nun noch Eins!" fuhr dieser fort. „Du bist bei der Polizei gewesen?"
Die Frau senkte den Kopf.
„Ich soll Dir Schadenersatz leisten. Ich soll Dir Geld geben, weil Dein Knabe sich bei meiner Wohnung umherschleicht. Thue noch einen einzigen solchen Schritt, so sende ich Dir alle Geister der Finsterniß zu, daß sie Dich peinigen, bis Du Deine ungläubige Seele von Dir gibst. Merke Dir das!"
Er drehte sich ab und schritt von dannen.
„Allah l'Allah!" knirschte Halef. „Effendi, bist Du ein Mensch?"
„Ich denke es."
„Ich bin auch einer. Gib mir die Erlaubniß, diesem Schurken nachzueilen und ihm das dicke Fell nach Gebühr zu peitschen."
„Um Allah's willen, schweig!" warnte ihn der Türke.
„Schweigen! Wer könnte dazu schweigen?"
„Er hört jedes Deiner Worte."
„Lächerlich!"
„Schau hin! Dort sitzt sein Diener."
Er deutete nach einem dürren Baum, auf dessen Ast eine Krähe saß.
„Bist Du des Satans?" antwortete Halef.
„Nein, dieser Vogel ist ein Geist, welchem er befohlen hat, uns zu belauschen und ihm dann jedes Wort mitzutheilen."
„Und ich sage Dir, daß dieser Vogel eine ganz gewöhnliche Krähe ist!"
„Du irrst. Siehst Du denn nicht, wie neugierig sie zu uns herunterblickt?"
„Natürlich! Diese Vögel sind neugierig. Ich hätte Lust, ihr eine Kugel zu geben."
„Thue das ja nicht! Es wäre Dein Tod."
„Unsinn!"
„Der Schuß würde nicht den Vogel, sondern Dich selbst treffen."
„Meine Flinte schießt nicht verkehrt."
Halef griff auch wirklich nach seinem Gewehr. Da aber eilten die beiden Frauen voll Angst zu ihm und baten ihn, ja nicht zu schießen, da er nicht nur sich, sondern uns alle unglücklich machen würde.
„Aber habt Ihr denn gar kein Gehirn, Ihr Weiber?" rief er zornig.

„Du mußt uns glauben, Du mußt!“ bat die Pflanzensammlerin. „Auch Andere sind so unvorsichtig und tollkühn gewesen, wie Du. Sie haben es bitter bereut.“
„So! Was ist denn mit ihnen geschehen?“
„Sie sind krank geworden – –“
„Zufall!“
„Der Eine wurde sogar toll – –“
„Das hat bereits vorher in ihm gesteckt.“
„Und Einige starben – –“
„Weil der Tod bereits vorher an ihrem Leben nagte.“
„O nein, sondern weil sie sich an den Vögeln des Heiligen vergriffen.“
Da sich die Aufmerksamkeit in dieser Weise auf den kleinen Hadschi richtete, war ich unbeachtet. Ich trat hinter mein Pferd, legte den Stutzen auf den Vogel an und drückte los.
Die Frauen kreischten auf vor Entsetzen. Meine Kugel hatte die Krähe durchbohrt und augenblicklich getödtet. Der Vogel lag unter dem Baum, ohne zu zucken.
„Effendi, was hast Du gethan!“ rief der Türke. „Das kann Dich Deine Seligkeit kosten!“
„Laufe hin!“ antwortete ich ihm. „Stopfe dem Vogel alle Öffnungen zu, damit der Geist nicht heraus kann! Dann gibt es unter den Geisterleichen, welche Du mir zeigen willst, eine mehr. O, was seid Ihr doch für dumme Menschen!“
Halef war von seinem Pferd gesprungen und brachte die Krähe herbei. Sie war voll von Ungeziefer. Er zeigte das dem Türken und den Frauen und sagte:
„Wenn der Mübarek die ihm dienenden Geister nicht einmal von den Läusen befreien kann, so kann er überhaupt gar nichts. Schämt Euch! Habt Ihr jemals von einem Geist gehört, welcher Läuse hatte? Wo steht das geschrieben? Etwa in den Büchern der Christen? Der Prophet hat, so oft er von den Geistern sprach, niemals erwähnt, daß sie gereinigt werden müssen.“
Dieser Beweis, daß die Krähe kein Geist sei, war ebenso kurz, wie sonderbar; aber er brachte eine bessere und schnellere Wirkung hervor, als durch eine lange Rede erzielt worden wäre.
Die drei Geistergläubigen blickten sich an, schüttelten die Köpfe, schauten dann auf die Krähe, und endlich sagte der Türke zu mir:
„Effendi, welches ist denn Deine Meinung? Kann ein Geist Ungeziefer haben?“
„Nein.“
„Aber es ist doch ein böser.“
„Welches ist der allerböseste Geist?“
„Der Satan.“
„Richtig! Nun sage mir, ob der Prophet oder einer der Nachfolger desselben gelehrt hat, daß der Satan von Läusen geplagt werde.“
„Das steht freilich nirgends geschrieben. Und die Insekten würden gewiß auch verbrennen, wenn sie mit dem Teufel in die Hölle kämen.“

„Das hast Du mit großem Scharfsinne entdeckt. Nun beantworte Dir Deine Frage selber."
Dieser an sich so lächerliche Vorgang war für uns von größerer Bedeutung, als ich denken konnte. Die Bewohner der hinter uns liegenden Hütten hatten Alles gesehen, und erst später erfuhr ich, daß sich die Kunde davon wie ein Lauffeuer durch die Stadt verbreitet hatte.
Ein Vogel des vermeintlichen Heiligen war erschossen worden, von einem Fremden, der dann ganz heil davongegangen sei. Das war unerhört.
Wer den Aberglauben jener Gegenden nicht kennt, der hält so Etwas kaum für glaublich. Dazu kam der Respekt, in den sich der Mübarek zu setzen gewußt hatte. Was zu seiner Person in Beziehung stand, das war für Andere gradezu unberührbar.
Halef's Beweis hatte gewirkt. Die Frauen und auch der Türke fühlten sich beruhigt. Die Pflanzensammlerin hatte auch gar nicht viel Zeit, über den Tod der Krähe nachzudenken. Die Worte, welche der Alte zu ihr gesprochen, waren ihr viel, viel wichtiger.
Sie – als griechische Christin – stand unter dem Einfluß ihres Popen, und man muß die Popen jenseits des Balkan's kennen, um zu wissen, was das zu bedeuten hat.
Diese geistlichen Herren rekrutiren sich aus den untersten Schichten der Gesellschaft und genießen einen Unterricht, welcher nicht mehr als Alles zu wünschen übrig läßt. Wie soll es da mit denjenigen stehen, deren Seelen solchen Leuten anvertraut sind!
Es war der armen, unglücklichen Frau anzusehen, daß sie von der Kunde, ihr Mann schmore in der Hölle und erwarte auch sie und ihre Kinder dort, ganz niedergeschmettert war.
Der gute Halef legte ihr die Hand auf die Schulter und sagte in tröstendem Ton:
„Nebatja, gräme Dich nicht! Dein Mann ist im Himmel."
Sie blickte ihn forschend an.
„Glaubst Du es etwa nicht?" fragte er.
„Woher könntest Du das wissen?"
„Ich habe ihn gesehen."
„Du?"
„Ja," nickte er ernsthaft.
„Wann?"
„Heute Nacht. Der Engel Allah's kam und entführte mich aus dieser Welt. Er trug mich über die Himmel empor, so daß ich sie alle erblicken konnte. Da sah ich Deinen Mann im dritten Himmel sitzen – –"
„Kennst Du ihn denn?" fragte sie hastig.
Der Kleine wurde durch diese Frage nicht im Mindesten in Verlegenheit gebracht. Er antwortete ohne Bedenken:
„Nein; aber der Engel sagte mir: „Schau da hinab! Dort sitzt der Mann der armen Nebatja, welche Du morgen in Ostromdscha zu Gesicht bekommen wirst." Daher weiß ich, wer der Selige war. Dieser blickte auch auf, denn er hatte die Worte des Engels vernommen,

und bat mich, Dich zu grüßen. An seiner Seite waren die Plätze für Dich und Deine Kinder."

Der Kleine brachte das sehr ernsthaft vor. Es kam ihm nicht in den Sinn, mit dem Heiligsten Scherz zu treiben. Es war seine Absicht, die Geplagte zu beruhigen, und er fing dies nach seiner eigenen Weise an.

Die Frau sah ihm noch immer kopfschüttelnd in das Gesicht.

„Ist das wahr, was Du erzählst?" fragte sie nun.

„Wenigstens ebenso wahr wie die Geschichte des Mübarek."

„Aber wie kannst Du in den Himmel schauen? Du bist doch kein Christ!"

„Ist etwa der Mübarek ein Christ?"

Das leuchtete ihr ein.

„Dieser alte Halunke," fuhr Halef energisch fort, „weiß im Himmel auch nicht besser Bescheid als ich und jeder Andere. Vielleicht ist er in der Hölle besser zu Hause. Ich wenigstens bin ganz überzeugt davon. Wenn Du aber meinst, daß nur ein Christ hier zu Wort kommen darf, so wende Dich an diesen Effendi und frage ihn. Er wird Dir alle Auskunft geben können."

Er deutete auf mich, und die Frau sah mich fragend an.

„Bete für Deinen Mann," sagte ich ihr. „Das ist Deine Christenpflicht. Der Mübarek aber hat Dich belogen; denn es kommt kein Engel, um einen Sterblichen in den Himmel zu führen und dann wieder zur Erde herabzubringen. Die heilige Schrift lehrt, daß Gott in einem Licht wohnt, zu welchem kein irdisches Geschöpf kommen kann. Ich werde Dich wieder sehen und mit Dir von dieser Angelegenheit sprechen. Nun aber wollen wir uns lieber mit Deiner Krankheit beschäftigen. Du wirst hier an dieser Quelle vergeblich Heilung suchen. Seit wann benutzest Du dieses Wasser?"

„Schon über ein Jahr."

„Ist Dein Leiden geringer geworden?"

„Nein, Effendi."

„So siehest Du, daß ich Recht habe. Diese Quelle heilt Deine Leiden nicht."

„Mein Gott! Was soll da aus mir und den Kindern werden? Ich kann nicht arbeiten, und wir hungern bereits seit längerer Zeit. Nun wird auch die einzige Hoffnung, die ich hatte und die ich auf dieses Wasser setzte, zu Schanden."

Sie begann bitterlich zu weinen.

„Weine nicht, Nebatja!" tröstete ich sie. „Ich werde Dir ein besseres Mittel sagen."

„Bist Du denn ein Hekim?"

„Ja, in dieser Krankheit sogar ein Hekim Baschi. Hast Du noch niemals von den fremden Ärzten gehört, welche aus dem Westen kommen?"

„Schon oft. Sie sollen sehr weise Leute sein und alle, alle Krankheiten heilen können."

„Nun, ich komme aus dem Westen und werde Deine Krankheit heilen. Wie hast Du denn dieses Wasser hier angewendet?"

„Ich habe vom Morgen bis zum Abend hier gesessen und Umschläge gemacht."

„Damit hast Du das Übel nur verschlimmert. Was ist's denn mit dem Knaben, welchen der Mübarek erwähnte?“

„Weil ich nicht selbst mehr kann, habe ich ihn ausgesandt, um Pflanzen zu suchen. Die besten Kräuter stehen oben auf dem Berg: Kutrk, Lima, Rumala und viele andere. Aber der Mübarek duldet es nicht, daß man sie holt. Er hat den Knaben einmal fortgejagt, und als uns die Noth trieb, es doch noch einmal zu wagen, warf er ihn vom Felsen herab, so daß er den Arm brach.“

„Und Du hast ihn verklagt?“

„Nein. Ich bin nur zur Polizei gegangen und habe um eine Unterstützung gebeten. Die drei andern Kinder sind zu klein. Sie kennen auch die Pflanzen nicht. Ich kann sie nicht aussenden, um Kräuter zu sammeln.“

„Du bist aber wohl abgewiesen worden?“

„Ja. Der Zabtieh Muschiri sagte, ich solle nur arbeiten.“

„Hast Du denn nicht gesagt, daß Du nicht arbeiten kannst?“

„Ja, aber sie haben mich durch den Khawassen hinausführen lassen und mir mit der Bastonnade gedroht, wenn ich wiederkäme.“

„Eine Frau und Bastonnade! Aber sorge Dich nicht. Du sollst die Unterstützung erhalten.“

„Effendi, könntest Du das bewirken?“

„Ich hoffe es.“

„So wollte ich Dir dankbar sein und täglich für Dich beten.“

Sie wollte meine Hand ergreifen, doch war ihr die dazu nöthige Armbewegung zu schmerzlich.

„Sage mir zunächst, wo Du wohnst.“

„Gleich hier nebenan, im zweiten Hause.“

„Das ist bequem. Führe mich einmal hin, ich will Deine Stube sehen. Meine Gefährten werden unterdessen warten.“

Mein Schuß nach der Krähe war gehört worden und hatte eine Anzahl Neugieriger herbeigelockt, welche in einiger Entfernung standen und nun erstaunt sahen, daß ich mich mit der Frau in deren Wohnung begab.

Wer die Schmutz- und Lumpenwirthschaft Halbasien's kennt, wird wohl glauben, daß ich in meiner Kleidung diesen Leuten wie ein Fürst erscheinen mußte.

„Ich wohne nicht allein, Effendi,“ erklärte mir die Frau. „Es wohnt noch eine Familie mit mir zusammen.“

Ich ahnte, was nun kommen werde, und diese Ahnung erfüllte sich. Ich sah keine Stube, sondern ein Loch ohne Diele und Mauerbewurf, so feucht, daß Tropfen an den Wänden hingen, Alles mit Moder überzogen war und ein entsetzlicher Geruch in diesem Raum herrschte.

Und in dieser Höhle wälzten sich und lagen gegen zehn Kinder über einander. Zwei kleine Löcher, welche als Fenster dienten, ließen nicht mehr Licht herein, als nöthig war, um die Gesichter zu erkennen.
Dazu kamen stinkende Decken und Kleider, unaussprechliche Geräthschaften, kurz und gut, es war entsetzlich.
In der einen Ecke saß eine alte Frau und kaute an einem hellen Gegenstand herum. Bei näherer Betrachtung sah ich, daß es ein Stück von einem rohen Kürbis war.
Nicht weit von ihr kauerte ein Knabe, welcher den Arm in der Binde trug. Es war der Sohn der Nebatja. Ich nahm ihn mit hinaus an die Hausthüre, um besser sehen zu können, und entfernte die Binde, um den Verband zu untersuchen. Ich bin weder Arzt noch Chirurg, also kein Fachmann, aber ich bemerkte doch zu meiner Befriedigung, daß der Hekim, welcher den gebrochenen Arm eingerichtet hatte, kein Dummkopf gewesen war.
Freilich sah der arme Junge wie das leibhaftige Hungerleiden aus.
„Hier dürft Ihr nicht wohnen bleiben," sagte ich zu seiner Mutter. „Hier wirst Du niemals gesund."
„Herr, wo soll ich hin?"
„Fort, nur fort!"
„Das ist leicht gesagt. Ich kann ja kaum diese Wohnung hier bezahlen."
„So sorge ich für eine andere."
„O, wenn Du das thun wolltest!"
„Was ich kann, das thue ich. Ich bin zwar hier fremd und komme soeben erst an, aber ich hoffe, daß ich Dir doch dienen kann."
„Und auch ein Mittel für mein Reißen willst Du mir geben?"
„Ich brauche es Dir nicht zu geben. Du kannst es Dir holen lassen. Weißt Du, was eine Kajyn aghadschy ist?"
„Ja, ganz gut."
„Und gibt es solche Bäume hier?"
„Nicht häufig; aber man findet sie doch."
„Nun, das Laub dieser Bäume ist das beste Mittel für Dein Leiden."
„Ist es möglich? Kajyn japraki soll gegen diese schmerzhafte Krankheit gut sein?"
„Ja, wie ich sage. Ich habe es selbst an mir erfahren. Es gibt wilde Völker, welche keine Ärzte haben und ihre Krankheiten nur mit solchen einfachen Mitteln heilen. Von ihnen habe ich es erfahren, daß das Laub der Birke den Rheumatismus heilt. Als ich dann selbst sehr an demselben litt, habe ich das Mittel erprobt und es als ausgezeichnet gefunden."
„Und wie wendet man es an?"
„Man hat zu warten, bis es regnet. Dann streift man das nasse Laub mit den Händen von den Zweigen, so daß es ganz naß ist, und trägt es schnell heim, da es nicht trocken werden darf. Dann umhüllt man das kranke Glied sehr dick mit diesem Laub und legt sich nieder. Sind die Beine krank, so steckt man sie in einen Sack, welcher mit Laub

gefüllt ist, bindet diesen über den Hüften zu und legt sich nieder. Bald wird man in Schlaf fallen und sehr schwitzen, weßhalb man sich sorgfältig zudecken muß. Der Schweiß des kranken Gliedes und das Wasser des Laubes tropfen förmlich aus der Umhüllung hervor. Man schläft lange und tief. Wenn man erwacht, so steht man auf und findet die Krankheit, wenn sie nur eine leichte war, verschwunden. Bei schwereren Fällen, wie der Deinige es ist, muß man die Einhüllung wiederholen."

Die Frau hatte mir sehr aufmerksam zugehört. Jetzt fragte sie:

„Darf man das Laub nicht auch holen, ohne daß es geregnet hat, und es dann mit Wasser naß machen?"

„Nein. In diesem Fall hat es keinen Erfolg. Es ist eine angreifende Kur; darum solltest Du vor derselben ja keinen Hunger leiden."

Sie senkte traurig den Blick.

„Effendi, wenn ich nichts habe, so kann ich nichts essen. Ich wollte gern hungern, wenn ich nur nicht meine Kinder jammern sähe."

„Dem wollen wir abhelfen. Ein guter Freund gab mir eine kleine Summe mit, um sie einem würdigen Armen zu schenken, wenn ich einen solchen während meiner Reise finden sollte. Was denkst Du: soll ich Dir das Geld geben oder soll ich warten, bis ich eine andere Gelegenheit finde?"

Sie erhob den leuchtenden Blick zu mir.

„Effendi!"

Sie sagte nur dieses eine Wort, aber es klang aus demselben eine ganze Fülle von Bitte, Scham und Dank.

„Nun, soll ich?"

„Wie viel ist es denn?"

„Zwei Pfund."

„Pfund? Das kenne ich nicht. Wie viele Para sind das?"

„Para? Es ist mehr, viel mehr!"

„Wohl gar einige Piaster?"

„Zwei Pfund sind zweihundert Piaster."

„O Himmel!"

Sie wollte die Hände zusammenschlagen, aber der Schmerz hinderte sie, es zu thun.

„Und weil es zwei Goldstücke sind, so wird man Dir, wenn Du sie wechseln lässest, zweihundert und zehn Piaster dafür geben müssen."

Ich hatte von dem Geld, welches ein Geschenk Hulam's in Adrianopel war, die angegebene Summe herausgenommen und hielt sie der Armen hin. Sie aber trat zurück.

„Effendi, Du scherzest!"

„Nein, es ist mein Ernst. Nimm!"

„Ich darf nicht."

„Wer verbietet es Dir?"

„Niemand. Aber eine so hohe Gabe – –"

„Sprich nicht weiter! Derjenige, welcher mir diese Summe gab, ist sehr reich. Hier, stecke das Geld ein, und wenn Du es wechseln lassen willst, so geh' zu einem ehrlichen Mann. Kaufe Speise für Dich und die Kinder. Lebe wohl! Morgen komme ich wieder."
Ich drückte ihr das Geld in die gekrümmten Hände und eilte fort. Sie kam mir nach, aber ich winkte energisch zurück, so daß sie sich doch nicht getraute, mir bis zu den Gefährten zu folgen, welche auf mich warteten. Wir ritten weiter. Aber beim Aufsteigen hatte ich gesehen, daß die Neugierigen sich um die arme Frau versammelten, jedenfalls um sie auszufragen.
Von Nohuda, der Erbse, welche sich verjüngen wollte, hatte ich nicht Abschied genommen. Sie war zu den neugierigen Zuschauern getreten – trotz ihres bekleisterten Gesichtes – und da suchte ich sie freilich nicht auf.
Wir bogen nun von der Therme aus in ein enges Gäßchen ein, an dessen Ecke ich einen zerlumpten Kerl lehnen sah, welcher uns mit scharfen Augen betrachtete. Er fiel mir gar nicht besonders auf, da die Personen, welche ich sah, mir alle mehr oder weniger zerlumpt vorkamen.
Noch wußte ich nicht, wohin uns der Türke führen werde. Ich fragte ihn jetzt danach, und er drückte seine Verwunderung darüber aus, daß ich diese Frage nicht früher gestellt habe.
„Ich meinte, daß Du gut für uns sorgen werdest," erwiederte ich.
„Natürlich. Ich führe Euch zu dem Konak „et Tohr el ahmar", wo es Euch gar wohl gefallen soll."
Dieser Titel des Gasthauses fiel mir auf. Das klang ja grad so, als befänden wir uns in den Gassen eines deutschen Provinzialstädtchens. „Et Tohr el ahmar" heißt nichts Anderes als „zum rothen Ochsen". Das klang mir lieblich in die Ohren, wie Gungl's Heimatklänge. Die Benennung verrieth zwar einen etwas derben Geschmack, aber ein Hôtel mit Pariser Firma durfte man hier nicht erwarten.
„Kennst Du den Wirth?" fragte ich.
„Sogar sehr gut," erwiderte er lächelnd. „Seine Frau ist nämlich die Schwester der meinigen."
Das freute mich, denn ich durfte erwarten, daß die Freundschaft, welche Ibarek für uns hegte, auch auf seinen Schwager und dessen Weib übergehen würde.
Die Stadt bot – wenigstens so weit, wie wir sie jetzt erblickten – gar nichts Besonderes. Orientalische Häuser und Hütten, die ihre fensterlosen Mauern nach der Straße kehren. Armselige Bauwerke, dem Einsturz nahe. Wege, aus trockenem Schlamm bestehend, von welchem an heißen Tagen ein entsetzlicher Staub aufwirbelt, während man bei Regenwetter bis an die Kniee in den Koth einsinkt. Dazu eine zigeunerhafte Staffage, schmutzige Menschen und dürres Vieh. So gleicht hier eine Stadt der anderen.
Als ich mich bei irgend einer Gelegenheit umschaute, erblickte ich den Strolch, welcher an der erwähnten Ecke gestanden hatte. Er trottete langsam hinter uns her, und ich kam

bei genauerer Beobachtung zu der Überzeugung, daß er uns verfolgte. Aus welchem Grund? Ich ahnte es.

Endlich deutete Ibarek auf ein großes, offenes Thor, über welchem das blutrothe Bild eines Ochsen prangte.

„Da ist es!“ sagte er.

„So reitet ein! Ich werde so thun, als ob ich noch weiter ritte.“

„Warum?“

„Es läuft uns ein Kerl nach, den jedenfalls der Mübarek beauftragt hat, aufzupassen, wo wir einkehren. Diesem Menschen will ich eine hübsche Überraschung bereiten.“

Die Gefährten lenkten in das offene Thor; ich aber ritt noch eine kurze Strecke weiter.

Unser Erscheinen hatte Aufsehen erregt. Überall blieben die Leute stehen und sahen uns nach. Dennoch hatte ich unsern Verfolger im Auge behalten.

Jetzt lenkte ich um und ritt einen kurzen Bogen. Das war mir dadurch möglich, daß der Konak nicht in einer Gasse, sondern an einem kleinen offenen Platz lag. Noch standen die Menschen und blickten theils nach dem offenen Thor, meist aber nach mir. Mein prachtvoller Rappe schien ihre Aufmerksamkeit zu fesseln. Ich ließ ihn elegant courbettiren und leitete ihn so nach der Stelle hin, an welcher der verdächtige Mensch stand.

Der Kerl hatte eine weite Hose an und eine kurze Jacke. Beide wurden durch einen Shawl vereinigt, welcher sich um die Hüften schlang.

Jetzt stieß ich jenen Pfiff aus, auf welchen mein Hengst sich in Carrière zu werfen gewöhnt war. Er gehorchte und schoß vorwärts. Ein allgemeines Geschrei ließ sich hören, und Alles retirirte. Man mochte meinen, das Pferd gehe mit mir durch.

Der Spion war so in seine Aufgabe versenkt, daß er nicht auch sofort an das Ausreißen dachte. Dann aber warf er vor Entsetzen die Arme in die Luft und brüllte, was er brüllen konnte, denn er sah, daß der Rappe grad auf ihn losschoß. Vielleicht wollte er durch dieses Geschrei das Pferd abschrecken, weil es zum Fliehen nun zu spät für ihn war. Er lehnte nämlich an einer Mauer, an welcher ich im Galopp herkam.

Jetzt war ich bei ihm. Er drückte sich ganz eng an die Wand. Ich aber bog mich nieder, ergriff ihn bei dem Shawl und riß ihn empor. Ihn in einem Bogen von rechts her über den Kopf des Pferdes schwingend, warf ich ihn nach links hinüber und ließ ihn dann so nieder, daß er mir quer über die Kniee zu liegen kam.

„Allah w' Allah l'Allah!“ brüllte er und versuchte dabei, sich loszumachen.

„Halte Dich ruhig!“ rief ich ihm zu. „Sonst bist Du des Teufels!“

Da machte er sofort den Mund zu und auch die Augen. Der Mann war kein Held.

Ich lenkte nun nach dem Konak ein und ritt im Trab durch das Thor desselben. Da stand Halef mit den Gefährten. Sie hatten den Vorfall beobachtet, lachten aus vollem Hals und beeilten sich, die Thorflügel zuzumachen und den großen Riegel vorzulegen.

Und das war auch nöthig, denn eine beträchtliche Menschenmenge drängte sich herbei, um zu erfahren, was die seltsame Sache zu bedeuten habe.

Jetzt ließ ich den Gefangenen auf die Erde nieder und stieg ab. Ein türkisch gekleideter Mann kam an Ibarek's Seite herbei, um mich zu begrüßen. Er war der Wirth. Während ich den üblichen Gruß mit ihm wechselte, war mein Mitreiter wieder zu Gedanken gekommen. Er warf sich in Positur, schritt herbei und fragte drohenden Tones:
„Herr, warum hast Du mir das gethan? Meine Seele konnte des Todes sein!“
„Deine Seele? Ist sie aus einem so zerbrechlichen Stoff gefertigt?“
„Spotte nicht! Weißt Du, wer ich bin?“
„Nein, bis jetzt noch nicht.“
„Ich bin der Mawundschi des Flusses!“
„Schön! Du lebst also auf dem Wasser. Hast Du Dich nicht gefreut, einmal reiten zu können?“
„Gefreut? Habe ich Dich gebeten, mich mitzunehmen?“
„Nein, aber es gefiel mir so.“
„Ich werde Dich anzeigen.“
„Schön!“
„Und Dich bestrafen lassen.“
„Noch schöner!“
„Du wirst ohne Säumen mit mir zum Zabtieh Mudiri gehen.“
„Später, lieber Freund. Jetzt habe ich keine Zeit.“
„Ich kann nicht warten. Ich muß bei meiner Fähre sein.“
„Wo befindet sich diese?“
„An dem Fluß.“
„Vermuthlich unweit des Weges nach Kusturlu?“
„Wie kommst Du auf diesen Gedanken? Dort gibt es keinen Fluß.“
„Das weiß ich gar wohl. Aber der Fährmann, welcher jetzt behauptet, keine Zeit zu haben, lehnte dort an einer Ecke und kam uns dann ganz gemächlich nachspaziert. Ist das wahr oder nicht?“
„Ja. Aber was geht das Dich an?“
„Sehr viel, mein Freund. Warum bist Du mit uns gegangen?“
„Ich kann laufen, mit wem ich will!“
„Und ich kann reiten, mit wem ich will! So haben wir also beide unsern Willen gehabt.“
„Das Reiten ist etwas ganz Anderes. Ich hätte den Hals brechen können.“
„Vielleicht wäre es nicht schade um Dich gewesen.“
„Herr! Sprich noch einmal so, so renne ich Dir diese Klinge in den Leib!“
Er griff unter einer drohenden Gebärde nach dem Messer, dessen Scheide an seinem Gürtel hing.
„Laß das stecken! Vor einem solchen Ding fürchtet man sich nicht.“
„So! Wer bist Du denn, daß Du Dir erlaubst, mich zu beleidigen?“
„Ich bin Hazredin Kara Ben Nemsi Emir. Hast Du diesen Namen schon einmal vernommen?“

Ich richtete mich hoch vor ihm auf und gab mir Mühe, einen möglichst stolzen und drohenden Eindruck zu machen. Daß ich mich Emir nannte, das nehme ich gern auf mein Gewissen. Daß ich mir aber den Titel Hazredin gab, also Hoheit, das war freilich mehr als aufgeschnitten. Ich glaubte aber, es jetzt einmal so wie mein kleiner Hadschi machen zu dürfen.
Diesem Fährmann gegenüber besaß ich keine Macht und wollte ihn doch zwingen, mir zu sagen, wer ihn beauftragt habe, uns nachzulaufen. Also mußte ich ihm imponiren, und dazu bedurfte ich einer Würde, deren ich leider nicht theilhaftig war.
Ich sah auch sofort ein, daß ich das Richtige ergriffen hatte. Er verneigte sich ziemlich tief und antwortete:
„Nein, Sultanum, diesen durchlauchtigen Namen habe ich noch nicht vernommen."
„So hörst Du ihn jetzt und weißt nun, wer ich bin. Danach hast Du Dich zu richten! Glaubst Du, ich liebe es, Spione hinter mir herlaufen zu sehen?"
„Emir, ich verstehe Dich nicht."
„Du verstehst mich gar wohl, aber Du willst es nicht gestehen."
„Ich weiß wirklich nicht, was Du meinst."
„Bursche! Verlangst Du von mir, ich solle mir die Mühe geben, Dich auszufragen? Dazu habe ich keine Lust, und überdies bist Du mir ein zu armseliger Tropf. Sofort gestehst Du, wer Dich beauftragt hat, mir nachzugehen, um zu erfahren, wo ich von meinem Pferd steigen werde!"
„Niemand, Herr."
„Du hast es aber doch gethan!"
„Ich bin ganz zufällig hinter Dir hergegangen."
„War dies der gradeste Weg zu dem Fluß?"
Er wurde sichtlich verlegen.
„Nun, antworte!"
„Herr, Du irrst Dich wirklich. Ich habe diesen Umweg ganz ohne Absicht gemacht."
„Schön! Ich will Dir also glauben. Aber wenn Du meinst, daß dies von Vortheil für Dich sei, so bist Du im Irrthum. Ein Fährmann, welcher bei seiner Fähre sein soll und sich dennoch auf Umwegen in den Straßen umhertreibt, den können wir nicht brauchen, denn er ist nicht zuverlässig. Ich werde dem Mudir den Befehl ertheilen, Dich abzusetzen. Es gibt Andere, welche dieses Amtes würdiger sind."
Jetzt erschrack er.
„Emir, das wirst Du nicht thun!" rief er flehend.
„Ja, das werde ich thun, und zwar um so eher, je deutlicher ich sehe, daß Du mich belogen hast."
Er blickte eine Weile zur Erde. Dann erklärte er zaghaft:
„Effendi, ich will aufrichtig sein und Dir gestehen, daß ich Dir nachgegangen bin."
„Das ist nun zu spät."
„Du siehst ja, daß ich die Unwahrheit bereue. Ich thue es nicht wieder."

„Nun, so sage mir auch, wer Dich dazu beauftragt hat."
„Niemand, ich that es aus eigenem Antrieb."
„Das ist eine Lüge."
„Nein, Effendi."
„Wollen sehen! Wer einmal lügt, der lügt auch zum zweiten Male."
Und mich zu Halef wendend, gebot ich:
„Hadschi Halef Omar Agha, hole sofort zwei Khawassen herbei. Dieser Mensch soll die Bastonnade erhalten!"
„Sogleich, Sultanum!" antwortete der Kleine, indem er that, als ob er davon eilen wollte.
„Halt!" schrie der geängstigte Fährmann. „Agha, bleibe da! Ich will gestehen!"
„Zu spät! Agha, beeile Dich!"
Da sank der Mann auf den Boden nieder und bat mit erhobenen Händen:
„Nicht die Bastonnade, nicht die Bastonnade! Ich kann sie nicht überstehen."
„Warum nicht?"
„Meine Füße sind so weich und empfindlich, weil ich so viel im Wasser bin."
Ich mußte die Zähne auf einander beißen, um nicht zu lachen. Die Bastonnade wird bekanntlich auf die nackten Fußsohlen ertheilt, und diese niedrige Körpergegend war bei ihm zu empfänglich für so gewaltsame Eindrücke. Wenn man diesen Grund gelten lassen will, dann muß man von jeder Strafe absehen, da die Strafe eben darin besteht, irgend einen körperlichen, geistigen oder moralischen Schmerz zu bereiten. Damit soll freilich nicht gesagt sein, daß ich ein eifriger Freund davon bin, die Fußsohlen meiner lieben Mitmenschen zu mißhandeln. Ich antwortete also:
„Eben weil Du da doppelte Schmerzen zu leiden hättest, solltest Du doppelt vorsichtig Alles vermeiden, was die Obrigkeit veranlassen könnte, Dich züchtigen zu lassen. Aber ich habe grad jetzt meine mitleidige Stunde und will einmal versuchen, ob ich Gnade walten lassen kann."
„Versuche es, Herr! Ich will ein offenes Geständniß ablegen."
„So sage, wer Dich beauftragt hat."
„Der Mübarek."
„Was bot er Dir dafür? Geld?"
„Nein. Geld gibt der Heilige niemals. Er versprach mir ein Amulet für den reichlichen Fang der Fische, weil ich Fährmann und Fischer zugleich bin."
„Und wie lautete dieser Auftrag?"
„Ich soll Dir nachgehen und ihm dann sagen, wo Du wohnen wirst."
„Wann und wo sollst Du es ihm sagen?"
„Heute Abend, droben in seiner Klause auf dem Berg."
„Ist er denn noch so spät zu sprechen?"
„Nein. Aber für diejenigen, welchen er einen Auftrag gegeben hat, ist er da. Man braucht nur zu klopfen und ein gewisses Wort – –"
Er hielt erschrocken inne.

„Weiter!“ gebot ich.
„Weiter gibt es nichts.“
„Willst Du mich wieder belügen?“
„O nein, Effendi.“
„Und dennoch lügst Du!“
Ich dachte an das, was er vorhin gesagt hatte, nämlich, daß der Mübarek niemals Geld gebe. Wenn er das so genau wußte, so hatte er jedenfalls schon oft Aufträge des Alten ausgeführt. Darum fuhr ich fort:
„Wenn man wie gewöhnlich klopft, so öffnet er nicht?“
„Nein.“
„Aber wenn man ein bestimmtes Wort sagt, so wird man eingelassen?“
Er schwieg.
„Nun sprich! Oder soll ich Dir den Mund öffnen lassen? Die Bastonnade ist ein sehr gutes Mittel dazu.“
Er blickte noch immer unentschlossen zu Boden. Die Furcht vor dem Mübarek schien bei ihm ebenso groß zu sein, wie die Angst vor der Bastonnade.
„Gut! Wenn Du nicht reden kannst, so magst Du selbst Dir die Folgen zuschreiben. Hadschi Halef Omar Agha!“
Kaum hatte ich diesen Namen wieder genannt, so war der Fährmann mit seinem Nachdenken zu Ende. Er sagte kleinlaut:
„Effendi, laß die Khawassen nicht holen. Ich will es Dir doch sagen. Mag der Mübarek mir immerhin zürnen. Ich lasse mich seinetwegen nicht zu Schanden schlagen.“
„Wie kann er Dir zürnen?“
„Er hat es mir sehr streng verboten.“
„Willst Du es ihm denn mittheilen, daß Du es mir gesagt hast?“
„Nein. Das fällt mir gar nicht ein. Aber Du selbst wirst es ihm sagen.“
„Sei unbekümmert. Ich habe gar keinen Grund, es auszuplaudern.“
„So wird er es durch seine Vögel erfahren.“
Wieder diese Vögel! Der alte Halunke schien es außerordentlich gut verstanden zu haben, die Dummheit dieser Leute für sich auszubeuten.
„Es sind ja gar keine da! Siehst Du einen?“
Er blickte sich um. Es war kein Rabe, keine Dohle oder Krähe zu sehen.
„Nein. Er hat keinen Vogel gesandt, wohl weil er nicht gewußt hat, wo Du absteigen würdest.“
„Er hätte doch einem befehlen können, mir nachzufliegen. Da hätte er Dich nicht in Verlegenheit gebracht, und einem Vogel hätte ich die Bastonnade nicht geben lassen können. Dein alter Mübarek ist also noch nicht so klug, wie Du zu denken scheinst. Also brauchst Du auch keine Angst zu haben! Sprich! Wenn man heimlich zu ihm kommen will, so muß man also ein gewisses Wort sagen?“
„Ja, Effendi.“

„Gibt es mehrere solche Wörter für verschiedene Personen?“
„Nein. Alle wissen nur das eine Wort.“
„Oder zu verschiedenen Zwecken?“
„Auch nicht. Es gibt nur dieses eine Wort und kein anderes.“
„Wie lautet es?“
„Bir Syrdasch.“
Dieses Losungswort war gar nicht so übel gewählt, denn es bedeutet zu deutsch: „Ein Vertrauter“.
„Ist dies aber auch das wirkliche Wort? Und hast Du Dir keines ausgesonnen?“
„Nein, Herr! Wie könnte ich das wagen!“
„Du hast mich dreimal belogen. Du verdienst also keinen Glauben.“
„Jetzt sage ich die Wahrheit.“
„Ich werde Dich sogleich mit einer neuen Frage auf die Probe stellen. Hast Du schon oft für den Mübarek heimliche Aufträge ausgerichtet?“
Erst nach einer Weile antwortete er:
„Ja, Effendi.“
„Welche?“
„Das darf ich nicht sagen.“
„Auch nicht, wenn Du die Bastonnade erhältst?“
„Nein, in keinem Fall.“
„Warum?“
„Ich habe einen strengen Schwur gesprochen. Lieber lasse ich mich todtschlagen, als daß ich mit einem Meineid in die Hölle fahre.“
Jetzt sprach er ganz im Ton der vollsten Wahrheit. Darum benutzte ich die Gelegenheit, ihn zu fragen:
„Kennst Du vielleicht das Wort: „el Nassr“?“
„Ja.“
Dieses schnelle Eingeständniß hatte ich nicht erwartet. Er war jetzt wirklich aufrichtig.
„Wie hast Du es kennen gelernt?“
„Grade so, wie das jetzige. Der alte Mübarek hat es mir gesagt.“
„Wozu wurde es angewendet?“
„Als Erkennungszeichen.“
„Zwischen wem?“
„Zwischen allen seinen Bekannten.“
„Jetzt nicht mehr?“
„Nein.“
„Warum?“
„Weil es verrathen worden ist.“
„Von wem?“
„Das weiß hier Niemand. Es ist in Istambul verrathen worden.“

„Auf welche Weise?“
„Das darf ich nicht verrathen.“
„Hast Du auch da einen Eid geleistet?“
„Nein. Aber ich habe mein Wort gegeben.“
„So kannst Du ruhig davon sprechen, ohne einen Meineid zu begehen. Übrigens will ich Dir zeigen, daß ich mehr weiß, als Du denkst. Es gab in Istambul ein Haus der Zusammenkunft für die „el Nassr“. Das wurde verrathen von einem Mann, welcher daneben bei einem Juden wohnte. Nicht?“
„Herr, das weißt Du?“ fragte er erstaunt.
„O, ich weiß noch viel mehr. Das Haus brannte ab, und es entstand ein Kampf.“
„Du weißt es sehr genau!“
„Ich kann Dich sogar nach dem „Usta“ fragen. Hast Du von ihm gehört?“
„Wer kennt nicht diesen Namen!“
„Hast Du ihn selbst gesehen?“
„Nein.“
„Weißt Du, wer er ist?“
„Auch nicht.“
„Auch nicht, wo er zu finden ist?“
„Das wissen jedenfalls nur die Eingeweihten.“
„Ich denke, Du gehörst zu ihnen.“
„O nein, Effendi.“
Er blickte mich dabei so aufrichtig an, daß ich überzeugt war, er rede die Wahrheit.
„Nun, nachdem Du mir bewiesen hast, daß Du nicht ganz so schlimm bist, wie ich erst denken mußte, will ich Dir die Bastonnade erlassen.“
„Aber behalten willst Du mich?“
Das war freilich spaßhaft! Doch bewahrte ich meine strenge Miene und antwortete:
„Eigentlich sollte ich Dich einsperren lassen; aber da Du aufrichtig geworden bist, so sei Dir auch dies erlassen. Du bist also frei und kannst gehen.“
„Und, Herr, Fährmann darf ich auch bleiben?“
„Ja. Wenn ich Dir alle übrige Strafe schenke, so darfst Du bleiben, was Du bist.“
Da erglänzte sein Gesicht vor Freude.
„Effendi!“ rief er aus. „Meine Seele ist voll von Dank für Dich. Gewähre mir nur noch Eins, dann werde ich glücklich sein.“
„Was denn?“
„Sage dem Mübarek nichts von dem, was ich Dir mitgetheilt habe.“
Diesen Wunsch konnte ich ihm sehr leicht erfüllen. Es lag ja in meinem eigenen Interesse, daß der Alte nichts davon erfuhr. Je weniger er mir die Kenntniß dieser Heimlichkeiten zutraute, desto sicherer war ich, ihn überlisten zu können.
Ich gab also dem Fährmann die Versicherung, daß ich schweigen würde, und dann entfernte er sich, sehr zufrieden mit dem glücklichen Ausgang dieses Intermezzo.

Zu erwähnen ist, daß der letzte Theil der Unterredung ohne lästige Zeugen vor sich gegangen war. Der Wirth war abgerufen worden und hatte seinen Bruder mitgenommen. Also hatte keiner von Beiden das heimliche Wort gehört. Die Drei aber, welche dabei standen: – Halef, Osco und Omar – konnten es immerhin wissen.
Nun überzeugte ich mich, daß die Pferde gut untergebracht waren, und wurde dabei von einer Menge Menschen angestaunt, welche durch das nun wieder geöffnete Thor hereingekommen waren. Es schien ihnen unbegreiflich zu sein, daß ein Reiter im Galopp einen Mann zu sich in den Sattel nehmen könne. Oder war ihnen meine Person auch aus anderen Gründen interessant?
Diese letztere Frage war zu bejahen, als mir Halef mittheilte, daß ihn Einer gefragt habe, ob ich der fremde Hekim Baschi sei, welcher der Nebatja über zweihundert Piaster geschenkt und es auch gewagt habe, einen Vogel des Mübarek todt zu schießen.
Ich befand mich kaum eine Viertelstunde hier im Konak und war bereits ein berühmter Mann.
Das war mir gar nicht lieb. Je weniger man auf mich achtete und von mir sprach, desto eher und leichter konnte ich meine Aufgabe erfüllen.
Jetzt begab ich mich in das Innere des Hauses. Es war fast ebenso eingerichtet, wie dasjenige in Dabila, nur daß es hier anstatt der geflochtenen Wände solche aus Backsteinen gab.
Der Türke hatte uns gut empfohlen, denn wir wurden in eine besondere Stube geführt und erhielten zunächst Wasser, um uns vom Staube zu reinigen, und sodann ein Essen, welches in Anbetracht der hiesigen Verhältnisse ein sehr anständiges war.
Die beiden Schwäger aßen mit. Servietten oder, wie Halef sich ausgedrückt hatte, Brustvorhänge gab es da freilich nicht. Ganz von selbst verstand es sich, daß die Rede auf den Diebstahl kam, dessen nähere Umstände noch einmal genau durchgesprochen wurden.
Dabei dachte ich daran, daß ich den mitentflohenen Gefängnißschließer noch gar nicht gesehen hatte; die beiden Andern kannte ich genau. Darum fragte ich Ibarek:
„Würdest Du die drei Diebe wieder erkennen, wenn Du sie sähest?“
„Sofort.“
„Also hast Du sie genau betrachtet. Kannst Du mir denjenigen beschreiben, welcher die Kartenkunststücke gemacht hat? Man könnte ihm vielleicht begegnen, und ich habe ihn noch nicht gesehen.“
„O, der ist sehr leicht zu erkennen! Er hat ein Zeichen, welches er nicht entfernen kann.“
„Welches?“
„Er hat ein Tawschany im Gesicht.“
„Das genügt. Du brauchst mir ihn also nicht weiter zu malen.“
„Nicht seine Kleider?“
„Nein.“
„Aber mir scheint, daß es gut sei, zu wissen, wie er gekleidet ist.“

„Das kann nur zum Irrthum verleiten. Kleider lassen sich leicht verändern oder gar wechseln. Da er eine Hasenscharte hat, die er wohl nicht verbergen kann, so bin ich völlig zufrieden gestellt."

Jetzt kam ein Knecht herein und flüsterte mit dem Wirth, welcher sichtlich verlegen wurde und mich rathlos anblickte.

„Was gibt es?" fragte ich.

„Verzeihe, Herr," antwortete er. „Es sind mehrere Khawassen draußen."

„Wegen uns?"

„So ist es."

„Was wollen sie?"

„Euch arretiren."

„Allah akbar – Gott ist groß!" rief Halef. „Sie mögen hereinkommen! Wir werden ja sehen, wie wir laufen: ob sie mit uns oder wir mit ihnen."

„Ja," stimmte ich bei; „aber laß unsere Pferde augenblicklich wieder satteln."

„Wollt Ihr etwa fliehen?"

„Fällt uns nicht ein!"

Er ging hinaus, und durch die nun offene Thüre traten sechs, sage sechs bis an die Zähne bewaffnete Khawassen ein. Was ich erwartet hatte, erfüllte sich. Derjenige, mit welchem wir draußen im Busch gesprochen hatten, war bei ihnen. Das war nicht zu verwundern, da wir sehr langsam geritten waren.

Sie pflanzten sich an die Thüre, und unser Bekannter trat vor. Er mochte es sich als wohl verdiente Genugthuung ausgebeten haben, das Wort zu führen. Von seinem früheren Phlegma schien nichts mehr vorhanden zu sein, denn er rief, den Kolben seines Schießgewehres auf den Boden stoßend, uns zu:

„Nun!"

Dieses eine Wort schon sollte uns niederschmettern. Es lag eine ganze Welt voll Freude, Überlegenheit, Hohn und Befriedigung darin. Aber Keiner von uns rührte sich. Wir aßen, ohne uns verabredet zu haben, ruhig weiter. Die drei Gefährten folgten eben meinem Beispiel.

„Nun!" wiederholte der Held.

Als auch darauf keine Antwort erfolgte, trat er einen Schritt näher und fragte mit der Miene eines Lynchrichters:

„Hört Ihr etwa nicht?"

Er erhielt eine Antwort, welche ebenso außer seiner, wie auch außer meiner Berechnung gelegen hatte. Der kleine Hadschi stand nämlich auf, ergriff das große Tellerbrett, auf welchem uns der köstliche, in Fett schwimmende Reispillaw vorgesetzt worden war, trat vor ihn hin, hielt ihm den noch für zehn Personen ausreichenden Pillaw entgegen und sagte auch nur dies eine Wort:

„Nimm!"

Beide blickten einander eine Weile in die Augen. Dabei zog der Duft des Lieblingsgerichtes in die Nase des Khawassen; sein strenges Gesicht wurde immer weniger streng. Die Lippen öffneten sich unwillkürlich, die Nasenflügel zitterten, und ein verbindliches Lächeln begann um den Mund zu spielen. Die Spitzen des Schnurrbartes zuckten – – es war keine Frage, der Pillaw hatte gesiegt.
Welcher türkische Khawaß kann einem in Fett schwimmenden Pillaw widerstehen! Der Mann ließ seine Flinte niedergleiten, ergriff das Brett, drehte sich zu seinen Gefährten um und fragte:
„Istermitz siniz – wollt Ihr?“
„Ewwet, beli – ja, ja!“ antworteten schnell fünf Stimmen.
„So setzt Euch nieder!“
Die Anderen lehnten ihre Flinten an die Wand und hockten sich zu ihrem Kameraden nieder. Es war eine wahre Lust, zu sehen, wie sie ernst und würdevoll, mit den Mienen griechischer Weltweisen um das Brett hockten und – mit den Fingern in den Reis langend und ihn in den hohlen Händen zu einer Kugel wickelnd – diese Kugeln in die weit aufgesperrten Mäuler schleuderten.
Hadschi Halef hatte sich wieder auf seinen Platz gesetzt und verzog keine Miene.
Da kam der Wirth wieder herein. Als er die kauernde und Reiskugeln rollende Gesellschaft erblickte, verschwand er augenblicklich wieder, denn wäre er nur noch eine Sekunde geblieben, so hätte er in ein schallendes Gelächter ausbrechen müssen.
Als der Pillaw verschwunden war, brachte der würdige Khawaß das Brett zurück.
„Ejwallah – wir danken!“ sagte er, legte das Brett auf den Tisch zurück, hob sein Gewehr aus der Stube auf, stellte sich wieder in Positur und sagte mit der Miene eines römischen Dictators:
„Nun!“
Ich hielt es jetzt für zeitgemäß, zu antworten.
„Was wollt Ihr?“ fragte ich kurz.
„Euch!“ lautete die noch kürzere Antwort.
„Wozu?“
„Zum Zabtieh Muschiri schaffen.“
„Was will er?“
„Euch bestrafen.“
„Wofür?“
„Für die Prügel.“
„Welche Prügel?“
„Die ich bekommen habe.“
„So bist Du ja schon bestraft! Wozu sind denn da wir noch nöthig?“
Hätte ich das Gesicht, welches er jetzt machte, malen können, das Bild würde das kostbarste Andenken an meinen Aufenthalt in der Türkei sein. Es war geradezu unbeschreiblich.

Er war weg, vollständig weg.
Doch bald kam ihm der Gedanke, daß er doch Etwas sagen müsse. Er schnitt ein sehr finsteres Gesicht und rief:
„Geht Ihr freiwillig mit?"
„Nein."
„Also mit Gewalt?"
„Nein."
„Allah, Allah! Mit was denn?"
„Mit gar nichts."
Jetzt war es mit seiner Philosophie zu Ende. Er hatte sich den scharfsinnigsten seiner Kameraden genannt; aber es ist ein Unterschied, ob man drei Schimmeln in Gedanken nachläuft oder ob man fünf Männer arretiren soll, die sich durch keine Zabtieh und überhaupt durch nichts aus der Fassung bringen lassen.
Der Khawaß that das, was er für das Klügste hielt und was jedenfalls auch das Allerklügste war, er lehnte sich an die Wand und sagte zu einem seiner Kameraden:
„Rede Du!"
Der Betreffende trat vor. Er fing seine Sache ganz anders an. Er schien bedeutende Talente für den Anschauungs-Unterricht zu besitzen, denn er erhob seine Flinte, schob mir den Kolben derselben fast an die Nase, zeigte ihn dann im Kreise herum und fragte:
„Wißt Ihr, was das ist?"
Der Rarität wegen antwortete ich ihm selbst:
„Ja."
„Nun, was denn?"
„Ein Flintenkolben."
„Ja, und daran ist ein Lauf, mit welchem man schießt. Verstehst Du mich?"
„Ja."
„Nun wißt Ihr also Alles!"
„Gar nichts wissen wir."
„Alles!"
„Nein, wir wissen nur, daß man mit Deiner Flinte schießen kann."
„Das ist doch genug. Wir sind gekommen, Euch zu arretiren!"
„Ah! Ja, das mußt Du doch sagen!"
„Das ist ganz selbstverständlich. Wenn Ihr nicht sofort mitgeht, greifen wir zu unseren Gewehren."
„Etwa um uns zu erschießen?"
„Ja."
„Nun, dazu sind wir bereit. Erschießt uns also!"
Ich nahm eine Cigarette und brannte sie an. Die andern thaten auch so, und so rauchten wir uns an; die Khawassen aber starrten uns an. So Etwas war ihnen noch nicht passirt.

Was ich für ganz unmöglich gehalten hatte, das geschah: der Befehlshaber legte sein Amt nieder. Er drehte sich um, gab einem Andern einen Puff in die Seite und sagte: „Kommandiere Du!"
Dieser war sogleich bereit, das freiwillig abgelegte Scepter zu ergreifen. Er trat vor, augenscheinlich im Begriff, eine sehr ernste Rede zu halten. Ich begann mich bereits der Überzeugung hinzugeben, daß nach und nach Einer dem Andern das Kommando übergeben werde, bis Alle mit einander, ihrer Mißerfolge müde, sich entfernen würden. Aber so wohl sollte es uns nicht werden, denn eben als der dritte Generalfeldmarschall den Mund öffnete, um zu beginnen, wurde die Thüre aufgerissen, und das Gesicht und die Uniform eines Sergeanten kam zum Vorschein.
„Wo steckt Ihr?"
„Hier!"
„Das sehe ich! Wo sind die Kerls?"
„Hier!"
Dabei zeigte der Antwortende auf uns.
„Warum bringt Ihr sie nicht?"
„Sie wollten nicht."
„Warum zwingt Ihr sie nicht?"
„Wir konnten nicht."
Diese Fragen und Antworten klappten so exakt und rasch auf einander, als ob sie einstudirt gewesen seien. Es war zum Todtlachen.
„So werde ich Euch zeigen, wie man solche Menschen zwingt!"
Er trat näher und zog den Säbel. Seine Augen rollten wie Kugeln, und seine langen, gelben Zähne wurden sichtbar.
„Habt Ihr's gehört, Ihr Halunken, was man von Euch will?" schrie er uns an.
Kein Mensch antwortete.
„Ob Ihr es gehört habt?"
Alles schwieg.
„Seid Ihr taub?"
Es schien so, denn Keiner von uns zuckte auch nur mit den Wimpern. Das brachte ihn so in Harnisch, daß er völlig aus dem Gleichgewicht kam. Er holte mit dem Säbel aus, um mir einen Hieb mit der flachen Klinge zu versetzen, und schrie:
„Hund! Du sollst wohl reden lernen!"
Der Säbel sauste nieder – – aber nicht auf meinen Rücken, o nein, sondern auf den Boden; der Sergeant aber bemerkte, als er sich ansah, daß er gleichfalls auf dem Boden sitze.
Als er fluchend aufsprang und auf uns einstürmen wollte, blieb er dennoch stehen und starrte uns an, wie wenn wir Geister seien. Wir saßen nämlich noch immer da: still, starr, steif und stumm wie die Ölgötzen.

Keiner hatte sich bewegt, nur ich; denn ich hatte ihm mit der Faust den Säbel aus der Hand schlagen und ihm dann einen Hieb geben müssen, welcher ihn zu Boden fällte. Das war aber so blitzschnell geschehen, daß man es gar nicht rechnen konnte.
Er ließ einen Blick über uns gleiten, von Einem zum Andern, wendete sich dann um und fragte:
„Waren sie denn vorhin schon so?“
„Ja,“ antwortete unser Bekannter aus dem Busch.
„Die sind verrückt!“
„Gewiß.“
Es herrschte also eine geradezu beglückende Einheit der Ansichten unter diesen lieben Leuten. Sie sahen sich an und schüttelten die Köpfe; sie sahen dann wieder uns an und schüttelten die Köpfe, und so hätten sie – wer weiß, wie lange – die Köpfe geschüttelt, wenn ich nicht endlich aufgestanden und zu dem Sergeanten getreten wäre, um ihn zu fragen:
„Wen sucht Ihr hier?“
Sein Gesicht erheiterte sich unverzüglich, denn er erkannte aus dieser Frage doch wenigstens, daß wir ziemlich leidlich reden konnten.
„Euch,“ lautete seine kurze Antwort.
„Uns? Wie ist das möglich? Du sprachst doch von Hunden und von Halunken!“
Dabei faßte ich ihn so in's Auge, daß er erröthete, wirklich erröthete.
„Wer verlangt denn, uns zu sehen?“ erkundigte ich mich weiter.
„Der Zabtieh Muschiri.“
„Wozu?“
„Er hat Euch zu befragen.“
Ich sah es ihm an, daß er eine ganz andere Antwort beabsichtigt hatte, aber sie kam ihm nicht über die breiten Lippen.
„Das ist etwas Anderes. Vorhin sprach Jemand von Bestrafung. Geh' also und melde dem Zabtieh Muschiri, daß wir sofort erscheinen werden.“
„Das darf ich nicht, Herr!“ antwortete er.
„Warum?“
„Ich muß Euch mitbringen. Ich soll Euch sogar arretiren.“
„Weiß denn der Muschir, wer wir sind?“
„Nein, Herr.“
„So laufe schnell zu ihm und sage ihm, daß wir nicht Männer seien, welche sich arretiren lassen möchten.“
„Das darf ich wirklich nicht. Thu' mir den Gefallen und gehe mit. Die Herren warten schon lange.“
„Welche Herren?“
„Die Beisitzer.“

„Ah so! Nun, so will ich aus Rücksicht für diese Herren ohne Säumen aufbrechen. Kommt also heraus!“

Die Khawassen hatten sich das Arretiren wohl ganz anders gedacht. Ich schritt voran in den Hof, hinter mir kamen die Gefährten und nach diesen die Khawassen. Da standen unsere gesattelten Pferde.

Dem Sergeanten schien ein Licht aufgehen zu wollen. Er kam zu mir heran und fragte: „Warum geht Ihr in den Hof? Der gerade Weg führt doch nicht hierher nach den Ställen, sondern dort zum Thor hinaus.“

„Habe keine Sorge,“ antwortete ich. „Wir werden diesen Weg sofort einschlagen.“

Schnell trat ich zu meinem Rappen und stieg auf.

„Halt!“ rief er. „Ihr wollt uns entfliehen. Herab mit Dir! Laßt die Andern nicht aufsteigen!“

Seine Leute wollten sich der Pferde bemächtigen, und er selbst packte mich bei einem Bein, um mich herab zu ziehen.

Da nahm ich den Rappen vorn hoch empor und ließ ihn auf den Hinterhufen einen Kreis beschreiben. Der Sergeant mußte loslassen.

„Seht Euch vor, Ihr Leute!“ warnte ich laut. „Mein Pferd wird leicht scheu.“

Ich zwang es zu einigen Lançaden, so daß es unter die Khawassen fuhr, welche schreiend aus einander stoben. Dadurch gewannen meine Leute Zeit, aufzusteigen, und nun ritten wir im Galopp zum Thor hinaus.

„Odschurola – lebe wohl! Auf Wiedersehen!“ rief ich dem Sergeanten zurück.

„Dur, Dur – halt, halt!“ brüllte er, indem er mit seinen Untergebenen hinter uns hersprang.

„Laßt sie nicht fort! Haltet sie auf, die Diebe, die Räuber, die Halunken!“

Leute, uns aufzuhalten, wären genug da gewesen. Die Kunde, daß wir arretirt werden sollten, hatte sich schnell in dem Ort verbreitet und eine ansehnliche Menschenmenge herbeigelockt.

Aber diesen braven Unterthanen des Beherrschers der Gläubigen fiel es gar nicht ein, Hand an uns zu legen und dadurch vielleicht unter die Hufe unserer Pferde zu gerathen. Sie rissen vielmehr schreiend vor uns aus.

Welchen Weg ich einzuschlagen hatte, um an den Ort zu gelangen, den wir hier in Deutschland mit dem Worte „Amtsgericht“ bezeichnen würden, das sah ich deutlich, da sich diese Richtung mit Leuten belebt hatte, welche der für sie jedenfalls hochinteressanten Kriminalverhandlung beiwohnen wollten. Dennoch frug ich im Vorbeireiten einen alten Mann, der sich scheu vor uns zur Seite drängte:

„Wo wohnt der Kasi von Ostromdscha?“

Er zeigte nach einer Gasse, welche auf den freien Platz mündete, und antwortete:

„Reite da hinein, Herr. Du wirst rechts den Halbmond mit Stern über dem Thore sehen.“

Wir folgten seiner Weisung und gelangten an den Leuten, welche dieselbe Richtung einschlugen, vorüber nach einer langen hohen Mauer, in deren Mitte sich das bezeichnete Thor öffnete.

Durch dasselbe kamen wir in einen großen, viereckigen Hof, in welchem wir von einer ansehnlichen Schaar Neugieriger empfangen wurden.

Dem Thor gegenüber stand das Amts- und Wohngebäude, aus Fachwerk errichtet. Die Balken waren grün, und die Füllung war blau angestrichen, was einen wunderlichen Eindruck machte.

Der Hof war außerordentlich schmutzig. Nur der Theil längs des Hauses war einige Meter breit mit einer Vorrichtung versehen, welche jedenfalls ein Pflaster vorstellen sollte. Doch sah dieses Trottoir grad so aus, als ob es aufgerissen worden sei, um als Material zu einem Barrikadenbau zu dienen.

Vor der Thüre stand ein alter Lehnstuhl, welchen ein vorweltliches Polsterkissen zierte. In der Nähe lag eine umgekehrte Holzbank, welche ihre vier Beine nach oben reckte. Einige Stricke und ein Bündel daumenstarker Stöcke ließen vermuthen, daß wir diejenige Anstalt der hiesigen Gerechtigkeitspflege vor uns hatten, welche der Ertheilung der Bastonnade gewidmet ist. Einige Khawassen standen dabei, und ganz in der Nähe saß ein alter Bekannter von uns, nämlich der Krüppel, an welchem wir draußen vor dem Ort vorübergeritten waren.

Das Gesicht, welches er uns zeigte, war ein sehr interessantes. Er war wohl überzeugt gewesen, daß wir hier als Gefangene unsern Einzug halten würden. Daß wir hoch und stolz zu Roß und ohne alle polizeiliche Begleitung kamen, gab seinem Antlitz den Ausdruck einer so dummen Verwunderung, daß ich vielleicht darüber gelacht hätte, wenn nicht in seinen haßglühenden Augen Etwas zu bemerken gewesen wäre, was mit der zur Schau getragenen Stupidität gar nicht im Einklang stand.

Wir stiegen ab. Ich warf Osco die Zügel zu und trat zu den Khawassen.

„Wo ist der Kodscha Bascha?“

Ich sprach diese Frage in dem Ton eines gebietenden Herrn aus. Der Gefragte machte ein militärisches Zeichen der Ehrerbietung und antwortete:

„Drin in seiner Wohnung. Willst Du mit ihm sprechen?“

„Ja.“

„So werde ich Dich melden. Sage mir Deinen Namen und Dein Anliegen.“

„Das werde ich ihm selbst sagen.“

Ich schob ihn zur Seite und wendete mich nach der Thüre. Da wurde dieselbe von innen geöffnet, und es trat ein langer, dürrer Mensch heraus, der wohl noch hagerer als der Bettler und der alte Mübarek war.

Seine Gestalt war in einen Kaftan gehüllt, welcher am Boden schleifte, so daß man die Füße nicht sehen konnte. Auf dem Kopf trug er einen Turban, dessen Tuch vor fünfzig oder noch mehr Jahren einmal weiß gewesen war. Sein Hals war so dünn und so lang, daß er den Kopf kaum zu tragen vermochte. Dieser Kopf wackelte und schwankte hin

und her, auf und nieder, so daß es den Anschein hatte, als ob die lange, scharfe Riesennase eine ganz besondere Zuneigung zu dem wie ein Kropf hervortretenden Kehlkopf hege.
Er blinzelte mich erstaunt mit den kleinen, wimpernlosen und rothumränderten Triefaugen an und fragte:
„Zu wem willst Du?“
„Zu dem Kodscha Bascha.“
„Der bin ich. Wer bist Du?“
„Ich bin ein Fremder, welcher Veranlassung hat, Dir eine Beschwerde vorzutragen.“
Er wollte antworten, kam aber nicht dazu, denn in diesem Augenblick lief der Sergeant, von seinen Leuten gefolgt, zum Thore herein, hielt bei unserem Anblick erstaunt an und rief keuchend:
„Allah w' Allah! Da sind sie ja!“
Mit und hinter ihm drängten sich noch immer mehr Menschen herein; aber Keiner sprach ein Wort. Es ging so ruhig und lautlos zu, als ob wir uns in einer Moschee befunden hätten. Der Ort, an welchem eine hölzerne Bank ihre vier Beine gen Himmel reckte, war den guten Leuten heilig. Vielleicht war Mancher von ihnen auf diese Bank geschnallt worden, mit den nackten Fußsohlen an die hölzernen Beine gefesselt. Solche Erinnerungen pflegen überwältigend zu sein.
Der Beamte wendete sich, anstatt mir zu antworten, an den Sergeanten:
„Nun, Ihr bringt ihn noch immer nicht? Wollt etwa Ihr die Bastonnade haben an seiner Stelle?“
Da deutete der vom schnellen Laufen ganz athemlose Khawaß auf mich und antwortete:
„Da ist er ja, Herr!“
„Was? Dieser ist es?“
„Ja.“
Der Kodscha Bascha wendete sich schnell wieder zu mir und betrachtete mich vom Scheitel bis zu den Sohlen. Dabei wackelte sein Kopf, wie wenn es seine Lebensaufgabe gewesen wäre, durch diese unaufhörlichen Pendelbewegungen die Kugelgestalt der Erde zu beweisen. Sein Gesicht nahm einen strengen, finstern Ausdruck an, und er sagte barsch:
„Du, also Du bist der Arrestant!“
„Ich? Nein, der bin ich nicht,“ antwortete ich ruhig.
„Dieser mein Sergeant der Khawassen sagt es mir doch!“
„Er sagt die Unwahrheit.“
„Nein, ich sage die Wahrheit. Er ist es,“ behauptete das Organ der Sicherheit.
„Hörst Du es?“ donnerte mich der Kodscha Bascha an. „Du nennst ihn einen Lügner; ich aber weiß, daß er stets die Wahrheit spricht.“
„Und ich sage Dir, daß er lügt! Hast Du uns vielleicht gesehen, als wir in den Hof kamen?“
„Ja, ich stand am Fenster.“

„So wirst Du bemerkt haben, daß wir zu Pferde saßen. Ich komme freiwillig zu Dir. Deine Khawassen sind uns später gefolgt. Nennst Du das eine Verhaftung?"
„Ja. Du bist zwar ein wenig eher gekommen, aber die Polizei hat Euch geholt, und so seid Ihr arretirt worden. Ihr seid meine Gefangenen."
„Da befindest Du Dich in einem gewaltigen Irrthum."
„Ich bin der Kodscha Bascha und irre mich nie. Merke Dir das!"
Indem er dies laut und im strengsten Ton rief, wackelte er mit dem Kopf so bedenklich, daß ich fürchtete, er wolle ihn mir zuschleudern. Es sah wirklich beängstigend aus.
„Nun, so werde ich Dir beweisen, daß Du Dich dennoch irrest. Es gibt keinen einzigen Kodscha Bascha in der Welt, dem ich erlauben würde, mich seinen Gefangenen zu nennen."
Einige rasche Schritte zu meinem Pferd und ein Sprung in den Sattel. Meine Gefährten saßen ebenso schnell auf.
„Sihdi, zum Thore hinaus?" fragte Halef.
„Nein, wir bleiben. Ich will nur Bahn machen bis an das Thor."
Es war, als ob der Rappe meine Absicht genau verstände. Er courbettirte, den prächtigen Leib immer quer haltend, zu dem Thore hin und wieder zurück, schlug vorn und hinten aus und schnaubte aus den Nüstern, daß die anwesende Volksmenge eiligst Raum gab und sich furchtsam an die Mauer drückte.
„Macht das Thor zu!" gebot der Richter seinen Khawassen.
„Wer das Thor anrührt, den reite ich über den Haufen!" drohte ich.
Keiner der Khawassen rührte sich von der Stelle. Der Kodscha Bascha wiederholte seinen Befehl, aber ohne Gehorsam zu finden. Ich hatte die Nilpeitsche in die Hand genommen, und das sah den guten Leuten doch zu gefährlich aus.
Ich ritt so nahe an den richterlichen Beamten heran, daß der Rappe ihm in das Gesicht schnaubte. Er prallte zurück, streckte die langen, dürren Arme abwehrend aus und rief:
„Was erkühnst Du Dich! Weißt Du nicht, wo Du Dich befindest und wer ich bin?"
„Das weiß ich ganz genau. Du aber hast keine Ahnung, wen Du vor Dir hast. Ich werde mich bei Deinem Vorgesetzten beschweren, bei dem Makredsch von Saloniki. Der mag Dir sagen, wie Du einen vornehmen Tebdili kyjafet iledschi zu behandeln hast!"
Diese in drohendem Ton ausgesprochenen Worte enthielten eine Aufschneiderei, die ich mir in Anbetracht der Umstände erlauben zu dürfen glaubte. Sie machte die beabsichtigte Wirkung, denn der alte Bascha sagte jetzt viel höflicher als vorher:
„Du bist tebdilen auf der Reise? Das habe ich nicht gewußt. Warum hast Du es mir nicht gesagt?"
„Weil Du Dich noch gar nicht nach meinem Namen und nach meinen Verhältnissen erkundigt hast."
„So sage mir, wer Du bist!"
„Später. Erst will ich wissen, ob Du mich wirklich als Deinen Gefangenen betrachtest. Ich würde mein Verhalten nach Deiner Antwort einrichten."

Diese Aufforderung brachte ihn in Verlegenheit. Er, der Gebieter von Ostromdscha und Umgegend, sollte seine eigenen Worte widerrufen! Er blickte mich scheu an und zögerte mit der Antwort. Sein Kopf gerieth in eine höchst bedenkliche Bewegung. Es sah aus, als ob der Hals zerbrechen würde.
„Nun, eine Antwort! Sonst reiten wir fort.“
„Herr,“ sagte er, „Ihr seid freilich nicht gebunden und gefesselt gewesen, darum will ich einmal annehmen, daß Ihr nicht arretirt worden seid.“
„Gut, das genügt mir einstweilen. Aber laß es Dir ja nicht mehr in den Sinn kommen, von dieser Deiner Meinung abzuweichen. Ich würde mich beim Makredsch beschweren.“
„Kennst Du ihn?“
„Ob ich ihn kenne, das geht Dich nichts an. Wenn er und ich es weiß, so ist's genug. Also Du hast zu mir gesandt. Daraus schließe ich, daß Du mir eine Mittheilung machen willst. Ich bin bereit, sie zu hören.“
Es war spaßhaft, das Gesicht zu sehen, welches er schnitt. Wir schienen die Rollen gewechselt zu haben. Ich sprach von oben herab zu ihm und zwar nicht etwa nur bildlich, sondern auch wirklich, denn ich saß im Sattel. In seinem Gesicht stritten sich die Ausdrücke des Zornes und der Verlegenheit um die Oberhand. Er blickte rathlos hin und her und antwortete endlich:
„Du irrst. Ich habe Dir nicht sagen lassen, daß ich mit Dir sprechen will, sondern ich habe wirklich befohlen, Euch zu arretiren.“
„Das hast Du wirklich gethan? Fast kann ich es nicht glauben. Ihr seid doch vom Arz Odassi angewiesen, gerecht und vorsichtig zu handeln. Was war denn der Grund dieses Befehles?“
„Ihr habt einen meiner Khawassen mißhandelt, und sodann hast Du einen Einwohner dieser Stadt in Lebensgefahr gebracht.“
„Hm! Ich höre, daß man Dir die Sache nicht der Wahrheit gemäß berichtet hat. Wir haben einen Khawassen gezüchtigt, weil er es verdiente, und ich habe einem Einwohner dieser Stadt das Leben gerettet, indem ich ihn zu mir empor in den Sattel riß. Mein Pferd hätte ihn niedergestampft, wenn ich nicht so geistesgegenwärtig gewesen wäre.“
„Das klingt allerdings ganz anders, als es mir berichtet worden ist. Ich werde also untersuchen müssen, auf wessen Seite die Wahrheit liegt.“
„Diese Untersuchung ist ganz überflüssig. Siehst Du denn nicht ein, daß Deine Worte eine Beleidigung für mich enthalten? Meine Worte dürfen nicht den geringsten Zweifel in Dir erwecken, und doch willst Du untersuchen! Ich weiß nicht, was ich von Deiner Höflichkeit und Umsicht denken soll.“
Er fühlte sich in die Enge getrieben und antwortete ziemlich kleinlaut:
„Selbst wenn Du Recht hast, muß die Untersuchung Statt finden, eben um den Anklägern zu beweisen, daß Du Recht hast.“
„Das lasse ich allerdings gelten.“
„So steige ab! Ich werde das Verhör sogleich beginnen.“

Es war Alles so laut gesprochen worden, daß jeder Anwesende jedes Wort hatte verstehen können. Jetzt drängten sich die Leute herbei, um noch besser hören und sehen zu können. Sie flüsterten sich ihre Bemerkungen zu, und die Blicke, welche sie auf uns richteten, sagten deutlich, daß sie einen gehörigen Respekt vor uns hegten. So, wie ich, hatte wohl noch Niemand mit ihrem Kodscha Bascha gesprochen.
Dieser würdige Beamte setzte sich auf den Stuhl. Er nahm eine möglichst Ehrfurcht gebietende Haltung an und wiederholte seine vorige Weisung:
„Steig' ab, und laß auch Deine Leute absteigen. Die Achtung, welche man der Obrigkeit schuldet, erfordert es."
„Ich bin ganz Deiner Meinung, aber ich sehe von der Obrigkeit gar nichts."
„Wie? Verstehe ich Dich richtig? – Die Obrigkeit bin ich!"
„Wirklich? So befinde ich mich in einem großen Irrthum. Wer ist der Naïb von Ostromdscha?"
„Ich bin es. Ich bekleide beide Ämter."
„Gehört denn unsere Angelegenheit vor den Friedensrichter?"
„Nein, sondern vor das Kasa."
„So habe ich also doch Recht. Der Naïb kann ganz allein und ohne Beisitzer entscheiden. Zu einem Kasa aber gehören ein Kodscha Bascha, ein Mufti, ein Stellvertreter, ein Ajak Naïb und ein Basch Kiatib. Nun sage mir, wo diese Herren sind. Ich sehe nur Dich allein."
Sein Kopf begann wieder hin und her zu pendeln. Er sagte:
„Ich pflege auch solche Sachen allein zu verhandeln."
„Wenn die Bewohner von Ostromdscha sich dies gefallen lassen, so ist das ihre Sache. Ich aber kenne die Gesetze des Padischah und verlange, daß sie erfüllt werden. Du forderst von mir Achtung vor einer Obrigkeit, welche gar nicht vorhanden ist."
„Ich werde die Männer holen lassen."
„So beeile Dich! Ich habe nicht viel Zeit."
„Du wirst dennoch warten müssen, denn ich weiß nicht, ob der Basch Kiatib gleich zu finden sein wird, und der Stellvertreter ist nach Ufadilla gegangen. Er kommt wohl erst nach einigen Stunden zurück."
„Das ist mir unangenehm. Die Obrigkeit darf sich nicht suchen lassen. Was wird der Makredsch sagen, wenn ich ihm das erzähle?"
„Du brauchst es ihm nicht zu erzählen. Du wirst mit der Behandlung, die Euch zu Theil werden wird, gewiß zufrieden sein."
„Wie so? Welche Behandlung meinst Du da?"
„Das weißt Du nicht?"
„Nein."
„Ich muß Euch natürlich hier behalten, bis das Kasa zusammengetreten ist. Aber Ihr sollt es so gut haben, wie die Umstände es erlauben."
„Höre! Wir werden es so gut haben, wie es uns selbst beliebt. Du willst uns hier behalten, das heißt, wir sind arretirt. Du weißt aber, daß ich mir das nicht gefallen lasse."

„Aber das Gesetz erfordert es."
„Du scheinst Dir ganz eigene Gesetze gemacht zu haben, die ich natürlich nicht anerkenne. Ich bin bei Dir angezeigt worden und erkläre mich ganz damit einverstanden, daß das Gericht die Sache untersuchen soll. Ich bin also bereit, mich diesem Gericht zu stellen; aber meiner Freiheit lasse ich mich nicht berauben. Ich kehre jetzt nach dem Konak zurück und werde dort die Benachrichtigung erwarten."
„Das darf ich nicht zugeben."
Er stand von seinem Stuhl auf.
„Was willst Du dagegen thun?"
„Wenn Du mich zwingst, so muß ich Dich mit Gewalt zurückhalten."
„Pah! Du hast mir ja bereits Deine Khawassen gesandt. Was haben sie ausgerichtet? Nichts! Und denselben Erfolg würdest Du wieder sehen. Wenn Du klug bist, so unterlässest Du es, Dich vor Deinen Leuten lächerlich zu machen. Ich gebe Dir mein Wort, daß ich nicht daran denke, zu fliehen. Ich werde auf Deine Vorladung warten und derselben Folge leisten."
Er mochte einsehen, daß es besser sei, weitere Scenen, die seinem Ansehen schaden konnten, zu vermeiden. Er antwortete mir nach einer Pause des Überlegens:
„Ich will aus Rücksicht darauf, daß Du ein vornehmer Fremder bist, auf Deinen Vorschlag eingehen; aber ich muß Dir das feierliche Versprechen abverlangen, daß Du nicht entfliehen willst."
„Ich gebe es Dir."
„Du mußt Deine Hand in die meinige legen. Das ist so Vorschrift."
„Hier!"
Ich reichte ihm die Hand vom Pferde herab. Es war mir, als ob ich laut auflachen sollte; aber ich bewahrte mir den nöthigen Ernst und wurde von dem Bascha mit einigen feierlichen Worten entlassen.
Als wir uns anschickten, fortzureiten, machten uns die Leute in ehrerbietiger Weise Platz. Der osmanische Richter pflegt sich einer tyrannischen Unfehlbarkeit zu befleißigen. Der alte Kodscha Bascha machte wohl keine Ausnahme von dieser Regel. Heute aber hatte sein Ansehen einen gewaltigen Stoß erlitten. Daß er das gar wohl fühlte, sah ich an dem finstern Blick, den er uns noch zuwarf, bevor er hinter der Thüre verschwand.
Und noch Einen gab es, der mit diesem Ausgang nicht zufrieden war – der Bettler.
Es war ganz zufällig, daß ich auf ihn sah, und da hätte ich erschrecken mögen vor dem Blitz, den er aus seinen dunklen Augen auf mich schleuderte. Ein Mensch, der solche Blicke hatte, konnte unmöglich stupid sein. Ich begann die Überzeugung zu hegen, daß der zur Schau getragene Blödsinn nur eine Maske sei.
Der Haß dieses Menschen war kein instinctiver, sondern ein selbstbewußter und wohl begründeter; das sah man seinem Blick an. Was hatte er mit mir? Wo war ich ihm begegnet? Was hatte ich ihm gethan? –

Ich war überzeugt, daß ich ihn hier nicht zum ersten Male sah. Wir waren uns schon früher einmal begegnet. Aber wann, wo und unter welchen Umständen? Das wollte mir nicht einfallen, so sehr ich auch, als wir jetzt heimritten, darüber nachsann.
Es stieg die Ahnung oder vielmehr die immer stärker werdende Überzeugung in mir auf, daß ich mit dem Bettler auf irgend eine Weise zusammen gerathen werde. Es dämmerte in mir die Vermuthung, daß er mit dem Zweck unserer Anwesenheit in irgend einer Beziehung stehe, und ich nahm mir vor, ein scharfes Auge auf ihn zu haben.
Natürlich war sowohl Ibarek, wie auch sein Verwandter über den bisher glücklichen Ausgang unseres Criminalfalles sehr erfreut. Sie fragten, ob ich mich vor der späteren Verhandlung fürchte, und ich versicherte ihnen, daß mir dies gar nicht einfalle. Als ich dann den Wirth fragte, ob er nicht vielleicht einen verschwiegenen, zuverlässigen Knecht habe, brachte er mir einen Mann, dem ich den Auftrag ertheilte, sich schnell in den Hof des Bascha zu begeben und heimlich den Bettler zu beobachten. Es lag mir daran, zu erfahren, ob er dort bleibe oder sich entferne.
Halef hörte das. Er benützte die nächste Gelegenheit, als ich mit ihm allein war, und fragte:
„Sihdi, warum lässest Du den Bettler beobachten? Hast Du Etwas mit ihm vor?"
„Nein, sondern ich glaube vielmehr, daß er Etwas mit uns vor hat."
„Wie so?"
„Hast Du nicht bemerkt, daß er uns so ganz eigenthümliche Blicke zuwirft?"
„Nein; ich habe ihn nicht beobachtet."
„So beobachte ihn, wenn wir ihn wieder treffen. Es ist mir ganz so, als ob wir ihm schon einmal begegnet seien."
„Wo denn?"
„Das weiß ich leider nicht. Ich habe bereits darüber nachgesonnen, aber es fällt mir nicht ein. Es muß weit von hier gewesen sein."
„Da wirst Du Dich irren."
„Schwerlich."
„Wie sollte der Krüppel von so weit hierher gekommen sein? Er kann ja kaum laufen."
„Hm! Vielleicht verstellt er sich nur."
„O nein. Es ist ihm anzusehen, wie elend er ist. Man glaubt oft, einem Menschen begegnet zu sein, und das hat nur den einen Grund, daß Menschen einander ähnlich sind. Als der Mübarek an uns vorüberging, hatte ich ein ganz ähnliches Gefühl. Es war mir, als ob ich ihn schon gesehen hätte."
„Wirklich? Das ist interessant."
„Warum?"
„Weil ich ganz dasselbe denke."
„So haben wir einmal irgend Jemand gesehen, der ihm sehr ähnlich sieht."
„Nein. Wir müssen ihn selbst gesehen haben. Hast Du nicht bemerkt, welchen Blick er mir zuwarf?"

„Ja. Es war, als ob er sich das nicht merken lassen wollte."
„Es war wohl auch gar nicht seine Absicht, mich anzusehen; aber er konnte sich doch nicht beherrschen. Er hat sich verrathen."
„Und dennoch wirst Du Dich irren. Ich weiß, daß auch ich mich irre. Der Mann, den ich mit dem Mübarek verwechsle, hat einen langen, vollen Bart gehabt."
„Das weißt Du?"
„Ja. Wenn der Alte einen solchen Bart hätte, würde er ihm ganz ähnlich sein."
„Und wo sahst Du diesen bärtigen Mann?"
„Das weiß ich eben nicht."
„Sonderbar! Mag es sein, wie es will; wir haben uns vor dem Mübarek und vor dem Bettler in Acht zu nehmen. Vielleicht müssen wir uns da nur vor einem Menschen hüten."
„Wie meinst Du das?"
„Ich meine, daß der Mübarek und der Bettler nicht zwei verschiedene Personen sind."
„Sihdi! Was denkst Du?"
„Es ist einer und derselbe."
„Unmöglich!"
„Ich weiß freilich kaum, wie mir dieser Gedanke gekommen ist; aber ich habe ihn nun einmal und kann ihn nicht wieder los werden."
Wir wurden unterbrochen. Der Wirth kam und meldete, daß der Kodscha Bascha in der Stadt umherschicke, um die zur Kasa gehörigen Beamten zusammen zu bringen.
„Da wirst Du auch den Mübarek zu sehen bekommen," fügte er hinzu.
„Was hat der damit zu thun?"
„Er ist ja der Basch Kiatib."
„Der Gerichtsschreiber? Wer hat ihm denn dieses Amt gegeben?"
„Der Kodscha Bascha. Diese Beiden sind sehr gute Freunde."
„O weh! Wenn Fuchs und Wolf sich zusammen thun, dann ist das Lamm verloren."
„Hältst Du diese Beiden für böse Menschen?"
„Für gute nicht."
„Effendi, da irrst Du Dich sehr."
„So? Hast Du eine bessere Meinung von Eurem Kodscha Bascha?"
„Von diesem nicht. Er ist gewaltthätig und ungerecht. Aber er hat die Macht, und wir können nichts gegen ihn thun. Was jedoch den Mübarek betrifft, so ist er der Wohlthäter der ganzen Gegend. Wenn Du Dir nicht Feinde machen willst, darfst Du nichts gegen ihn sagen."
„Mir kommt es ganz im Gegentheile so vor, als ob er der Fluch dieser Gegend sei."
„Bedenke, er ist ein Heiliger!"
„Ein Marabut etwa? Nein!"
„Er heilt alle Krankheiten. Wenn er wollte, könnte er sogar Todte erwecken."
„Hat er das selbst gesagt?"
„Er selbst hat es versichert."

„So ist er ein schändlicher Lügner."
„Herr, laß das Niemand hören!"
„Ich würde es ihm grad ins Gesicht sagen, wenn er diese Behauptung gegen mich machte."
„So wärest Du verloren. Ich warne Dich."
„Wie so verloren?"
„Wie er vom Tod erretten kann, so vermag er auch das Leben zu nehmen."
„Also zu morden?"
„Nein. Er berührt Dich gar nicht. Er sagt einen Spruch, und dann mußt Du sterben."
„Also er zaubert?"
„Ja, so ist es."
„Ein Heiliger und Zauberer! Wie paßt denn das zusammen? Ihr widersprecht Euch selbst. Doch da kommt Dein Knecht."
Der Mann kam herbei und meldete, der Bettler habe soeben den Hof verlassen.
„Hast Du aufgepaßt, wohin er geht?"
„Ja. Er steigt den Berg empor. Wahrscheinlich will er zu dem Mübarek."
„Geht er zuweilen zu diesem?"
„Sehr oft."
„Warum heilt ihn der Heilige nicht?"
„Weiß ich es? Er wird seine Gründe haben, daß er es nicht thut."
„Hast Du diese Beiden schon einmal mit einander sprechen sehen?"
Der Mann sann einen Augenblick lang nach und antwortete dann:
„Nein, noch nie."
„Wenn der Bettler so oft zu ihm geht, werden sie doch mit einander sprechen?"
„Natürlich. Aber es ist eigenthümlich, daß ich Beide nicht beisammen gesehen habe."
„Ja, auch mir kommt das sonderbar vor. Vielleicht gelingt es mir, eine Erklärung dafür zu finden. Ich möchte gern sehen, was der Bettler droben auf dem Berg thut. Ist das möglich?"
„Darf er Dich sehen?"
„Nein."
„So müßte ich Dich führen, denn Du kennst die Gegend nicht."
„Gut, führe uns."
Halef sollte nämlich auch dabei sein. Ich nahm mein Fernrohr aus der Satteltasche, und dann folgten wir dem Knecht.
Er führte uns aus dem Hof in den Garten, von welchem man dann gleich in's Freie gelangte. Da zeigte er nach links hinüber.
„Seht, da drüben steigt er empor. Der Arme kommt nur langsam fort. Es wird wohl eine halbe Stunde dauern, ehe er hinaufkommt. Bis dahin sind wir längst schon oben."
Er führte uns nach rechts, wo sich ein ziemlich dichtes Strauchwerk an dem Berg empor zog. Ich überschaute das Terrain. Wir konnten, durch die Büsche gedeckt, ganz

unbemerkt zur Höhe gelangen. Da drüben aber, wo der Bettler ging, waren Melonenfelder. Man konnte ihn also von Weitem ganz gut beobachten. Aus diesem Grund schickte ich den Knecht zurück. Ich konnte auf seine Führung verzichten. Eher ließ sich erwarten, daß seine Gegenwart uns hinderlich werden könne.

Wir schritten ziemlich schnell aufwärts, hielten uns aber ganz nahe bei dem Rand der Büsche, um den Bettler nicht aus den Augen zu lassen.

Er wußte, daß er von der Stadt aus gesehen werden könne, und verhielt sich darnach. Ganz langsam humpelte er vorwärts und ruhte sehr oft aus.

Bald hatten wir den Wald erreicht, welcher die Spitze des Berges umkränzte. Im Schutz desselben bog ich nun nach links hinüber, bis wir uns grad in der Richtung befanden, welche der Krüppel einhielt. Wenn er in derselben verharrte, mußte er an uns vorüber kommen.

Ich setzte mich in das weiche Moos, und Halef nahm an meiner Seite Platz.

„Gibt es etwas Bestimmtes, was Du jetzt erfahren willst, Sihdi?“ fragte er.

„Ohne Zweifel.“

„Was denn?“

„Ich will wissen, wie sich der Bettler in den Mübareck verwandelt.“

„So hältst Du also an Deiner Ansicht fest?“

„Steif und fest.“

„Du wirst sehen, daß Du Dich täuschest.“

„Das ist möglich, aber ich glaube es nicht. Er wird ganz gewiß hier vorüber kommen. Sobald er nahe ist, verstecken wir uns hinter die Bäume und folgen ihm von Weitem.“

Wir hatten noch einige Minuten zu warten, dann mußten wir uns zurückziehen.

Er kam.

Sobald er den Waldesrand erreicht hatte und sich im Schutz der Bäume befand, so daß er von der Stadt aus nicht mehr gesehen werden konnte, blieb er stehen und blickte um sich.

Diese Umschau hielt er in der Weise eines Menschen, welcher alle Veranlassung hat, vorsichtig zu sein. Er schien sich überzeugt zu haben, daß sich Niemand in der Nähe befinde; denn er richtete sich hoch auf und dehnte und reckte sich. Dann drang er noch eine kleine Strecke tiefer in den Wald ein und kroch hinter ein kleines Dickicht.

Wir hatten das sehr genau beobachtet. Er konnte ganz gut ohne die Krücken stehen und gehen.

„Sihdi, Du hast vielleicht doch Recht,“ sagte Halef. „Wollen wir hin?“

„Nein, wir bleiben hier.“

„Aber ich denke, Du willst ihn beobachten. Er wird weiter gehen.“

„Nein, er wird in dem Dickicht seine Umwandlung vornehmen und dann als Mübarek in die Stadt zurückkehren.“

„Und ich denke, er wird vollends emporsteigen bis zur Höhe, wo sich ja seine Wohnung befinden soll.“

„Das wird er nicht thun, weil er sich nicht die Zeit nehmen kann. Er hat es jedenfalls sehr eilig, daß das Gericht zusammentritt. Paß nur auf!"
Ich zog mein Fernrohr aus und richtete es auf die Stelle, an welcher ich den Kerl vermuthete. Richtig! Ich konnte ihn zwar nicht sehen, aber die Zweige bewegten sich. Er stack dahinter.
Nach ungefähr fünf Minuten trat er hervor – – als Mübarek.
„Allah akbar!" sagte Halef. „Wer hätte gedacht, daß Du Recht habest, Sihdi!"
„Ich habe es gedacht. Es gibt Ahnungen, denen man es anmerkt, daß sie sich erfüllen müssen. Dieser Heilige ist ein großer Sünder. Vielleicht gelingt es uns, ihm das zu beweisen."
„Er geht wirklich in die Stadt zurück. Wollen wir ihm wieder nach?"
„Das fällt mir nicht ein. Es gibt ja gar keine bessere Gelegenheit, seine Wohnung und die Ruine zu untersuchen."
„Da hast Du Recht. Also komm! Wir wollen uns beeilen."
„Nicht so schnell! Erst gehen wir hin zu der Stelle, an welcher er die Umwandlung vorgenommen hat. Vielleicht können wir da erfahren, wie er das zu bewerkstelligen pflegt."
Der Alte war ein Stück am Waldrand hingegangen und trat dann ins Freie hinaus, um zwischen zwei Melonenfeldern nach der Stadt zu gehen.
Wir begaben uns zu dem Dickicht, fanden jedoch gar nichts. Das Gras und Moos war niedergetreten, aber weiter war nichts mehr zu sehen. Wo hatte er die Krücken?
„Er kann sie doch nicht verschwinden lassen," meinte Halef.
„Er hat sie wohl bei sich."
„Da müßte man sie doch sehen."
„Hm! Das ist nicht unumgänglich nothwendig. Vielleicht sind sie mit Charnieren versehen, so daß er sie zusammenlegen und unter dem Kaftan tragen kann."
„Wäre das nicht beschwerlich für ihn?"
„Allerdings."
„Er könnte sie ja verstecken."
„Das ist noch unbequemer. Er müßte allemal, wenn er sich wieder in den Bettler verwandeln wollte, zu dem Versteck zurückkehren. Wenn er sie aber bei sich trägt, kann er die Verwandlung an jedem Ort und zu jeder Zeit vornehmen."
„Sihdi, das Alles kommt mir so fremd, so unbegreiflich vor, fast wie ein Märchen."
„Das glaube ich Dir gern. In den großen Städten des Abendlandes kommen noch ganz andere Sachen vor. Da denke ich daran, daß seine Knochen an einander klappern sollen. Das hast Du doch gehört?"
„Ja, Sihdi. Ibarek, der Wirth, sagte es. Und dann, als der Mübarek an uns vorüber ging, habe ich es klappern hören."
„Das waren nicht die Knochen, sondern die Krücken."
„Allah! Das leuchtet mir ein."

„Es fiel mir damals schon auf, daß der Bettler ganz und gar verschwunden war, und daß der Mübarek aus derselben Gegend kam und doch vorher nicht zu sehen gewesen war. Jetzt habe ich die Lösung dieses Räthsels. Nun wollen wir hinauf zu seiner Hütte."
„Gehen wir gleich gradaus durch den Wald?"
„Nein. Wir suchen den offenen Weg auf. Ich habe von unten gesehen, wo er empor führt, und es mir gemerkt."
„Warum willst Du zu dem Pfad, auf welchem wir doch gesehen werden können?"
„Von der Richtung aus, welche der Alte eingeschlagen hat, kann er uns nicht sehen. Und wenn Andere es bemerken, daß wir zur Höhe gehen, so hat das nichts zu bedeuten. Ich suche Pferdespuren."
„Hier oben?"
„Natürlich! Oder meinst Du, daß Barud el Amasat, Manach el Barscha und der entflohene Kerkerschließer ihre Pferde irgendwo in der Stadt eingestellt haben?"
„Nein, gewiß nicht. Sie haben sich jedenfalls dort gar nicht sehen lassen."
„Das ist auch meine Meinung. Sie sind auf den Berg geritten und haben die Pferde und sich selbst auch dort versteckt."
„Wenn sie nicht schon wieder fort sind."
„Sie sind noch da. Sie wollen ja die beiden Brüder hier erwarten. Der alte Mübarek wird schon ein Versteck für sie gehabt haben. Das ist freilich schwer zu finden. Die besten und sichersten Führer werden da die Pferdespuren sein."
„Wirst Du diese entdecken?"
„Ich hoffe es."
„Es ist aber eine so lange Zeit vergangen."
„Das thut nichts. Die drei Männer, welche wir suchen, sind keine Indianer, die gewohnt sind, ihre Fährten zu verbergen."
„Ja, Du verstehst es ja, alle Darb und Ethar zu lesen. Ich bin neugierig, wie Du es auch dieses Mal fertig bringen wirst."
Ich war selbst auch neugierig darauf und hatte viel weniger Vertrauen zu meinem Scharfsinn, als ich dem kleinen Hadschi merken ließ.
Wenn man in der leeren Sandwüste oder in der grasigen Prärie reitet, so ist eine Spur viel leichter zu entdecken und zu verfolgen, als in bebauter Gegend oder gar in der Nähe einer bewohnten Stadt.
Wir gingen am Waldesrand unter den Bäumen hin, bis wir auf den Weg trafen, welcher zur Höhe führte. Es war kein eigentlicher Weg. Er war nicht ausgetreten. Der Boden war steinig. Nur hier oder da war ein Grasbüschel zu sehen.
Indem wir ihm langsam folgten, suchte ich scharf nach Fußeindrücken. Es war nichts, gar nichts zu finden. Hatten die drei etwa diesen Weg gar nicht benutzt?
Sie waren des Morgens hier angekommen, und es ließ sich da denken, daß sie die Stadt umritten hatten, um unbemerkt zu bleiben.

So kamen wir eine ziemliche Strecke empor, bis ich das erste Zeichen fand, daß Pferde hier gewesen seien. Sie waren von rechts her zwischen den Bäumen heraus gekommen. Die Hufeindrücke waren hier in dem weichen Humusboden ganz deutlich zu sehen.
Jetzt konnten wir rascher gehen. Es gab nun genug Anzeichen, daß die Reiter von hier an den Weg verfolgt hatten.
Bald gelangten wir oben an. Der Weg mündete auf eine Lichtung. Jenseits derselben sahen wir das Gemäuer der Ruine. Eine aus Gebälk und Steinen ziemlich roh errichtete Hütte lehnte sich an eine hohe, aber halb verfallene Wand.
„Da drin wohnt der Alte," meinte Halef.
„Jedenfalls."
„Gehen wir hinein?"
Er wollte unter den Bäumen hervor auf die Lichtung treten, ich aber hielt ihn zurück.
„Halt! Erst müssen wir uns überzeugen, daß wir nicht beobachtet werden."
„Es ist ja kein Mensch hier."
„Weißt Du das so genau?"
„Man würde ihn sehen oder hören."
„O Hadschi Halef Omar, ich habe Dich für viel klüger und vorsichtiger gehalten! Diejenigen, welche wir suchen, sind hier versteckt. Wie leicht können sie uns sehen, und dann ist alle unsere Mühe umsonst! Bleib' hier stehen."
Ich schlich mich am Rand der Lichtung im Halbkreise bis zu der Hütte hin und trat an die Thüre. Sie war verschlossen. So viel ich lauschte und spähte, es war Niemand zu bemerken. Ich ging mit ganz demselben Erfolg die andere Seite ab und kehrte so zu Halef zurück.
„Wir sind wirklich unbemerkt," sagte ich ihm. „Jetzt gilt es, das Versteck der Drei aufzufinden. Die Pferde müssen uns führen."
„Und doch hast Du sie nicht da, diese Pferde."
„Wir wollen sie schon finden."
Der Boden bestand aus nackten Felsen. Da gab es keine Spur; aber unter den Bäumen mußten Fährten zu finden sein. Und mitten auf der Lichtung war ein Quell, welcher aus dem Stein zu Tage trat, aber keinen sichtbaren Abfluß hatte. Am Rand desselben befand sich ein schmaler Pflanzenwuchs.
Wir gingen hin. Pferde müssen getränkt werden, und jedenfalls war dieser Quell benutzt worden.
Ich untersuchte den Rand. Richtig! Ich fand die Spitzen des Grases abgefressen. Eine Tschagla, lag abgerissen am Wasser. Das gelbe Blümchen muthete mich heimatlich an.
„Das ist eine Tschagla," sagte Halef. „Warum schaust Du sie so aufmerksam an?"
„Sie soll mir sagen, wann die Pferde hier getränkt wurden."
„Sagt sie Dir das wirklich?"
„Ja. Siehe sie Dir nur richtig an! Ist sie verwelkt?"

„Nein, sie ist noch ganz frisch."
„Weil sie am kalten Wasser gelegen hat; hätte sie hüben auf dem Fels gelegen, so wäre sie nicht mehr so frisch. Die Staubfäden haben sich schon gesenkt. Es kann ungefähr vor anderthalb Stunden gewesen sein, daß sie abgerissen wurde. Zu dieser Zeit waren also die Pferde hier."
„Oder ist's ein Mensch gewesen?"
„Beißt ein Mensch Gras ab?"
„Nein, das thut er nicht."
„Hier aber siehst Du das abgefressene Gras. Einige Halme sind ganz herausgerissen worden, hier liegen sie. Betrachte sie. Sie sind bereits ziemlich welk, weil sie nicht am Wasser niedergefallen sind. Ich habe ganz richtig geschätzt, als ich eine und eine halbe Stunde sagte. Nun gilt es, zu erfahren, woher die Pferde gekommen und wohin sie wieder geführt worden sind."
„Wie willst Du das erfahren?"
„Auf irgend eine Weise. Da vor uns hast Du das Gemäuer. Durch dasselbe können sie nicht gehen. Wir müssen also nach Öffnungen suchen."
Zunächst gingen wir zur Hütte. Hier trennten wir uns. Halef wendete sich nach rechts und ich mich nach links, um den Rand der Lichtung zu untersuchen. Am gegenüberliegenden Punkt trafen wir uns wieder. Ich hatte nichts gefunden und er auch nichts. Auf meine Augen konnte ich mich verlassen, auf die seinigen aber weniger. Darum suchten wir seine Strecke nochmals ab, hier war der Boden auch unter den Bäumen anfangs steinig.
„Ich habe ganz genau aufgepaßt, Sihdi," sagte Halef. „Hier herein sind sie nicht gekommen."
Zwischen den Nadelbäumen standen Laubhölzer. Ein Ahorn neigte seine niedersten Zweige tief herab, und hier fand ich, was ich suchte. Ich zeigte ihm einen der Zweige.
„Schau, was siehst Du hier, Halef?"
„Es hat Jemand die Spitzen abgezupft."
„Das ist ein Pferd gewesen, welches von den Blättern naschte."
„Es kann dies auch ein Mensch gethan haben."
„Schwerlich. Gehen wir weiter!"
Wir folgten der Richtung, und bald wurde der Boden weicher, und wir sahen ganz deutliche Hufeindrücke. Dann gelangten wir an eine Mauerbresche, hinter welcher es einen von vier hohen Wänden eingeschlossenen Platz gab. Es hatte den Anschein, als ob hier ein Saal gewesen sei.
Uns gegenüber führte eine Thüröffnung nach einem zweiten, ähnlichen und nur etwas kleineren Raum, welcher drei solche Öffnungen hatte. Ich trat durch dieselben.
Am Boden war keine Spur zu bemerken. Die beiden ersten Aus- oder Eingänge führten zu kleinen, verfallenen Gemächern. Der dritte leitete uns nach einem größeren Platz, der jedenfalls früher ein Hof war. Er war gepflastert gewesen.

Und hier zeigte mir Halef, stolz auf seinen Scharfblick, eine ganz untrügliche Spur – den Auswurf eines Pferdes.
„Da sind sie gewesen," sagte er. „Siehst Du, daß ich auch Fährten zu finden verstehe?"
„Ja, ich bewundere Dich. Aber sprich von jetzt an leiser. Wir kommen den Thieren jedenfalls näher, und wo sie sind, befinden sich wahrscheinlich auch die Menschen."
Wir blickten ringsum, doch vergeblich. Der Hof schien nur den einen Eingang zu haben, durch welchen wir gekommen waren. Rundum waren lückenlose Mauern. Diejenige, welche uns gegenüber stand, war ganz mit dichtem Epheu überwachsen.
„Weiter können wir nicht, denn weiter geht es nicht," sagte Halef. „Die Pferde sind hier gewesen. Das ist richtig. Nun aber sind sie fort."
„Das möchte ich doch noch bezweifeln. Laß sehen!"
Langsam ging ich die vier Seiten ab. Als ich die Mitte der Efeumauer erreichte, glaubte ich den eigenartigen Geruch zu bemerken, welchen Pferde haben.
Selbst in großen, belebten Städten, wo die Gesundheitspolizei streng auf Reinlichkeit hält, wird man durch den Geruch die Straßenstellen bemerken, welche als Droschkenstationen dienen. Diesen Geruch verspürte ich hier.
Ich winkte Halef zu mir, und er stimmte mir bei. Als wir nun den Epheu untersuchten, fanden wir, daß derselbe einen Ausgang so vollständig maskirte, daß wir denselben ohne den erwähnten Geruch wohl schwerlich entdeckt hätten.
Die langen Ranken ließen sich sehr leicht aus einander schieben. Als wir das thaten, sahen wir ein kleines Gemach vor uns. Es war leer. Wir traten ein.
Gegenüber gab es eine zweite Öffnung. Ein Schnauben ließ sich hören.
„Jetzt ganz vorsichtig!" flüsterte ich. „Da draußen sind die Pferde. Nimm den Revolver zur Hand! Man muß auf Alles gefaßt sein. Die Kerls würden sich natürlich wehren."
„Nehmen wir sie gefangen?"
„Vielleicht."
„Oder gehen wir, um die Polizei zu holen?"
„Je nach den Verhältnissen. Ich habe mein Lasso bei mir. Das reicht aber nur, um Einen zu binden."
„Ich habe Riemen eingesteckt."
„Schön! So komm! Aber leise!"
Wir huschten zu dem Eingang. Ich blickte vorsichtig nach jenseits. Da standen die drei Pferde und knabberten an einem kleinen Vorrath von Maiskolben, welchen man ihnen vorgeworfen hatte. Eine schmale Maueröffnung führte weiter. Es war mir, als ob ich von dorther eine gedämpfte Stimme reden hörte.
Richtig! Jetzt erschallte lautes Lachen, und ich vernahm ganz deutlich eine Stimme, ohne jedoch die einzelnen Worte unterscheiden zu können.
„Sie sind da," flüsterte ich dem kleinen Hadschi zu. „Bleib' hier stehen; ich will nachsehen."
„Um Gottes willen, Sihdi, nimm Dich aber ja in Acht!" warnte er.

„Keine Sorge! Wenn ein Schuß fällt, kommst Du mir natürlich zu Hülfe."

Am liebsten wäre ich vorwärts gekrochen, aber das hätte die Pferde furchtsam machen können; denn eine aufrechte Gestalt flößt ihnen keine Angst ein. Also schritt ich leise, leise weiter.

Die Thiere erblickten mich. Eins von ihnen schnaubte beunruhigt. Ich an Stelle dieser drei Männer hätte dieses Schnauben sofort als ein böses Zeichen erkannt; diese Leute aber beachteten es nicht.

Ich erreichte die gegenüber stehende Wand, und nun erst legte ich mich nieder. Indem ich mich nur sehr langsam vorschob, brachte ich den Kopf an den Eingang.

Es gab da eine Stelle, an welcher ein Stein ausgebröckelt war. Diese Lücke erlaubte mir, nach jenseits zu blicken, ohne daß mein Kopf gesehen werden konnte.

Da saßen sie alle Drei. Manach el Barscha und Barud el Amasat waren mit dem Rücken nach mir gekehrt. Der Schließer hielt das Gesicht auf den Eingang gerichtet. Ich hatte ihn noch nicht gesehen, aber er mußte es sein.

Sie spielten Karten, jedenfalls mit demselben Spiel, welches sie benutzt hatten, um die Aufmerksamkeit Ibarek's von dem Diebstahl abzulenken.

Ihre Gewehre lehnten in einer Ecke; auch die Messer und Pistolen hatten sie abgelegt.

Ich drehte mich zurück und sah Halef vorn am Eingang stehen. Ich gab ihm einen Wink, und er kam herbei. Wieder schnaubte ein Pferd, ohne daß es von den Spielern beachtet wurde. Halef duckte sich neben mir nieder und schaute durch die Lücke.

„Hamdullillah!" flüsterte er. „Wir haben sie! Was beschließest Du, zu thun?"

„Wir nehmen sie gefangen, da es so prächtig paßt. Bist Du einverstanden?"

„Natürlich. Aber wie machen wir es?"

„Du nimmst den Gefängnißwärter, ich die beiden Andern."

„Warum Du die beiden Gefährlichsten?"

„Ich werde mit ihnen fertig."

„So beginne!"

„Erst die Riemen heraus, damit wir sie gleich bei der Hand haben."

Ich band das Lasso los, welches ich um den Gürtel geschlungen trug, und Halef zog seine Riemen so weit aus der Tasche, daß er sie dann leicht und rasch haben konnte.

Da stieß Barud el Amasat einen Fluch aus:

„Waï baschina! Was fällt Dir ein! Uns betrügst Du nicht. Wir wissen, daß Du ein Hiledschi bist, und passen auf. Mische die Karten noch einmal!"

„Wollen wir nicht lieber aufhören?" fragte Manach el Barscha. „Warum wollen wir uns das Geld abnehmen?"

„Recht hast Du. Es ist auch zu langweilig, und seit dieser Mübarek die alberne Nachricht gebracht hat, habe ich keine Aufmerksamkeit mehr für das Spiel."

„Vielleicht hat er sich geirrt."

„Das ist unmöglich. Wir haben ihm den Kerl ja so genau beschrieben, daß er ihn sofort kennen muß."

„Allah verdamme ihn! Was hat er mit uns? Was haben wir ihm gethan? Er mag uns in Ruhe lassen.“
„Er wird uns in Ruhe lassen. Morgen früh ist er ein todter Mann.“
„Wenn es gelingt!“
„Es wird gelingen. Der Mübarek ist mächtig. Er wird es so weit bringen, daß die Hunde eingesperrt werden. Dann gehen wir in der Nacht hin und erschlagen sie.“
„Und wenn man sie nicht einsperrt?“
„So suchen wir sie im Konak auf. Der Mübarek muß uns die Gelegenheit auskundschaften. Er verwandelt sich in den Bettler.“
Das war freilich ein sauberer Plan. Also ermordet sollten wir werden! Der Mübarek war bereits hier gewesen und hatte ihnen unsere Ankunft gemeldet.
„Ich möchte ihn doch sehen,“ sagte der Schließer. „Wenn solche Männer, wie Ihr seid, sich vor ihm fürchten, so muß er ein gefährlicher Kerl sein.“
„Ein Scheïtan ist er, ein Giaur, ein Christenhund, der im tiefsten Pfuhle der Hölle braten soll!“ antwortete Manach el Barscha. „Mir ist er in Edreneh nachgelaufen durch zwanzig Straßen und Gassen. Ich habe Alles gethan, selben irre zu leiten, und dennoch hat er mich gefunden. Und der kleine Bursche, welcher ihn begleitet, ist ein eben solcher Teufel. Hätten wir ihn doch damals im Stall zu Edreneh erstochen, anstatt daß wir ihn leben ließen! Wer die beiden Übrigen sind, das möchte ich wissen; aber sterben müssen sie auch. Der Satan beschützt sie, sonst wären sie nicht aus Menlik entkommen!“
„Die Männer dort müssen es aber sehr dumm angefangen haben.“
„Ja. Und die Boten sind noch nicht da. Es bleibt uns nichts Anderes übrig, als uns selbst zu helfen. Auch werden wir das nicht umsonst thun. Das Pferd dieses Menschen ist es werth, daß man sie alle Vier kalt macht. Und seine Waffen sollen vorzüglich sein. Ich kann die Rückkehr des Mübarek kaum erwarten. Gelingt es uns heute, uns dieser Verfolger zu entledigen, so sind wir aller Sorgen los. Ich werde dem Halunken das Messer mit wahrer Lust in's Herz stoßen.“
„Das wirst Du bleiben lassen!“
Indem ich diese Worte rief, trat ich ein und versetzte ihm einen Faustschlag, daß er sogleich zusammenbrach.
Die beiden Anderen starrten mich einige Sekunden lang an, ganz bewegungslos vor Schreck. Das genügte. Ich packte Barud bei der Gurgel und drückte ihm dieselbe so fest zusammen, daß er einige Male mit den Armen um sich schlug und sich dann lang ausstreckte.
Halef hatte sich auf den Schließer geworfen, der vor Entsetzen gar nicht an Gegenwehr dachte.
Ich hielt Barud noch einige Augenblicke fest, bis er sich nicht mehr rührte; er war ebenso besinnungslos wie Manach. Dann half ich Halef, den Gefängnißwärter zu binden.
Nun legten wir die beiden Anderen neben einander, mit den Rücken zusammen, und zwar so, daß der Eine seinen Kopf bei den Füßen des Andern hatte. Um diese beiden

Körper wurde dann das Lasso so fest geschlungen, daß es ihnen ohne fremde Hülfe ganz unmöglich war, sich nur zu bewegen. Der Schließer ward natürlich ebenso vorsichtig gefesselt.
Nun untersuchten wir ihre Taschen und die Taschen der Sättel, welche auch da lagen. Wir fanden sämtliche Gegenstände, welche Ibarek gestohlen worden waren, und noch vieles Andere dazu. Besonders Manach hatte eine ganz bedeutende Summe Geldes bei sich.
Der Schließer sah unserm Thun und Treiben zu, ohne ein Wort zu sagen. Er hatte uns noch nicht gesehen, konnte sich aber denken, wer wir seien.
Halef versetzte ihm einen Fußtritt und fragte:
„Schurke, weißt Du, wer wir sind?“
Der Gefragte antwortete nicht.
„Hast Du mich gehört? Ich frage Dich, ob Du ahnst, wer wir sind. Antworte, sonst gebe ich Dir die Peitsche!“
„Ich weiß es,“ knurrte der Gefesselte, sich vor der Peitsche fürchtend.
„Ja, Du wolltest uns kennen lernen. Das sagtest Du vorhin. Nun ist Dir der Wunsch so schnell erfüllt. Das hättest Du wohl nicht gedacht!“
Barud el Amasat konnte wieder athmen. Er erholte sich rasch, öffnete die Augen und starrte mich mit entsetzten Blicken an.
„O jazik – o wehe!“ rief er aus. „Jetzt sind wir verloren!“
„Ja,“ lachte Halef ihn an. „Verloren seid Ihr jetzt, Ihr werdet das Schicksal finden, welches Ihr uns zugedacht habt, Ihr Schufte. Ihr wolltet uns ermorden.“
„Nein, das ist nicht wahr!“
„Schweig! Wir haben Alles gehört.“
„Die Andern wollten es thun, ich nicht!“
„Lüge nur! Wir wissen genau, woran wir sind.“
Jetzt begann auch Manach el Barscha sich zu bewegen, soweit nämlich die Fesseln ihm das erlaubten. Er blickte uns an und schloß dann die Augen.
„Nun, kannst Du uns nicht begrüßen, Kerl!“ rief Halef, ihm einen Peitschenhieb gebend. Da öffnete er die Augen wieder, sah von Halef auf mich und wieder zurück und sagte:
„Bindet uns los! Gebt uns frei!“
„Das wolle Allah verhüten!“
„Ich bezahle Euch!“
„Dazu bist Du nicht reich genug.“
„Ich bin reich, sehr reich.“
„Von dem Gelde, welches Du zusammengeraubt hast! Man wird es Dir nehmen.“
„Niemand findet es!“
„So bleibt es liegen. Wir brauchen es nicht. Sihdi, was thun wir mit den Kerls? Nach der Stadt hinunterschaffen können wir sie doch nicht.“
„Nein. Sie mögen hier liegen, bis wir sie holen.“

„Können sie sich nicht vielleicht befreien?"
„Nein; wir werden dafür sorgen, daß sie dingfest bleiben."
„Aber das, was wir bei ihnen gefunden haben, nehmen wir doch mit uns?"
„Wir lassen es da. Die Polizei muß Alles so finden, wie wir es jetzt gefunden haben."
Wir benutzten das Zaumzeug der drei Pferde, um die Gefangenen noch fester zu binden, so daß ihnen eine Bewegung unmöglich war. Doch trafen wir diese Sicherheitsmaßregel so, daß sie den Männern keine Schmerzen bereitete. Der Gefängnißschließer wurde quer an die beiden Andern geschnallt, so daß es ihnen auch unmöglich wurde, durch Wälzen ihre Lage zu verändern. Dann gingen wir.
Die Gefesselten hatten kein Wort mehr gesprochen. Drohungen wären lächerlich gewesen, und für Bitten hatten wir keine Ohren.
Als wir die freie Lichtung erreichten, ging Halef nach dem Häuschen des Mübarek, um zu sehen, ob dasselbe noch verschlossen sei.
„Der Mensch könnte uns einen schönen Streich spielen, wenn er die drei Halunken befreite," sagte er.
„Dazu wird er nicht kommen."
„Wie nun, wenn er nach Hause zurückkehrt und zu ihnen geht?"
„Wenn er heraufgehen wird, sind wir bei ihm."
„Du hältst es also nicht für möglich, daß er eher kommt, als wir?"
„Nein. Er wird beim Kodscha Bascha sitzen und mit Schmerzen auf uns warten. Er geht nicht eher von dort fort, als bis diese berühmte Gerichtsverhandlung vorüber ist."
„Wenn er wüßte, was ihm droht!"
„Er wird es bald erfahren. Wir wollen uns beeilen. Es wird Nacht."
Der Tag war vorüber, und die Sonne hatte sich hinter den westlichen Horizont hinabgesenkt. Als wir im Konak anlangten, erfuhren wir, daß der Kodscha Bascha den Herbergsvater Ibarek hatte holen lassen. Derselbe war nicht wieder zurückgekehrt. Dann waren schon zwei Boten da gewesen, um uns zu holen. Sie hatten gemeldet, daß die Gerichtspersonen vollständig beisammen seien.
„Halte Dich tapfer, Effendi!" sagte der Wirth. „Du wirst eine große Versammlung finden. Der Hof ist gedrängt voll von Menschen. Man ist begierig, zu hören, wie Ihr Euch vertheidigen werdet."
„Ich habe den Leuten ja gezeigt, wie ich mich ungefähr verhalten werde."
„Ja, und darum sind sie doppelt neugierig, einen Mann zu sehen, der sich vor dem Kodscha Bascha nicht fürchtet."
Eben als wir aufbrechen wollten, kam der Fährmann zu uns.
„Herr," sagte er zu mir, „ich komme heimlich, um mir Deinen Rath zu holen. Ich weiß nicht, wie ich mich verhalten soll."
„Sollst Du etwa als Zeuge gegen mich auftreten?"
„Ja. Der Mübarek zwingt mich dazu. Er hat mich deßhalb aufgesucht."
„Was sollst Du denn gegen mich aussagen?"

„Daß Du mich in Lebensgefahr gebracht und hier in diesem Hofe mißhandelt habest."
„Habe ich das gethan?"
„Nein, Effendi."
„Also verleitet er Dich, falsches Zeugniß abzulegen. Das soll er büßen."
„Herr, sage nichts! Er würde sich an mir rächen."
„Habe keine Sorge! Es wird ihm unmöglich sein, sich zu rächen."
„Ist das wahr?"
„Ja. Sage nur die volle Wahrheit. Er kann Dir nichts thun."
„So will ich schnell wieder hingehen. Ich habe mich heimlich fortgeschlichen."
Wir folgten ihm langsam nach.